Frank Rainer Scheck

Die Weihrauchstraße

Von Arabien nach Rom –
Auf den Spuren
antiker Weltkulturen

BASTEI LÜBBE

BASTEI-LÜBBE-TASCHENBUCH
Band 64157

Natürlich löst auch der vorliegende Band nicht das Übertragungsproblem arabischer Bezeichnungen und Eigennamen. Statt nach wissenschaftlicher Usance eine verwirrende Vielzahl diakritischer Zeichen aufzubieten, wurde eine vereinfachende deutsche Schreibweise gewählt, die dem arabischen Klang nahekommt.

Lizenzausgabe im Bastei-Verlag Gustav H. Lübbe GmbH & Co.,
Bergisch Gladbach
Printed in Germany, August 1998
Einbandgestaltung: KOMBO KommunikationsDesign GmbH, Köln
Titelfoto: Image Bank, München/Folberg, Neil (Monumentale Grabfassaden und ein freihstehendes Zinnengrab in der Nabatäer-Hauptstadt Petra)
Satz: Siebel, Lindlar
Druck und Bindung: Clausen und Bosse, Leck
ISBN 3-404-64157-4

INHALT

Budapest
Mailand
Bukarest
KRIM
SCHWARZES
MEER
BALKAN
Rom
Tirana
Istanbul/Byzanz
Neapel
KLEINASIE
SIZILIEN
Smyrna
Athen
Tunis
RHODOS
MALTA
MITTELMEER
KRETA
ZYPERN
LIBANO
Tripolis
Bengasi
Alexandria
Kairo
Suez
Weihrauchstraße
0
500
1000 km
ÄGYPTEN
LIBYSCHE
WÜSTE
NIL
TIBESTI
N'Djamena

KAUKASUS
Tiflis
Trabzon
Eriwan
Baku
KASPISCHES MEER
Buchara
AFGHANISTAN
Herat
Teheran
IRAN
EUPHRAT
TIGRIS
Bagdad
MESOPOTAMIEN
Dschof
Wadi Ram
NEFUD
Tebuk
Hail
NEDSCHD
Wedsch
Kuweit
PERSISCHER GOLF
BAHRAIN
Dubai
Maskat
Riad
HEDSCHAS
Medina
OMAN
ARABISCHE HALBINSEL
Mekka
Dschedda
zum Persischen Golf
RUB EL-CHALI
ASIR
ROTES MEER
von Indien
Sana
ARABIA FELIX
ARABISCHES MEER
Asmara
Mocha
Taizz
GOLF VON ADEN
SOKOTRA
Aden
Assab
Gondar
von Indien, Somalia und Sokotra
Djibouti
SOMALIA

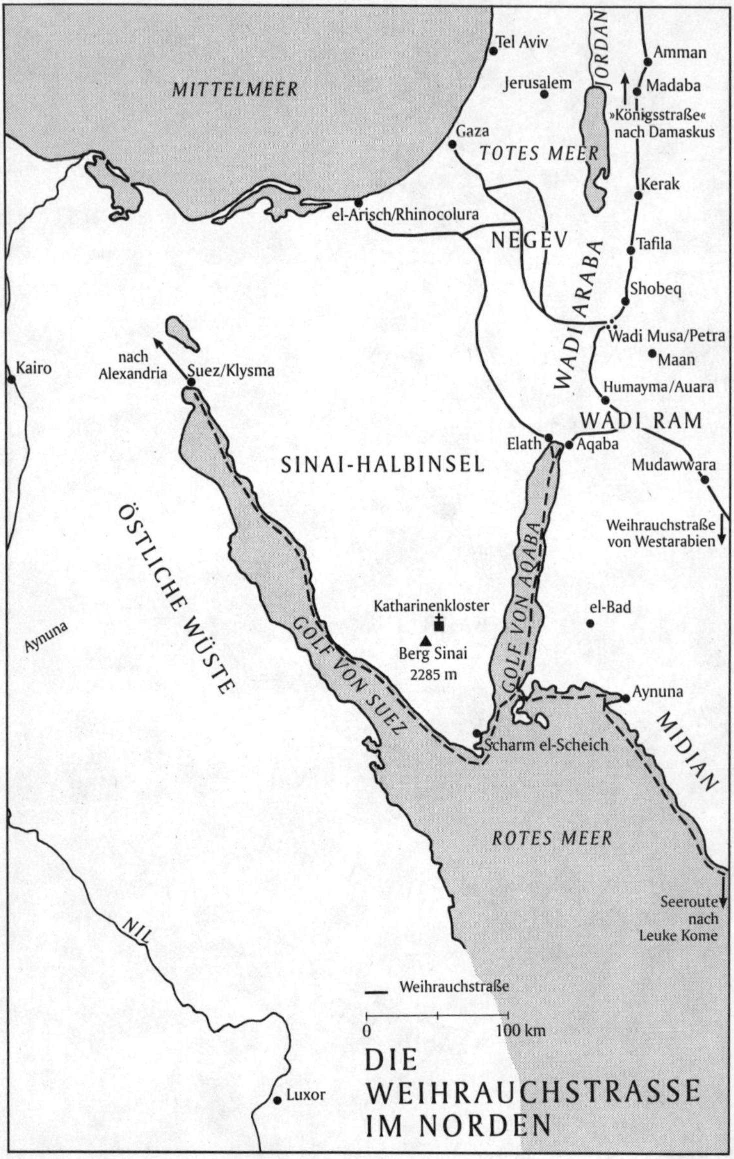
MITTELMEER
Tel Aviv
Jerusalem
JORDAN
Amman
Madaba
»Königsstraße« nach Damaskus
Gaza
TOTES MEER
Kerak
el-Arisch/Rhinocolura
NEGEV
Tafila
WADI ARABA
Shobeq
Wadi Musa/Petra
Maan
nach Alexandria
Kairo
Suez/Klysma
Humayma/Auara
WADI RAM
Elath
Aqaba
SINAI-HALBINSEL
Mudawwara
ÖSTLICHE WÜSTE
Weihrauchstraße von Westarabien
GOLF VON AQABA
Katharinenkloster
el-Bad
Aynuna
GOLF VON SUEZ
Berg Sinai 2285 m
Aynuna
MIDIAN
Scharm el-Scheich
ROTES MEER
Seeroute nach Leuke Kome
NIL
Weihrauchstraße
0
100 km
Luxor
DIE WEIHRAUCHSTRASSE IM NORDEN

VORWORT

Neben der Seidenstraße, welche die gewaltige asiatische Landmasse zwischen China und Rom überwand, war die Weihrauchstraße die zweite große Kulturbrücke zwischen Orient und Okzident, das zweite große Handelsabenteuer der Antike. Über etwa 3000 Kilometer wanderten auf dieser Wüstenroute, Lastkamelen aufgepackt, die »Wohlgerüche des Orients« aus Südarabien in die mediterrane Welt, zudem nach Ägypten oder Mesopotamien. Weihrauch und Myrrhe waren die begehrtesten Aromata, aber auch Balsam und Zimt füllten die Säcke der Karawanen. Knapp drei Monate waren sie unterwegs.

Verbunden mit diesem transkontinentalen Handel, der über ein Jahrtausend währte, von etwa 600 v. Chr. bis 500 n. Chr., entspann sich ein weiträumiger Kulturaustausch. Wir erleben entlang der Weihrauchstraße das faszinierende Geschehen zivilisatorischen und kulturellen Wandels. Noch mehr: Wir werden Zeuge davon, wie die Arabische Halbinsel sich klimatisch in einen »brennenden« Subkontinent verwandelt, wie daraus das Beduinentum entsteht und wie die stolzen Reiche und Städte des »Glücklichen Arabien« im Sand versinken.

Manches wissen wir aus reich fließenden Quellen über Rom, Griechenland und Byzanz, sehr viel weniger über Südarabien. Eine Hauptschwierigkeit beim Schreiben dieses Buches bestand darin, diese beiden getrennten Wissensniveaus miteinander zu vereinen zu einem stimmigen Gesamtbild: zu vermitteln zwischen der legendären »Königin von Saba« und der wohlbezeugten »Weihrauchgasse« im Tusker-Viertel von Rom.

Ob ein triftiges Gesamtbild entstanden ist, kann allein der Leser entscheiden.

Der Autor hat sich, so oder so, für Unterstützung zu bedanken: bei Frau Susanne Reuter, die sich für die manchmal schwierige und zeitraubende Literaturbeschaffung engagierte; bei Frau Ulrike Brandt-Schwarze für ihre ebenso kluge wie verläßliche redaktionelle Betreuung; bei Herrn Helmut Feller, der als zuständiger Verlagslektor seine publizistische Erfahrung produktiv zum Buchkonzept beitrug; vor allem aber bei Ursula Clemeur für Geduld und stete Anteilnahme.

Köln, im Mai 1995 *Frank Rainer Scheck*

Frank Rainer Scheck, geboren 1948, studierte an der Universität Köln und war viele Jahre an verantwortlicher Stelle in einem großen deutschen Kunst- und Reisebuchverlag tätig. Seine Spezialgebiete sind Archäologie, klassisches Altertum und außereuropäische Kunst. In zahlreichen Studienreisen hat er die Länder des Orients kennengelernt.

1 ALLTAGSSCHMUTZ, WEIHRAUCHDUFT

ROM STINKT

Nach römischer Sitte pflegte sich eine Frau, zur Witwe geworden, das Haupthaar bis zur Wurzel glattzuscheren. Der Trauer um den Verblichenen opferte sie ihre weibliche Pracht. Spöttisch kommentierte der Volksmund: »Sie läßt sich auf die Laus scheren.« Denn das Leben der Antike, ob der griechischen oder der römischen, war bestimmt vom täglichen Kampf um die Reinlichkeit, um den Luxus des Wohlgeruchs.

Die römische Straße – das war bis zur Brandschatzung der Stadt durch Nero selten mehr als eine Winkelgasse, schlecht gepflastert und uneben. In ständigem Kleinkrieg lag die Stadtverwaltung mit jenen Krämern, die ihre Buden in die Straßen hineinbauten. Schankwirte und Handwerker taten es ihnen gleich. Regnete es, öffnete die Straße sogleich ihre Schlammlöcher, und auf ungepflasterten Wegen watete man knöcheltief im Kot. War es trocken, hing ein beißender Kloakengeruch über den Abwasserleitungen, nötigte zugleich widerwärtiger Staub, Mund und Nase abzudecken.

Nicht immer galt der Schleier als Wahrzeichen oder Paradebeispiel femininer Unfreiheit. In historischer Perspektive erscheinen Ganzkörperbedeckungen vielmehr als sinnvoller Schutz vor dem, was wehende Winde in ländlichen wie städtischen Gefilden an Staub und Miasma, an »giftigen« Lüften, unentwegt herantrugen. Bis heute windet sich jeder orientalische Bauer, den neuerworbenen Traktor »reitend«, aus gutem Grund Tücher über Haar, Nacken und Mund, wenn er aufs Feld fährt. Den römischen Frauen, gerade den selbstbewußten und durch ihre soziale Stellung emanzipierten, bedeutete Verhüllung jedenfalls gerade das Gegenteil von Unterordnung, nämlich Wahrung persönlicher Integrität im Gedränge der Straßen und Gassen.

Und dieses Gedränge war dicht. Zwar durften große Lastgespanne tagsüber die römischen Stadtstraßen eigentlich nicht befahren (oder doch nur ausnahmsweise, wenn sie nämlich Baumaterial heranschafften). Erlaubt war es jedoch Fuhrwerken, die in der Nacht eingetroffen waren, anderntags mit Müll und Mist die Stadt wieder zu verlassen. Die Duftfahne dieser kleinteiligen Entsorgung läßt sich erahnen. Allenthalben sah man die überladenen Karren, gezogen von Ochsen oder Maultieren, auf knarzenden Speichen- oder Scheibenrädern daherschwanken. Wer zu Fuß unterwegs war, drückte sich ängstlich an ihnen vorbei, denn es geschah immer wieder, daß eine Wagenachse brach und Passanten zu Schaden kamen.

Bei Juvenal (ca. 60–140 n. Chr.) lesen wir folgende Schilderung des Straßenalltags: »Da rammt mich einer mit seinem Ellbogen, ein anderer versetzt mir mit harter Stange einen Schlag; dieser stößt mir eine Holzbohle gegen den Schädel, jener einen Tonzuber. Schlammspritzer bedecken meine Beine, es treffen mich die Tritte gewaltiger Plattfüße, und in einen Zeh hat sich der Nagel eines Militärstiefels gebohrt.« Keine Frage, daß den Reichen und Mächtigen ein müßiges Flanieren, ein »Corso« nach heutiger italienischer Art, unter solchen Bedingungen nicht in den Sinn kam.

So gehörten die städtischen Straßen und Gassen denn der Menge, der *plebs*; freilich nicht allein den italischen Volksmassen. Martial (ca. 40–102 n. Chr.), Roms wohl bedeutendster Epigrammatiker, zeigt uns die Reichshauptstadt als »Weltherberge«: »Welches Volk lebt so fern, welches ist so barbarisch, daß es nicht käme, um sich Rom anzuschauen?« fragt er rhetorisch, um mit offenbarer Genugtuung über diesen schmeichelhaften Tourismus die Parade der fremden Besucher abzunehmen. Thraker wie Sarmaten erscheinen demnach in der Metropole; dunkelhäutige Nubier, »die aus den unbekannten Nil-Quellen trinken«, drängen sich neben rötlich-blassen Britanniern, deren heimatliche Gestade »von den Wellen des äußersten Meeres umspült werden«. Braungelbe Araber und Kilikier, Sugambrer, die lockigen Haare aufgesteckt oder in Knoten gebunden, und Äthiopier begegnen einander. Die jüdischen Händler erkennt man in der Regel an den Lebensmittelkörben, die sie mit sich führen, weil sie sich gemäß ihren religiösen Sitten selbst zu ernähren wünschen. Martial faßt zusammen: »In bunter Fülle mischen sich die Stimmen der Völker.« Multikulturelle Gesellschaft würde man den ethnischen Schmelztiegel Rom heute nennen …

Die »Tölpel vom Lande« vergißt der Dichter freilich. Diese bescheidenen Gäste gereichten Rom ja auch nicht zur Ehre. Doch füllten gerade die mit großen Augen angereisten Leute aus den italischen Provinzen, Handwerker und Bauern zumeist, Kaufleute und Schausteller, zudem Bader und ärztliche Scharlatane, Glücksritter und Strolche das Gassenlabyrinth der Hauptstadt.

Übel duftete das Straßengemenge, in das sich auch Soldaten auf Heimaturlaub, schwitzende Lastträger und abgehetzte Lasttiere schoben. Es wimmelte von Bettlern, das Haar verfilzt, die Haut schorfig, Lumpen um den ausgemergelten Leib. Von den Scheiterhaufen her, auf denen vor den Toren Roms die Leichen verbrannt wurden, legten sich beißende Schwaden über die Außenstadt.

Daß der feine Mann, die feine Frau in Rom, wenn sie denn hinaus ins rauhe Leben mußten, sich nach alter Bürgersitte in die wollene weiße oder naturfarbene Toga hüllten und das Tuch vors Gesicht schlugen zur Schonung der empfindsamen Nase, davon war andeutungsweise schon die Rede. Wer es sich eben leisten konnte, benutzte die Sänfte oder den Tragstuhl.

Diese luxuriösen Fortbewegungsmittel hatten die Römer im Orient kennengelernt, zunächst jedoch nur auf Fernreisen benutzt; seit dem ersten vorchristlichen Jahrhundert tauchten sie aber zunehmend auch in der Stadt auf. Wie beim Mahl lag man in der Sänfte, gelegentlich auch zu zweit wie Nero mit seiner Mutter, auf einer Art gepolsterter, kissenbedeckter Chaiselongue, die bogenförmig mit Tuch überspannt war und häufig sogar Fenster aus »Marienglas« *(lapis specularis)* besaß, auf daß der vornehme Gebettete die Straße beobachten könne, ohne den Vorhang lüften und den Brodem der Massen kosten zu müssen. Mit zwei, vier, wo Geld keine Rolle spielte, auch sechs oder acht livrierten Trägern schwebten die Herrschaften auf diese Weise bequem und olfaktorisch abgesichert vorüber an geschäftigem Garküchengebrutzel, an den Hausierern mit ihren stinkenden Pökelfischen, den zahllosen Lebensmittelkrämern und Schlachtern, über deren Auslagen im Sommer der süßliche Duft der Verwesung hing, zusammen mit Wolken von Schmeißfliegen.

Die Fliegenplage war ohnehin so arg, daß das Volk ihr mit magischen Mitteln und der Beschwörung von Abwehrdämonen beizukommen suchte. Eurynomos, den bösen Geist der Verwesung, dachte man sich bezeichnenderweise als monströse Aasfliege. Von daher erschließt sich die christlich-mittelalterliche Mythe vom teuflischen Widersacher als eines »Herrn der Fliegen«.

Aus den billigen Schankwirtschaften *(tabernae)* drangen neben dem Geruch von schalem Bier, dem vor allem zugereiste Germanen, Kelten und Skythen zusprachen, neben dem Dunst des heimischen, sauer gewordenen Weins, strenge Urinschwaden. Denn die zechenden Gäste dieser primitiven, meist in die Straßenseite von Privathäusern eingebauten Einkammerwirtschaften erleichterten sich in Ermangelung zugehöriger Toiletten ganz ungezwungen vor der Haustür, wenn nicht gar in den Winkeln des Schankraums selbst. Über den Tavernenschmutz klagen nicht nur Martial, Petronius und Apuleius. Ein Wirt galt allemal als Weinpanscher, die weibliche Bedienung als käuflich, und die Grenze zwischen Wirtshaus und Bordell scheint überhaupt fließend gewesen zu sein. Auch in den besseren Gasthäusern, *popina* geheißen, soll es nicht viel anständiger zugegangen sein. Kaiserliche Verordnungen zur Behebung solcher Mißstände, wie sie besonders für das erste nachchristliche Jahrhundert bezeugt sind, erzielten wenig Wirkung.

Das europäische Mittelalter, so kann man es in den Geschichtsschulbüchern nachlesen, sei die Verfallsstufe eines glanzvollen Altertums. Als Beispiel für das zivilisatorische Absinken, das sich vollzogen habe, wird gern der Unflat der mittelalterlichen Gosse genannt. Nun muß man jedoch wissen, daß zunächst auch in Rom die wenigen natürlichen Wasserläufe im Stadtgebiet als offene Kloaken genutzt wurden. Schmatzende Blasen werfend, kreiselten die festen und die flüssigen Abfälle gemächlich dem Tiber zu.

Die gebräuchliche Form der Toilette war ursprünglich die Senkgrube. Dadurch drangen jedoch Fäkalbakterien in das Grundwasser und gefährdeten die Tiefbrunnen im Stadtgebiet. Rom sann auf Abhilfe. Tatsächlich entstand noch vor 500 v. Chr. die berühmte *cloaca maxima*, ein erster gedeckter Abwasserkanal, bestaunt wie ein Weltwunder. Nach und nach wurden auch die anderen offenen Gerinne unter die Erde verlegt. Schließlich waren die meisten Wohngebiete in das Abwassersystem einbezogen – ein gewaltiger Fortschritt, doch darf man ihn sich nicht allzu perfekt organisiert denken.

Rom wuchs. Die Randsiedlungen, Slums der Antike, wurden häufig erst mit jahre- und jahrzehntelanger Verzögerung an die öffentlichen Kloaken angeschlossen. Vor allem aber bereiteten die vielgeschossigen Mietskasernen im Stadtzentrum hygienische Probleme. Denn obwohl alle kaiserzeitlichen Metropolen vermittels zahlreicher Aquädukte und kilometerlanger innerstädtischer Leitungen komfortabel versorgt erscheinen – der Wasserdruck reichte nicht aus, um die oberen Stockwerke der in Straßenblöcken, sogenannten *insulae*, gruppierten Etagenwohnungen zu versorgen (oder sie eben durch Wasserspülung zu entsorgen). Solcher Luxus blieb den in der Regel ein- oder zweigeschossigen Stadthäusern der Wohlhabenden vorbehalten. Aber auch dort war die Latrine, nach unserem Geruchsempfinden nicht gerade glücklich, meist in einem Verschlag innerhalb des Küchenraums plaziert. Nur in Palästen und Prunkwohnungen mit einer Privattherme finden sich annehmlichere Lösungen.

Viele, aber durchaus nicht alle Mietskasernen besaßen in ihrem Grundgeschoß eine Gemeinschaftstoilette. Ansonsten war die Durchschnittsfamilie auf den altbewährten Nachttopf oder Lochstühle angewiesen, deren Inhalt zuweilen in Gemeinschaftsbottichen gesammelt und von Düngemittelhändlern abgeholt oder aber ungeniert auf der Straße entleert wurde.

Freilich gab es öffentliche Bedürfnisanstalten, 144 zählte man im

Rom des 4. Jahrhunderts n. Chr.: bei weitem nicht genug für eine hoch in die Hunderttausend gehende »unentsorgte« Bevölkerung. Und welcher von drängenden Bedürfnissen Getriebene machte sich schon die Mühe, Hunderte von Metern zurückzulegen, um sich an dazu bestimmter Stelle zu erleichtern? Nicht zu vergessen: Es war dafür auch noch ein Obolus zu entrichten.

Kostenlos durfte man seinen Sitz nur in den wenigen privaten Latrinen einnehmen. Die Geschäftsleute, die sie finanzierten, hielten sich am Urin ihrer Kunden schadlos, den sie an Gerber und Walker verkauften. Natürlich zog solch schöner Gewinst den begehrlichen Blick des römischen Staatswesens auf sich. Kaiser Vespasian verfügte sogleich eine Urinsteuer und hielt seinem Sohn Titus, der das anrüchige Fiskalgeschäft tadelte, das berühmte *pecunia non olet* (»Geld stinkt nicht«) entgegen. So jedenfalls erzählt es uns Sueton (etwa 75 – 150 n. Chr.), der Sekretär des Kaisers Hadrian.

Wie auch immer, die Fäkalientöpfe wurden weiterhin auf die Straße getragen – in einem unbeobachteten Moment auch schon einmal schwungvoll durch das Fenster entleert. Wehe dem ahnungslosen Passanten! Juvenal scherzt, man könne noch froh sein, wenn man nur vom Inhalt, nicht von den Nachtgeschirren selbst getroffen werde. Besagter Inhalt wanderte zuweilen in dafür eigens angelegte Jauchegruben inmitten des Gassengewirrs, zumeist aber in die unterirdischen Kloaken. Diese waren mit großen Steinplatten gedeckt, die man da und dort anheben konnte – freilich nicht, ohne daß sogleich üble Duftfahnen aufflatterten.

Als die Soldaten am 11. März 222 n. Chr. Elagabal, den Syrer auf dem römischen Kaiserthron, erschlugen, wollten sie den Leichnam zunächst in eine solche Kloake schieben, doch erwies sich die Kanalöffnung für den fett gewordenen Kaiser als zu eng – worauf Ruf erging, den Toten doch gleich in den Tiber zu werfen.

Jedenfalls war die Abdeckung der Abwasserleitungen nie ganz dicht und keine Straße ohne den üblen Geruch von Ausscheidungen. Erlahmte die Wasserzufuhr in heißen Sommern, dümpelten die Kanalinhalte mit besonderer Penetranz. Kein Wunder, daß Überschußwasser der Aquädukte gern zur Ausspülung der Kloaken verwendet wurde, im übrigen aber auch dazu, besonders besudelte Pflasterstrecken und die öffentlichen Jauchegruben zu fluten. Mehr noch als heiße Sommer fürchteten die Römer allerdings winterliche Überschwemmungen des Tiber, weil der Hochstand des Flusses dann die Abwässer in den Leitungen zurückstaute.

Kein Wunder, daß bei solchen Zuständen immer wieder Epidemien unter der Bevölkerung wüteten. Zu Neros Zeiten grassierte nach Suetons Bericht »eine Pest, während der innerhalb eines Herbstes 30 000 Bestattungen in die Rechnungsbücher (...) eingetragen wurden«. Die »Pest des Galen«, wie sie nach einer Beschreibung dieses bedeutenden pergamenischen Arztes genannt wird, griff 165 n. Chr., verschleppt durch Heeresbewegungen, aus dem nordsyrischen Raum fast auf das ganze Imperium über, bis hin nach Gallien und zum nordbritannischen Hadrianswall. Der Historiker Karl Christ hält die Seuche, die weite Teile Italiens und des Westens veröden ließ, für »eine der größten Katastrophen des Altertums überhaupt«. Es folgten Mitte des 3. Jahrhunderts n. Chr. die »Pest des Gallus«, an der in der Reichshauptstadt an einzelnen Tagen um die 5000 Menschen zugrunde gingen, Ende des 3. Jahrhunderts die »Pest des Diokletian«.

Nicht immer allerdings lassen die erhaltenen Beschreibungen deutlich erkennen, ob es sich um die Pest im heutigen Sinne gehandelt hat. Vielleicht wüteten unter der Bezeichnung auch die Pocken oder das Fleckfieber. Jedenfalls gibt zu denken, daß die Bevölkerungszahl des Imperium Romanum nach der Zeitenwende langsam, aber unaufhaltsam sank. Dies also waren die hygienischen Konsequenzen jener Unsauberkeit, deren Geruch die Reichshauptstadt belästigte.

Rom stank, ja, es stank dermaßen, ob in der Wohnung oder auf der Gasse, ob bei Tag oder bei Nacht, daß all und jeder zum Wasser strebte, zu den Brunnen und in die Bäder, nicht zuletzt aber auch zu den Flakons und den Räucherpfannen mit den Wohlgerüchen des Orients.

ROM STEIGT INS BAD

Noch einmal hinein ins Schmuddelrom der republikanischen Zeit. Ein Fragment aus der Feder des Satirikers Lucilius, der im 2. Jahrhundert v. Chr. lebte, gewährt einen amüsanten Einblick in die Zustände vor Entwicklung jener Bäderkultur, für die das kaiserzeitliche Imperium dann mit Recht berühmt wurde. Im »ungebadeten Rom« nähert sich da ein Schmeichler dem Dichter, der über das weitere Geschehen folgendes zu berichten weiß: »Als der Kerl mich sieht, strahlt er mich an, dann tätschelt er mich mit der Hand, fängt an, mir den Kopf zu kraulen, und sammelt die Läuse.« Da wären wir also wieder bei den Läusen.

Seneca, ein Mann des ersten nachchristlichen Jahrhunderts, läßt dieses Ungeziefer endlich zurück – führt uns freilich noch nicht in die großen Bäder. Er ist zu Gast in der Landvilla des Scipio Africanus, der zwei Zentennien zuvor gewirkt und sich durch Leistung wie Lebensführung einen geradezu legendären Rang erworben hatte. Gerührt nimmt Seneca, dokumentiert in seinem 86. Brief, dort auf dem flachen Lande die persönliche Bescheidung des Alten wahr. Wasser stand Scipio genug zur Verfügung, eine versteckte Zisterne spendete es, und doch war der große Mann es zufrieden, wie Seneca berichtet, sich in einem kleinen und engen Bad, »nach altem Brauche finster«, mit kaltem Wasser abzugießen.

Als stoischer Philosoph weiß Seneca solche Bescheidung zu schätzen. »Für arm hält man sich jetzt und für niedrig«, mäkelt er, »wenn die Wände der großflächig glänzenden und teuren Marmorplatten ermangeln«, und schwelgt mit einer Formulierung wie: »Welche Wonne muß es gewesen sein, jene dunklen, schlecht getäfelten Bäder zu besuchen …« in einer ideologisch gefärbten Vergangenheitsbewältigung. Denn mögen die älteren Badesitten moralisch auch tadellos gewesen sein und markige Krieger hervorgebracht haben, hygienischen Ansprüchen genügten sie nicht.

Eigentlich geht es Seneca in seinen Auslassungen um ein politisches Thema, inszeniert als Metapher: darum, das genügsame Leben eines Scipio Africanus in zeitgenössische Kritik an den »müden Kriegern« Roms umzusetzen. Ihr müßtet doch eigentlich, so argumentiert er, den Scipio für einen Bauern erachten, »weil er nicht lieber durch hohe Fenster den Sonnenschein in ein warmes Badezimmer einließ, weil er nicht in hellstem Lichte schwitzte und nicht im Warmbad sich kochte«. Der allgemein verehrte Vorfahr und die beschriebene Distanz zu ihm soll die Selbstkritik der Leser fördern, denn Scipio »badete nicht in geklärtem, oft vielmehr in trübem, bei heftigem Regenwetter sogar in schlammigem Wasser«. Dies empfindet Seneca, ein früher »Preuße« auf römischem Boden, als vorbildlich, und er schließt mit einer Sentenz, der es an Deutlichkeit nicht mangelt: »Seit die Bäder reinlicher wurden, sind ihre Besucher um so schmutziger geworden.«

Bis zum 2. Jahrhundert v. Chr. wusch sich auch der vornehme, mit Wasser wohlausgestattete Römer tagtäglich nur die Arme und Beine, jene Gliedmaßen also, die nicht durch Toga und Tunika vor dem Staub der Straße geschützt waren. Eine Ganzkörperwaschung erfolgte allein aus Anlaß der Nundinen, der in neuntägigem Abstand stattfindenden Markttage – und dann in der denkbar schlichtesten Form. Man schüttete sich daheim Schalen kalten Wassers über den Körper oder stieg mit der gehörigen Vorsicht – denn zu schwimmen verstanden nur die wenigsten – in einen nahen Fluß. Selbst der Tiber, schon damals eher Schmutzbrühe als Klarwasserlauf, lockte Unbedenkliche zum Bade. In der Hauptstadt, vor dem Ausfalltor nach Capua gelegen, gab es nach einem Bericht des Historikers Livius (59 v. Chr. – 17 n. Chr.) zudem schon früh ein großes, nicht sehr tiefes Wasserbassin, die *piscina publica*, in der man sich säubern und erfrischen konnte.

Erste häusliche Badezimmer, zunächst dunkle, wenig einladende Stuben der Art, wie sie der afrikanische Scipio auf seinem Landgut in Kampanien zur Säuberung benutzte, entstanden um die Zeit des Zweiten Punischen Krieges (Ende des 3. Jahrhunderts v. Chr.), als immer mehr Vornehme im italischen Raum sich der griechischen Lebenskultur zuwandten. Wenig später richtete die Hauptstadt erste Badeanstalten ein, in denen auch warmes Wasser zur Verfügung stand. Städtische Aufsichtsbeamte kontrollierten die Temperatur, achteten darauf, daß eine moderate Wärme nicht überschritten wurde. Mit dem Ende der Republik gewannen die Römer dann auch an Heiß- und Schwitzbädern Geschmack. Überhaupt wurde der Badbesuch nun zum Statussymbol – nicht nur der müßiggehenden Begüterten, die es sich leisten konnten, sondern ebenso der arbeitenden Volksmasse, die es besonders nötig hatte. Kein Straßenkreuz in Rom, keine Vorstadt und kein Wohnblock, die um die Zeitenwende nicht wenigstens ein *balneum*, eine Badestube besaß; auch in den Provinzen, bis in das letzte Nest hinein, breitete sich Badeleben aus, und selbst die Legionärslager und -kastelle erhielten entsprechende Einrichtungen.

Im 4. Jahrhundert n. Chr. besaß die Hauptstadt 592 Badehäuser, die großen Thermen nicht gerechnet. Agrippa, der Seesieger von Naulochoi (36 v. Chr.), Schwiegersohn des Augustus und Großvater des Caligula, stiftete als Ädil, als Aufsichtsbeamter für die öffentlichen Gebäude, Straßen und Märkte, auf eigene Rechnung allein 170 Badestuben. Zugleich hob er mit der Finanzierung einer ersten Thermenanlage die Badekultur definitiv in die Sphäre des Luxus. Daß das Schwitzbad seiner Thermen bereits 25 v. Chr. eröffnet wurde, der ganze Komplex aber erst fünf oder sechs Jahre später, deutet auf die Weitläufigkeit, ja die Grandeur der Anlage hin, die leider nicht erhalten blieb.

Agrippas Beispiel machte Schule. In der Kaiserzeit entstanden auf dem Marsfeld die Thermen des Nero, auf dem Esquilin die des Titus, und auch Trajan, Decius, Caracalla und Maximianus (der Mit-Augustus des Diokletian) taten sich als Stifter öffentlicher Badeanstalten hervor, eine kühner dimensioniert und kostbarer ausgestattet als die andere. Die Diokletiansthermen im Nordosten Roms, die im Jahr 305/306 n. Chr. in Betrieb genommen wurden, faßten zwischen 2000 und 3000 Badende. Staunenswerte 367 Meter lang und 361 Meter breit, der zugehörige ummauerte Park nicht einmal mitgerechnet, war die überaus prachtvolle Anlage; allein das offene Bad maß fast 100 Meter in der Länge und 50 Meter in der Breite, und die gedeckte Halle für das Kaltbad war so geräumig, daß Michelangelo sie Mitte des 16. Jahrhunderts ohne weiteres in eine Kirche, S. Maria degli Angeli, umwidmen konnte. Hochragende Fassaden schlossen diese Welt des Luxus gegen den anbrandenden Schmutz und Gestank der Straße ab.

Den Römern bedeuteten die Kaiserthermen und überhaupt die öffentlichen Bäder nicht nur einen Ort der Reinigung, einen nützlichen »Dienstleistungsbetrieb«. Vielmehr nahmen die Volksmassen hier Zuflucht zu jener höheren Lebenskultur, die sie im eigenen Hauswesen bitter entbehrten. Über den Badeluxus war das Rom der kleinen Leute indirekt aber auch käuflich; jedenfalls versuchten die Kaiser trotz der starken Zentralisierung der Macht, die Volksmeinung günstig, das heißt zu eigenen Gunsten, zu beeinflussen. »Daher fand man in den Thermen oft Trophäen und alle möglichen Denkmäler, um jene, die sich der vielen Annehmlichkeiten dieser Einrichtungen erfreuten, daran zu erinnern, daß die Macht der Herrscher ihnen dieses Glück verschaffte und erhielt«, bemerkt treffend der Althistoriker Gilbert Picard.

Insgesamt bedeuteten die gewaltigen Anlagen der Hauptstadt, ebenso wie die kleineren Etablissements in Stadt und Land, der römischen Bürgerschaft ungefähr das, was den Engländern unter Königin Victoria und dem siebten Edward ihre Clubs waren: informelle Schnittstellen der Gesellschaft von höchstem Kommunikationswert. Sie avancierten zu »profanen Tempeln« des Römischen Reiches. Nur so auch wird verständlich, warum Kaiser wie Commodus oder Hadrian, denen doch Palastbäder zur Verfügung standen, höchstselbst die öffentlichen Thermen zu besuchen pflegten: Nicht dem Plätscherwasser, vielmehr den sprudelnden Quellen der Meinungsbildung liehen sie ihr Ohr.

ROM WÜNSCHT ZU DUFTEN

Eine zweigeteilte Gesellschaft: Hier der allgegenwärtige Schmutz, dort die Badeinseln der Sauberkeit und des Luxus.

Nicht der Vornehme, der ausschließlich mit der Sänfte sein komfortables Hauswesen verließ und auf breiten Trägerschultern zum Bade hin, vom Bade her schaukelte, dabei nur den Grad des Luxus wechselnd, wohl aber die römische Plebs blieb in dieser zweigeteilten Welt, auch den allerprächtigsten Thermen zum Trotz, stets in der hygienischen Defensive. In Marmorhallen, im warmen Wasser aus silbernen Hähnen mochte jeder Badende sich für kurze Zeit als ein Römer von Rang dünken; gleich anschließend aber waren die meisten, um so nachdrücklicher beschämt, aufs neue dem Gestank kotiger Straßen ausgesetzt.

Die Gegenoffensive: Das konnte nur der betäubende, betörende, süße, unwiderstehliche Wohlgeruch sein – oder besser gleich eine ganze Duftwolke, die über all und jeden Straßenbrodem[1)] souverän blieb. Paul Faure formuliert in seiner »Kulturgeschichte der Wohlgerüche« bündig: »Mit allen möglichen künstlichen wie natürlichen Mitteln versuchten die Römer, den Gestank aus der Stadt zu bannen.«

Die Offensive des Duftes begann in den Thermen. Neben all den anderen Räumlichkeiten verfügten diese Monumentalanlagen, wie der ältere Plinius berichtet, über besondere Räume zum Eincremen der Leiber mit wohlriechenden Pasten. *Unctorium* nannte man solch einen Salbraum, *unctores* hießen die bestellten Masseure.

Seife im modernen Sinne gab es in Rom nicht. Statt dessen benutzte man Öl und immer wieder Öl, gelegentlich auch Lupinenmehl oder – nach der Tradition des alten Griechenland – eine Mischung aus Kalk und Holzasche. Wichtigstes Instrument der Körpersäuberung war die *strigilis*, eine Art Schabeisen. Eine Skulptur des Bronzebildhauers Lysippos (4. Jahrhundert v. Chr.), heute im Vatikan und bekannt als »Der Schaber«, zeigt einen Athleten bei der Handhabung dieses Striegels.

Üblicherweise trug der Badegast das Öl erst dann auf, wenn ein Schweißfilm sich über die Haut gelegt hatte. So jedenfalls wurde es von Medizinern angeraten. Wer es sich leisten konnte, brachte seine eigenen wohlriechenden Sorten mit in die Thermen und ließ sich von einem Masseur oder seinem Leibsklaven einreiben, doch gehörten natürlich Öle und Pasten aller Art zu den obligatorischen Beständen

1) Straßenqualm, -dampf

des Bades. Seneca weiß in seinem 56. Brief das klatschende und schmatzende Geräusch der Masseurhände danach zu unterscheiden, ob das Körperwalken mit flach gestreckter oder hohler Hand erfolgte. Der vollständig eingeölte Körper wurde sodann mit der Strigilis sorgsam geschabt, wobei dem Eisen neben Öl und Schweiß auch alle Hautunreinheiten zum Opfer fielen. Nach der Prozedur fühlte sich die Haut glatt und geschmeidig wie Seide an.

Manch einer ließ sich auch gleich die Achselhaare entfernen, deren Anblick dem feinen Römer – wie heute noch so manchem hierin prüden US-Amerikaner – als anstößig galt. Ovid warnt in seiner »Liebeskunst« die jungen Mädchen in direkter Ansprache eindringlich, »daß der Bock nicht unter den Achseln laure, daß stachliges Haar nicht euch die Schenkel entstelle«.

Die Konsequenzen hatten andere zu tragen. Seneca rechnet in seinem gerade erwähnten 56. Brief zu den Leiden, die man im Wohngeschoß über einem Balneum zu ertragen habe, auch das heisere Lockgeschrei der Epilierer (Haarentferner). Es verstummte gewöhnlich erst dann, wenn ein Kunde gefunden war; allerdings nur, um sogleich von dessen Schmerzgestöhn abgelöst zu werden …

Aus der Unannehmlichkeit der Prozedur zog später die Stadt Tarsus an der Südküste Kleinasiens Gewinn: Findige Köpfe hatten dort eine Enthaarungscreme ersonnen, die sich im ganzen Imperium bald größter Beliebtheit erfreute.

Nicht die delikate Achselhaarentfernung, aber das Einölen und Abschaben oder das alternative Abreiben mit rauhem Tuch wurden von den Badegästen – Müßiggänger hielten sich den ganzen hellen Tag in den Thermen auf – zuweilen mehrfach wiederholt: gewöhnlich etwa nach der Rückkehr vom Sporthof des Bades. Auch gab es Luxusbäder, in denen das eingelassene Wasser parfümiert wurde, und Kaiser Elagabal, derselbe, dessen Leichnam später in eine Kloake gepreßt werden sollte, stieg zu seinen wesentlich komfortableren Lebzeiten möglichst nur in Wannen oder Becken, deren Wasser mit dem Gelb des kostbaren Safran versetzt war.

Wer das Bad verließ, versuchte sich noch einmal durch guten Duft zu wappnen für das Straßenleben. Der Enzyklopädist Celsus Anfang des 1. Jahrhunderts n. Chr.: »Nach dem Bad salbe man den Körper mit Öl, um zu vermeiden, daß er über die Maßen von Luft durchdrungen werde.«

Gingen Krankheiten in der Stadt um, wurden diese Duftvorkehrungen noch verstärkt. Man glaubte, »Wohlgeruch erfülle die Poren der Sinneswerkzeuge und hindere sie, den in der Luft befindlichen Peststoff anzunehmen«, wie der Historiker Herodian (2./3. Jahrhundert n. Chr.) es formuliert.

Auch im häuslichen Leben cremte und parfümierte man sich nach Möglichkeit – und das hieß zunächst: nach den Möglichkeiten des Geldbeutels. »Welch zärtlicher Freund darf auf dem Rosenbett, ganz von Düften berauscht, heute Dich küssen?« fragt der Dichter Horaz in lyrischer Ekstase die sehnsüchtig begehrte blonde Pyrrha. Nüchterne Antwort: zweifellos nur derjenige, der sich selbst einen Tageslauf voll der Wohlgerüche zu finanzieren vermochte.

Die private Morgentoilette der Oberschicht begann, wie wiederum Horaz (65–8 v. Chr.) uns wissen läßt, mit Salbungen, wobei die benutzten Cremes mit Duftstoffen versetzt waren. Ulrich Kahrstedt glossiert in seiner »Kulturgeschichte der römischen Kaiserzeit«: »Immer länger wird die Liste solcher Artikel, immer klangvoller die Namen, mit denen sie Reklame machen: Isis, Aniketos, Phosphoros werden als Hautcreme verwendet.«

Gern legten Männer wie Frauen in den ersten Tagesstunden, die sie gewöhnlich noch auf dem Ruhelager mit seiner – leicht – parfümierten Bettwäsche verbrachten, auch Gesichtspackungen aus Brotteig auf, um die Haut zu verjüngen und geschmeidig zu machen. Freilich sollte das, wie der »Liebeslehrer« Ovid gemäß seinem Grundsatz »Vieles ist häßlich zu tun, was doch in Vollendung gefällt«, den jungen römischen Damen dringend anrät, stets im Verborgenen geschehen: »Denn wen beleidigt es nicht, wenn im ganzen Gesichte die Hefe klebt und zum Busen hinabtrieft ...«

Geradezu legendär war das Schönheitsmittel, das Neros rotblonde Geliebte – und legitime Ehefrau seit 61 n. Chr. – Poppaea Sabina sich leisten konnte: Bäder in Eselsmilch schenkten ihr angeblich die allenthalben beneidete frische Haut, und so trottete denn auf den Reisen der von Tacitus als ebenso schön wie gewissenlos beschriebenen Frau stets ein Schwang geduldiger Eselinnen dem Fuhrwerk oder der Sänfte hinterdrein.

Die römischen Damen, die sich solch extremen Luxus nicht leisten konnten, achteten zumindest darauf, daß ein wenig Eselsmilch in die nächtliche oder morgendliche Teigmaske einfloß. Diese Damen bildeten auch die Zirkel, in denen gerüchteschwer über die *pinguia Poppaiana* gerätselt ward: Salben, welche die Bezaubernde nach eigener, geheimer Rezeptur mischen ließ. Wie schon ihre Mutter galt Poppaea als die bestaussehende Frau des Imperiums. Was half's? In einem seiner Zornanfälle brachte Nero die Gattin, die damals schwanger war, durch einen rohen Fußtritt zu Tode – nur, um sie reuig und fromm sogleich in den Götterhimmel zu erheben. Poppaeas Leichnam wurde nach alter orientalischer Sitte einbalsamiert, und das Räucherwerk, das während der Bestattungsfeierlichkeiten verbrannt wurde, ließ der Kaiser sich Unsummen kosten.

Aber zurück zu den alltäglicheren Anstrengungen um Schönheit und guten Geruch! Die Zähne rieb man sich mit Pulver oder Paste, um sie zu reinigen und glänzender zu machen, und auch gegen den Geruch aus der Nase nahm man Pulver. Diverse »Markenartikel« konkurrierten auf den Märkten, und Plinius der Ältere gibt in seiner »Naturgeschichte« probate Rezepte für solche Mittelchen.

Während des Tages sorgten Pastillen für fortdauernd guten Atem, damit man nicht »vom gestrigen Wein unangenehm rieche« (Martial). Legendären Ruf genossen im Rom nach der Mitte des ersten Jahrhunderts die Pastillen des Drogisten Cosmus.

Der eifrig betriebenen Mund- und Nasenpflege entsprechen Klagen über den üblen Mundgeruch der »Barbarenvölker«. Indessen hält Horaz, der in seinen Satiren auf das Pastillenlutschen anspielt, diese Sitte offenbar für stutzerhaft. Wahrscheinlich war ihm auch die Gepflogenheit suspekt, Gebißlücken durch Ersatzzähne zu schließen, die mit Hilfe von Golddraht befestigt wurden. Ob's danach noch zum herzhaften Zubiß reichte, muß offen bleiben. Auf jeden Fall aber genügten die römischen Edelleute und ihre Ehegesponse so dem Diktat jugendlicher Selbstpräsentation – und wer in der besseren römischen Gesellschaft der Kaiserzeit vermochte sich jenem mächtigen Diktat schon zu entziehen?

Nicht nur unter diesem einen Schönheitsaspekt. Schere und Brenneisen ließ bereits Kaiser Nero an seine Haare legen – zu einer Zeit, als das männliche Geschlecht nach Altväterart noch das sogenannte »wilde Haar« bevorzugte, wie Horaz es nennt, eine Frisur, die das Haargestrüpp kurz hielt, ihm aber ansonsten den natürlichen Wuchs und Fall beließ. Neros »stufenweise geordnete Locken« (Sueton) sollten natürlich das Künstlertum des Genies auf dem Thron, als das sich dieser merkwürdig inspirierte Kaiser verstand, zur Geltung bringen. Zur allgemeinen Mode avancierte das gelockte Männerhaar erst mehr als ein halbes Jahrhundert später; Kaiser Hadrian gab der Haartracht, die im griechischen Teil des Reiches Tradition hatte, entschieden den Vorzug. Wer wissen möchte, wie sich die Männerhaare im folgenden Jahrhundert idealerweise krausten, schaue sich die Kaiserbüsten eines Commodus, Caracalla oder Septimius Severus an.

Römische Edelfrauen, die sich stundenlang herzurichten pflegten und ihr Haar mit einer Tonerde säuberten, in die Rosenöl oder Iriswasser eingeflossen war, trugen freilich schon lange vor den männlichen Machtgestalten künstlich gebrannte Locken zur Schau. Während des 1. Jahrhunderts n. Chr. kamen auch Toupets auf, und Naturhaareinsätze, mit denen man hochgetürmte Frisuren errichtete, oder Zierperücken waren keineswegs nur Hetären vorbehalten. Ihre »Haartürme« steiften die römischen Damen übrigens nach gallischer Manier mit Kalkpaste an, so wie sie sprießendes Haargrau einzufärben liebten, und zwar, wenn Ovids »Liebeskunst« das Treffende sagt, mit Importen aus deutschen Landen: »Die Frau färbt das Haar, wird's grau, mit germanischen Kräutern, daß durch die Kunst es sogar noch besser wird als zuvor…« Häufig wurden die Haare aber auch ohne allen Altersanlaß, allein nach dem Diktat der herrschenden Mode gefärbt, am liebsten lichtblond oder rötlich. Der Hinweis auf den reichlichen Gebrauch von stark parfümierter Pomade, über die etwa Martial und Tertullian berichten, mag die spezifische Duftnote der modischen Haartracht verdeutlichen. Daran änderten auch scharfzüngige Kritiker nichts, die über die Duftanstrengungen alternder Lüstlinge herzuziehen liebten.

Noch ein Wort über die Schminke – auch sie ein Signum des kaiserzeitlichen Jugendkults und eine begehrte Ware innerhalb der römischen Industrie der Schönheitsmittel. Undenkbar, daß ein Cato sich Mennigrot auf die Wangen gelegt oder die Brauenbogen schwarz nachgezogen hätte. Das spätere Rom war da freilich weit weniger zurückhaltend und eilte in Roms *Sacra via*, wo die Läden der Toilettenhändler und Barbiere mit all ihren Schönheitspflästerchen, Runzelsalben und Färbemitteln sich drängten.

Martial verspottet eine gewisse Galla und ihre Schönheitstechniken mit den Worten: »Kein Mann kann zu Dir ›Ich liebe dich!‹ sagen, denn was er liebt, bist nicht Du, und was Du bist, liebt kein Mann.« Aber die Männer trieben es nicht besser. Kaiser Caracalla etwa schminkte sich, zum Mißfallen seiner Soldaten, noch sorgfältiger, als es für eine anständige Frau schicklich war. Mit heller Schminke, gewonnen aus Bleiweiß, überdeckten beide Geschlechter ihre Sommersprossen und die Altersflecken der Hände.

Die Kultur des guten Geruchs staffelte sich im alten Rom entsprechend den Standesunterschieden. Bei Plautus heißt es in der Komödie »Poenulus«: »Du hast doch wohl nicht Lust, dich hinzudrängen zu dem Hurenpack, zu Bäckermetzen, Abschaum aus den Mühlen, zu den gemeinen, schmutzigen Sklavenliebchen mit ihrem üblen Duft, die nach ihrem Standort, nach dem Stall und der Latrine riechen …«. Aber nicht nur über den Geruch plebejischer Freudenmädchen rümpft Plautus die Nase, auch über die billigen Parfüms, grün oder malvenfarbig waren sie, mit denen die »Liebchen« den schlimmsten Gestank zu überdecken suchten.

Wir kommen damit einem Paradox näher, das schon in Horaz' abfälliger Bemerkung über den süßen Pastillenatem anklang. Einerseits suchte man den Wohlgeruch, andererseits bildete sich in republikanischer Zeit, fortdauernd noch um die Zeitenwende, eine Phalanx gegen die Aromata des Orients. Plautus behauptet in der Gespensterkomödie »Mostellaria«, eine Frau rieche nur dann gut, wenn sie nicht rieche. Was den großen französischen Essayisten Montaigne zu der berühmten Sentenz anregte: »Wo's riecht, da stinkt's.«

Das »spartanische«, das bodenständige Rom, das wir schon in Senecas Schwärmerei für ein bescheidenes Badeleben kennengelernt haben, läßt sich zwischen dem 8. und dem 2. Jahrhundert v. Chr. ansetzen. In diesem »guten alten Rom« roch es wie in jedem größeren Bauernflecken mit gedüngten Feldern, Misthaufen, Jauchegruben und brummenden Schmeißfliegen: punktuell schlecht, im ganzen aber erträglich. Die Stadt, zumal die Metropole, komprimierte jenen Punkt-für-Punkt-Unrat bis zur Unerträglichkeit, indem sie Mensch und Mensch, Mensch und Tier immer enger zusammenpreßte, nicht mehr die Fäkalien Tausender, sondern Hunderttausender Geschöpfe, nicht mehr einen Tierkadaver, sondern tagtäglich deren Aberdutzende zu »entsorgen« hatte – und in der Regel erst dann handelte, wenn es gar nicht mehr auszuhalten war...

Die Gegner importierter Wohlgerüche jedoch argumentierten weiterhin so, als sei Rom ein großes Dorf geblieben. Die alte republikanische Indigniertheit über exotische Düfte, parfümierte nahöstliche Weichlinge und aromatisierten Wein machte in einer Zeit, als die hellenistischen Reiche mit Rom noch um die Herrschaft im Mittelmeerraum und Nahen Osten wetteiferten, durchaus politischen Sinn, war die lateinische Welt der griechisch-asiatischen doch kulturell, auch lebenskulturell unterlegen und nur durch Abschottung zu behaupten. Danach aber gerann diese Haltung zur traditionalistischen Floskel. Als Plautus seine Komödien schrieb, um die Wende vom 3. zum 2. Jahrhundert v. Chr., war die Schlacht von Magnesia am Sipylos noch nicht geschlagen und für Rom gewonnen. Aber Scipios Sieg über den dritten Antiochos, den hellenistischen König von Großsyrien, schreckte die Zensoren nicht minder als die befürchtete

Niederlage, stoßen wir doch, gleich anschließend an den Frieden von Apamaia (188 v. Chr.), auf ein Edikt, das den Kauf exotischer Parfüms untersagt. Das Detail steht für die ganze Fülle und Tiefe der römischen Orientfurcht.

Als Pergamons letzter Herrscher, der Botaniker und Sonderling Attalos III., im Jahre 133 v. Chr. den Römern sein Reich im westlichen Kleinasien testamentarisch überschrieb, kam entsprechend nicht nur reine Freude unter den Konservativen der Republik auf, war doch dem »Orientalentum« ein weiteres Einfallstor eröffnet.

Und sie behielten letztlich Recht: Rom siegte militärisch und politisch gegen Vorderasien, aber es mußte sich dem unterworfenen Gegner kulturell geschlagen geben (s. S. 308ff.). Mit den in der Hauptstadt eintreffenden Göttern des Orients kamen die östlichen Sitten und Wohlgerüche. Auch die wortgewaltigste Beschwörung der republikanischen Tugenden und alle Verspottung »östlicher Paradiese« vermochten daran nichts zu ändern. Vielmehr änderte alles sich in Rom, das mit fortdauernder Kaiserzeit zu einer solchen spätorientalischen Stadt aufstieg (oder niederging), wie sie Byzanz, der große Konkurrent am Bosporus, nach der Reichsteilung in christlicher Färbung blieb.

In Rom schwanden mit jenem Orientalisierungsprozeß zum Beispiel die herkömmlichen, ganz und gar zweckträchtigen Gemüsegärten. Sie wurden abgelöst durch Ziergärten, in deren Rabatten Zitronenkraut und Gewürznelken, Thymian und Baldrian, Rosmarin und Dill wuchsen. Gleich daneben dufteten Rosen, Lilien, Narzissen, Immortellen und Veilchen, Jasmin und Lavendel. Sie alle galten noch als natürliche Freudenspender, ihr Duft als erlaubter Luxus. Dabei verkennen die römischen Dichter, von Lukrez über Catull bis Horaz, wenn sie Rosen- und Veilchenduft rühmen, daß auch diese gefeierte Blumenkultur bereits das alte Ideal des gärtnerischen Ertrags verletzte. Ihr Duftideal bleibt immerhin »nationalistisch«: Alles was auf italischem Boden gedeiht, gilt ihnen als tugendsam; verderbt dagegen ist, was an pflanzlichem Duft den Ländern des Orients entquillt. Cicero beschwert sich über die heraufziehende neue Geruchskultur mit den erzieherischen Worten: »Salben mit intensivem und aufdringlichem Parfüm gefallen uns weniger lange als dezente ...«

In Wirklichkeit hatte das zunehmend stinkende Rom längst die Würfel für die dichten Aromata des Orients geworfen, und der Standesdünkel, der auch bei Cicero hervorlugt, konzentrierte seine Kritik allein noch auf die »Billigkeit« der Volksparfüms. Davon unberührt kursierten preiswerte Essenzen, Öle und Pomaden in einem solchen Maße, daß Plinius der Ältere, kleinmütig geworden angesichts dieser »übelsten Verkommenheit«, nur mehr die schlimmsten Auswüchse des Duftkults geißelt, etwa die in der Tat dekadent anmutenden Bräuche, die Innenseiten von Badewannen zu salben oder an den Festtagen des Reiches die Heeresstandarten mit duftenden Cremes zu bestreichen.

Gegenduft zur »Geruchshölle« Rom war jedenfalls vonnöten, und stark, sehr stark mußte dieser Duft sein, um über den Gestank von Luderfleisch, Schweiß, Fäkalien und kokelndem Leichenbrand zu triumphieren. Da half kein wohlgestecktes Blumenbukett mehr. Die Parfüm- und Kräuterhändler, deren Läden vor allem im Tusker-Viertel zu finden waren, hatten Hochkonjunktur. Eine Wegzeile dort trug den Namen *Vicus Thurarius* (»Weihrauchstraße«); eine andere, oberhalb des Trajan-Forums, hieß *Via Piperatica*, frei übersetzt: »Gewürzstraße.«

Beiläufig sei hier daran erinnert, daß die Duftindustrie seit dem 19. Jahrhundert noch schärfere Mittel einsetzt, als sie der Orient seinerzeit nach Rom importierte: tierische Produkte wie das Ambra der Pottwale oder die Sekrete der Moschustiere etwa. Dagegen blieb die olfaktorische Abwehrleistung der Ewigen Stadt stets botanisch.

Styrax und Balsam, Weihrauch und Myrrhe gehörten zu jenen Pflanzen, die nur in subtropischem Klima, nicht aber in der mediterranen Welt gediehen. In der Praxis der reichsrömischen Parfümherstellung verband man die orientalischen Wohlgerüche häufig mit mittelmeerischen Düften. Beliebte Aromata wurden aus Lorbeer und Wacholder, aus Koriander und Basilikum, aus Pomeranzen und Quitten, Minze und Salbei, Ginster und Haselwurz gewonnen. Die Analyse eines bei Aquileia gefundenen, in Gänze erhaltenen Parfümfläschchens ergab als Grundbestandteil ein aus der kretischen Zistrose gewonnenes Harz. Durch einfaches Auspressen gewann man Mandel- und Mohnöl. Einige Geruchspflanzen und Blumen römischer Ziergärten, die eine Rolle spielen, wurden bereits genannt. Bei allem Nuancenreichtum, der aus solcher Vielfalt hervorging, lassen sich in der Fülle der gehandelten Parfüms, grob gesprochen, drei Duftnoten unterscheiden: die »süße«, die »fruchtige« und die »erdige«.

Die erste Richtung galt als billig, aufdringlich und im schlechten Sinne »orientalisch«. Dies war plebejisches Parfüm und feineren römischen Nasen unausstehlich, Prostituiertenware eben, und selbst die ursprünglich sehr begehrte »süße« Rosensalbe geriet in Verruf. Die »fruchtige« Variante wiederum, die viel der Zitrone verdankte, aber auch dem Duft mancher Gartenblüte, ließ sich noch am ehesten als bodenständig-römisch bezeichnen; wenn schon heimische Duftkultur, dann diese. Die »erdigen« Duftnoten waren die teuersten, erforderte ihre Herstellung doch die edelsten orientalischen Ingredienzen.

Über diese Duftmittel aus dem Osten zu verfügen wurde zum römischen Statussymbol, gerade weil die Preise stets hoch standen. Einer Kostenliste bei Plinius dem Älteren für das Jahr 75 n. Chr. ist zu entnehmen, daß Balsam aus Judäa (später abgelöst vom sogenannten Mekka-Balsam) am teuersten war, gefolgt von Salben aus Kaneel (Zimt) und Narde. Aus Diokletians Preisedikt vom November/Dezember des Jahres 301 n. Chr., mit dem der Kaiser die grassierende Währungsinflation aufzuhalten suchte, werden Maximalpreise für die gängigen Waren festgesetzt, so auch »für die Pflanzen«, darunter alle beliebten Aromata.

Paul Faure nennt die astronomischen Summen, die in den Geruchsluxus flossen – sich freilich erst dann ganz erschließen, wenn man weiß, daß ein Landarbeiter höchstens 25 Denare pro Tag verdiente. Ein römisches Pfund (das sind nach heutiger Berechnung: 327 Gramm) Balsam kostete danach vier Taglöhne, arabischer Weihrauch deren zwanzig, und für ein entsprechendes Quantum von arabischem Safran hätte sich der Landarbeiter achtzig Tage, fast drei Monate also, mühen müssen.

So läßt sich ermessen, was es hieß, wenn Nero Tonnen von Weihrauch und anderen duftenden Spezereien verbrannte oder wenn römische Theaterbühnen, wie Lukrez und Properz es berichten, mit Safranstaub duftend gemacht wurden. Der ältere Plinius beklagt sich bitterlich darüber, daß Jahr für Jahr 100 Millionen Sesterzen (eine Sesterze war zu seiner Zeit das Mindestentgelt eines Tagelöhners) nach Indien und Arabien flössen: »So teuer sind uns unser Luxus und unsere Frauen.«

Aber es gab noch andere Gründe als rein parvenühaftes Großmannstum, wenn Rom die kostspieligen Duftnoten von Weihrauch, Balsam und Safran favorisierte. Ein merkwürdiges Beiwort in der Literatur jener Tage bringt uns auf die Spur: Weihrauch roch demnach »feierlich«. In der Tat war dieses aromatische Harz geheiligt durch Traditionen, die nach Ägypten und Assyrien, Altpersien und Altgriechenland, ins minoische Kreta und ins biblische Palästina reichten und fast stets dem religiösen Kultus verbunden waren.

Ägyptische Bedienstete mit einem Weihrauchbäumchen. Umzeichnung nach den sogenannten Punt-Reliefs im Tempel der Königin Hatschepsut, Theben-West (15. Jh. v. Chr).

Im alttestamentlichen Buch Exodus gibt Jehova dem Moses auf, ihm ein Räucheropfer von reinem Weihrauch darzubringen: »Das Räucherwerk, das Du bereiten sollst (...), soll Dir als dem Herrn heilig gelten. Wer solches um des Duftes willen herstellt, soll aus seinen Stammesgenossen ausgemerzt werden.« Das Buch »Leviticus« wiederum trifft Anordnungen über das jüdische Speiseopfer, zu dem abermals Weihrauch gehört, und im selben Buch lesen wir von den sogenannten »Schaubroten«, belegt mit reinem Weihrauch: »Er soll der Gedächtnisanteil des Brotes sein, ein Feueropfer für den Herrn.«

Vorausgegangen in dieser Art von Kultus war das pharaonische Ägypten. Schon vor der Mitte des dritten vorchristlichen Jahrtausends hatten die Herrscher Expeditionen in das legendäre Weihrauchland Punt entsandt, um so den Aromabedarf des Tempelkultus zu decken. Balsam war ebenfalls hochbegehrt für die Körpersalbung und die Mumifizierung königlicher Toter, nachweisbar schon für die Erste Dynastie (etwa 3000–2780 v. Chr.). In das heilige Öl, mit dem man die Götterbilder salbte, gehörte wiederum Weihrauch; ein Papyrus aus dem Tempellaboratorium von Edfu unterscheidet 14 verschiedene Sorten.

In der Totenstadt Theben, Luxor gegenüber auf der Westseite des Nil gelegen, schildern die sogenannten Punt-Reliefs im grandiosen Terrassentempel der Königin Hatschepsut (Regierungszeit: 1490 bis 1468 v. Chr.) eine weitere ägyptische Fahrt nach dem Weihrauchland. Den kinematographisch abrollenden Szenen gesellen sich aufschlußreich kommentierende Hieroglyphen zu.

In diesen Texten feiert Hatschepsut die Kühnheit ihrer Unternehmung. Über Punt heißt es: »Man nimmt Weihrauch, so viel man will, und belädt damit die Schiffe nach Gutdünken. Da gibt es Bäume frischen Weihrauchs und alle möglichen schönen Dinge.« In den Bildsequenzen erkennt man die Weihrauchsträucher neben Palmen, kann den ägyptischen Händlern beim Tauschgeschäft zusehen und erlebt zuletzt das Weiheopfer der Königin vor dem Gott Amun, »während dieweil andere Götter die Waren registrieren, Gott Thoth Zahlenreihen addiert und die schreibkundige Sechat genau das Wareneinnahmebuch führt« (H. Strelocke).

Offenbar hat Hatschepsut versucht, die Weihrauchbäumchen, um sich der hohen Handelskosten zu entledigen, im Nil-Delta heimisch zu machen, doch scheiterte der Pflanzversuch.

Räucheraltäre und tönerne Räucherkästchen oder -ständer mit einfachem Ritzmuster, aus denen es »südarabisch« wölkte, gehörten als fester Bestandteil auch zum mesopotamischen Kultus. Herodot berichtet gar, man habe auf dem großen Altar im Baal-Tempel zu Babylon alljährlich zum Feste des Gottes Unmengen (»tausend Talente«) von Weihrauch in Wohlduft aufgehen lassen. Das achämenidische Persien übernahm solche Duftbräuche, und vom König Darius heißt es, daß ihn seine 40 höfischen Salbenbereiter sogar auf Kriegszügen begleiten mußten.

»Bei den Griechen«, faßt Carl Joachim Classen zusammen, »wird Weihrauch als Wohlgeruchsopfer verbrannt, nicht bei Homer, aber seit dem 7. Jh. in vielen Kulten und in den Mysterien, von Pythagoras empfohlen, von Platon abgelehnt, ferner bei Orakeln und magischen (theurgischen) Praktiken, selten als Reinigungsopfer.«

Relief (Ausschnitt) aus dem Nordpalast des Assurbanipal zu Ninive: der König beim Trankopfer über der Jagdbeute; links ein mannshoher Weihrauchständer (7. Jh. v. Chr).

Wahrscheinlich ist der Weihrauchgebrauch über den Kult der Urania-Aphrodite als hellenischer Nachfolgerin der semitischen Himmelsgöttin, vermittelt durch phönikische Seefahrer, in den griechischen Kulturkreis eingegangen. Was Wunder, daß Griechenland den Weihrauch stets mit seinem semitischen Namen *(libona)* bezeichnete. Später wurden die Harztropfen zum Beispiel bei den Adonis-Feiern unter lauter Klage über den Tod des Gottes in Schwelbrand gesetzt. Überhaupt gewannen dergleiche Zeremonien an Beliebtheit: »Ein Körnchen Weihrauch in die Flamme zu streuen, ist der allgemeinste und schlichteste, auch billigste Opferakt« (W. Burkert). Wenn Weihrauch im griechischen Raum darüber hinaus zu profanen Zwecken eingesetzt wurde, dann meist aus großen gesellschaftlichen Anlässen: etwa bei Hochzeitszeremonien oder repräsentativen Gastmahlen. Empedokles aus Agrigent, der letzte der großen Naturphilosophen (483/482–423 v. Chr.), richtete nach seinem olympischen Sieg im Pferderennen ein Festmahl aus, zu dem den Gästen ein aus Myrrhe, Weihrauch und anderen Aromata geformter Stier serviert wurde.

»Rauch schützte vor allem Bösen und vor schlechtem Einfluß. Man beräucherte fremde Abgesandte und ihre mitgebrachten Geschenke, ehe sie vom König empfangen wurden, um Zauberkräfte, die sie vielleicht mitbrachten, zu brechen und böse Geister zu verscheuchen, die in der Luft leben konnten.« So Heinrich L. Kaster. Der Usus blieb in Byzanz höchst lebendig, hat sich aber auch in die christlichen Gemeinwesen der Gegenwart hinübergerettet. Ein Beispiel: Bevor der spanische König den »Señor Santiago«, den heiligen Jakob also, in Compostela ehrend ansprechen darf, wird er von geistlichen Helfern beweihräuchert, um ihn von allem Widerwärtigen zu säubern. Bald nach dieser Zeremonie pendelt mit furchterregendem Schwung das größte Weihrauchfaß der Welt, 54 Kilogramm schwer und »Botafumeiro« genannt, durch das ganze Hauptschiff der Jakobskathedrale, um die Gläubigen an der Heiligung des Ortes teilhaben zu lassen.

Als sakrale Güter hatten Weihrauch und Balsam auch Einzug in die römische Welt gehalten. Schon die lateinische Bezeichnung für

Weihrauch, *tus* oder *thus*, belegt dies; sie leitet sich aus dem griechischen Wort für Opfer ab. Beim privaten und öffentlichen Totenkult war bereits zu Catos Zeit, also an der Wende vom 3. zum 2. Jahrhundert v. Chr., das Abräuchern orientalischer Aromata, ob des gelblichen Weihrauchs oder der rötlichen Myrrhe, üblich geworden.

Die berühmte elfenbeinerne Symmacher-Tafel mit der Darstellung einer Bacchus-Priesterin, die eine Weihrauchträne auf dem Altar des Jupiter darbringt (Ende 4. Jh. n. Chr).

Als Sulla 78 v. Chr. starb, bildete man im Zuge eines Staatsbegräbnisses, bei dem 210 Tragbahren mit Aromata zusammenkamen, aus Weihrauch und Zimt eine große Statue des Verblichenen.

Wie bescheiden dagegen, wenn der fromme Römer den Laren, den Schutzgeistern seines Hauses, tagtäglich Weihrauch darbrachte. In der »Topfkomödie« des Plautus heißt es: »Jetzt hab ich mir ein bißchen Weihrauch und die Blumenkränze da gekauft, die leg ich unserm Hausgott auf den Herd.«

Später wurden des Orients Wohlgerüche im Kaiserkult gebräuchlich, und so erschließt sich aus diesem kurz gefaßten geschichtlichen Gang, daß der bloße »Dufteinsatz« kostbarer orientalischer Parfüms und Balsame ohne den Anlaß religiöser Erhöhung oder besonderer Feierlichkeit Signale ganz eigener Art gab. Er bannte die Gewöhnlichkeit, erhöhte den Verbraucher.

Unter diesem Aspekt gewinnt eine Szene aus dem »Satiricon« des Petronius ihre Bedeutung: Der neureiche Protz Trimalchio läßt seinen Gästen Kuchen und Früchte servieren, die schon unter dem Druck der leisesten Berührung Safran verspritzen. »Wir vermuteten deshalb«, fährt der Erzähler, einer jener Gäste, fort, »ein Mahl, das mit so weihevollen Vorkehrungen aufgetragen wurde, gehöre zu einer heiligen Handlung, sprangen auf und riefen: ›Der Kaiser, der Vater des Vaterlandes – er lebe hoch, hoch, hoch!‹«

Wer an einem römischen Alltag, allein zu seinem Duftvergnügen, Safran aussprengen oder Weihrauch in die Räucherpfannen legen ließ, setzte sich damit demonstrativ über die alten, geheiligten Gepflogenheiten hinweg, machte deutlich, daß er den Machtanspruch des Geldes über das kulturelle Erbe stellte.

Die Wohlgerüche des Orients

Weihrauch

... ist die Ausscheidung des Weihrauchbaumes *Boswellia* aus der Familie der Balsamgewächse. Heimisch ist der Weihrauch im mittleren Teil des südarabischen Küstengebiets, auf der jemenitischen Insel Sokotra, in Somalia, Ostafrika, und an der indischen Koromandel-Küste. Die Botanik kennt mehr als ein Dutzend Arten des bis drei Meter hohen Bäumchens, darunter *Boswellia Carterii* als die südarabische und somalische Variante. Stets ist der von aschfarbener Borke ummantelte Grundstamm der Boswellia massiv, bereits kurz über dem Boden treten erste Äste aus – was dem Gewächs mit seinen »blaßgelb filzig behaarten Laubblättern« (W. W. Müller) das Aussehen eines Strauches verleiht. Geerntet wird üblicherweise im Mai, und zwar durch Einschnitte in Stamm und Äste, aus denen dann binnen einer oder eineinhalb Wochen ein milchweißer, harziger Saft quillt, »der an der Luft in Tropfen- oder Tränenform zum Weihrauch des Handels erstarrt. Dementsprechend besteht die Merkantilware aus rundlichen, meist tränenförmigen Körnern, die oft zusammengeklumpt und von blaßgelber bis rötlich-gelber Farbe sind« (K. Gauckler). Nach der ersten Lese, die eine oder eineinhalb Wochen nach der Ritzung erfolgt, »wird der Einschnitt vertieft, und einige Zeit später kann wieder abgeerntet werden. Der Baum läßt an den Verletzungen noch etwa fünf Monate lang Harz in geringen Mengen ausfließen; danach versiegen die Ausscheidungen, und man gewährt dem Baum nunmehr eine

Weihrauchbaum in Südarabien. Charakteristisch sind ein relativ kurzer Grundstamm, aschfarbene Rinde und ockerfarbenes Laub.

Periode zwischen einem halben Jahr und zwei Jahren Ruhe. Die jungen Bäume werden, wenn sie drei oder vier Jahre alt sind, zum ersten Mal eingeschnitten« (W. W. Müller). Die von Konrad Gauckler erwähnte »Merkantilware« setzt sich aus einem nach Zitronen duftenden ätherischen Öl, das 5 bis 10 Prozent der Droge ausmacht, dem eigentlichen Harz bzw. Harzsäuren (60 Prozent und mehr) und Gummi (25 Prozent und mehr) zusammen.

Die südarabischen Qualitäten waren aufgrund ihres größeren Ölanteils und damit besonders aromatischen Rauchs stets hoch geschätzt, während die vorderindischen wie auch die äthiopisch-zentralafrikanischen Weihrauchbäume – eine ostafrikanische Variante der Gattung ragt übrigens bis zu zwölf Meter hoch – einen eher minderwertigen Weihrauch hervorbringen, der aber zum Beispiel in der äthiopischen Kirche traditionell abgeräuchert wird. Der Somalia-Weihrauch besitzt, bedingt durch eine größere natürliche Zersetzung der ätherischen Öle, eine strengere Duftnote als der südarabische.

Der deutsche Name des orientalischen Produkts erhält die sakrale Komponente deutlicher als andere moderne Sprachen. Das Wort »weihen« in Weihrauch oder Weihnachten bedeutet »heilig machen«: Der Heiligen Nacht im Dezember zieht heiliger Rauch zu.

Safran

... zusammen mit Weihrauch das kostbarste Gut auf der Weihrauchstraße, ist ein kleinwüchsiges Zwiebelgewächs der Schwertlilien-Familie *(Iridaceae)*, ein Krokus also *(Crocus sativus)*. Man kennt ihn heute vornehmlich als Kuchengewürz, auch gehört er traditionell in den italienischen Reis und in die provenzalische Fischsuppe, und noch vor einigen Jahrzehnten verliehen Deutschlands fleißigste Teetrinker, die Ostfriesen, ihrem Sud mit Safran die begehrte gelbe Farbe.

Unser botanischer Gewährsmann Hansjörg Küster wundert sich in seinem »Lexikon zur Kulturgeschichte der Gewürze« zunächst einmal darüber, wie jemand darauf verfallen konnte, daß die dreigliedrigen Narben dieser Blütenpflanze, nicht etwa Wurzel, Stengel, Blätter, Früchte oder Samen, sonst doch Geschmacks- und Geruchsträger, färbende wie auch würzende Eigenschaft besitzen. Einzig die winzigen, rotfarbenen Narbenschenkel oder Stigmata nämlich, circa drei Zentimeter lang, dabei lediglich wenige Millimeter stark, liefern die erwünschten Qualitäten, allerdings nur unter unerhörtem Aufwand, der in der Antike den hohen Preis bestimmte: Wie an anderer Stelle schon genannt, kostete ein Pfund 80 Taglöhne eines Landarbeiters. Aber für ein solches Pfund mußten bei der Ernte eben zwischen 20 000 und 200 000 Blüten – die Schätzungen differieren – geplündert werden. Denn jede dieser aus feinlinierten Blättern gebildeten Safranfloren besitzt nur drei Stigmata. Die rötlichen Narben enthalten als Substanz den Farbstoff Krozin, dazu geschmackgebende ätherische Öle und »Safranbitter«.

Daß der Echte Safran im griechischen Raum schon überaus früh bekannt war, belegt seine Erwähnung in den spätminoisch-mykenischen Linear-B-Texten (um das 15. Jahrhundert v. Chr.). Natürlich kennen ihn auch die homerischen Epen. Die Morgenröte finden wir dort als »Eos im Safrangewand« poetisch beschrieben; nicht weniger poetisch die homerische Formulierung, daß neben Lotos und Hyazinthe »tausprühender« Safran dem Lager des höchsten griechischen Götterpaares entsprieße.

Der Safran ist also kein eigentlicher »Wohlgeruch Arabiens«, nicht von seiner botanischen Herkunft – seine Ursprünge sind am Kaspischen und am Schwarzen Meer zu suchen – und auch nicht von seiner Geschichte im Kultus, denn weder Ägypten noch das Zweistromland haben sich auf sein festlich färbendes Gelb oder sein sehr dezentes, auf der Zunge und im Gaumen jedoch stets merkliches Geschmacksvolumen kapriziert.

Aber wenn im kulturell avancierten Mittelmeerraum nun einmal der Alte Orient als die Heimat alles »Guten – Schönen – Wahren« erschien, und dies über Jahrhunderte, so mußte dort auch die letzte, unüberbietbare Qualität der Pflanze Safran beheimatet sein. Glaubenssätze als Statussymbole. Dabei wächst die Pflanze nur in einigen südarabischen Gebieten. Was als »arabischer Safran« in die mediterrane Welt wanderte, stammte vielfach aus Indien.

Man verwandte Safran übrigens nicht nur als Würz- und Färbemittel, sondern auch als *Materia medica*. Dioskurides, der berühmteste Pharmakologe des Altertums, empfiehlt in seiner Arzneimittellehre Safranöl bei Frauenleiden und einsetzendem Star.

Arabischer Balsam

... ist das farblose, angenehm duftende harzige Sekret von *Commiphora opobalsamum*, früher auch botanisch *Balsamodendron gileadense* genannt, einer Spezies aus der großen Gruppe der Balsamhölzer. »Diese Pflanze ist ein 5 bis 6 m hoher Strauch mit rutenförmigen Ästen, die während der Regenperiode gefiederte bis dreizählige Blätter tragen, zur Trockenzeit aber blattlos sind. Das ursprüngliche Vorkommen umfaßt die Gebirge auf beiden Seiten des Roten Meeres, das südliche Arabien und das ostafrikanische Somaliland« (K. Gauckler). Wie beim Weihrauchbaum wird auch beim Balsamstrauch das Sekret durch Einschneiden der Rinde gewonnen, darüber hinaus durch Auspressen oder Auskochen der Zweigspitzen.

Balsame waren ein wichtiger Werkstoff der antiken Salbenindustrie. Plinius nennt unter anderem Bockshornbalsam, Majoranbalsam, Nardenbalsam, Quittenbalsam, Rosenbalsam, Safranbalsam und Zimtbalsam als gängige Mischungen. Den sogenannten Königsbalsam, reich an kostbaren Ingredienzen, ließen sich zuerst die parthischen Könige herstellen. Aber auch als Bestandteil von Räucherwerk war der arabische Balsam beliebt, und zwar seit biblischer Zeit. Balsam gehört zu den Geschenken der »Königin von Saba« an Salomo (s. S. 113 ff.). Das biblische Buch des Jeremias nennt den kostbaren und köstlich duftenden Stoff »Salbe von Gilead«. In griechischer und römischer Zeit wurde arabischer Balsam als magische Medizin bei Schlangenbiß und Vergiftungen eingesetzt.

Während dies beim Weihrauch mißlang (s. S. 34), konnte der Balsam in Ägypten und vor allem auch in Palästina heimisch gemacht werden. Die palästinischen Balsamgärten gehörten zu den großen Attraktionen des Vorderen Orients. Der berühmte Arzt Galen reiste eigens ihretwegen nach Palästina. Antonius überließ die bedeutenden Einkünfte aus der Balsamernte in diesen Gärten seiner Geliebten Kleopatra, und Vespasian führte als Insignie seiner Eroberung Palästinas im Triumphzug durch Rom einen Balsamstrauch mit.

Arabische Myrrhe

... ist ebenfalls ein Harz, und wie der Weihrauch und der Balsam wird es durch Einschnitt gewonnen, allerdings nicht in den Stamm, sondern in die jüngeren Zweige eines botanisch *Commiphora abessynica* genannten niederwüchsigen Dornenbaumes, der in Höhen zwischen 300 und 2000 Metern über dem Roten Meer in Eritrea, Nordsomalia und in Südwestarabien (Qataban) gedeiht. Der Einschnitt, manchmal auch natürliche Rindenrisse lassen einen gelblich-milchigen Saft austreten, der tränenförmig zu Harz abtrocknet und dabei eine rötliche, zum Gelb oder Braun changierende Farbe annimmt. Beim Export wurden die Myrrhensorten verschiedener Provenienz üblicherweise gemischt.

Konrad Gauckler: »Der Geruch ist eigenartig aromatisch und tritt beim Erwärmen stärker hervor. Die Inhaltsstoffe sind alkohollösliche Harze (25–40 %), alkoholunlösliche, gummiartige Verbindungen (50–60 %), die sich zum Teil in Wasser lösen, und ätherisches Myrrhenöl (3–10 %).«

Ölreiche Myrrhe duftete am eindringlichsten und war entsprechend am beliebtesten.

Während die bisher genannten Aromata in der antiken Mythologie keine Rolle spielen, rankt sich um die Myrrhe – oder Myrrha, wie sie auch genannt wurde – folgende Sage: Myrrha war die schöne Tochter eines zypriotischen (nach anderer Überlieferung: eines assyrischen) Königs. Als sie sich in vermessener Konkurrenz für höher erachtete als Aphrodite selbst, flößte die straflustige Schönheitsgöttin ihr eine inzestuöse Liebe zu ihrem Vater ein. Mit List gelang es Myrrha, zwölf Nächte lang das Lager des Königs zu teilen, sei es, daß dieser schwer berauscht war oder die Tochter im Dunkel für seine Konkubine hielt. Als die Schöne schwanger und ihr Vater gewahr wurde, was geschehen war, hob er das Schwert gegen die Tochter. Myrrha flüchtete und flehte die Götter um Rettung an; unsichtbar wollte sie werden. Doch nahm der göttliche Beistand eine eigentümliche Form an: Die Überirdischen verwandelten Myrrha in einen Baum, die Myrrhe eben, und die Tränen der hölzern gewordenen Unglücklichen flossen als Harz aus. Noch einmal, neun Monate später, öffnete sich das Holz, und der Myrrhenbaum gab das Kind Adonis frei, das zu einem schönen Jüngling heranwuchs und – den Kreis schließend – Geliebter der Aphrodite wurde.

Weihrauch und Myrrhe, Myrrhe und Weihrauch – seit alttestamentlicher Zeit erscheinen diese Harze in duftender Gemeinsamkeit. »Tropfenmyrrhe« floß, wie das Buch Exodus berichtet, in das heilige Salböl ein, wurde aber auch zur Schönheitspflege benutzt: Sechs Monate lang pflegten die König Artaxerxes zubestimmten Konkubinen ihren Körper mit Myrrhenöl, die anderen sechs Monate mit Balsam und anderen Ingredienzen. So ist es im biblischen Buch Esther nachzulesen. »Dann gingen die Mädchen zum König (...). Am Abend gingen sie hinein, und am Morgen kamen sie zurück und wurden in den zweiten Frauenpalast gebracht und dem königlichen Kämmerer Schaaschgas anvertraut, dem Aufseher der Nebenfrauen. Sie durften nicht mehr zum König gehen, außer wenn der König Gefallen an ihnen gefunden hatte und sie ausdrücklich rufen ließ.«

Das monarchische Duftbeispiel machte offenbar Schule. Mit Myrrhe räucherten die Schönen des alten Palästina fortan die Kleider, und Frauen hängten sich ein Duftbeutelchen mit Myrrhe über den Busen.

Die Weisen aus dem Morgenlande, die dem Kind Jesus in Bethlehem huldigten, brachten ihm neben Weihrauch auch die Myrrhe als Wohlgeruch des Orients.

Myrrhe galt traditionell aber auch als Betäubungsmittel, und so erklärt sich der mit Myrrhe gewürzte Wein, der Jesus nach dem Evangelium des Markus vor der Kreuzigung gereicht wurde.

2 ANNÄHERUNGEN AN SÜDARABIEN

REISEABENTEUER

»An einem windstillen Wintermorgen, am 4. Januar 1761, lassen sich fünf Männer in Reisekleidung vom Zollhaus auf die Reede von Kopenhagen hinaus rudern. (...) Vor ihnen, in einem Sonnenstreifen, wartet das Kriegsschiff *Grönland*. Wenn sie die Augen fast schließen, können sie gegen das Licht die Masten und Riggen sehen; und vielleicht hat der eine oder andere unter ihnen sich ein wenig beklommen gefühlt beim Anblick der schwarzen Silhouette. In den kommenden Wochen soll sie das Schiff da draußen den langen Weg nordwärts um Skagen herum und wieder südlich durch das Mittelmeer bis nach Konstantinopel bringen. Von dort aus wollen sie nach Alexandrien, Kairo und Suez, dann weiter über das Rote Meer bis zur Südspitze der arabischen Halbinsel, dem Wunderland mit Weihrauch, Myrrhe und Balsam, dem Paradies auf Erden, von dessen Eroberung Alexander der Große in seiner Jugend träumte. Niemand hat es jemals gesehen und doch wird es, vielleicht gerade weil es noch niemand gesehen hat, seit alters Arabia Felix, das Glückliche Arabien genannt.«

So beginnt Thorkild Hansen den lesenswerten Bericht über die königlich-dänische Jemen-Expedition der Jahre 1761 bis 1767, die als eine der großen Entdeckungsreisen in die Annalen einging. Allerdings waren, anders als Hansen meint, schon *vor* dieser Expedition Europäer in den Jemen gelangt. Sie verfolgten indessen keine systematischen wissenschaftlichen Zielsetzungen.

Der erste Abendländer überhaupt war der Italiener Ludovico di Varthema aus Bologna. Er reiste 1503 von Damaskus über Mekka und Medina, die heiligen Städte des Islam, nach Aden, wo er in Gefangenschaft geriet und ins jemenitische Bergland verschleppt wurde. Endlich wieder frei, besuchte er unter anderem Sana und Taizz, ehe er über Aden nach Indien ausreiste. Bei seiner Rückkehr nach Venedig im Jahre 1506 wurden dem Pionier, der seine schweren Prüfungen herauszustreichen wußte, Anteilnahme und gebührende Ehren zuteil. Auch der zweite Europäer, Johann Wild, kam nicht in Freiheit, sondern als »gefangener Christ« an die jemenitische Küste – als Sklave eines türkischen Kaufmanns, den er 1607 von Damaskus nach Mocha am jemenitischen Roten Meer begleitete. Von seinen arabischen Abenteuern zeugt eine lebendige »Reysbeschreibung«.

Die Hafenstadt Mocha, in der Antike als Mausa bekannt, wurde überhaupt zum europäischen »Stützpunkt« am Saum des Jemen, allerdings nicht für den Weihrauch-, sondern für den florierenden Kaffeehandel. Unser Wort »Mokka« rührt vom Namen dieses im Sommer drückend heißen Städtchens her; der exportierte Kaffee kam aus dem jemenitischen Hochland.

In Mocha eröffneten schon 1618 Briten und Holländer, 1709 dann Franzosen eine Handelsniederlassung. Das europäische Interesse, in das geheimnisvolle Hinterland, die gebirgigen Anbaugebiete der Kaffeesträucher und -bäume vorzudringen, wuchs mit der heimischen Mode, das Luxusgetränk zu schlürfen, und läßt sich durchaus mit Roms Interesse an der Heimat des Weihrauchs vergleichen.

Auf diesem Hintergrund erst erklärt sich die Expedition auf Befehl des dänischen Königs. War sie ein Erfolg? Zumindest konnte einer ihrer Teilnehmer sich vom Kaffeeanbau mit eigenen Augen überzeugen: »Die Gärten des Caffeebaumes liegen alle stufenweis übereinander. Einige werden bloß durch Regen gewässert. Andere Gärten haben in ihrem öbersten Theil große Wasserbehältnisse, in welche Quellwasser geleitet, und nach und nach auf alle Bänke, worauf die Bäume gemeiniglich so dicht aneinander stehen, daß die Sonne kaum durchscheinen kann, vertheilt wird.«

Ob derlei Beobachtungen aber Menschenleben aufwiegen? Nur einer der Jemen-Pioniere, der aus Lüdingworth im Land Hadeln bei Cuxhaven stammende Deutsche Carsten Niebuhr, kehrte, übrigens auf dem Wege über Indien und Persien, 1765/66 nach Kopenhagen zurück. Seine vier Begleiter – Spezialisten für die morgenländischen Sprachen und die Naturgeschichte, dazu ein Maler – erlagen 1763 und 1764 Tropenkrankheiten, und statt der zwei oder drei Jahre, die man der Erforschung des Nordjemen widmen wollte, konnte man sich zum Beispiel in Sana gerade einmal 16 Tage aufhalten.

Natürlich hat die dänische Expedition in Südarabien nicht »das Paradies«, nicht das »Glückliche Arabien« der Alten gefunden; abgesehen vom Kaffee vielmehr wilde, halb barbarische Stammesfürstentümer, über die ein in der Hauptstadt Sana residierender Imam theokratisch gebot. In der unerträglich heißen Küstenebene, der Tihama, holten sich die Reisenden die Malaria ins Blut, und in der Hauptstadt folgten ihnen bei dem Versuch, eine Karte zu verfertigen, auf Schritt und Tritt gaffende Menschenmassen, störend und hindernd. Zwar zeugten Ruinen von Tempeln und Städten im Landesinnern von einer älteren Kultur als der islamischen des 18. Jahrhunderts, doch Niebuhr und seinen Gefährten blieb kaum die Zeit, in diese nur äußerst beschwerlich zu erreichenden Gebiete vorzudringen. Auch ihr erster Nachfolger im Jemen, der Oldenburger Ulrich Jasper Seetzen, dem

Reiterspiele in Sana, der Residenzstadt des jemenitischen Imam, wie der Reisepionier Carsten Niebuhr sie im Jahre 1763 sah.

zuvor in Transjordanien spektakuläre Entdeckungen gelungen waren, bezahlte seinen Versuch, nach Marib und in den Hadramaut, die mutmaßliche Heimat des Weihrauchs, vorzustoßen, am 19. November 1810 mit dem Leben. Als »Zauberer« verdächtig gemacht hatten ihn in Spiritus eingelegte Schlangen und andere Tierpräparate, die er mit sich führte. Ob er von Wegelagerern bei Taizz ums Leben gebracht oder in Sana vergiftet wurde, ist bis heute offen; beide Gerüchte kursierten seinerzeit.

Die Reise nach dem »Glücklichen Arabien« erwies sich auch in den folgenden Jahrzehnten, ja noch tief bis ins nächste Jahrhundert hinein als ein gefährliches Unterfangen, selbst nachdem Aden seit 1839 als Marinestützpunkt in britischer Hand lag. Den französischen Arzt und Apotheker Thomas Joseph Arnaud, der am 18. Juli 1843 Marib wiederentdeckte, die alte Hauptstadt des sabäischen Reiches, kostete die gleißende Sonne über der Wüste das Augenlicht, »und so mußte der erblindete Forscher in den Sand zeichnen, um zu beschreiben, was er gesehen hatte« (Jargy/Saint-Hilaire). Das also war das Ergebnis so vieler persönlicher Zugeständnisse Arnauds: Den geliebten Schnurrbart hatte der Franzose geopfert, weil er im Jemen an die verhaßten türkischen Besatzer erinnerte, und seine Kleidung mit Widerwillen der schäbigen Landestracht angepaßt. In seinen eigenen Worten: »Diese besteht in einem groben Zeug von Schafwolle, das um die Hüften geschlungen wird, in einem Hemd von schwarzem Tuch, bis an die Knie reichend, mit weiten Ärmeln versehen. Ein kurzes Beinkleid bis über die Knie, ein schwarzer fettiger Lappen als Kopftuch mit einem baumwollenen Luntenstrick um den Kopf gewickelt, schlechte Sandalen an die nackten Füße gebunden und die Flinte über den Rücken gehängt, mit brennender Lunte, zu jedem Angriff bereit – das war das Kostüm, um sich womöglich jedem Sohn der Wüste gleichzustellen.«

Etwa um diese Zeit fand eine andere, nicht weniger bedeutsame, wenn auch unvergleichlich weniger so risikoreiche Annäherung an Arabien statt. Unabhängig voneinander gelang zwei deutschen Gelehrten, Wilhelm Gesenius und Emil Roediger, die Entzifferung der »hohen, geraden Zeichen« Südarabiens, wie Carsten Niebuhr sie nannte. Es handelt sich um Buchstabenlinien mit Zeichen für 29 Konsonanten, denn Vokale schreibt das Altsüdarabische ebensowenig nieder wie das moderne Arabisch (s. S. 111). Endlich begannen damit die sandverwehten Ruinen zu reden, und ein immer wichtigeres Ziel der Forscher, die fortan das Abenteuer Jemen wagten, wurde es, die Zahl der Inschriftenkopien und somit der historischen Erkenntnisse zu mehren.

Besonders erfolgreich war darin Arnauds Landsmann Joseph Halévy, der 1869/70, als jemenitischer Jude verkleidet, das abgeschottete Land bereiste und eine Ernte von 685 Texten nach Europa brachte. Die riskantesten Unternehmungen – etwa das Kopieren von Inschriften in der alten Sabäer-Stadt Jathill (Farbtafel) – hatte er klugerweise seinem einheimischen Begleiter übertragen, einem Kupferschmied aus Sana.

Denn gefahrvoll blieb das Reisen im Jemen. Die Stammeskrieger verfolgten jeden Fremden mit argwöhnischen Blicken, und der Krummdolch saß stets locker im Gürtel. Wie paranoid uns die Abschottungsversuche im Einzelfall auch anmuten, sie basierten auf den negativen Erfahrungen mit dem Kolonialismus. Die jemenitischen Stämme hatten im Abwehrkampf gegen den imperialen Zugriff der Osmanen-Sultane ein tiefgründiges Mißtrauen erworben. Einmischung in innere Angelegenheiten, Untergrabung südarabischer Selbständigkeit oder auch nur Übervorteilung witterten sie selbst dort, wo dazu nicht der geringste Anlaß bestand. 1882 wurde der Jemen-Pionier Langer im Süden des Landes ermordet, und 1909 starb der Fotoberichterstatter Hermann Burchardt mit einem italienischen Begleiter im Kugelhagel aufgebrachter Stammesleute nahe der Ortschaft Ibb. Andere Pioniere wie der Österreicher Eduard Glaser, der sich bei seinen vier Jemen-Reisen zwischen 1882 und 1894 einmal – wenig glücklich – als türkischer Beamter, später als muslimischer Gottesgelehrter *(fakih)* tarnte und dabei mehr als 2000 Inschriften sammelte, schwebten, allen geübten Verstellungskünsten zum Trotz, oft genug in höchster Gefahr.

Wie schwer solche Verstellung und Tarnung war, läßt sich Glasers Bericht über seine akribischen Vorbereitungen zur Marib-Reise des Jahres 1888 entnehmen: Ein Bürger aus Sana, an den ihn Vertrauensbande knüpften, wies den Forscher in seine Rolle als Fakih ein: »Allabendlich« kam dieser wackre Sananer »zu nachtschlafender Zeit, selbst von meinen Dienern nicht bemerkt, in mein Haus und gab mir bei verschlossenen Türen Unterricht im Verrichten des Gebetes, in den vorgeschriebenen Waschungen, im Vorbeten, in der Freitagspredigt, in den verschiedenen Finten, Ausreden und Dispensen, die einen Muslim verpflichten, gegebenenfalls die Vorbeterschaft oder das Predigeramt abzulehnen, und brachte allmählich und ohne Aufsehen zu erregen die notwendigen Kleidungsstücke, ... meist aus seiner eigenen Garderobe mit. Bis in die kleinsten Details der Ankleidekunst, der Prosternationen, der Waschungen, des Rasierens verschiedener behaarter Körperteile, kurz über alles erstreckte sich seine väterliche Sorgfalt. Ja, selbst das Merkmal fleißigen Betens, eine scheinbare Erhärtung und dunklere Färbung des mittleren Teils der Stirne, von dem bei den Andachten vorgeschriebenen Berühren des Bodens herkommend, und eine ebensolche am äußeren Knöchel meines linken Fußes brachte er durch Anwendung von allerlei Mitteln täuschend zur Darstellung.«

Bei aller Sorgfalt war Eduard Glaser sich der Grenzen inszenierter Täuschung wohlbewußt: »Man bilde sich in Europa ja nicht ein, daß irgendein Europäer, heiße er Nachtigal, Rohlfs (...) oder wie immer, unerkannt wenn auch nur als einfacher Muselmann auftreten könne. Ich schmeichle mir, mit der arabischen Sprache und mit den Sitten und Gebräuchen der Muselmänner mindestens so gut vertraut zu sein wie irgendeiner der genannten Reisenden. Gleichwohl habe ich die Erfahrung gemacht, daß selbst der in Glaubenssachen und im Gebete nachlässigste und unerfahrenste Beduine unvergleichlich mehr Muselmännisches an sich hat als selbst jeder noch so gelehrte und im Oriente noch so lange herumgebummelte europäische Arabist, von gewöhnlichen Reisenden ganz zu schweigen. Jedes Wort, jeder ausgesprochene Gedanke, jede Geste, jede Redensart verrät den Europäer.« So liest man es mit wünschenswerter Deutlichkeit in Glasers Aufzeichnungen.

Selbst als man sich nicht mehr listig einschleichen mußte, sondern mit dem Freipaß eines Landesfürsten daherkam, blieb die Gefahr. Noch die amerikanische Expedition, die 1951 mit offizieller Genehmigung des Königreichs Jemen unter Leitung von Wendell Phillips Grabungen in Marib aufgenommen hatte, mußte durch einen Vorarbeiter von Plänen gegen Leib und Leben der Archäologen erfahren.

Denn zum »antiimperialistischen« Mißtrauen gesellte sich hier eine mit Habgier gemischte Ignoranz gegenüber den Zielen archäologischer Spatenforschung. Wollten da nicht einmal mehr *farindschi* oder *frandschi*, wie nach dem »Frankenpack« der Kreuzzüge Europäer und Amerikaner im islamischen Teil der Welt abschätzig heißen, Landesschätze bergen und in ihre gottlose Luxuswelt verschleppen?

Die Raubzüge des christlichen Westens in die islamische Sphäre mögen in Europa selbst vergessen sein; bei den Betroffenen sind sie es nicht. Déjà vu: Noch nach 30 Generationen flackert das Schreckbild

Der Österreicher Eduard Glaser, einer der bedeutendsten unter den Jemen-Forschern, in seiner Verkleidung als »türkischer Beamter« um das Jahr 1882.

der Kreuzzüge durch die Wahrnehmung des Vorderen Orients, und es scheint dort wie erst gestern gewesen, daß Napoleons große Ägypten-Expedition von 1798 in unseliger Vermischung von Kunstraub und Forschung den Nil hinunter zog.

So war ein muslimischer Mitarbeiter der ägyptischen Antikenverwaltung der erste, der kurz vor der Mitte des 20. Jahrhunderts relativ unbehelligt im Nordjemen graben durfte, und zwar gleich in dessen »wildestem« Teil, dem minäischen Dschof. Offenbar konnte Fakhry, wie der Privilegierte hieß, seinen Gastgebern ohne westliche »Expeditionslogistik« allein durch seine Herkunft vermitteln, daß er der muslimischen Welt keine Wertfunde zu entziehen gedenke.

Einen solchen Vertrauensbonus durfte der Amerikaner Phillips nicht erwarten. Die Drohung, von der ihm der Vorarbeiter berichtete, erforderte schnelles Handeln. Angesichts der Brisanz der Entscheidung bespricht Phillips sich heimlich mit seinen Mitarbeitern. Einmütiger Beschluß: Flucht um jeden Preis. Durch eine Finte gelingt

Die amerikanischen Ausgrabungen im Awwam-Tempel der sabäischen Hauptstadt Marib begannen 1951 und endeten mit der dramatischen Flucht der Archäologen.

es, alle Expeditionsmitglieder in zwei Lastwagen zu versammeln, und mit heulenden Motoren jagen sie vom Ausgrabungsort davon, im gestreckten Galopp verfolgt von bewaffneten jemenitischen Kamel- und Pferdereitern. Mit knapper Not erreicht das Team im Februar 1952 schließlich das britische Aden-Protektorat. Menschen sind nicht zu Schaden gekommen, aber fast alle Fundstücke, die Früchte mehrmonatiger archäologischer Anstrengung, verloren.

Verloren auf immer, denn der Imam, von Phillips' »Treulosigkeit« getroffen, gab Order, die am Ort verbliebenen altarabischen Kunstwerke zu zerschlagen. Ein barbarischer Akt zweifellos – indessen mit arabischer Tradition. Bereits Hamdani, der große Geograph und Historiker des 10. Jahrhunderts, war Zeuge, wie Einheimische zwei altsüdarabische Statuen, aus einem zufällig aufgedeckten Grab geborgen, mutwillig zerschmetterten. Das muslimische Bilderverbot stand ihnen dafür. Es mag den eifernden Furor noch angestachelt haben, daß die unbekannten vorislamischen Künstler Frauengestalten skulptiert hatten.

DER FELDZUG DES AELIUS GALLUS

Phillips und seine Mannschaft kamen davon. Hoch dagegen fiel der Blutzoll aus, den fast 2000 Jahre zuvor Rom bei seinem Versuch entrichtete, im Jemen Fuß zu fassen. Schon Alexander der Große hatte während seiner letzten Monate in Babylon eine solche Expedition erwogen, denn – um es mit dem bithynischen Historiker Arrian zu formulieren – »der Reichtum des Landes reizte ihn ein wenig«. Von Myrrhe und Narde, Weihrauch und Zimt, an denen Südarabien reich sei, hatte der Makedone sich berichten lassen. Sein früher Tod machte die Eroberungspläne zunichte.

So darf man Roms militärischen Vorstoß, der mit dem Namen des Feldherrn Aelius Gallus verbunden ist und in die Zeit des Augustus fällt, 300 Jahre nach Alexander, als den zweiten Versuch der Mittelmeer-Zivilisationen betrachten, sich das Weihrauchland und den arabischen Separatgewinn aus Besitz und Handel der kostbaren Aromata anzueignen. Allgemeiner Hintergrund war die »negative Handelsbilanz« mit Arabien, denn alljährlich flossen ungeheure Summen in den Erwerb von Weihrauch, Myrrhe und Zimt. Konkreten Anlaß zum römischen Wagnis des Jahres 24 v. Chr. mögen Nachrichten über machtpolitische Auseinandersetzungen in Südarabien gegeben haben.

Rom wußte bis dahin wenig von der mythisch verklärten Arabia Felix – und es sollte durch seine Expedition auch nicht viel mehr dazulernen als dies eine: »Traue keinem arabischen Bundesgenossen.« Was man bis dahin an Kenntnissen hatte, läßt sich von Herodot bis zum älteren Plinius nachlesen. Es trägt nur allzu deutlich märchenhafte Züge. Südarabien war gleichsam das Eldorado Roms, ein Wunsch- und Phantasieland.

Herodot etwa schreibt dem »äußersten der bewohnten Länder« das Monopol auf den Weihrauch zu (»Nur hier wächst der Weihrauch und nirgendwo sonst auf Erden, außerdem Myrrhe, Kassia, Zimt ...«) und fabuliert von den Mühen der Araber bei seiner Gewinnung: »Denn die Bäume, auf denen der Weihrauch wächst, werden von geflügelten Schlangen bewacht, die, klein an Größe und buntfarbig an Aussehen, in großer Zahl jeden einzelnen Baum besetzt halten.« Auch bei Theophrast taucht die Schlangenlegende wieder auf, nur daß die Tiere bei ihm die Zimt-, nicht die Weihrauchbäume bewachen. Diodor erzählt phantasievoll, der Weihrauchbaum ähnele einer ägyptischen Akazie und trage eine goldfarbene Blüte, und nach Theophrast wird seine Rinde nur an den Hundstagen angeschnitten. Übrigens soll die Rinde – dies wiederum nach den »Geoponica« –, ins Wasser getaucht, Fische anlocken. Der ältere Plinius wiederum weiß, ausschließlich Männer, die zuvor nicht bei ihren Frauen gelegen hätten und auch nicht von einem Leichenbegängnis kämen, dürften den Baum anschneiden. Und so weiter, und so fort. Zu den herrlichen Eigenschaften des arabischen Wunderlands, dies zuletzt, soll ein unbeschreiblicher, geradezu göttlicher Wohlgeruch gehören, der über allem und jedem liege. Eben deshalb ja: Arabia Felix. Dieser Wohlgeruch sei aber so durchdringend, daß die »glücklichen Araber« daran schon wieder litten und minderwertige Aromata als Gegenmittel abräucherten.

Natürlich findet sich unter dieser Ballung von Legendärem und kraß Erfundenem auch Richtiges, zum Beispiel die Unterscheidung von Weihrauch- und Myrrhe-Anbaugebieten; oder der Hinweis, daß es einer besonderen Bodenbeschaffenheit bedürfe, um den Weihrauch hervorzubringen; schließlich die – treffende – Vermutung, daß Weihrauch nicht nur in der Arabia Felix selbst, sondern auch auf den vorgelagerten Inseln und der anderen Seite des Meeres gedeihe.

Manche wichtige und richtige Nachricht mag verlorengegangen sein, aber das römische Bild des geheimnisvollen Landes klärte sich nie vollständig, auch jenseits der Weihrauchlegenden. Man glaubte, ein milder Himmel wie in Italien spanne sich über diesen Südrand der Welt mit seinen reichen Wäldern von Feigenbäumen und Dattelpalmen, das Gold trete in gediegener Form aus dem Gestein, und Smaragde oder Berylle lägen buchstäblich auf der Straße. So kann man die Expedition des Aelius Gallus auch als einen Forschungsbeitrag zur Geographie der Reichsgrenzen verstehen. Strabon, der große antike Geograph und Historiker (63 v. – 19 n. Chr.), der über das ehrgeizige Unterfangen aufgrund seiner persönlichen Bekanntschaft mit Aelius das Wesentliche zu sagen hat, gibt uns ausführlich Bericht. Von Bedeutung sind zudem einige Ausführungen des jüdischen Historikers Flavius Josephus (37–ca. 95 n. Chr.) und des aus der geschichtlichen Distanz unbefangener urteilenden Dio Cassius (150 bis 235 n. Chr.).

Aelius Gallus, der Mann, der Roms arabische Aktion leitete, ist biographisch fast ein Unbekannter. Daß er in den Jahren 26 bis 24 v. Chr. – genaue Eckdaten fehlen – als verantwortlicher Spitzenbeamter der römischen Verwaltung in Ägypten vorstand, wird ihn für die große Aufgabe empfohlen haben. In solcher Staatsfunktion durfte er als derjenige gelten, der am ehesten und noch mit den besten Ortskenntnissen in den tiefsten Süden vorzustoßen vermochte. So wird man jedenfalls im fernen Rom gedacht haben. Zwischen Ägypten und Arabia Felix lag jedoch eine Welt, die Rom nicht ermaß noch erfaßte: *Arabia Deserta*, Wüstenarabien. Wie gut Aelius Gallus das Nil-Land aufgrund seiner administrativen Verantwortung auch gekannt haben mag – der kaiserliche Auftrag stellte ihn vor Aufgaben, die er aus eigener Kraft nicht lösen konnte.

Die nächstliegende, zugleich aber unbedachteste Lösung war es, einen ausgewiesenen Führer jener arabischen Zwischenhändler, die durch den römischen Vorstoß nach Arabia Felix nichts zu gewinnen, aber alles zu verlieren hatten, in die Pflicht zu nehmen. Syllaeus war der lateinische Name dieses Mannes, als »Sullai, Sohn des Taimu« erscheint er in nabatäischen Inschriften. Flavius Josephus bezeichnet ihn in seinem Werk »Der Jüdische Krieg« als »Todfeind des Herodes« und als Güterverwalter des »Araberkönigs«.

Manfred Lindner trifft es, wenn er den Syllaeus als »Premier« des damals gerade mündig gewordenen, aber noch ganz unerfahrenen Nabatäer-Königs Obodas III. bezeichnet. Man könnte ihn auch den »starken Mann« Nabatäas nennen. Dabei war dieser »Premier« selbst jung an Jahren, »ein scharfsinniger und wohlgestalter junger Mann« (Flavius Josephus).

Es ergab sich folgende Situation: Rom stellte aus seinen ägyptischen Mannschaften an die 8000 Soldaten; Herodes schickte 500 Bogenschützen, und Syllaeus, der kundige Berater und »Dragoman« des Expeditionskorps, kam mit 1000 Kamelreitern. Wie ortskundig Syllaeus wirklich war und ob er zuvor jemals über das westliche Mittelarabien hinaus, wo seine Familie Besitzungen hatte, in den äußersten Süden der Halbinsel gelangt war, läßt sich kaum mehr feststellen. Eindeutige Beweise für einen bewußten Verrat an der römischen Expedition stehen bis heute zwar aus, alle Indizien deuten aber darauf hin – und werden erklärlich, wenn man Syllaeus Patriotismus, Verteidigung heimatlicher Interessen unterstellt.

Denn zunächst einmal insinuierte der Nabatäer, Roms Truppen könnten nicht über Land nach Süden vorrücken. Hunderte, ja Tausende von Karawanen, die über diese Strecke gezogen waren, bezeugten es anders, aber offenbar wollte der »nabatäische Nationalist« (M. Lindner) die Transportlinie seines Volkes verschleiern. Was er zur Begründung seiner Intrige an Widrigkeiten auf der Landroute vorgegaukelt haben mag – wir wissen es nicht.

Es gelang ihm jedenfalls, den feldherrlichen Aelius Gallus für die Seeroute zu gewinnen. Mühselig wurden daraufhin vom Mittelmeer her die Schiffsbauteile auf Kamelrücken zum Nordende des Roten Meeres geschafft, vielleicht in den Hafen Klysma, vielleicht in den Hafen Kleopatris, jedenfalls in die Gegend des heutigen Suez. Ulrich Jasper Seetzen hat das unwirtliche Terrain besucht und beschrieben: »Nie sah ich eine Stadt, deren Boden stiefmütterlicher von der Natur behandelt wurde, als Suez. Auch nicht eine Spur von Vegetation, keinen Baum, keinen Strauch, keine einzige Pflanze (…) auf dem festen Lande umher.« Wenig zweifelhaft, daß die Moral der römischen Truppe durch den Aufenthalt in dieser trostlosen Wüstenei geschwächt wurde.

Statt 80 Kriegsschiffen, wie zunächst geplant, entstanden in dem Hafen am Roten Meer schließlich 130 Transportboote, und ein Heer von 10 000 Mann ging an Bord, begleitet von Lasttieren. Die Überfahrt war verlustreich. Wahrscheinlich trieb der vorherrschende Nordwind einige Schiffe auf die Klippen.

Die Landung des Korps auf der Arabischen Halbinsel erfolgte genau dort, wo das Wegerecht der nabatäischen Karawanen endete: in der Umladestation el-Wedsch, damals Leuke Kome (»Weißes Dorf«) geheißen. Ein Zufall? Wohl kaum! Mochte Aelius doch den Süden und die Routen der dortigen Händler, Partner und Konkurrenten Nabatäas zugleich, getrost kennenlernen – so mag Syllaeus gedacht haben –, am nabatäischen Einflußbereich jedenfalls hatte er den Römer mitsamt seinen Truppen auf diese Weise zunächst glücklich vorbeilaviert.

Auch das Timing des intriganten »Premiers« stimmte. Die Überfahrt erfolgte zu Beginn der heißen Jahreszeit, und die Soldaten waren offenbar schon erschöpft, als sie endlich den Boden der Arabischen Halbinsel betraten. An einen Weitermarsch war jetzt natürlich nicht mehr zu denken. Die Sonne gloste über der Wüste, der dürre Boden unter den Füßen wirkte wie entflammt, und in der heiß zitternden Luft erstanden jene optischen Wahngebilde, die man nach dem Italienischen »Fata Morgana« nennt.

Saum und Fläche des Roten Meeres gehören bekanntermaßen zu den unbarmherzigsten und heißesten Gebieten der Erde überhaupt; auf mehr als 50 Grad Celsius steigt sommers die Quecksilbersäule an, wohlgemerkt: nicht in der Sonne, sondern im Schatten. Nur wer solch unmenschliche Temperatur einmal am eigenen Leib erfahren hat und sich dabei in seiner freien Bewegungsmöglichkeit auf den späten Abend, die Nacht und die frühen Morgenstunden begrenzt sah, nur wer sich tagsüber hinter verhängte Fenster und in den Luftzug summender Ventilatoren flüchtete und bei Zimmertemperaturen von auch dann noch über 40 Grad schwer atmete, kann ermessen, was die römischen Soldaten in den Zeltlagern oder provisorischen Kasernen von Leuke Kome ausgestanden haben müssen – *ohne* alle Erfrischungsmöglichkeiten, das Trinkwasser zudem so rationiert, daß ständiger Durst die Gedanken band.

So muß es gewesen sein; denn nur so erklärt sich das weitere Schicksal der römischen Streitmacht. Ob der nabatäische »Premier« auch den körperlichen Verfall der römischen Truppen im sommerlichen Westarabien in sein Kalkül zog, besorgt nur darum, seinen tausend Landsleuten (die den »weißglühenden« Hafenort wie auch die Wüste noch am wenigsten fürchteten, schließlich war dies ja ihr Terrain) Unterstützung zu geben, muß ebenso offen bleiben wie die Frage, warum die Expedition des Aelius Gallus an den schrecklichen Sommer in Leuke Kome auch noch einen Winter anschloß. Weshalb ist man nicht schon Ende Oktober oder Anfang November – die Temperaturen hätten es nun erlaubt – nach Süden abgeritten? Wahrscheinlich hatte die zehrende Sommerhitze der Truppe schon das Mark geraubt; Epidemien oder die Fieberschübe der Malaria werden ihren Preis gefordert haben.

In erbärmlicher Verfassung traten die Soldaten im Frühjahr des nächsten Jahres den Weitermarsch an. Reihenweise starben sie an den Entbehrungen der Wüste, an »Beinlähmungen« und der »Mundfäule«. Die Krankheitsbilder, die antike Schriftsteller ausbreiten, sind stets ungenau und trügerisch. Mit der Nomenklatur selbst ist noch weniger anzufangen, und so wissen wir nicht, welche Leiden nun eigentlich die Männer im römischen Waffenkleid fällten. Die Aleppobeule, eine in den Tropen und Subtropen von infizierten Sandmücken dem Menschen übertragene Krankheit mit eitrig aufbrechenden Geschwüren an Beinen, Hals und Armen, scheint aber dazu gehört zu haben. Zum Rapport vor Augustus befohlen, verwies Aelius Gallus später auf die Skorpionplage. Die Gegenmaßnahmen waren kümmerlich: Als Heilmittel gegen die schmerzhaften, aber selten tödlichen Stiche benutzte man innerlich wie äußerlich eine Mischung aus Öl und Wein.

So dauerte und dauerte die Schreckenszeit der Truppe, und Strabon, unser Berichterstatter, gerät in Wallung: Der Syllaeus habe die tapferen Männer bewußt in die Irre geführt, um ihre Kraft zu brechen. Diese Vermutung wird zutreffen – und verbindet sich mit unserem Urteil über die obskure Seefahrtunternehmung auf dem Roten Meer. Siebzig Tage nämlich zog das Heer nun durch Sand und Felsen – nur die Nabatäer, auf hohen Kamelrücken thronend, mußten dabei nicht Fuß vor Fuß setzen –, dann befand es sich »im Lande eines Verwandten des Nabatäerkönigs«. Was Strabon vage ausdrückt, dürfte auf die große nabatäische Südstation bei Hegra/Hedschra hindeuten, in der – nahe der älteren Siedlung Dedan/el-Ula – ein gewisser Aretas gebot, nicht nur Namensvetter, sondern Blutsverbundener petäischer Könige. Dies unterstellt, hat der antike Historiker mit seiner Anklage zweifellos recht: Denn eine Weihrauchkarawane hätte für *diese* Strecke nicht einmal eine Woche benötigt. Syllaeus muß das Römerheer in einer großen Schleife nach Innerarabien und zurück zur Küste geführt haben.

Der folgende Südmarsch führte fortwährend durch Ödgebiete, in die sich sonst nur Nomaden wagten. Und wiederum gerät damit des Syllaeus Glaubwürdigkeit ins Zwielicht. Warum geleitete der Nabatäer die römischen Truppen nicht nach Jathrib, nicht nach Tabala? In jene Oasen also, die ideale Zwischenstationen und logistische Basen für einen »Sturm auf den Jemen« gewesen wären? Den Weihrauchkarawanen waren diese Brunnenorte seit je unentbehrlich.

Immerhin war den Soldaten in der Wüstenei bislang jedwedes Gefecht erspart geblieben, und vielleicht darf man die These wagen, daß die Überzeugungskraft des Syllaeus seinem Oberen Aelius Gallus gegenüber aus der Vorspiegelung militärischer Gefahren auf der vielbegangenen Weihrauchroute resultierte.

Erst als sich aus der tristen, nun schon unendlich scheinenden Wüste die hohen Berge erhoben, die Arabia Felix nach Norden begrenzen, stieß die Streitmacht des Aelius auf Widersacher. Das mag man wohl glauben, nicht aber die damit verbundenen Märchen: Danach hätte die römische Heerschar bei lediglich zwei Eigenverlusten an die 10000 Gegner niedergemacht. Kein Zweifel, eine glatte Lüge! Gelogen auch, die meisten Araber seien mit zweiseitigen Streitäxten, dazu mit Schleudern versehen gewesen. Schließlich waren bis zur Verbreitung der Flinte Bogen und Lanze die traditionellen arabischen Waffen. Ohnedies aber war die desolate, halb hungernde, stets durstende Römertruppe mitsamt ihren eigenwilligen Hilfsmannschaften zu triumphalen Siegen gar nicht mehr in der Lage.

Aber irgend etwas mußte man offenbar erfinden, um den hohen Herrn in Rom, Augustus mit Namen, über die traurige Wahrheit hinwegzutrösten, daß da ein Reichsheer ganz unheldisch im Sand Arabiens verkommen war.

So weiß man auch nicht sicher, was von der Nachricht zu halten ist, die dezimierte römische Truppe habe, nun schon in der Arabia Felix, mehrere vom Gegner verlassene Städte passiert. Ohne Zweifel erreichte Aelius Gallus nach »geräumten Ortschaften« wie Aska und Athrula aber eine Stadt, die Strabon »Mariaba« nennt. Dieses Mariaba, von Mauern umgürtet und abwehrbereit, ist allein der Namensform nach unschwer als Marib zu identifizieren, die Hauptstadt des sabäischen Reiches.

Städtischen Widerstand zu brechen und bewehrte Wälle zu überwinden war der zermürbten Truppe des Aelius nach all den Monaten Wüstenmarsch aber nicht mehr möglich. Nur sechs Tage hielt der Belagerungsring, dann gab das römische Heer auf. Weiterziehen konnte es nun nicht mehr, denn es wäre gegen jede militärische Regel gewesen, einem unbezwungenen Feind den Rücken zu bieten. So blieb nur der Rückzug. Dio Cassius beschreibt den Vorgang noch krasser: »Die Truppenreste wurden von den Arabern aus dem Lande getrieben.«

Und siehe da: Innerhalb von 60 Tagen gelangten Roms Recken zurück zum Hafen von Leuke Kome, wo die Schiffe warteten. Das erscheint zwar immer noch reichlich bemessen im Vergleich zu der Zeitspanne, in der eine Weihrauchkarawane diese Distanz bewältigt hätte, erklärt sich aber ohne weiteres aus der völligen Entkräftung der Truppe und wirft nochmals ein Schlaglicht auf den trügerischen »Dragoman« Syllaeus, unter dessen Führung die Soldaten auf ihrem Anweg die doppelte Zeit durch die Wüste getappt waren.

Welch ein Desaster Roms arabisches Unternehmen war, ergibt sich ex silentio: Es herrscht historiographische Totenstille, die lateinischen Schriftsteller schweigen und schweigen. Das sieggewohnte Imperium muß sich tief gedemütigt gefühlt haben. Auch Kaiser Augustus selbst, der im Zuge der anbefohlenen militärischen Expedition entweder, so spitzt Strabon es aphoristisch zu, reiche Freunde gewinnen oder reiche Feinde besiegen wollte, war auf einen solchen Fehlschlag nicht im mindesten gefaßt, und der glücklich-unglücklich nach Ägypten zurückgekehrte Feldherr Aelius Gallus wagte offenbar nicht einmal seinem Vertrauten Strabon die Höhe der erlittenen Verluste an Menschenleben zu gestehen. Hunger, Mühsal und Krankheit hätten zwar ihren Tribut gefordert, schreibt der Historiker kaschierend, aber gerade einmal sieben Soldaten seien im Kampfe durch Feindeshand gefallen. Schweigen und Verschweigen als verlogene Vergangenheitsbewältigung, um die »Ehre« des römischen Heeres zu retten! Die Karriere des Feldherrn Aelius Gallus war mit seinem militärischen Versagen natürlich besiegelt, und es wundert nicht, daß sich seine geschichtliche Spur verliert.

Nicht jedoch die des Syllaeus. Dessen Schuld war offenbar nie einwandfrei nachzuweisen. Als Intrigant von besonderer Begabung eroberte er bald das Herz, wenn auch nicht die Hand der Herodes-Schwester Salome, inszenierte Partisanenkämpfe gegen den Bruder der Angebeteten und schwärzte den judäischen König, nachdem dieser mit Waffengewalt zurückschlug, am römischen Hof an, wobei der scheinheilige »Premier« auch noch in Trauerkleidung ob des ihm und seinem Volk zugefügten Unrechts vor dem Kaiser erschien.

Der politische und kommerzielle Hintergrund scheint bei dieser antijudäischen Aktion derselbe gewesen zu sein wie seinerzeit in Arabien: Syllaeus war mit allen Mitteln, mochte auch Blut fließen und ein ganzes Heer von »Verbündeten« zugrunde gehen, darum bemüht, die nabatäischen Privilegien am Karawanenhandel zu wahren. Gegen Herodes ging es übrigens konkret um die Handelsstraße zwischen dem südsyrischen Bosra und Damaskus, die der Judenkönig seinem Einflußbereich einzuverleiben suchte.

Später wurde der nabatäische Patriot und sinistre Minister, nimmermüder Ränkeschmied bis zuletzt, des Giftmords an seinem König Obodas III. bezichtigt. Ein korruptes Leben vollendete sich; im Jahre 6 v. Chr. hat Kaiser Augustus den schönen Syllaeus enthaupten lassen. Auch dessen undurchsichtiges Spiel im Arabien-Feldzug des Aelius kam zuvor noch einmal zur Sprache.

Die Stadt Rom hat jene Gebiete, die sie als Arabia Felix feierte, nach dem Scheitern des Aelius niemals in Besitz genommen. Es blieb das Mysterium des Weihrauchs. Oder nüchterner und erklärend ausgedrückt: Es gelang den Händlern Arabiens, die konsequente Trennung von Erzeugern und Verbrauchern, eine Trennung, von der ihre kaufmännische Existenz abhing, über die Jahrhunderte zu wahren. So kolportiert ein frühes Seefahrtshandbuch die südarabische Schreckgeschichte, das Weihrauchland sei höchst ungesund, und schon wer an seiner Küste entlangsegle, laufe Gefahr, Leibesschaden zu nehmen.

VERBORGENE WEIHRAUCHHEIMAT

Daß man im tiefen Süden Arabiens den Mythos schürte, allein in diesem »glücklichen« Teil der Welt sprössen die raren Gewächse, welche den antiken Zivilisationen Gold wert waren, haben wir schon erwähnt. Darin folgten die Araber übrigens nur dem Vorbild phönikischer Aufschneider, die sich fälschlich als Weihrauchproduzenten ausgegeben hatten.

Während Meßdiener in orthodoxen und katholischen Kirchen über die Jahrhunderte, ja über zwei Jahrtausende gottergeben die Weihrauchpfannen schwenkten und der süß-herbe Duft im Laufe dieser langen Zeit Myriaden von Gläubigen umwölkte, blieb das Geheimnis seiner Herkunft verschleiert. Wohl wahr, daß die römische Kirche, als der arabische Balsam, den man eineinhalb Jahrtausende für sakrale Salbungen benutzt hatte, nicht mehr auf den alten Wegen eintraf, im Jahre 1571 den »nach Vanille duftenden Peru-Balsam Zentralamerikas« (K. Gauckler) im Kultus gestattete, doch rückte diese notgedrungene Umwidmung die Rätsel eines der arabischen Wohlgerüche nur in noch tiefere Dunkelheit.

Wer nach Carsten Niebuhr und seinen Gefährten die Kühnheit besaß, nach dem Jemen zu reisen – das neue Wort, arabischer Herkunft, bedeutet soviel wie »Land zur Rechten«, zur Rechten nämlich von Mekka –, suchte stets auch nach den Wundern der Arabia Felix, von denen die Alten so geschwärmt hatten. Zwar fanden sie die Berghänge des abweisenden Landes terrassiert und wohlbestellt, aber nicht mit Weihrauchbäumen, sondern mit Hirse und Hülsenfrüchten, mit Gemüse und Tabak. Die Bauern, die sie mit ihren Lasttieren in die Städte ziehen sahen, mochten daneben ja auch die grünen Blätter des Volksrauschgifts *qat* gepackt haben, doch nicht ein einziges Beutelchen mit dem vielbegehrten Aromatum. Indessen: Noch kannte man das Land nicht in seiner Gesamtheit. Hatte es denn bei einigen der antiken Schriftsteller nicht geheißen, der Weihrauch wachse auf dem Boden der Arabia Felix in der Gegend Adramyta? Und war bei Theophrast nicht die Rede von den »Leuten von Saba«, mit denen nicht zwangsläufig die Sabäer im Westen gemeint sein mußten? Vielleicht hatte der Schriftsteller, ein Schüler und Nachfolger des Aristoteles, damit ja auch die Herren der Stadt Schabwa, der alten Kapitale im mysteriösen Wadi Hadramaut, gemeint, eben jener alten Adramyta.

Bis in die Mitte des 19. Jahrhunderts blieb die Adramyta Terra incognita, nur die vorgelagerte südjemenitische Küste kannte man. Man kannte sie sogar gut, denn ein Kapitän der »Indian Navy« namens Stafford B. Haines, später erster britischer Gouverneur in Aden, hatte sich zwischen 1834 und 1837 mit dem Forschungsschiff »Palinurus« große Verdienste in ihrer topographischen Aufnahme und Kartierung erworben. Einer der Schiffsoffiziere, James R. Wellsted, war 1835 sogar einige Dutzend Meilen ins Land vorgedrungen, bis zu den Ruinen von Maifaat. Aber der Hadramaut? Heinrich von Maltzan, Reichsfreiherr zu Wartenburg und Penzlin, dem doch in orientalischer Tracht die gefahrvolle Wallfahrt nach Mekka glückte, nennt dieses Gebiet »noch viel unnahbarer« als die allen Nicht-Muslimen verbotene Stadt.

Schließlich aber gelang dem deutschen Baron Adolph von Wrede, dessen Schiff 1843 im Hafen von Aden anlegte, der Vorstoß in das rätselvolle Wüstental. Er gab sich dazu als Ägypter aus, da er das ägyptische Arabisch leidlich sprach, und nannte sich Abd el-Hud. Das Grab seines Namenspatrons im Wadi el-Masila wolle er besuchen; der Weg dorthin führte in den Bereich des Hadramaut. Der Baron benutzte damit, wahrscheinlich ganz bewußt, die gleiche List, mit der 30 Jahre zuvor der schweizerische Orientalist Johann Ludwig Burckhardt in die bis dahin argwöhnisch von den Beduinen abgeschirmte Nabatäer-Hauptstadt Petra eingedrungen war; Burckhardt hatte behauptet, am Grab des Moses-Bruders Aaron (arabisch: Harun) opfern zu wollen (s. S. 253 ff.). Pilgerfahrten und Pilger aber durften nach islamisch-beduinischem Ehrenkodex nicht aufgehalten werden.

Zudem stellte sich von Wrede in kluger Berechnung unter den Schutz eines Einheimischen, in seinem Fall: eines beduinischen Begleiters. Ein förmlicher Vertrag wurde geschlossen. In von Wredes eigenen Worten: »Nach Abschluß des Kontraktes legte mein Wirt die Hand des Beduinen in die meinige und frug ihn, ›ob er mich und meine Habe während der Reise beschützen wolle‹? Auf ein gegebenes ›Ja‹ benetzte der Kaufmann seinen Zeigefinger mit dem Speichel und schrieb meinen Namen auf die Stirn des Beduinen, indem er sprach: ›Der Name dieses Fremden steht auf deiner Stirn geschrieben (...), daß sie sich nie mehr vor deinem Stamm erhebe, wenn ihm etwas zu Leide geschieht!‹ Der Beduine erwiderte mit großer Lebhaftigkeit: ›Sie erhebe sich nie mehr, weder in den Städten, noch in den Gebirgen! Mein Tod ist sein Tod! Und sein Tod der meinige! Es ist nur ein Gott und Mohammed ist sein Gesandter. Alles kommt von ihm!‹ Hiermit endigte die Zeremonie, und mein Wirt versicherte mir später, daß ich nun dem Beduinen volles Zutrauen schenken könne.«

Als von Wrede später jedoch »enttarnt« und sogleich gefangengenommen und ausgeraubt wurde, stand sein Leben auf des Messers Schneide; nur auf Fürsprache eines vornehmen Arabers ließ man ihn an die Küste zurückreisen.

Fünfzig Jahre blieb seine Pioniertat ohnegleichen, dann folgte Leo Hirsch, ein Berliner Sprachgelehrter, von Wredes Spuren: Am 1. Juli 1893 brach er von der Hafenstadt Mukalla in den Hadramaut auf – und er mußte dabei improvisieren, denn was der adlige Vorgänger über seine Expedition berichtet hatte, war überaus lücken- und fehlerhaft geblieben, so die »von der Wirklichkeit meist weit entfernten Zahlenangaben«. Dennoch hat der Berliner Sprachforscher, wie er selbst schreibt, »dem v. Wrede'schen Reisewerk, dem einzigen, das auf Grund des Augenscheins berichtet«, manches zu verdanken.

Eigentümlich angesichts seiner Leistung, daß Leo Hirsch so blaß bleibt in der Würdigung des »Weihrauchtals« von Hadramaut, wo er sich immerhin 38 Tage aufhielt. Von der »Öde und Trostlosigkeit« der Landschaft, von entsetzlicher Hitze (33 Grad Celsius bereits bei Sonnenaufgang) und erstickenden Glutwinden ist freilich die Rede, nicht aber von dem Reichtum der Stadt Schibam mit ihren staunenerregenden Lehmhochhäusern (Farbtafel).

Ganz anders – und sehr viel mehr im Einklang mit dem Eindruck heutiger, allerdings nach wie vor seltener Schibam-Reisender – hat 40 Jahre später die große englische Vorderasien-Forscherin Freya Stark, im Mai 1993 hundertjährig verstorben, dieses »Lehm-Manhattan« in der Wüste gesehen, wo fünf Wadis zusammenlaufen und dem Gelände einen Eindruck von Weite geben: Die einzigartige Stadt erschien ihr »bienenkorbartig durchlöchert« mit kleinen Fenstern, und es lohnt sich, in ihrem klassischen Reisebericht »Die Südtore Arabiens« von 1936 weiterzuschmökern, zumal er in einer deutschen Neuausgabe greifbar ist.

Aber noch war dem Hadramaut sein letztes Geheimnis nicht entrissen, noch hatte kein Fremder die alte Hauptstadt Schabwa (antike Namensformen: Sabata, Sabota, Sabautha) gesehen, denn kriegerische Stämme, die in drei Dörfern bei den Ruinen wohnten, hatten bislang einen jeden mit ihren drohend erhobenen Flinten, altväterlichen, aber schußgewaltigen Vorder- und Hinterladern, abgeschreckt. Die jemenitischen Krummdolche am Gürtel blitzten ohnehin unheilvoll genug. Es bedurfte der Unerschütterlichkeit eines Hans Helfritz, der eigentlich zu musikethnologischen Forschungen in den Jemen

Jemeniten bei der Weihrauchernte. Holzschnitt von 1575 aus der »Weltbeschreibung« des französischen Kosmographen André Thevet.

gereist war, um dieses Ziel zu erreichen. Der Abenteurer Helfritz kannte nämlich, wie er in seinen Lebenserinnerungen »Neugier trieb mich um die Welt« lapidar bekennt, zwar die Neugier, aber keinerlei Angst. Auch in der größten Lebensgefahr, teilt er uns mit, sei er stets gelassen geblieben. Sicherlich auch eine persönliche Schwäche, die im heißen Hadramaut des Jahres 1935 aber zu unverzichtbarer Stärke wurde, denn nun erhoben sich die obligatorischen Flinten gegen Helfritz, der sich aber einmal mehr nicht fürchtete (»ich ließ mich durch all die wilden Kerle nicht stören«) und damit den in ihrer Drohgebärde erwartungsvoll verharrenden Stammesleuten unvermutet ein Lachen abrang. Ein Lachen, das sein Leben rettete. Als der deutsche Forscher am nächsten Tag aus Schabwa abritt, das heißt abgeschoben wurde, umpfiffen ihn die Kugeln schon wieder links und rechts, aber was tat's – Furcht kannte er ja nicht, und in Schabwa war er nun einmal als erster gewesen. Freya Stark, die eben um diese Zeit, nicht einzelgängerisch wie Helfritz, sondern mit wissenschaftlicher Gründlichkeit, eine Schabwa-Expedition organisiert hatte, durch Krankheit aber am Aufbruch gehindert wurde, behielt ebenso das Nachsehen wie der britische Agent Harry St. John B. Philby, der nur wenige Monate später mit Unterstützung König Ibn Sauds von der Oase Nadscheran her in Schabwa eintraf.

Was den Weihrauch angeht, so waren von Wrede, Hirsch, Helfritz und die zu spät gekommene »grande dame« wie auch all die weiteren, ob Philby, van Beek, Jamme, Phillips oder von Wissmann, freilich gleichermaßen erfolglos. Im Wadi Hadramaut des 19. wie des 20. Jahrhunderts wuchs und wächst kein Weihrauch. Daß er zwei Jahrtausende zuvor dort angebaut wurde, darf nach neuesten botanischen Forschungen indessen als bewiesen gelten. Das Haupt-, wenn vielleicht auch nicht das alleinige Anbaugebiet der kostbaren Pflanze im südarabischen Raum aber war seit je das Bergland von Dhofar im Westen des heutigen Sultanats Oman, »wo der Weihrauchbaum in den vom Monsunregen erreichten Qara-Bergen kultiviert wird und in Höhen zwischen 610 und 760 m auch noch wild vorkommt« (W. W. Müller).

Der erste Europäer, der sich in Dhofar aufhielt und dabei vielleicht auch Weihrauchbäume in ihrer angestammten Heimat sah, war im Jahre 1285 der venezianische Weltreisende Marco Polo. Bei arabischen Kaufleuten hat er sich zusätzliche Informationen beschafft. Wilhelm Heyd vertritt allerdings in seiner berühmten »Geschichte des Levantehandels« die Meinung, der Venezianer, den sie zu Hause »Il Miglione«, den Aufschneider, schimpften, sei niemals im Weihrauchland gewesen. Wie auch immer, manche der Informationen sind jedenfalls glaubwürdig. So nennt Marco Polo zwei Orte als reich an »weißem« Weihrauch: Escier und Dufar. Dufar erinnert natürlich an Dhofar und ist wahrscheinlich identisch mit Zafar, einem aufgegebenen Hafen nahe der heute Salala genannten »Hauptstadt« des Dhofar am Fuße der weihrauchtragenden Qara-Berge. Mit Escier wiederum dürfte die Küstenstadt esch-Schihr gemeint sein, die nach dem Verfall des antiken Kane als Weihrauchhafen diente. Esch-Schihr und sein Hinterland stünden, so Marco Polo, unter der Kontrolle eines Regionalfürsten, der den ganzen Weihrauchertrag für sich in Beschlag nehme und um den sechsfachen Preis, den er den Produzenten zahle, zur Ausfuhr weiterverkaufe.

Andere Nachrichten wirken dagegen wie aus zweiter Hand. So behauptet der Venezianer etwa, wegen der großen Hitze fließe der Weihrauchsaft auch ohne Einschnitte aus den Bäumen. Vielleicht verwechselt er hier Weihrauch und Myrrhe, vielleicht gibt er damit auch nur eine chinesische Legende wieder, denn die Weihrauchbegehrlichkeit der Antike wurde zu seiner Zeit nicht nur vom christlichen Europa, von Byzanz als dem »Zweiten Rom«, sondern auch vom mittelalterlichen China geteilt. Ein chinesisches Werk über den Handel mit Arabien während des 12. und 13. Jahrhunderts führt in offenbar recht intimer Kenntnis 13 verschiedene Weihrauchsorten auf, doch hatte das Reich der Mitte die ferne Weihrauch-*Produktion* natürlich nicht besser im Blick als ein Theophrast oder Plinius.

Wenn vielleicht auch nicht Marco Polo, so hat ohne alle Zweifel der portugiesische Jesuit Manoel de Almeida Weihrauchbäume mit eigenen Augen gesehen. Ihn hatte es im Jahre 1623 auf seinem Weg von Indien nach Äthiopien an die südarabische Küste verschlagen, in ein Fürstentum, dessen König – wie Almeida schreibt – über den größten Weihrauchbestand überhaupt gebiete. Der Weihrauch gedeihe in einem hohen und kahlen Gebirge des Hinterlandes, und zwar auf einer Strecke von – umgerechnet – etwa 80 Kilometern. Dies deckt sich einigermaßen mit den Angaben arabischer Geographen, etwa des Bagdader Gelehrten Yaqut, nach denen man das Weihrauchgebiet von Dhofar zu Lande in drei Tagesreisen durchqueren könne. Auch Ibn Battuta, der berühmteste unter den großen arabischen Weltenbummlern, gelangte 1347 in den Weihrauchhafen Zafar.

3 BAUERN UND BEDUINEN

DER BRENNENDE KONTINENT

Der moderne Reichtum Arabiens, das Erdöl, wartet im Hafen von Iskenderun, früher Alexandrette, auf Verschiffung. Auch der moderne Name des südtürkischen Industriezentrums leitet sich von Alexander dem Großen (türkisch: Iskender) ab, der ganz in der Nähe, einige Dutzend Kilometer weiter nördlich, dem Perser Darius eine entscheidende Niederlage beibrachte. Das fade Gymnasiastenverslein »Drei, drei, drei – bei Issos Keilerei« erinnert daran.

Die Schlacht selbst verdient aber nicht nur als obligatorisches Thema des Geschichtsunterrichts Erwähnung. Für uns ist wichtig, daß sie an einem Platz stattfand, den man geopolitisch nicht symbolhafter hätte wählen können: an einer Nahtstelle der Zivilisationen. In diesem Raum endete die ältere griechische Kultur auf dem Boden Kleinasiens, öffnete sich die ungeheure Weite des eigentlichen Asien.

Und so wie die Halbinsel Kleinasien gegenüber dem Stammkontinent, aus dem sie nach Westen vorspringt, stets ein ethnisches und kulturelles Sonderleben führte, so ist auch eine zweite Halbinsel, die sich nach Süden hin von Asien absetzt, allzeit ein kleiner Erdteil für sich gewesen – als den »brennenden Subkontinent« hat Eberhard Wohlfahrt ihn bezeichnet –, eine eigene Welt zwischen Afrika und Asien, erschreckend und faszinierend zugleich in ihrer rauhen Primitivität. Die Reise von Iskenderun nach Süden macht dies augenfällig. Das Auto oder der Bus kurven aufwärts zu den Höhen des Amanos; Nur Dağları (»Lichtgebirge«) heißt diese Kulturscheide heute. Nicht, daß sie allzu steil aufragte. Der Paß bei Belen ist gerade einmal 664 Meter hoch, und dennoch: welch ein Gegensatz zwischen den begrünten Hügeln der Türkei und der braungelben syrischen Steppe, die sich nach Südosten ausbreitet. *»Porta Syriae«*, Syrisches Tor, nannte der ältere Plinius diesen Kamm zwischen zwei weltgeschichtlichen Landschaften. Nur in der einen, so könnte man meinen, sei die Schöpfung vollendet, in der anderen, die sich ohne den Schmuck von Seen und Wäldern ausbreitet, habe diese Schöpfung dagegen eben erst Land und Wasser geschieden.

Wer so über den Amanos nach Süden reist, begreift die Geschichte des Raumes besser als der Jet-Passagier in 10 000 Metern Höhe. Ein anderes Klima, eine andere Landschaft, eine andere Bevölkerung, eine andere Sprache und eine andere Kultur warten in Aleppo.

Lawrence von Arabien hat es in den »Sieben Säulen der Weisheit« so definiert: »Das arabischsprechende Gebiet Asiens stellt ein unregelmäßiges Parallelogramm dar. Seine Nordseite läuft von Alexandrette am Mittelmeer quer durch Mesopotamien ostwärts zum Tigris. Die Südseite bildet die Küste des Indischen Ozeans von Aden bis Maskat. Im Westen ist es begrenzt vom Mittelmeer, vom Suezkanal und dem Roten Meer bis Aden. Im Osten vom Tigris und dem Persischen Golf bis Maskat. Dieses Viereck, so groß wie Indien, bildet das Heimatland der Semiten, in dem keine fremde Rasse dauernd Fuß fassen konnte, obwohl Ägypter, Hetiter, Philister, Perser, Griechen, Römer, Türken und Franken es verschiedentlich versucht haben. Alle sind schließlich unterlegen ...«

Ist der Belen-Paß überschritten, gelangt man in den Nordteil Arabiens, der heute Syrien heißt, sodann in das südlich anschließende Jordanien, nach Saudi-Arabien und in den Jemen. Aber diese modernen Staatsgefüge und Grenzziehungen, allesamt Schöpfungen europäischer Kolonialmächte, spielen im arabischen Selbstverständnis nicht die Rolle der Landesgrenzen in Europa. Das kursierende Wort von der »arabischen Nation« verweist auf eine Tiefenschicht ethnischer und kultureller Zusammengehörigkeit, von der das Europa des Jahres 1995 in seinem Bemühen um integrierte Nähe nur träumen kann.

Diese »arabische Nation« ist nicht erst seit dem Islam religiös geschmiedet, sondern verfügt über eine sehr viel ältere ethnische und kulturelle Identität. Die gemeinsame Sprache ist das große Band der Einigung und leitet wie ein Sicherungsseil über regionale Differenzierungen hinweg. Lediglich die Heimat der Phönikier, der historisch stets mediterran orientierte Libanon, nimmt trotz seiner arabischen Amtssprache eine Rand- und Sonderstellung auf der Halbinsel ein. Dem tragen die Begriffe »Levante« und »Levantiner« Rechnung.

In sich einig war und ist die arabische »Nation« jedoch durchaus nicht. Damit soll nicht das Auf und Ab der politischen Meinungsbildung in den verschiedenen Staaten angesprochen sein, sondern ein fundamentaler gesellschaftlicher Gegensatz, der erst Anfang dieses Jahrhunderts an Schärfe einbüßte, über Jahrtausende aber auf der »Insel der Araber« *(Dschesiret el-Arab)*, wie die Selbstbezeichnung des Subkontinents lautet, geschichtsbildend war: Über vier Jahrtausende, vielleicht noch länger standen sich arabische Bauern und Nomaden, Seßhafte und Ziehende auf Blut und Dolch gegenüber. Die Grausamkeit, mit der dieser Konflikt gelegentlich ausgetragen wurde, entspricht den schlimmsten Exzessen der Klassen- und Rassenkämpfe Europas. Regelrechte Vernichtungskriege fanden statt. Auch die schwächste Greisin und das Neugeborene wurden in der letzten Phase dieser Auseinandersetzung nicht verschont, ganze Dorfbevölkerungen, ja noch ihr Vieh, von Beduinen in schier grenzenlosem Zorn niedergemetzelt. Umgekehrt gingen Beduinensippen bis zum letzten Glied an vergiftetem Brunnenwasser zugrunde, und wer röchelnd noch lebte, den traf die Klinge des Bauernspatens. Brüder und Schwestern gemeinsamer Sprache – plötzlich verband sie nichts mehr, trennte sie alles.

DIE BEDUINISIERUNG ARABIENS

Arabien war nicht immer eine Arabia Deserta. Wahrscheinlich war die Halbinsel sogar Einwanderungsland und nicht eine in sich abgeschlossene »Völkerkammer«, die sich in großen Wanderungsschüben entleerte (wie man lange Zeit angenommen hat). Dabei bleibt unentschieden, ob Arabien vom Kaspischen Meer oder von Nordafrika her besiedelt wurde; gewisse Ähnlichkeiten der hamitischen mit der semitischen Sprachgruppe machen die zweite These wahrscheinlicher. Jedenfalls müßte die Einwanderung von Westen her in den Zeittiefen vor den ersten ägyptischen Hieroglyphen-Nachrichten erfolgt sein.

Wie die nordafrikanische Sahara hat die »Insel der Araber« bis ins 4. Jahrtausend v. Chr. andere Frucht getragen als bloß aus der Tiefe erbohrtes Erdöl. Dies war keine Wüste, sondern siedelbares Land, vielleicht nicht sonderlich ergiebig, aber in begünstigten Tälern und Ebenen fruchtbar genug, um alle Münder satt zu machen. Savannen bedeckten das Innere der Halbinsel, Wälder die Randgebirge.

Aus dem 4. und 3. Jahrtausend v. Chr. stammende Felsbilder im westarabischen Hedschas stellen Hausrinder dar, deren Haltung also hier, wo heute die Öde und der Sand vorherrschen, einmal möglich gewesen sein muß. Die Archäologie hat die Ur- und Frühgeschichte Arabiens bisher kaum aufgeklärt, und so müssen wir uns auf die Generalisierung beschränken, daß aus der Klimaverschiebung, die zunächst das Zentrum der Halbinsel erfaßte und dann zu den Rändern ausgriff, allmählich die Not entstand und aus der Not der Abgedrängten der Haß auf die, deren Boden noch Nahrung lieferte.

Frucht trug zum Beispiel im Osten der Arabischen Halbinsel das heute längst verödete Gebiet von Dilmun (Bahrain), ja es entwickelten sich im 3. Jahrtausend v. Chr. hier, an der Einbuchtung des Arabischen Meeres zwischen Iran und Arabien, die wir heute den Persischen Golf nennen, ein Handelszusammenhang und eine Kulturblüte, verbunden mit der pakistanischen Indus-Zivilisation, die sich der Forschung gerade erst zu erschließen beginnen. Kein Zufall, daß Bahrain, das heute wie ein Auswurf der Wüste ins Meer erscheint, im mesopotamischen Sumer als altes Götterland galt. Geschenke habe man an Euphrat und Tigris von dort empfangen. So mag es gewesen sein, und es verwundert nicht, daß der epische Held Gilgamesch gerade dort seine Unsterblichkeit suchte, sind auf

Bahrain doch inzwischen eine imposante Festungsstadt und an die 100 000 Hügelgräber nachgewiesen.

In der mythischen Retrospektive Sumers erglänzt Dilmun als ein Garten Eden:

»Das Land Dilmun war rein,
Das Land Dilmun war frisch,
Das Land Dilmun war frisch,
Das Land Dilmun war hell.«

Und weiter heißt es:

»Der Löwe tötete nicht,
Der Wolf riß kein Lamm …
Die Augenkrankheit sagte nicht:
Ich, Augenkrankheit.
Der Kopfschmerz sagte nicht:
Ich, Kopfschmerz.«

So legendär schön also war das unversehrte Arabien.

Im verödenden Arabien aber versank zum Beispiel Gerrha, ganz in der Nähe von Dilmun gelegen und ein berühmtes Handelszentrum bis in die Zeit der klassischen Antike hinein, so vollständig im Sand, daß es bis heute nicht genau lokalisiert werden konnte. Aus Gerrha wurde *dscheraa*, was arabisch so viel wie »wüste, unfruchtbare Stelle« heißt. Nun riß der Wolf das Lamm, und ernst wurde es zwischen denen, die noch Ackerland hatten und daraus ihren Unterhalt zogen, und denen, deren Bauernschaft zu Ende ging.

Die Anrainer Arabiens ließen sich neue Bezeichnungen einfallen: »Sandbewohner« hießen die Hirtennomaden im alten Ägypten, »Zeltbewohner« in Mesopotamien, wo für die ausgreifende Wüste auch das Wort vom »Land des Schreckens« gebräuchlich wurde. Ein früher sumerischer Text bringt die ganze Voreingenommenheit der Beziehung zum Ausdruck: »Die Waffe ist sein Gefährte (…), der Unterwerfung nicht kennt, der rohes Fleisch ißt, der kein Haus hat im Leben, der seinen toten Gefährten nicht begräbt.« Stimmungsmache würden wir so etwas heute nennen, denn die Wüstenleute verzehrten ihr Fleisch durchaus nicht roh, und auch ihre Toten fanden, freilich nach der Schlichtheit der Wüste, eine würdige letzte Ruhe.

Umgekehrt hätten die Nomaden jener Zeit lautstarke Klage gegen die seßhafte Welt führen können, und sie werden am Lagerfeuer ihre Stimme auch erhoben haben, nur lag es ihnen zivilisatorisch fern, darüber in Zeichenschrift auf tönernen Tafeln zu berichten. Anders die neuen Imperien an den großen Flüssen, die reihenweise Schmähschriften hervorbrachten, so etwa im zweiten vorchristlichen Jahrtausend das Kleinreich von Mari in Nordsyrien am Euphrat, das seine Kultivationszonen an den Rand der Wüste vorschob, den Ziehbauern oder Halbnomaden damit unzweifelhaft ihre Lebensgrundlage raubte, aber stirnrunzelnd deren »ungebührlichen« Widerstand wahrnahm. Seltsam, daß die Altorientalistik den Palastarchiven bis heute so unkritisch Glauben schenkt und das eifrig ausgewalzte Herrschaftsschema: »die großen Kleinkönige in ihren wohlgeordneten Reichen« versus »die unruhig-unverträglichen Nomaden« für bare Münze nimmt.

Die Nichtseßhaften des 4., 3. und 2. Jahrtausends v. Chr. hatten freilich noch Brunnen und Wasser genug, besaßen kleine, über das Land verstreute Kultivationsinseln; vielleicht ist ihnen die Abkehr vom Bauerntum und der Übergang zu einer hirtennomadischen Lebensweise zunächst nur wie ein Alpdruck erschienen, heftig zwar, jedoch nur kurz während, aufziehend und verschwindend wie eine Gewitterwolke. Jedenfalls wandelte sich während des 2. Jahrtausends v. Chr. die ziehbäuerliche Lebensweise schleichend in ein Halbnomadentum um. Nach Burchard Brentjes bildete sich das bis heute währende Trockenheitsmaximum im Nahen Osten und Arabien ab etwa 1300 v. Chr. aus.

Seit dem Zusammenbruch von antiken Reichen wie Nabatäa und Saba (s. S. 252f.; 147ff.) steigerten sich noch die Schrecken des unfruchtbar gewordenen Landes mitsamt der Askese, die aus der Verödung entsprang. Blieb der Winterregen aus und verkümmerten die Weidegebiete der Beduinen schon im Frühjahr, ging der Hunger um, vor eineinhalb Jahrtausenden ebenso wie im schlimmen Jahr 1863, über das ein Augenzeuge zu berichten weiß: »Die Beduinen des Ostjordanlandes, der Sinai-Gegend und des Hedschas zogen wie die Tollhäusler umher, bis sie schließlich die Häute ihrer Tiere aufaßen, die vor Hunger eingegangen waren.«

Von Freya Starks Südarabien-Reise, also aus den dreißiger Jahren, stammt ein Foto, so unbarmherzig in seiner Optik wie die gleißen-

Beduine aus dem Wadi Baihan. Historisches Foto der englischen Forschungsreisenden Freya Stark.

de Wüste selbst. Was man erblickt ist das ausgemergelte Endstadium arabischen Beduinentums: einen Mann in mittleren Jahren, in der Glut der Sonne und in der Bitterkeit der Entbehrungen um Jahrzehnte vor der Zeit gealtert, die tiefen Linien frühen Greisentums im Antlitz. Ein Bild, in dem der Tod – bei den arabischen Beduinen wie bei den nordafrikanischen Tuareg häufig auf Nierenversagen zurückzuführen – sich bereits abzeichnet. Dennoch: Wer wollte daran zweifeln, daß der körperlich schwer gezeichnete Beduine aus dem Wadi Baihan das Messer am Gürtel, dessen Schmuckgriff seine Hand umfaßt, treffsicher zu führen wüßte.

Es gibt andere Gesichter des beduinisierten Wüstenarabien – auch sie festgehalten auf frühen Fotos –, denen die Aggressivität unverkennbar in den Augen steht. Das Leben am Rande des Lebens strahlt wie diese Augen den Tod aus.

Definitionsversuche:
Bauern – Nomaden

Ziehbauern sind nicht an einen festen Ort gebunden, vielmehr bestellen sie weit auseinanderliegende Terrains, die ihnen günstig erscheinen. Sie werden von Herden (Rinder) begleitet, die sie im Umkreis ihrer bäuerlichen Arbeit weiden lassen. Historisch sind sie älter als die seßhaften Bauern, die sich an einem Ort erst dann »zur Ruhe setzen« konnten, wenn ein ausreichendes Kultivationsniveau erreicht war. Dazu bedurfte es Erfindungen wie der des Pflugs.

Bauern sind an einem Ort seßhaft und bestellen dort den Boden. Daneben mögen sie Viehzucht betreiben.

Bei *Halbnomaden* dominiert die Viehzucht (Schafe in den Ebenen, Ziegen in den Hügeln und Bergen) gegenüber dem Ackerbau. Immer neues Terrain wird aufgesucht, jedoch stets in einer bestimmten, geographisch vertrauten Region und zumeist nach einem festen Rhythmus; Mißtrauen und Streit bis zum bewaffneten Konflikt beherrschen die Beziehung der Halbnomaden zur Stadt und zum Dorf.
Auf der Arabischen Halbinsel sind Halbnomaden gleichzusetzen mit *Protobeduinen*, also Urbeduinen. Noch immer bauen sie Hütten, wenn sie sich kurzzeitig niederlassen, doch wird der angestrengte Lebenstakt mit der ausgreifenden Verödung des Landes hektischer. Rundzelte aus Leder lösen die Hütten ab, das Kamel bewährt sich als Reittier, wird aber noch nicht gezüchtet.

Vollnomaden verzichten ganz auf den Ackerbau oder üben ihn höchstens noch beiläufig aus (so wie ein Stadtbewohner des 20. Jahrhunderts einen Schrebergarten besitzen mag). Sie

konzentrieren sich auf die Kleinviehhaltung und erwerben über den Verkauf der Tiere an Bauern, vor allem aber in die Städte das, was ihnen an Lebensnotwendigem fehlt.
In Arabien sind Vollnomaden gleichzusetzen mit *Beduinen*. Die Bezeichnung leitet sich aus dem arabischen Wort *badiya*, »Wüste«, ab; die Eigenbezeichnung der *bedu* lautet ebenso schlicht wie selbstbewußt: *arab*, »Araber«. Ab etwa 500 n. Chr. treten sie auf der Halbinsel in Erscheinung. Wie andere Vollnomaden verzichten auch die arabischen Beduinen auf feste Ansiedlungen und auf Ackerbau. Statt des Rundzeltes bevorzugen sie das Schwarze Zelt aus Ziegenhaar *(beit esch-schar)*. Auf dem Rücken ihrer Kamele durchstreifen die Bedu in weiten Zügen auch die unwirtlichste Wüste. Da sie in Dorf und Stadt nur noch wenig als Eigenleistung oder Handelsgut anzubieten haben, werden sie fast notwendigerweise räuberisch; nur so noch vermögen sie zu überleben.

Die arabische Entwicklung vom Ziehbauern zum Bauern, vom Bauern zum Halbnomaden, vom Halbnomaden zum Beduinen ist seit den Anfängen des 20. Jahrhunderts wieder rückläufig. Aus Kamelbeduinen werden Halbnomaden, aus Halbnomaden Bauern. Nicht, daß die Wüste zurückwiche und die Beduinisierungsprozesse sich klimageographisch umkehrten. Doch heute zermahlen die Doppelreifen von Wassertankwagen den Sand, in Syrien wie im Oman. Überall verfügbares Wasser aber beendet das Kamelbeduinentum, und nur in Saudi-Arabien, diesem riesigen Wüstenland, erhält es sich bis heute in einem nennenswerten Umfang.

VERWANDTE FEINDE

Bei allem tödlichen Haß schmiedete eine heimliche Anerkennung die Bauern an die Beduinen. Wilfred Thesiger, einer der intimsten Kenner Wüstenarabiens, schreibt: »Der Bedu, dem die Freiheit weit über jede Bequemlichkeit ging, der gleichgültig war gegenüber Entbehrungen, ja der geradezu stolz war auf die Härte seines Lebens, zwang den Dörflern und Städtern, die ihn haßten und angeblich verachteten, eine widerwillige Hochachtung ab.« Zur Begründung dafür muß man allerdings nicht am europäischen Mythos der beduinischen Reiterkrieger als Stämmen »edler Gesetzloser« weiterstricken und ihre Tapferkeit oder ihre in der Tat unglaublich anmutende Großzügigkeit anführen.

Tatsächlich waren die einander Verfolgenden ja seit undenklicher

Zeit verbunden durch ein gemeinsames Geschick: durch die Verödung großer Teile der Halbinsel. Wer zu Thesigers Zeit als Bauer die Beduinen rühmte, der rühmte seine eigene Vergangenheit oder Zukunft, und wer sie verfluchte, der verfluchte ein Schicksal, das den Voreltern beschieden war und jedem Landwirt nach wie vor drohte. Die Verwandtschaft in Sprache, Glaube und Kultur leugnete die eine wie die andere Seite nicht, um so entschiedener aber, daß der »brüderliche Widersacher« recht handle. All die blutigen Untaten entsprossen Verteilungskämpfen, bei denen es um die nackte Existenz ging. Hier wie dort bedeutete Leben den Wettlauf ums Überleben.

Der Überlebenskampf bestimmte aber auch das Verhältnis der Beduinen untereinander. Der Streit um das verbleibende Wasser einer Oase, ja um irgendein brackiges Wasserloch, wurde zwischen den verschiedenen Stämmen erbittert ausgetragen. Eine Kesselschlacht entspann sich. Den Kessel selbst aber bildeten nicht die heißen Felswände Arabiens, sondern mit allen ihnen zur Verfügung stehenden Mitteln die seßhaften Anrainer der Wüste.

Jeder Versuch der Nomaden oder Beduinen, »ein Stück vom Kuchen« zu ergattern, sei es in den Flußtälern des Jordan oder Mesopotamiens, in den Stadtoasen oder im Bergland der Arabia Felix, wurde mit Gewalt und Vertreibung beantwortet, und umgekehrt beantworteten die Wüstenbewohner alle Bemühungen, ihr Terrain zu kultivieren, mit Angriffen auf die festen Siedlungen.

Gleichzeitig hingen die »brüderlichen Streiter« aus wirtschaftlicher Notwendigkeit aneinander. Der große Gelehrte des arabischen Mittelalters, Ibn Chaldun, stellte im 14. Jahrhundert wohl als erster fest, daß nomadisierende Gruppen in ihrer Lebensweise nicht autark sind. Schon Halbnomaden benötigen zum Existenzerhalt den Zukauf von Lebensmitteln (Gemüse, Früchte, Salz, dazu Erzeugnisse wie Mehl und Zucker und Luxusgüter wie Kaffee und Tabak), die ihnen nur die Dörfer und Städte bieten können. Umgekehrt rechnen die Dörfler und Städter, vor allem letztere, auf das gehegte Kleinvieh der Nomaden, sei es zum Weiterhandel, sei es zum Eigenverbrauch. In guten Zeiten, wenn die Not nicht gar so drückte und die starken

Emotionen sich etwas legten, übergaben Bauern ihre Schaf- und Ziegenherden den Bedu sogar zur Wüstenweidung. Das ermöglichte den Seßhaften, neu erworbene Tiere auf ihren Dorfangern grasen zu lassen, und brachte den Nichtseßhaften erwünschten Zugewinn.

Und so, wie man wirtschaftlich miteinander zu tun hatte bis hin zur engen »Geschäftsverbindung«, so teilte man die Lebensführung miteinander. Auf eine klimatische Zwangssituation lange Zeit nur passiv reagierend, hat das arabische Beduinentum niemals einen radikal neuen Lebensentwurf hervorgebracht. Das kriegerische Gebaren erscheint unter diesem Hinblick wie eine aufgesetzte Überlebensmaske, welche die verwandten Gesichtszüge des Bauern verbirgt. In den Schwarzen Zelten, unter den Bedingungen des Kleinvieh- und Kamelbeduinentums, lebte man zuletzt zwar in den konkreten Alltagsabläufen etwas anders, sozial und psychologisch bestimmend und verbindend blieben aber die traditionellen Verhaltensstrukturen, und man wundert sich schon, wenn der Lebenstraditionalismus, der zusammen mit der arabischen Sprache Bauern und Beduinen unzertrennlich macht, auch nur im Detail angetastet wird: indem etwa die Bauernhäuser den Frauen die rechte, den Männern die linke Seite des Hauptraums zuweisen, während es im Zelt doch genau umgekehrt gehandhabt wird. Aber alles andere erhielt sich im wesentlichen: die Rollenzuweisung für Mann und Frau ebenso wie das soziale Wertesystem und seine Rangordnungen, die Kleidung, der Küchenplan. Dem allen unterliegt der gemeinsame zyklische Charakter des Lebensunterhalts: Die beduinische Weiderunde entspricht dem bäuerlichen Saat- und Erntezyklus. Und über Trennendes hinweg verband die Einheit im muslimischen Glauben und – fast noch mehr – die Ehrbezeugung vor den Vorfahren und jener Ahnenlinie, die dem Individuum zum Leben verhalf.

Eine persönliche Beobachtung mag dazu erlaubt sein: Als ich 1992 durch die jordanische Wüste wanderte, auf dem Weg zur spätrömischen Festungsanlage Qasr Buschir, stob in meinem Rücken ein Jeep heran. Beige Sandwolken aufwerfend, schoß er an mir vorbei. Schnell wand ich mein Halstuch über Mund und Nase. Der Jeep stoppte knirschend mit der gleichen Vehemenz, die ihn vorwärts getragen hatte. Der Fahrer musterte mich mit kritischem Blick, besann sich und stieg schließlich aus. Mein Vollbart hatte ihn offenbar sanft gestimmt. Wer solch Allah wohlgefälliges Gewächs besaß, mochte, sei er auch ein Ungläubiger, kein ganz verkommenes Subjekt sein. Gern nahm ich das Angebot an, auf vier Rädern statt auf zwei Füßen zum Ziel zu gelangen. Der Junge, ein arabischer Saudi von vielleicht 18 Jahren, absolvierte, wie ich erfuhr, *seine* Pilgerfahrt. Sie führte ihn aber nicht von Dschedda, woher er stammte, zum nahen Mekka, sondern zu den Ahnen jenseits des Roten Meeres. In einer verwandtschaftlichen Verbundenheit, die Nord- und Westeuropa längst nicht mehr kennen und die auch in Südeuropa viel an Kraft verloren hat, reiste er, diesmal allein, in den letzten Jahren, wie er berichtete, vom Vater begleitet und geführt, zu seinen genealogischen Ursprüngen: zum Ältesten der Sippe, dem Bruder des verstorbenen Großvaters, der in der jordanischen Wüstensteppe mit ein- oder zweihundert Schafen umherzog.

Es war ein wahrhaft verblüffendes Bild, wie dieser junge Mann, der mir mit betont emanzipiertem, fast arrogantem Gehabe begegnet war, auch einige englische Brocken beherrschte und der seine Mittel gewiß aus dem professionellen Schröpfen der Mekka-Pilger bezog, plötzlich am Lenkrad erstarrte, als irgendein Zelt – für mich sah es aus wie jedes andere – in Sicht geriet; wie er sich vor dem alterszerfurchten Nomaden, der heraustrat, in ganzer Länge auf den Boden warf, ihm dann im Knien die Hände küßte, bis der Alte ihm endlich die Hand auf die Schulter legte und ihn sich aufrichten hieß.

Da waren der Jeep und das Ziegenhaarzelt, der junge Städter und der alte Nomade wieder Teil *einer* arabischen Familie, die sich patrilinear, nach der väterlichen Erbfolge, fortschreibt.

Wie stark solche Bande zwischen Stadt und Wüste seit je waren, bezeugt das merkwürdige Phänomen der etwa zwei Dutzend omajjadischen Wüstenschlösser, die im hohen Norden Arabiens zwischen 661 und 750 n. Chr. entstanden. Was veranlaßte Angehörige der herrschenden Dynastie – der ersten, die der Islam hervorbrachte –, sich mit hohem Aufwand Residenzen in der Wüstensteppe zu schaffen?

War es die Sehnsucht der Omajjaden-Fürsten nach den einfachen Verhältnissen des arabischen Beduinentums? Ein solches Denken und Streben ist im islamischen Mittelalter wohlbezeugt. In der »Beduinen-Makame« des Hariri (1024–1122) heißt es:

»Mich trieb in meiner Jugend ein Gelüste
Aus den Städten in die Wüste
Zum Umgang mit den freien Leuten,
Welche wohnen unter den Häuten,
Um zu lernen ihre Sitten, die ungefärbten,
Und ihren trotzigen Stolz, den angeerbten,
Samt ihrer Zunge Reinheit,
Der arabischen Rede Feinheit.«

Wahrscheinlich trifft der Orientalist Heinz Gaube den Kern des Phänomens, wenn er die Wüstenschlösser als »Instrumente der Nomadenkontrolle« deutet. Die neuen muslimischen Herren, die aus der Wüste kamen, hätten somit auch nach den Eroberungen innerhalb der alten Kulturräume südlich und östlich des Mittelmeers die Verbindung mit der beduinischen Welt durch eine rotierende Hofhaltung in den verschiedenen Stammesgebieten gesucht, um die Nomaden verläßlich an sich zu binden. Dazu könnte die Entfaltung einer repräsentativen Luxuskultur bis zu den im »Buch der Lieder« (um 960 n. Chr.) berichteten Exzessen durchaus passen – die eingeladenen Scheichs mögen den Komfort genossen, die omajjadische, dem alten Orient abgespähte Institution des Harems als Erhöhung der eigenen, ökonomisch beschränkten Ehelichkeit gewürdigt haben.

Aber gewiß sollten die Beduinen nicht nur gebunden werden im Sinne einer politischen Strategie. Man verstand sie als Repräsentanten einer ungetrübten arabischen Tradition, aus deren Kraftquell man schöpfen mußte, wollte man die Unbilden der nahöstlichen, nach wie vor von Christen dominierten »Mischkultur« erfolgreich bestehen. Die altarabische Hofpoesie jener Zeit beschwört immer wieder die Unverfälschtheit nomadischen Lebens, und die herrschenden Omajjaden erfreuten sich nicht bloß an solch nostalgischen Gesängen, sondern zogen praktische Konsequenzen: Man schickte den dynastischen Nachwuchs »aufs Land«, damit er dort bei den »reinen Arabern« im Gegensatz zu den »Arabern unreinen Blutes« oder gar den »zu Arabern Gewordenen«, die Milch der Wüste trinke.

Genealogische und kulturelle Korrespondenzen zwischen Fürstenhof und Zeltlager also. Aber auch die sozialen Strukturen der frühen wie der heutigen islamischen Städte entsprechen denen eines Beduinenstamms. Dessen Zelle oder Grundeinheit ist »das Zelt« *(beit)*, das den Familienvater und seine Frau, die Söhne mitsamt deren Frauen und Kindern sowie schließlich die unverheirateten Töchter zu einer Großfamilie zusammenfaßt. (Bezeichnenderweise nannten auch die Omajjaden die sippenbezogenen Wohneinheiten in ihren Palästen Beit.) Der Typ der Großfamilie ist bis auf den heutigen Tag für die städtische Lebensweise konstitutiv, und so wie mehrere Nomadenfamilien während ihrer Wüstenwanderungen einander stützende Zeltgemeinschaften *(dar)* bilden, kennt das städtische Gemeinwesen den Begriff der Nähe *(qaraba)*, verstanden als nachbarschaftliche Hilfe. Der Ethnologe Peter Heine bemerkt dazu: »An Festtagen werden innerhalb der Nachbarschaft Geschenke ausgetauscht und Besuche gemacht, und man versucht, Heiratsbeziehungen innerhalb des Viertels herzustellen.« Auch das Konzept des beduinischen Clans, der eine über mehrere Generationen ausgreifende Verwandtschaftszusammengehörigkeit zur sozialen Richtschnur macht, findet sich in den urbanen Gemeinschaften des Islam wieder.

Nur so erklärt sich der reibungslose, historisch vielfach bezeugte Rückschwung vom Beduinentum zum Stadtleben. Besonders eindrucksvoll zeigt sich das im Zusammenhang mit der ersten islamischen Angriffswelle in den dreißiger Jahren des 7. Jahrhunderts, die an der mesopotamischen Grenze hauptsächlich von zwei vollnomadischen Stämmen, den Bekr und den Tamim, vorgetragen wurde. Da lebten die Töchter und Söhne der Wüste nun von einem Tag auf den anderen in neugegründeten Garnisonsstädten wie Basra und Kufa. Enge Hausgemeinschaft ersetzte das distanzierte Nebeneinander in weiten und wüsten Streifgebieten. Konflikte oder »Rollenprobleme« (wie Sozialpsychologen heute formulieren würden) ergaben sich gleichwohl nicht. Zur Räson brachte die verstädterten Beduinen das große Ziel der islamischen Expansion. Diesem Ziel genügten sie, aus innerer Verwandtschaft zu Dorf und Stadt, mit unerschütterlichem Pragmatismus. Werner Caskel: »In Basra wohnten die Verbände nach Stadtvierteln getrennt, in Kufa waren die Stadtviertel anders eingeteilt, aber diese wiederum nach Verbänden. Nach dieser Einteilung wurden die Araber in die Heeresrolle eingetragen, nach der gleichen zogen sie zu Felde.«

ARABISCHES BLUT, ARABISCHE EHRE

Die gnadenloseste Wüste dieser Erde ist nicht die Sahara und nicht die Gobi, sondern die Rub el-Chali, das »Leere Viertel«, manchmal auch »Die Sande« genannt. Selbst in dieser Ödnis von der Größe Westeuropas gibt es noch einzelne Wasserstellen, die einen Durchzug ermöglichen, aber nicht einmal das genügsamste Beduinentum vermag sich hier das ganze Jahr über zu halten. Als erster Europäer hat 1931 der Engländer Bertram Thomas die Wüstenei, die den Süden des heutigen Saudi-Arabien einnimmt, mit einer Karawane durchwandert. Wilfred Thesiger, der zwischen 1947 und 1950 mit den Beduinen in und im Umkreis der Rub el-Chali lebte, hat darüber unter dem Titel »Die Brunnen der Wüste« faszinierende Berichte hinterlassen. Heutzutage, da das Kamelbeduinentum sich rückentwickelt zu einem gemäßigten Schaf- und Ziegennomadismus, gelten die el-Murrah-Beduinen, die mit ihren Kamelherden »Die Sande« durchstreifen, als Nomaden unter den Nomaden, als die Extremisten der Wüste.

Das Leere Viertel war vermutlich jene Landschaft, in der um das vierte vorchristliche Jahrtausend die Verödung Arabiens begann. Von hier ging der Druck auf die Ränder des Subkontinents aus. Man darf mutmaßen, daß es auch regenreichere Zwischenzeiten gab, die den Abgedrängten suggerierten, sie könnten in ihre angestammte Heimat zurückkehren. Um so entschiedener brachen sie, wenn die »Brunnen der Wüste« abermals versiegten, zu den Küsten der Halbinsel auf. Dabei bildete das Leere Viertel bald eine Scheidezone. Die Abwanderung konnte nach Süden oder nach Norden erfolgen, aber sie *mußte* erfolgen.

T. E. Lawrence, der legendäre Arabien-Kämpfer, hat demgegenüber angenommen, die großen arabischen Wanderungen seien vom Jemen ausgegangen, dessen relativer Wohlstand zur Übervölkerung geführt habe, doch ist diese These weder archäologisch noch linguistisch nachvollziehbar, auch wenn sie sich in das schöne Wort kleidet, der Jemen sei die Wiege der Araber, der Irak ihr Grab.

Arabien besaß in der Zeit, von der wir hier sprechen und in der Ackerland zu Steppe und Steppe zu Wüste wurde, noch nicht die Schrift. Nur die Legende, genauer: die genealogische Überlieferung gibt eine vage Vorstellung von den Bevölkerungsverschiebungen des 2. Jahrtausends v. Chr. »Genealogien und genealogische Literatur gibt es bei vielen Völkern, aber eine Genealogie, die ein ganzes Volk mit all seinen Gliederungen, mit all seinen bedeutenden Männern und Frauen von grauer Vorzeit bis zur Gegenwart in Tausenden von Namen umfaßt, existiert nur bei den Arabern« (W. Caskel).

Wie wichtig die Araber bis heute solche Stammeslinien nehmen, mag eine zeitgenössische Äußerung belegen. Der Palästinenser-Führer Yassir Arafat nannte die Verhandlungen mit Israel jüngst Gespräche zwischen »Cousins«, die gemeinsam im Stammvater Abraham und dessen göttlich erretteten Sohn Isaak wurzelten.

Natürlich hebt die alttestamentlich-arabische Überlieferung mit Noah an, dem einzigen Überlebenden des Adamsgeschlechts nach der Sintflut. Über Noahs Sohn Sem (daher der Name »Semiten«) erreicht das Geschlechtsregister, das man im Ersten Buch Mose nachlesen kann, den Nachkommen Hud, auch »Eber« genannt, den man in Arabien hoch verehrt (s. S. 62). Nun heißt es im Buch Genesis des Alten Testaments: »Dem Eber wurden zwei Söhne geboren; der eine hieß Peleg (Teilung), denn zu seiner Zeit wurde das Land geteilt, und sein Bruder hieß Joktan.« Diesen Joktan nennen die Araber Katan.

Wichtig erscheint der genealogische Hinweis auf die Teilung »des Landes«. Nach Auffassung der arabischen Muslime ist vom Hud-Sohn Joktan/Katan ein gewisser Jarub als Stammvater aller südarabischen Stämme, ein gewisser Hamdan als direkter Vorvater der nordjemenitischen Stämme hervorgegangen. Über den zweiten Hud-Sohn Peleg wiederum Abraham als Stammvater der israelitischen Semiten, und aus seiner Lende Ismael, den die Araber Adnan nennen.

In der frühen Geschichte Arabiens waren Abstammungsbezüge oder auch -konstruktionen gewiß keine politische Finte. Sie dienten der Legitimation und Befestigung einer vorstaatlichen Ordnung, die allein aus der Blutsverwandtschaft Zusammengehörigkeitsgefühl und Tatkraft schöpfen konnte.

Jedenfalls haben wir mit dem »Eber«, Peleg und Joktan eine Völkertafel vor uns, die den eben skizzierten geogeschichtlichen Abläufen entspricht. Arabien teilte sich nach der schleichenden Klimakatastrophe etwa seit dem 2. Jahrtausend vor unserer Zeitrechnung in eine nördliche und eine südliche Hemisphäre mit jeweils eigener Entwicklungsdynamik. Auch die Sprachwissenschaft bestätigt diese Trennung: Eine nordarabische und eine südarabische Dialektzone sind klar zu unterscheiden.

Der legendäre Besuch einer »Königin von Saba« bei dem biblischen Königsweisen Salomo, umrankt von vielen, auch vielen arabischen Legenden, ist in der geschichtlichen Substanz durchaus ernst zu nehmen, selbst wenn keine außerbiblische Quelle, kein anderes historisches Dokument auf das Ereignis zu sprechen kommt. Die eigentliche Geschichte Arabiens aber entfaltet sich mit dem Vorrücken nomadischer Bevölkerungsteile an die Grenzen des Zweistromlandes im Norden und mit der Bildung erster Araberreiche im Süden.

Für Nordarabien beginnen nun assyrische Keilschriften zu sprechen, zuerst die auf dem Kurch-Monolithen, der nach der Schlacht von Qarqar (853 v. Chr.) entstand. Damals schlug Salmanassar III., König von Assyrien, am Fluß Orontes eine Koalition vorderasiatischer Kleinmächte, zu denen neben dem Israeliten Ahab auch tausend Kamelreiter der *Aribi*, der Nomaden, unter einem Herrscher namens Gindibu gehörten. Salmanassar rühmt sich, den feindlichen Verbündeten schwerste Verluste beigebracht zu haben: »25000 von ihnen streckte ich mit den Waffen zu Boden.«

Zu diesen Waffen gehörte der Kompositbogen, der die Pfeile besonders weit und treffsicher hinausschickte, aber nur in einem langwierigen Prozeß von fünf bis zehn Jahren Handwerksdauer zu erstellen war. Dagegen konnten die Araber neben ihren traditionellen Angriffswaffen – Dolch, Sichelschwert und Lanze – nur einen schwachen Jagdbogen einsetzen. So finden wir sie denn auf assyrischen Reliefs – natürlich auch aus propagandistischen Gründen – durchweg auf der Flucht dargestellt, denn in einer offenen Feldschlacht konnten sie, Propaganda hin oder her, mit ihrer schwachen Bewaffnung

Relief (Ausschnitt) aus dem Nordpalast des Assurbanipal zu Ninive: Arabische Kamelreiter bekämpfen keilbärtige assyrische Krieger (7. Jh. v. Chr).

nicht bestehen. Auch deshalb übrigens nicht, weil es ihnen an einem geeigneten Sattel fehlte.

Denn dazumal thronten die Protobeduinen noch auf einem sogenannten Polstersattel; erst im ausgehenden ersten Jahrtausend entwickelten sie den kampftüchtigen *Schadad*-Sattel (vom arabischen *schadid*, was soviel wie »fest« oder »sicher« bedeutet). Der ältere Polstersattel bestand aus einem Kissen, das vor, auf oder hinter den Höcker gelegt und mit Riemen am Leib des Kamels befestigt war. Man konnte darauf einigermaßen bequem reiten, sich aber bei schneller Bewegung des Tiers nicht ohne Gefahr des Abwurfs drehen und noch weniger in starker Körperbiegung die Lanze schleudern; jede Extrembewegung konnte den lockeren Aufsatz zum Rutschen bringen. Nach der Auffassung von Richard W. Bulliet ermöglichte erst die »technologische Neuerung« des Schadad- oder Nordarabischen Sattels den kriegerischen Aufstieg des Beduinentums. Der neue Sattel bestand aus zwei dreieckigen Aufsätzen oder geschwungenen Bögen vor und hinter dem Höcker, die über dessen Seiten hinweg mit festen Streben verbunden waren und eine Art Kasten mit Sitzebene über der Spitzkruppe formten. Der Reiter saß also nicht mehr auf dem Höcker selbst, sondern auf den diesen umschließenden Sattelkasten, und sein Gewicht lastete auf dem Brustkorb des Kamels.

Aribi, der Begriff, der in den Keilschriften für die Beduinen benutzt wird, hält sich (mitsamt den Wandelformen *Arabi*, *Arabu*, *Arubu*, *Araba*) beharrlich in den Texten Assyriens, läßt sich aber auch im Hebräischen des Alten Testaments und im Persischen *(Arabaya)* belegen. Der Arabien-Spezialist Israel Epha'l urteilt deshalb: »Das nahezu gleichzeitige Auftauchen des Terminus in voneinander unabhängigen Quellen an entgegengesetzten Seiten des Fruchtbaren Halbmonds und sein Fortleben im Griechischen, Südarabischen und klassischen Arabisch läßt erkennen, daß ›Araber‹ die Selbstbezeichnung der Beduinen war.« Nun, wie wir gesehen haben, nennen sie sich auch heute noch so. Das assyrische Wort *ereb*, das soviel wie »Untergang der Sonne« bedeutet, greift die alte Eigenbezeichnung auf und verweist ebenfalls auf das im Südwesten gelegene Arabien.

Die frühen assyrischen Texte sprechen bemerkenswerterweise nicht von männlichen Fürsten, sondern vorzugsweise von Herrscherinnen der Araber: zuerst von einer Königin namens Zabibe (um 738 v. Chr.), die mit ihrem Stamm im nördlichen Hedschas nomadisierte. Auch die drei nächsten Namen, die in assyrischen Tributlisten auftauchen, sind die arabischer Königinnen (Schamschi, Yatie, Teelchunu; 8. und 7. Jahrhundert v. Chr.). Erst dann wird als König von Arabien wieder ein Mann namens Haza'il genannt. Zwar müssen die Begriffe »Königin« und »König« mit Reserve aufgenommen werden, denn die nomadisierenden Araber neigten wahrlich nicht zu jener Prachtentfaltung, wie sie seit pharaonischer, mesopotamischer und hellenistischer Zeit den Begriff des Königs landläufig prägt, aber auch wenn unter der stolzen assyrischen Nomenklatur die Bescheidenheit einer Stammesführerschaft hervorlugt, überraschen diese Frauennamen – wie ja schon die Nennung einer »Königin von Saba«.

Seit je haben Theoretiker männlichen Geschlechts die weiblichen Führergestalten aus der halb historischen, halb sagenhaften Zone, in der sie gewirkt haben sollen, »wegerklärt«. Nur ein Beispiel: Die Amazonen seien in Wirklichkeit Männer, Skythen aus den Steppen, gewesen, doch hätte ihr Haar so weiblich tief gewallt, daß die antiken Berichterstatter das Geschlecht verkannt hätten. Nicht überzeugender mutet freilich die feministische Theorie eines alturspünglichen Matriarchats an, das später patriarchalisch verdrängt oder überlagert worden sei. Ein Matriarchat hat es nach ethnologischer Erkenntnis nirgendwo und niemals gegeben, wohl allerdings matrilineare Erblinien, also Vermächtnisfolgen, die sich über die Mutter bestimmten.

Ein unbefangeneres, die Geschlechter noch nicht zum Kampf scheidendes Konzept könnten die »Königinnen« der Araber verkörpern. Problematisch erscheint aber auch dieses Konzept, denn obzwar es sich nicht über das Geschlecht definiert, frönt es einer anderen Verwegenheit: dem Glauben an die Kraft des vererbten Bluts. Wenn Königinnen, besser: weibliche Scheiche in einer ansonsten männlich dominierten Nomadengesellschaft den Ton angeben konnten, dann weil sie »hohe Töchter« waren, Nachkommen geschätzter Wüstendynasten.

Wie es dahin gekommen ist, wurde bereits skizziert: Die stolze Linie der Abstammung war letztlich das einzige, was den Kleinviehnomaden und Beduinen blieb, als sie Grund und Boden verloren. Sie verfügten nur noch über das gute Blut und die Ehre.

Eine Ehre, die allerdings so unpraktisch sein konnte, daß gesellschaftliche Reglements gefunden werden mußten, um blutige Ehrentaten ohne Gesichtsverlust zu verhindern. Der Engländer Charles M. Doughty, T. E. Lawrence' großer Vorgänger in Arabien, der zwi-

Der Engländer Charles M. Doughty stieß, verkleidet als persischer Muslim, mit der Mekka-Karawane tief in den arabischen Norden vor (Gemälde von Eric Kennington, um 1900).

schen 1876 und 1878 zuerst mit der Pilgerkarawane auf Mekka zu, dann mit den Beduinenstämmen der Fukara und Moahib durch West- und Zentralarabien zog, weiß zu berichten: »Von drei Arabern spielt einer gewöhnlich den Vermittler; ihr Mut hält nicht lange vor, und unbeteiligte Zuschauer neigen zur Mäßigung und wissen guten Rat.« Freilich nicht in seinem eigenen Fall, denn dem bedrohten Christen Doughty wollte niemand beispringen, als gegen ihn aus irgendeinem speckigen Gürtel der mörderische Dolch gezogen wurde. Seinerseits war der Beduine, der sein Messer gegen den »Nazarener« zückte, weniger in echter Absicht denn als Ehrenausweis für sich selbst, da er als *Scherif*, als Nachkomme Mohammeds in männlicher Linie, von Geburt hochgestellt war und den Kampf gegen die Ungläubigen an vornehmster Stelle zu führen hatte, verblüfft über die Indolenz der arabischen Gefährten. Nun hieß es offenbar, Ernst zu machen – aber das hatte er ja eigentlich gar nicht beabsichtigt.

Doughty berichtet: »Als er so mit dem Messer auf mich losging und sah, daß ich ruhig stehen blieb, eine Hand in mein Gewand geschoben, hielt er erstaunt und entmutigt inne. (…) Ich blickte dem Elenden in die Augen und, wankelmütig wie so viele der armen Nomaden, konnte er das nicht ertragen; mit einem schweren Atemzug (erst in seinen mittleren Jahren, war er doch schon kränklich, wie es nicht wenige hier sind) hob er seinen *handschar* und führte zum Schein einen Stoß gegen meine Brust, ließ aber bald seufzend seinen Arm wieder fallen und zog ihn zurück.« Sehr verständlich aus dem arabisch-beduinischen Ehrenkodex, denn die Bedrohung des »Christenhunds« ergab sich nicht aus einem Realkonflikt (dann hätte der Dolch zugestoßen, ehe Doughty überhaupt zur Besinnung gekommen wäre), sondern war vermeintliche Ehrensache.

Daß hinter solcher Ehre allemal eine ehrenwerte Geschlechterfolge steht, findet in den nordarabischen Wüsten und Trockensteppen seinen Ausdruck zum Beispiel in den annähernd 15 000 bis heute bekannt gewordenen safaitischen Felsinschriften: (Proto-)Beduinen, die eine altarabische Sprache, eben die safaitische, niederzuschreiben wußten, haben sie zwischen dem 1. und 7. Jahrhundert n. Chr.

vor allem im ostjordanischen Raum auf Felsen und aus Steinen aufgeschichteten Grabhügeln hinterlassen. Fast alle diese Inschriften sind sippenbezogen: »Von Malikat, Sohn des Jadhil, Enkel des Mudhim«, heißt es da etwa. Oder: »Von Laqab, dem Sohn des Mu'allal aus dem Stamm Jahir.« Daneben finden sich safaitische Anrufungen von Göttern des arabischen Pantheons, Liebeserklärungen oder auch gelangweilte »Tätigkeitsrapporte«: »Von Maqq. Und er hütete seine Ziegen.«

Der Rekurs auf stolze Abstammung und edles Blut blieb bis auf den heutigen Tag ein Mittel arabischer Machtlegitimierung. Zu den Pfründen, mit denen König Hussein von Jordanien im Kampf um seine haschemitische Monarchie stets klug zu wuchern wußte, gehörte seine Hochgeburt aus einer Linie, die sich auf den Propheten Mohammed und die Hüter von Mekka zurückführt. Mohammed seinerseits wurde der zeitgenössischen Öffentlichkeit als Sohn des Abdullah vorgestellt, der wiederum Sohn eines gewissen Abd el-Muttalib gewesen sei, der zur Sippe der *Haschim* (von daher: König Husseins »Haschemitentum«) gehörte und von einem Abd Manaf el-*Koraischi* abstammte. Die kursiv gesetzten Wörter zählen: Mohammed gehörte also zum Koraisch-Stamm, und zwar zu dessen Haschim-Clan. Zudem wird man zu seiner Zeit vermerkt haben, daß er über seine Mutter Amina mit der einflußreichen Sippe Zuhra verbunden war.

NORDARABIEN: DIE SÖHNE ISMAELS

Die Geschichte der Nordaraber, die zu den »Fleischtöpfen« Assyriens und der Mittelmeerstädte drängten, hebt, wie berichtet, mit den Namen dreier Königinnen an. Eine von ihnen, Schamschi, hatte bedeutende Streitkräfte gegen Assyrien zusammengezogen. Möglicherweise besitzen wir sogar eine bildliche Darstellung dieser couragierten Führerin in einem assyrischen Relief. Eine andere Herrscherin, Yatie, nutzte im Jahre 703 v. Chr. die Revolte Babyloniens gegen Assur zu dem Versuch, die Araber aus ihrer Tributpflicht gegenüber dem mesopotamischen Reich zu lösen. Aber noch war Assyrien zu stark. Um diese Zeit allerdings nicht mehr stark genug, die Stämme der Wüste in die eisernen Klammern der Tributpflicht zu nehmen.

Vielmehr wurde zum politischen Prinzip, Araber gegen Araber auszuspielen: durch kulturell angeglichene arabische Vasallen die Reichsgrenzen gegen die nachrückenden Beduinen sichern zu lassen. Eineinhalb Jahrtausende später finden wir dieses machtpolitische Muster übrigens bei zwei anderen Großmächten wieder, Byzantinern und Sassaniden, auch sie damals bereits geschwächt. In den Arabergeschlechtern der Ghassaniden und Lachmiden schufen sie sich jeweils eigene Wüstenstreitmächte.

Eine Urkunde, das sogenannte Prisma A, des assyrischen Königs Asarhaddon, macht das Vasallenprinzip deutlich. Der Herrscher berichtet, daß sein Vater Sanherib in einem Kriegszug »Besitz und Eigentum« der Araber verschleppt habe, darunter ihre Götterbilder. Auch die Königin der Araber, eine gewisse Iskallatu, wurde als Geisel nach Assyrien gebracht. Nun beugen sich die Araber der assyrischen Gewalt:

»Haza'il, der König der Araber, zog mit seinen kostbaren Geschenken nach Ninive, der Stadt meiner Herrschaft, und küßte meine Füße. Um die Rückgabe seiner Götter bat er, und ich ließ Gnade walten. Die Götter Atarsamain, Dai, Nuchai, Ruldain, Abirillu, Atarkuruma, die Götter der Araber, ihre zertrümmerten Standbilder stellte ich wieder her (...). Als sich an Haza'il dann sein Geschick erfüllte, setzte ich Yata, seinen Sohn, auf den Thron. (...) Doch da führte Habu, um das Königtum zu erringen, alle Araber zum Aufstand gegen Yata. Ich, Asarhaddon, der König von Assyrien, König der vier Weltgegenden, der die Wahrheit liebt und den Verrat verabscheut, sandte Yata die Truppen meiner Krieger zu Hilfe, und sie traten die Araber in den Staub.«

Asarhaddon hält, mit anderen Worten, seinen Vasallen auf dem Thron, kommt ihm im Kampf gegen nicht verbündete Araber zu Hilfe. Überhaupt beginnen die assyrischen Quellen im 7. Jahrhundert

v. Chr. die Aribi an den Süd- und Westgrenzen ihres Imperiums nicht mehr als undifferenzierte Fremdrasse wahrzunehmen.

Eines der Tore in der Stadtmauer von Ninive, Sanheribs neuer Residenzstadt am Tigris, wurde als »Wüstentor« bezeichnet, und eine Keilschrift belehrt uns über den Grund: »Die Begrüßungsgeschenke von Schumuil und Tema kommen hier herein.« Um 648 wird dann ein gewisser Yuhaiti als König von Arabien und Schumuil faßbar. Tema ist das heutige Teima, eine bedeutende mittelarabische Oase, und Schumuil nichts anderes als das beziehungsweise der biblische Ismael.

Die Geschichte dieses Ismael hat ihre legendäre Ausformung im biblischen Buch Genesis gefunden. Ismael ist ein Sohn des Abraham, gezeugt mit einer ägyptischen Sklavin oder Nebenfrau namens Hagar, und noch vor seiner Geburt sagt ein »Engel des Herrn« Ismaels Geschick voraus: »Er wird ein Mensch sein wie ein Wildesel.« Zwölf Söhne werden ihm geschenkt. Die Bibel nennt sie uns: »Der Erstgeborene Ismaels war Nebajot; dann kamen Kedar, Adbeel, Mibsam, Mischma, Duma, Massa, Hadad, Tema, Jetur, Nafisch und Kedma. Das waren die Söhne Ismaels, und das waren die Namen, die sie in ihren Siedlungen und Zeltlagern trugen, zwölf Fürsten, je einer für einen Stamm.«

Es taucht der Name der Oase Tema wieder auf – und auch hinter der Bezeichnung Duma verbirgt sich eine Oase: Dumat el-Dschandal, wie sie im klassischen Arabisch heißt (heute: el-Dschof), gelegen im Nordosten der Halbinsel am Ausgang des Wadi Sirhan, einer berühmten ost-westlichen Karawanenroute.

Wir erkennen damit das Prinzip der biblischen Legende. In die beliebte Gestalt der Genealogie, verständlich als eine Art Welterklärung, kleidet sie den Erfahrungshorizont des ausgehenden 8. oder frühen 7. Jahrhunderts v. Chr., denn um diese Zeit dürfte die Genesis entstanden sein, und sie breitet den Kenntnisstand aus, den man in Jerusalem von der Welt der Wüste hatte. Ernst Axel Knauf, dem wir hier gefolgt sind, deutet »Ismael« als eine »protobeduinische Konföderation, die ganz Nordarabien von der *Nefud* bis zu den Rändern des fruchtbaren Halbmonds umfaßte. (…) Der Stämmebund ist sicher nachweisbar für die erste Hälfte des 7. Jahrhunderts v. Chr.; es ist wahrscheinlich, daß er Ende des 8. Jahrhunderts schon bestand«. Spätestens im 6. Jahrhundert dürfte er sich aufgelöst haben.

Zu dieser Konföderation gehörten auch die Nebaioth, also die Linie eines der Söhne Ismaels. Irgendwann zwischen 669, als Assurbanipal die assyrische Königswürde zufiel, und 649, als Prisma B, eine weitere bedeutsame assyrische Geschichtsurkunde, entstand, erscheint auch in den Keilschriften ein Araberstamm der Nebaioth als Handelspartner. Man wäre nur zu gern bereit, diese Nebaioth mit den Nabatäern gleichzusetzen, welche später das Nordterrain der Weihrauchstraße kontrollierten und ihre Pfründen, wie der »Fall Syllaeus« es hinlänglich bezeugt hat (s. S. 54ff.), erbittert verteidigten. Die Sprachwissenschaft belehrt uns indessen, daß ein Lautübergang von der einen zur anderen Namensform, so ähnlich sie uns auch anmuten mögen, durchaus nicht möglich ist. Die Nebaioth/Nebajot können nicht die Nabatäer sein.

In Prisma B heißt es: »Natnu, König von Nebaioth, dessen Ort fern ist, hörte von der Macht Assurs und Marduks (...). Um einen Bündnisvertrag und die Ausübung meines Dienstes bat er wiederholt meine Majestät. Ich sah ihn wohlgefällig an und wandte ihm mein gütiges Antlitz zu. Eine Abgabe, nämlich jährlichen Tribut, legte ich ihm auf.« Nun, ganz so devot trat der Scheich Natnu gewiß nicht auf; der assyrische Herrschaftsanspruch ist es, unter dem die Sachlage sich so tendenziös darstellt. In Wirklichkeit dürfte es sich schlicht um die Eröffnung einer Karawanenroute zwischen der Heimat der Nebaioth im nordwestlichen Arabien und Assur im Zweistromland handeln. »Wie wenig Natnu seine Beziehungen zu den Assyrern als Unterwerfung verstand, geht daraus hervor, daß er (...) während des babylonischen Aufstands Kriegsgefangene übernahm« (E. A. Knauf). Später kämpfen Nebaioth-Araber im palmyrenischen Gebiet gegen die Assyrer, die ihrerseits eine Strafexpedition gegen den unbotmäßigen oder – nach unserer Interpretation – selbständigen König Natnu unternahmen.

Bald aber verlieren die Nebaioth sich im Dunkel der Geschichte, der Stamm ist offenbar zerfallen oder in anderen aufgegangen. Zur Zeit des Propheten Mohammed streifte in der Region um Jathrib, das später in Medina umbenannt wurde (s. S. 198 ff.), eine Beduinensippe namens an-Nabit – vielleicht der Rest der ehemals bedeutenden Nebaioth …

Ein anderer arabischer Stamm gewinnt dagegen an Kraft und Ausstrahlung: Qedar (biblisch: Kedar) ist sein Name, auch er genannt als einer der »Söhne Ismaels«. In den assyrischen Annalen zwischen 738 und 644 spielt er eine prominente Rolle; sogar Könige werden ihm zugeschrieben, wobei die Assyrer sich manchmal darüber unklar sind, ob der Betreffende nun König der Qedar oder der Schumuil (Ismael), also des übergreifenden Bündnisses ist. Und weil die Wüste ein so kompliziertes Eigenleben besitzt, verdoppeln und verdreifachen die Annalisten und bezeichnen etwa einen Jauta, einen Ammuladdin oder einen Abjata, um drei überlieferte Königsnamen anzuführen, als Herrscher der Qedar und der Schumuil und der Araber.

Deutlich wird jedenfalls, daß die Qedar im Nordwesten der Arabischen Halbinsel ihr Terrain hatten; in Transjordanien zogen sie bis nach Palmyra hinauf. Das trifft sich wiederum mit einer biblischen Nachricht jener Zeit. Für den Propheten Jeremias sind sie die Bewohner der Ostlande, und nur zu gern verkündet er den »Spruch des Herrn« gegen die ungeliebten Wüstenleute: »Auf, zieht gegen Kedar, bezwingt die Söhne des Ostens! Man raubt ihre Zelte und Herden, ihre Decken und ihr ganzes Gerät; auch ihre Kamele nimmt man mit.« Das klingt prophetisch entschieden, in der unprophetischen Realität wird der Schlag gegen die beweglichen Kamelreiter alles andere als leicht gefallen sein.

Und so finden wir denn die Qedar, vielleicht gerupft, jedenfalls aber nicht geschlagen, auch weiterhin im Nordwesten Arabiens. Ezechiel erwähnt »die Fürsten von Kedar«, doch sind Qedarener auch jenseits des Alten Testaments bezeugt, sogar namentlich in den Gestalten des Scheichs Guscham, den Nehemia als Geschem kennt, und Guschams Sohn Qainu, dessen Name in aramäischer Schrift einer Silberschale eingeritzt ist, die man im ägyptischen Wadi Tumilat gefunden hat. Kein Zweifel auch, daß es sich bei dem von Herodot erwähnten »König der Araber« – der dem persischen Großkönig Kambyses im Jahre 525 v. Chr. während dessen Ägypten-Feldzug gegen Amasis bzw. Psammetich behilflich war, die wasserlose Wüste zu durchqueren – um einen Qedar handelte.

Übrigens weiß Herodot in diesem Zusammenhang interessant über die Form arabischer Bündnisse zu plaudern: »Wollen zwei sich Treue geloben, so tritt ein dritter Mann zwischen sie in ihre Mitte und macht mit einem scharfen Stein an der Innenseite ihrer Hände am Daumen entlang einen Schnitt in die Haut, darauf zieht er je einen Faden aus ihren Mänteln und bestreicht mit dem Blut sieben Steine, die vor ihnen liegen, unter Anrufung des Dionysos und der Urania.«

Angeblich hat die arabische Unterstützung des achämenidischen Ägypten-Feldzugs dem Wüstenvolk politische Erleichterungen eingetragen. Wiederum Herodot: »Die Araber aber waren den Persern niemals als Knechte untertan, sondern waren ihre Gastfreunde geworden, als sie damals Kambyses gegen Ägypten Durchzug gewährten.« Entsprechend sei der Gau der Araber unter den Persern steuerfrei geblieben. Das wird man so lesen müssen, daß die Großmacht die nordarabischen Wüstengebiete nicht beherrschen *konnte* – und also »großzügig« darauf verzichtete. Schließlich hatte Persien mit der Wüste schon schlimme Erfahrungen gemacht: Eine militärische Expedition ist von ihrem Zug zur nordafrikanischen Oase Siwa niemals wiedergekehrt; irgendwo im Sandmeer der libyschen Sahara dorren, bis heute unentdeckt, die Gebeine der persischen Krieger.

Bis ins 3. Jahrhundert v. Chr. hinein erscheinen Qedar-Araber in den historischen Dokumenten, also noch zu einer Zeit, als bereits die Nabatäer in diesem Gebiet bezeugt sind. Ernst Axel Knauf, ohne dessen bedeutsame Vorarbeiten zur Frühgeschichte Nordarabiens diese Zusammenhänge dunkel geblieben wären, hat den einzig richtigen Schluß daraus gezogen. Die Nabatäer, von denen wir noch sehr viel mehr hören werden, sind identisch mit den Qedar. Oder genauer: Sie sind ein Stamm der Qedar, der sich in der Mitte des 4. Jahrhunderts v. Chr. zur Macht innerhalb des damals schon 400 Jahre alten Stammesverbands aufgeschwungen hat. Einige Jahrzehnte wurden die Namen Qedar und Nabat danach gleichwertig benutzt, ehe sich die Bezeichnung Nabat endgültig durchsetzte, auch wenn Plinius in seiner »Naturgeschichte« noch den Araberstamm der »Cedrei« nennt.

Aus der nordarabischen Stammeskonföderation »Ismael«, zu deren »Söhnen« Nebaioth und Qedar gehören, steigen also die Qedar zu den Herren des Nordwestens auf, während die Nebaioth untergehen. Aus dem Großstamm der Qedar wiederum erhebt sich im 4. Jahrhundert v. Chr. ein Unterstamm, die Nabat, zu Macht und Einfluß, und dieser Name verdrängt den des älteren Stammes. Die formelle Namensnähe zu den Nebaioth ist zufällig.

ARABISCHE KAMELE

Die Wüste wuchs. Ausgreifend vom Leeren Viertel, breitete der Sand seine Decke nach Südosten, nach Oman hin, aus, und mancher Wissenschaftler mutmaßt, eben dort sei das Kamel – wir sprechen stets vom einhöckrigen Dromedar – »erfunden«, sprich: domestiziert worden. Als Beweis werden Kamelknochen am omanischen Dschebel Hafit nahe den Bureima-Oasen angeführt. Sie datieren aus der Zeit zwischen 3000 und 1500 v. Chr. Dem entsprechen in der schriftlosen Umm-en-Nar-Kultur der Golf-Region (ab ca. 2700 v. Chr.) Kamelpunzierungen und wiederum Knochenfunde. Erneut ist darauf zu verweisen, daß für die Arabische Halbinsel bislang kaum ur- und frühgeschichtliche Forschungsergebnisse vorliegen. So müssen Hypothesen Detailerkenntnisse wettmachen. Weil aber der große Karawanenhandel auf der Verfügbarkeit des Kamels beruhte und das arabische Beduinentum ohne dies genügsame Tier nicht hätte bestehen können, weil – mit anderen Worten – die Fragestellung kulturgeschichtlich besonders bedeutsam erscheint, wurde um Ort wie Zeitpunkt der Kameldomestikation über Jahrzehnte in der Wissenschaft erbittert gestritten.

Gegen die Annahme, das Kamel sei zuerst in Ägypten zum Haustier gemacht und dann über die Zwischenstationen Palästina, Syrien und Mesopotamien nach Arabien eingeführt worden, hat sich inzwischen fast einhellig die Auffassung durchgesetzt, daß die Domestikation in Arabien selbst stattfand. Weiterhin ungeklärt bleibt aber, in welchem Gebiet der ungeheuren Halbinsel. Unsere These ist, daß im Zusammenhang mit der fortschreitenden Austrocknung des Landes seit etwa dem 4. Jahrtausend das Gefüge der dortigen Haustierwelt zerstört und ein Wechsel der Nutztiere notwendig wurde. Das muß nicht bedeuten, daß bereits zu diesem frühen Zeitpunkt eine Domestikation im eigentlichen Sinne stattfand, man wird an die Vorstufe der Zähmung denken. Die spätere Domestikation muß ihrerseits noch keine systematische Kamelzucht einschließen.

Offenbar kam das Kamel im südlichen und südöstlichen Zentralarabien erstmals als Transport- und als Reittier zum Einsatz. Die schon erwähnten Keilschriften aus den Palastarchiven von Mari (18. Jahrhundert v. Chr.) dokumentieren dieses Tier dagegen nicht ein einziges Mal. Die in den Texten eifrig denunzierten Nomaden bewegen ihre Lasten noch auf Eseln, und in den Kampf ziehen sie als Fußsoldaten. Erst mehr als ein halbes Jahrtausend später sprechen nordarabische Quellen von Kamelen, zuerst übrigens biblische Zeugnisse – wobei sich einmal mehr die schwierige Frage stellt, ob die für uns relevanten Passagen zum Originaltext gehören oder als spätere redaktionelle Zusätze zu bewerten sind. Nehmen wir sie für authentisch, dann ist das

Arabische Wildbeuter jagen mit Bogen und Lanze ein Kamel. Felsbild (Umzeichnung) aus Westarabien (entstanden zwischen dem 3. und 1. Jt. v. Chr).

Kamel schon um 1100 v. Chr. ein bewährtes Reittier der Midianiter und Amalekiter, nordarabischer Stämme. Das Buch Richter faßt in Worte, was sie den Israeliten antaten: »Sie zogen mit ihren Herden und Zelten heran und kamen so zahlreich wie die Heuschrecken herbei. Zahllos waren sie selbst und ihre Kamele. Sie kamen und verheerten das Land.«

Auch die Geschenke an Balsam, Gold und Edelsteinen, welche die »Königin von Saba« dem weisen Salomo nach Jerusalem bringt, werden von Kamelen getragen – so steht es im ersten Buch der Könige. Der Besuch dürfte um 950 v. Chr. stattgefunden haben (s. S. 113 ff.).

Das erste außerbiblische Zeugnis für den Einsatz domestizierter Kamele haben wir in unserem Abriß zur Frühgeschichte Arabiens bereits genannt: Es ist die Inschrift, die der dritte Salmanassar nach seinem Sieg bei Qarqar Mitte des 9. Jahrhunderts v. Chr. in den Stein schneiden ließ. Über die Assyrer und mit deren Expansion nach Westen mag das Kamel schließlich nach Ägypten gekommen sein.

Aber damit noch kein Ende der Problematik. Unzweifelhaft bilden assyrische Reliefs, so der Schwarze Obelisk Salmanassars III., nicht ein-, sondern *zwei*-höckrige Kamele ab, und der gelehrte Streit geht darüber, ob dieses Tier *(camelus bactrianus)*, heute ausschließlich in Zentralasien beheimatet, einmal durch Arabien zog und, noch delikater, ob nicht vielleicht das einhöckrige Kamel aus dem baktrisch-zweihöckrigen herausgezüchtet wurde. Dazu die Anmerkung, daß sich in den Kontaktzonen beider Kamelformen – Südmittelasien und Kleinasien seien hervorgehoben – Kamelhybriden seit mehreren Jahrhunderten durch Bilddokumente nachweisen lassen, etwa durch indische Miniaturen. Burchard Brentjes, der auf diesen Umstand als erster hingewiesen hat, meint mit einigem Recht: »Wir müssen auch für das Altertum mit Kamelkreuzungen rechnen.« Wenn dem aber so wäre, verringerten sich Eindeutigkeit und Aussagekraft mancher überlieferten Darstellung.

Unserer Meinung nach war *camelus bactrianus* ein kurzzeitiger Import aus Westturkestan, der sich in Mesopotamien und Arabien nicht zu bewähren vermochte. Durch besonders dichtes, warmes Fell geschützt, war dieses Tier von Natur aus auf große Kälte eingerichtet; entsprechend dürfte es nicht aus dem Arabien vor der Wüstewerdung stammen, denn ein kaltes Land war auch dies frühe Arabien der Steppen und Randwälder nicht. Es erscheint vielmehr denkbar, daß die Assyrer das baktrische Kamel als »Gegenwaffe« zum einhöckrigen Kamel Arabiens einführten und einsetzten, sich dann aber das »einheimische Modell« aneigneten.

Den heutigen Beduinen Innerarabiens ist das zweihöckrige Kamel nicht nur unbekannt, sondern geradezu etwas Undenkbares. Ihr Sprichwort lautet: »Wenn die Katze Datteln frißt, das Pferd Zwillinge wirft und das Kamel zwei Höcker hat, so bricht die Auferstehung an.«

SÜDARABIEN: VOM STAMM ZUM STAAT

Arabia Felix, glückliches Südarabien. Nur das Gebirgsland im arabischen Südwesten blieb von den Naturgesetzen des »brennenden Subkontinents«, von steter Dürre und hitzeflirrender Luft, verschont. Die fortschreitende Austrocknung der gewaltigen Halbinsel stärkte den Gebirgswinkel mit jedem dahinstreichenden Jahrhundert. Während die älteren Hochkulturen Arabiens, das schon erwähnte Dilmun im Osten etwa, nur noch in den Farben der Vergänglichkeit schillerten, während die kommerzielle Tüchtigkeit großer Handelszentren wie Gerrha unter aufgewehte Sanddünen wie unter Grabtücher zu liegen kam, erwies sich der Jemen als ein Garant zivilisatorischen Fortschritts.

Nicht, daß der arabische Südwesten je die Lebensleichtigkeit des äußersten Nordens erlangte, wo das Wasser hoch in den Brunnen stand und Euphrat, Tigris und Jordan breit und lehmgesättigt dahinströmten. Aber dafür entzog sich die Arabia Felix seit dem 7. Jahrhundert der Schlagkraft Assyriens, die in der ganzen altorientalischen Welt gefürchtet war.

Das Beste, was jenen altarabischen Stämmen beschieden war, die zum »paradiesischen« Norden drängten, war die Assimilation, die kulturelle und ethnische Eingliederung. Mit lasch operierender, nie gänzlich disziplinierter Truppenkraft, unterlegener Bewaffnung und Besattlung vermochten vorstoßende Wüstenkrieger bestenfalls Scharmützel zu gewinnen. Aber wären es auch große Feldschlachten gewesen – das organisatorische Potential hätte gefehlt, die Erfolge zu sichern und dauerhaft zu verwalten. Am Nordwestrand der Arabischen Halbinsel zeigten die Israeliten, obzwar ein kleines Volk, in erbitterter Selbstverteidigung die Zähne. Und groß war die Macht des Pharao – welcher Araberstamm hätte seine bescheidenen Kräfte schon gegen das mächtige Königreich jenseits des Roten Meeres wenden wollen?

Umgekehrt zeigten sich die Pharaonen desinteressiert am verödenden Arabien. Anders Assyrien, das allen, die es bekriegten, als schrecklicher Gegner, und allen, die unterworfen waren, als schrecklicher Oberherr galt. Nicht einmal jenseits der Rub el-Chali war man anfangs sicher vor dem zwingengleichen Zugriff der keilbärtigen Schurzrock-Krieger aus dem Zweistromland. So kommen die ersten eindeutig datierbaren historischen Nachrichten, die wir über *Süd*arabien besitzen, wiederum aus Assyrien. Im Jahre 738 v. Chr. erreichten die Truppen des dritten Tiglatpileser diesen arabischen Saum der Welt, und sie fanden dort ein unabhängiges Reich vor, das sabäische, geleitet von einem Priesterherrscher *(mukarrib)*. Jener Mukarrib wurde Assur tributpflichtig. Einer seiner priesterköniglichen Nachfolger, Ithamar mit Namen, mußte sich ebenfalls zu Tributzahlungen bequemen, nun an den assyrischen Herrscher Sargon.

Zu diesem Tribut gehörten übrigens auch Pferde, die Vorläufer der später so berühmten »Araber«. Erst *nach* dem Kamel hat sich das Pferd in Arabien verbreitet, möglicherweise als Reittier der Siedler im Unterschied zu den Kamelnomaden. Schon im 5. Jahrhundert v. Chr. ging man in Arabien mit dem Pferd auf die Straußenjagd. Solche frühen »Araber« waren im gestreckten Galopp deutlich geschwinder als das Kamel, mit dem man an den Straußen, bekanntlich der schnellste Laufvogel überhaupt (der Vogel erreicht ein Tempo von aufgerechnet 50 Kilometer in der Stunde), nur mit List in Bogenschußnähe herankam.

Noch ein dritter sabäischer Priesterkönig, ein gewisser Karibil-Watar, mußte »Geschenke« in den Norden senden, an den Hof des Assyrers Sanherib zu Ninive: Edelsteine und »Gewürze«, darunter wohl auch Weihrauch.

Als selbst das starke Assyrien zuletzt die Kraft verließ, über das Wüstenterrain hinaus in jene Region zu greifen, die später als Arabia Felix antike Wunschvorstellungen band, trennten sich die politischen Sphären des nördlichen und des südlichen Arabien auf ein ganzes Jahrtausend. Wir sprechen, wohlgemerkt, von den politischen Sphären, denn die Weihrauchstraße ist ja der große Beweis für die fortdauernde wirtschaftliche Verbindung. Aber weder Babylonier noch Perser vermochten Südarabien fortan Tribute abzupressen oder den Handelsweg zu kontrollieren, Alexanders Arabien-Pläne blieben ein Traum, und der Feldzug des Aelius Gallus scheiterte. Sehen wir einmal von den äthiopischen Übergriffen seit dem 2. Jahrhundert n. Chr. ab (s. S. 148ff.), gelangte Südarabien erst 575 n. Chr., als Truppen der Sassaniden hierhin vorstießen, wieder unter politische Kuratel, die Oberherrschaft des euroasiatischen Nordens. Und auch dann nur kurzzeitig, denn in diesen Tagen war Mohammed, der Prophet des Islam, schon geboren, und seine Lehre wurde bald so wirksam, daß noch der letzte Sassaniden-Statthalter in Südarabien vor seiner Entmachtung zum Islam übertrat.

Wir haben skizzenhaft vorgegriffen, wollen jetzt aber noch nicht von den südarabischen Reichen und ihren Königen oder Priesterkönigen sprechen (s. S. 120ff.). Denn sie sind eine historisch spätere Erscheinung, die sich im Südwesten Arabiens allerdings fast zwangsläufig aus der Wüstewerdung des höheren Nordens und dem Fehlen einer kontrollierenden Großmacht ergab.

Seit dem 3. Jahrtausend v. Chr. mühten sich im Südwesten Bauern um die Bestellung der Hänge, und falkenäugige Halbnomaden aus dem Norden oder Osten durften mit sehr viel weniger Risiko als ihre im

Banne Mesopotamiens operierenden Verwandten begehrliche Blicke auf solch terrassierte Fruchtbarkeit und ihre Erzeugnisse werfen. Die jüngsten Ausgrabungen im Nordjemen, nun nicht mehr wie noch zu Zeiten des Wendell Phillips archäologische »Höllenfahrten«, haben unter deutscher und italienischer Regie den Nachweis erbracht, daß schon zu dieser frühen Zeit mit Hilfe von Bewässerungsanlagen die Landwirtschaft prosperierte.

Auf den bäuerlichen Höhen tropften Nebelschwaden den Tau ab, wuchsen Hirse und Kaffee und Qat, sprudelten gute Quellen, sammelte sich Wasser in Becken, krähten Hähne auf dem Mist, brüllten heiser, weit widerhallend an den Bergflanken, die Esel – und nicht etwa mit braungelben gebleckten Zähnen Kamele. Arabia Felix eben, ein gebirgiges Rückzugsgebiet. Was damals entstand, hat bis heute überdauert: eine bäuerliche Gegenwelt zum Nomadentum, in ihrer eindrucksvollen Siedlungsarchitektur ein fotogenes Ziel jedes Jemen-Reisenden (Farbtafel).

Gegenwelt aber nicht nur als »Kontrastprogramm«, sondern ganz buchstäblich: Bereits Ende des 2. Jahrtausends v. Chr. konnten die Bauern der Arabia Felix nicht mehr ungestört siedeln – und dies blieb so bis in die Anfänge unseres Jahrhunderts. Aelius Gallus, um noch einmal auf Roms verhinderten Helden zurückzukommen, fand kurz vor der Zeitenwende und nach überlangen Wüstenmärschen statt des ersehnten »Arabienglücks« ein zur Abwehr bereites Land vor. Jeder Flecken, nicht nur die größeren Städte und Kapitalen, dürfte hier unter Wehr und Waffen gestanden haben, allerdings nicht wegen der zufällig heranrückenden Römer, sondern weil jeden Tag in der vorgelagerten Wüste die Blankwaffen der Nomaden aufleuchten konnten.

Deren Angriffswut war allerdings mehr zu fürchten als marode und malade ägyptische Söldner in Roms Diensten. Bis auf den heutigen Tag, drei Jahrtausende lang, hat Generation um Generation die wehrhafte Bautradition bewahrt. Bei modernen europäischen Besuchern löst solch stolze Abgeschiedenheit »romantische« Empfindungen aus.

Mit Romantik haben die Adlerhorstlage der Bauernsiedlungen, die Stadtwälle und ein Hausbau, der die Domizile aus angreifbarer Bodennähe in sichere Höhe verlegt, allerdings weniger zu tun als mit Überlebenskunst. Ob man heute in den Dschebel Milhan oder in den Dschebel Harras (Farbtafel) reist – stets das gleiche Bild. Die Menschen und die Berge zeigen sich zu einer ebenbürtigen Einheit verschmolzen, die Architektur ist Landschaft, die Landschaft Architektur geworden. Die Hänge der über 3000 Meter hohen Berge sind über und über mit Terrassen liniert, und auf den Höhen und Graten, die Feldstufen überwachend, stehen in stolzer Geschlossenheit Wehrdörfer oder Einzelgehöfte, jedes einzelne eine Trutzburg. An diesen gestaffelten Bergen, vor diesen Mauern sollte sich die nomadische Begehrlichkeit, wenn es sie denn schon hoch in die Hügel getragen hatte, letztlich erschöpfen.

Aus Stein sind die Hauswälle gebaut, das Untergeschoß bleibt meist fensterlos, die Fenster darüber sind dann weiß gekalkt. Dieses Weiß soll nach jemenitischem Volksglauben das Licht anziehen – und Fliegen und Dämonen abwehren. Gegen die »Dämonen«, die des Arabischen, der Sprache Gottes, mächtig waren und sich weit unten, durstig und hungrig, in der heißen Ebene sammelten, half solcher Abwehrzauber freilich nicht.

In den Oasen des Ostens, wo die Siedler sich nicht in die Höhe flüchten und die Augen über das Elend der Wüste schweifen lassen konnten, wuchsen die Hauswände noch höher als im Bergland, und weil Stein hier, wo die Wüste emsig ihre Sandkörner verstreute, nicht mehr so leicht zu finden war, wuchsen sie in Lehm empor. Schibam, das Hans Helfritz ein »Chicago der Wüste« nannte, aber auch das inmitten von Tafelbergen gelegene Habban zeugen für solche urbane Wohnkultur in Lehm, die es auf Höhen um die 30 Meter bringt, die Trutzbauten gegliedert in sechs oder sogar sieben Stockwerke (Farbtafel). Lehmtürme an der Peripherie der Stadt schenkten zusätzlichen Schutz.

Die heutigen Häuser von Schibam oder Habban oder Wadi Duan sind freilich nicht so alt, daß sie unmittelbares Zeugnis ablegen könnten für die Vorgeschichte, in der die Weihrauchstraße entstand. Daß die antiken Autoren, ob Strabon oder Plinius, nichts von südarabischen Wolkenkratzern wissen, wiegt dagegen weniger schwer. Sie kannten das Land ja nur vom Hörensagen. Wahrscheinlich bildete der Hochbau sich im Zuge des ersten vorchristlichen Jahrtausends heraus. Hamdani, der im 10. Jahrhundert n. Chr. schrieb, hat es schon mit einem Mythos zu tun: Im Jemen, so berichtet er, habe es einmal einen sagenhaften Palast gegeben, Ghumdan mit Namen: »Zwanzig

Die höchste noch aufrecht stehende Stockwerk-Stele der Axumiten im heutigen Äthiopien (23 m). Wahrscheinlich ist sie – wie vergleichbare Steinbauten – als Abbild südarabischer »Wolkenkratzer« zu deuten.

Stockwerke hoch ragte der Palast, und er streifte die Sterne und die Wolken. Wenn das Paradies über den Wolken liegt, dann grenzt Ghumdan ans Paradies.«

Daß der Ghumdan-Mythos nicht nur die Erinnerung an die einstige Zivilisationshöhe Altsüdarabiens erhält, sondern ganz konkret die Hochbauten meint, die unter dem Druck der einsetzenden Beduinisierung entstanden, belegt eine vierzeilige Inschrift aus dem sabäisch-himjarischen Raum. Sie berichtet vom Bau eines sechsstöckigen Hauses, dem später noch zwei weitere Stockwerke aufgesetzt wurden. Darüber hinaus geben Stelen aus dem frühäthiopischen Reich Axum nach allgemeiner Ansicht Fassaden südarabischer Hochhäuser wieder, die mit 33,3 Metern höchste dieser Stelen einen Bau von immerhin 13 Stockwerken.

Dies also war das Zivilisationsgesetz Südarabiens: Das Leere Viertel, die arabische Wüste par excellence, stieß ihre letzten Siedler als Ur- oder Vorbeduinen aus, die Bauern der Arabia Felix verlegten ihre Wohnsitze in die Berge und verstärkten sie dort, die Oasenbauern errichteten ungekannt hohe Häuser – und ein erstes südarabisches Reich gewann Gestalt, freilich nicht aus der Offensive, sondern aus der Defensive heraus.

4 REICHE DER GÖTTER, REICHE DER HÄNDLER

BÄUERLICHES BERGLAND

Südöstlich von Marib, am Fuße des Dschebel Balaq el-Ausat deckten deutsche Archäologen 1983/84 eine Bewässerungsanlage aus der Zeit um 1000 v. Chr. auf, zuzuordnen einer Gemeinschaft von Bauern, und in der Oase von Marib selbst mögen schon um 2000 v. Chr. Kanäle das Wasser auf die Felder geleitet haben. Auch die sabäische Legende greift bis in diese frühe Zeit aus: Ein gewisser Luqman Ben Ad soll bereits um 1700 v. Chr. einen Staudamm erbaut haben. Die Zeitangabe ist natürlich fiktiv, die Gestalt des Luqman eher als mythische Verkörperung der frühen bäuerlichen Bemühungen um die lebensnotwendige Wasserversorgung zu deuten.

In lokalen Initiativen wie der am Dschebel Balaq el-Ausat bildeten sich jedenfalls die wirtschaftlichen Grundlagen eines staatlichen Zusammenschlusses heraus. Nur in neuen und größeren Wehrgemeinschaften mit einer übergeordneten Administration vermochte sich bäuerliches Leben auf Dauer zu halten. Italienische Ausgrabungen haben eine auf der Landwirtschaft beruhende bronzezeitliche Kultur nachgewiesen, die um das Jahr 3000 einsetzt und um 1500 v. Chr. ein abruptes Ende findet. Offenbar konnten die Bauern dieser Zivilisation sich unter dem verstärkten Druck der Wüste nicht mehr halten und flüchteten sich in kraftvollere Verteidigungszusammenhänge weiter östlich. Gewiß nicht zufällig reihen sich spätere Reichshauptstädte wie Marib, Qarnawu, Timna und Schabwa in einem drohenden Brauenschwung vor der Rub el-Chali, die Nomaden und ab etwa dem 5. Jahrhundert n. Chr. Vollbeduinen gegen das kultivierte Terrain ausstieß.

Dessen Fruchtbarkeit und Blüte ist noch zu Zeiten des Propheten

Mohammed in bester Erinnerung. Der Koran erwähnt das blühende Südarabien in seiner 34. Sure, zugleich freilich auch die Verödung, die der Niedergang des Bewässerungssystems nach sich zog:

»Die Leute von Saba hatten an ihrem Wohnort (...) zwei Gärten, einen rechts und einen links, und wir sagten: ›Eßt von dem, womit der Herr euch versorgt hat, und seid ihm dankbar! Denn das Land ist gut und der Herr gnadenvoll.‹ Sie aber wandten sich ab, und so sandten wir Dammbruch und Flut über sie und vertauschten ihre beiden Gärten gegen zwei andere, welche nur Dornbuschfrüchte trugen, Tamarisken und ein paar Kreuzdornbüsche.«

Aber selbst im 19. Jahrhundert, als die Beduinisierung ihren Höhepunkt erreichte, konnte der Jemen sich mit der bewaffneten Kraft von Imamen und Stammesfürsten als bäuerliches Widerstandsgebiet halten. Der natürliche Schutz, den die bis weit über 3000 Meter aufragenden und bis in Höhen von etwa 2500 Metern permanent besiedelten Hochlande boten, ermöglichte eine landwirtschaftliche Kontinuität, die innerhalb der heutigen islamischen Welt wohl nur noch im Libanon ihresgleichen hat. Xavier de Planhol: »Die sorgfältige Nutzung der Terrassenfelder, die Pflanzungen, in denen zwischen 1500 und 2000 m der Kaffeestrauch und in den höchsten Lagen Rebe, Feigenbaum und Bäume der gemäßigten Zonen vorherrschen, die Verwendung des Tragrindes als Lasttier, während das Kamel selten ist – all dies ergibt zusammen ein Bild festverwurzelten bäuerlichen Lebens.«

In solch bäuerlicher Kontinuität setzte sich jene Lebensweise fort, die vor der Austrocknung Mittelarabiens weitverbreitet war. Die Hausrinder des Hedschas, die in Felszeichnungen des 3. und 4. Jahrtausends v. Chr. dargestellt sind, weideten nun im arabischen Südwesten. Das jemenitische Hochland, in dem tropische Regen, sporadisch aber auch mittelmeerische Winterregen niedergehen, war in vorgeschichtlicher wie in geschichtlicher Zeit niemals Ödnis. Dabei mußte freilich mit den Niederschlagsmengen, gegenwärtig zwischen 400 und 600 Millimeter pro Jahr, sorgsam gehaushaltet werden. Die imposante, von vielen Generationen in unermüdlichem Fleiß geschaffene Terrassierung der Hänge (Farbtafel) war und ist die Antwort des Jemen auf Wasserknappheit (nicht: -armut) und sicherte die Lebensgrundlagen auch in kargeren Jahren.

Hinweise auf die Chronologie der frühen Besiedlung Südarabiens ergeben sich aus sprachwissenschaftlichen Kriterien. William F. Albright nimmt für die Zeit vor 1500 v. Chr. das Einsickern erster mittelarabischer Stämme in den Jemen an, zunächst der Qatabanier, Minäer und Hadramiten, die zu einer gemeinsamen Sprachgruppe gehören. Nach Albright sind die Sabäer, deren Arabisch weniger archaisch ist und stärkere Berührungspunkte mit dem Schrifttypus des Nordens aufweist, erst später, um 1200 v. Chr., eingewandert. Mesopotamisches Sprachgut, das sie auf ihrer Südwanderung mit sich führten, bezeugt einen ehemals engen Kontakt zu den frühen Imperien an Euphrat und Tigris.

Von einer abgedrängten oder assimilierten Altbevölkerung in Südarabien geht der amerikanische Archäologe nicht aus. Zweifellos haben aber vormals neolithische Siedlungskerne bestanden – indessen nicht immer dort, wo später Bauern siedelten und Reiche entstanden, sondern unter dem heutigen Sandmantel Arabiens. Elliptische Hütten, aufgedeckt seit 1980, kennzeichnen die ersten Ansätze zur Seßhaftigkeit. Die Töpferei war damals noch unbekannt, desgleichen polierte Werkzeuge und Artefakte aus Stein oder Knochen. Daß die südarabischen Steinzeitleute, deren Spuren sich vor allem in Ablagerungen von Flußtälern fanden, ihre Siedlungen verbindend und Erfahrungen austauschend, eine erste »protohistorische Kultur« ausformten, konnten italienische Archäologen zwischen 1981 und 1985 in der Region Dscholan et-Tiyal nachweisen. Vor dem Eintreffen der mittelarabischen Stämme sprach die Altbevölkerung wohl eine prä-semitische Sprache.

Wenn die aktuelle Forschung sich trotz solcher Teilergebnisse mit selbstgewissen Urteilen über Südarabiens Frühzeit zurückhalten muß, ist dies eines; bedrückender erscheinen die Fehlleistungen bei der Weitergabe inzwischen gesicherten Wissens. Einer der großen Jemen-Pioniere, Eduard Glaser, dessen Inschriftensammlungen für die arabische Geschichtsschreibung entscheidende Grundlagen schufen, hatte fälschlich die Minäer, nicht die Sabäer für das erste Staatsvolk im arabischen Südwesten gehalten. Dies war zu seiner Zeit, vor einem Jahrhundert und damit am Beginn der wissenschaftlichen Beschäftigung mit der Arabia Felix, nicht verwunderlich. Im Gegenteil, als Arbeitshypothese hat der Ansatz, dem sich später unter anderem der Assyriologe Hugo Winckler und der Arabien-Kenner Harry St. John B. Philby mit ihrer jeweiligen Autorität anschlossen, durchaus Frucht getragen. Wenn die Auffassung aber noch 1980 in einem so einflußreichen Geschichtswerk wie der »Cambridge History of Islam« weiterhin vertreten wird, obwohl zumindest in *dieser* Facette längst andere Gewißheit herrscht und Eduard Glasers Chronologie sich – paläographisch wie historisch – als unhaltbar erwiesen hat, so steht die Altarabien-Forschung in der Öffentlichkeit schlechter da, als es ihr zukommt.

An realen Problemen besteht ja durchaus kein Mangel: Wo man wissenschaftlich erhärtete Sicherheiten wünschte, kursieren weiterhin Mutmaßungen, und die Quellenlage bleibt insgesamt unbefriedigend. Über die geringe Zahl der Ausgrabungen und über die Behinderungen bis hin zur Drohung gegen Leib und Leben der Archäologen wurde schon kurz gesprochen (s. S. 43ff.). Jürgen Schmidt, Direktor des Deutschen Archäologischen Instituts in Sana, urteilt: »Der schmale Bestand an erfaßten oder erforschten Denkmälern erlaubt weder die Zusammenfassung des Materials zu einem auch nur halbwegs geschlossenen Bild, noch entsteht das Panorama einer bestimmten Kunstlandschaft. Das bisherige Fehlen systematischer Ausgrabungen oder gar stratifizierter Einzelstücke verbietet jede Art sicherer formaler wie historischer Einordnung, läßt die uns bekannten Einzelglieder ohne Kontext im freien Raum schweben.« Noch immer auch wogt ein wissenschaftlicher Streit über die genaue Zeitstellung der südarabischen Reiche.

Zwar schien in den achtziger Jahren eine neue, liberalere Forschungsära angebrochen, doch hat der Militärkonflikt zwischen Norden und Süden im vereinigten, jedoch offenbar nicht vereinten Jemen zwischen Frühjahr und Hochsommer des Jahres 1994 alles in neue Ungewißheit versetzt. Die archäologische und ethnologische Forschung der ausländischen Forschungsgruppen mußte über viele Monate eingestellt werden.

SCHWIERIGKEITEN MIT DER CHRONOLOGIE

Auskunft über das antike Arabien geben uns einerseits die »klassischen« Autoren des mittelmeerischen Kulturkreises, namentlich Strabon, Plinius der Ältere und Ptolemäus – doch wie genau sind sie unterrichtet? Hörensagen als Unterpfand einer zuverlässigen Geschichtsschreibung? Ein Beispiel nur: Da berichtet Artemidoros von Ephesos, »Mariaba, der Sabäer Stadt«, Marib also, liege auf einem »waldreichen Berg«; tatsächlich aber findet man die alte Metropole in einer Flußoase am Saum der Rub el-Chali.

Vor allem aber haben solche Nachrichten, auch wo sie zuverlässiger sind, stets die Blüte-, nicht die Frühzeit Südarabiens vor Augen. So liegt zwischen den wenigen assyrischen Hinweisen und den – spärlichen – Gewährsberichten aus dem griechisch-römischen Kulturkreis ein dunkles Zeitalter von einem halben Jahrtausend.

Auskunft geben andererseits viele tausend südarabische Schriftzeugnisse, doch nur wenige können sie im Original lesen, und ihre zuverlässige Publikation, sprechen wir gar nicht von verläßlicher Übersetzung, ist noch längst nicht abgeschlossen.

Man darf dabei nicht vergessen, daß der erste Versuch einer Grammatik des Sabäischen gerade einmal 50 Jahre alt ist. Eben die erste »Grammatikerin«, Maria Höfner, schätzte die Quellensituation so ein: »Die positive Seite speziell der epigraphischen Denkmäler

Inschriftensteine aus Marib, wie sie die amerikanische Expedition unter Wendell Phillips 1951 in großer Zahl nahe der Säulenhalle des Awwam-Tempels bei der Sabäer-Hauptstadt Marib fand.

ist ihre Unverfälschtheit und Zuverlässigkeit. Was wir aus ihnen erfahren, ist nicht getrübt durch ungenaue Überlieferung oder tendenzielle Unterstellung. Die andere Seite ist ihre Lückenhaftigkeit in verschiedener Hinsicht. So vielfältig der Inhalt der Inschriften auch ist, so werden doch nicht alle Lebensbereiche durch sie erschlossen.«

Gerade über die gesellschaftlichen Zusammenhänge verraten sie mit Ausnahme einiger juristischer Texte wenig. Eine Literatur im eigentlichen Sinne wird schmerzlich vermißt: Altsüdarabien kennt weder epische noch lehrhafte Texte oder auch nur Beschwörungsformeln, weder Mythen noch Hymnen, und die fast obligatorischen Götterwidmungen in den Inschriften bleiben unergiebig in ihrer Stereotypie.

Epigraphische Herrschaftsbekundungen sind häufig, doch fehlen in aller Regel die Querverbindungen zur datierten mesopotamischen, ägyptischen und mediterranen Geschichte. Über mehr als ein halbes Jahrtausend entziehen sich die südarabischen Herrscher, deren Namen fallen, einer chronologischen Einordnung. Die auf assyrische Daten gestützten und somit gesicherten Zeitstellungen einiger weniger Regenten des späten 8. und frühen 7. Jahrhunderts v. Chr. geben in diesem ausgebreiteten Unwissen nur schwache Wegmarken ab.

Wie ist zum Beispiel die »Eponymenliste« des Stammes der Chalil zu bewerten? Offenbar bewahrt sie südarabischen Herrschern ein Andenken, die in der Zeit vor den assyrischen Herrschernennungen regierten. Bei den Dokumenten handelt es sich um Felsinschriften aus der Region um Marib, in denen man der Gottheit für Regen dankt und über Generationen hinweg Namen von Priestern als »Freunden« der jeweiligen Regenten nennt. Geschichtsschreibung im abendländischen Sinne ist dies allerdings nicht, und es mag der Vergangenheitsmythos wabern. Wie kann er von den Tatsachen geschieden werden? Man mag sich an verschiedene altorientalische Konstruktionen von Traditionslinien oder ungesicherte Königslisten erinnern und auch daran denken, daß der 1974 verstorbene äthiopische Fürst

Haile Selassie sich als der 225. Nachfahre einer dreitausendjährigen Erbfolge verstand, die übrigens, wie wir noch sehen werden, angeblich nach Palästina und Südarabien weist …

»DIE KÖNIGIN VON SABA«

Nach heutigem Wissen bildete sich als erstes südarabisches Reich Saba heraus. Warum gerade die Spätankömmlinge (wenn William F. Albright denn richtig urteilt) sich als erste staatlich formiert haben, wissen wir nicht, und auch nicht, wann genau dies geschah. Geschichtlich faßbar wird das Reich, wie schon erwähnt, erstmals in den assyrischen Quellen: in einer Inschrift Tiglatpilesers III. von 738 v. Chr., in Sargons Feldzugsbericht von 715 und in einer Inschrift des Königs Sanherib, die aus dem Jahr 685 v. Chr. datiert.

Die politische Hoheit Assyriens strahlte auch kulturell aus, und man kann die Spuren dieses Kulturstrangs in seiner Ausbreitung sogar geographisch nachvollziehen: über eine Stele aus der mittelarabischen Oase Teima, deren Relief einen Gott in assyrischer Tracht zeigt, überstrahlt von einer Sonnenscheibe, hin zu einem Felsgrab bei el-Chureibe an der Weihrauchstraße mit den typischen, frontal gesehenen Löwen syrischer Tradition des 10. oder 9. Jahrhunderts v. Chr., und abschließend bis zu dem vielleicht ältesten erhaltenen südarabischen Relief, das einen assyrischen Krieger in der Tracht des 8. Jahrhunderts v. Chr. darstellt.

Zwei oder zweieinhalb Jahrhunderte tiefer in die Geschichte als Assyriens Nachrichten führt ein biblischer Bericht, über den schon deshalb ausführlicher zu sprechen ist, weil kaum ein anderes alttestamentliches Dokument eine solche Mythenbildung nach sich gezogen hat. Eine namenlose »Königin von Saba« besucht den Hof König Salomos zu Jerusalem. Das Zweite Buch der Chronik und das Erste Buch der Könige legen davon fast textidentisch Zeugnis ab. Wir geben den Bericht nachstehend in der Fassung der Chronik wieder, einschließlich einer offenbar später eingeschobenen Passage, die von dem phönikischen König Hiram handelt, allerdings nicht zufällig in den Saba-Kontext geriet:

»Die Königin von Saba hörte vom Ruf Salomos und kam, um ihn mit Rätselfragen auf die Probe zu stellen. Sie kam nach Jerusalem mit sehr großem Gefolge, mit Kamelen, die Balsam, eine gewaltige Menge Gold und Edelsteine trugen, trat bei Salomo ein und redete mit ihm über alles, was sie sich vorgenommen hatte. Salomo gab ihr Antwort auf alle Fragen. Es gab nichts, was dem König verborgen war und was er ihr nicht hätte sagen können. Als nun die Königin von Saba die ganze Weisheit Salomos erkannte, als sie den Palast sah, den er gebaut hatte, die Speisen auf seiner Tafel, die Sitzplätze seiner Beamten, das Aufwarten der Diener und ihre Gewänder, seine Getränke und sein Opfer, das er im Haus des Herrn darbrachte, da stockte ihr der Atem. Sie sagte zum König: Was ich in meinem Land über dich und deine Weisheit gehört habe, ist wirklich wahr. Ich wollte es nicht glauben, bis ich nun selbst gekommen bin und mit eigenen Augen gesehen habe. Und wahrlich, nicht einmal die Hälfte hat man mir berichtet, deine Weisheit und deine Vorzüge übertreffen alles, was ich gehört habe. Glücklich sind deine Männer, glücklich diese deine Diener, die allezeit vor dir stehen und deine Weisheit hören. Gepriesen sei Jahwe, dein Gott, der an dir Gefallen fand und dich auf den Thron Israels setzte. Weil Jahwe Israel ewig liebt, hat er dich zum König bestellt, damit du Recht und Gerechtigkeit übst. Sie gab dem König hundertzwanzig Talente Gold, dazu eine sehr große Menge Balsam und Edelsteine. Niemals mehr kam so viel Balsam in das Land, wie die Königin von Saba dem König Salomo schenkte.

Auch die Flotte Hirams, die Gold aus Ophir holte, brachte von dort große Mengen Algummimholz und Edelsteine. Der König ließ aus dem Algummimholz Schnitzarbeiten für das Haus des Herrn und den königlichen Palast sowie Zithern und Harfen für die Sänger anfertigen. Solches Algummimholz ist nie wieder in das Land gekommen und bis zum heutigen Tag nicht mehr gesehen worden.

König Salomo gewährte der Königin von Saba alles, was sie

wünschte und begehrte. Dazu beschenkte er sie reichlich, wie es nur der König Salomo vermochte. Schließlich kehrte sie mit ihrem Gefolge in ihr Land zurück.« (2 Chr 9,1–2; s. auch 1 Kön 10,1–13.)

Rolf Beyer, der sich zuletzt mit Text und Königin beschäftigt hat, betont vor allem das geistesgeschichtliche Nachleben der nebelhaften Herrscherin: »Überall begegnet sie uns: im jüdischen Kulturkreis ebenso wie im arabischen, in Persien wie in Äthiopien, in der christlichen Überlieferung wie in afro-amerikanischen Befreiungsbewegungen der Gegenwart. Aus mythischer Vorzeit auftauchend, überschreitet sie die Grenzen zwischen den unterschiedlichen Religionen, Kulturen, Rassen und Sprachen, verwandelt sich in immer neue Gestalten, auf einmalige Weise Hoffnungen und Ängste, höchste Verehrung und tiefste Demütigung auf sich ziehend.«

Anders gesagt: Der Mythos der »Königin von Saba« wurde zu einem kulturhistorischen Projektionsgrund, zu einer Auftragsfläche für wechselnde zeitgenössische Anliegen. Aber ob sie dort als »dämonische Beischläferin oder Stammutter«, als »bösartige Reinkarnation der ersten Frau Adams oder als vorbildliche muslimische Herrscherin«, als »Braut Christi oder Prototyp der Maria« erscheint, steht in unserem Zusammenhang zurück hinter der Frage, welche Geschichtlichkeit die namenlose Königin besaß.

Ihre Zeit müßte die Mitte des 10. Jahrhunderts v. Chr. gewesen sein. Denn damals herrschte in Jerusalem der David-Sohn Salomo, durch die Intrigen seiner Mutter und des Propheten Nathan gegen die legitimen Ansprüche seines Halbbruders Adonija auf den Thron gelangt. Gnadenlos entledigte sich der Usurpator seiner Widersacher: des Adonija wie auch des Schimi aus der Dynastie des Saul, der als Thronbewerber gelten konnte.

Aber nicht Salomos Gewalttätigkeit wurde sprichwörtlich, sondern seine Weisheit und außenpolitische Umsicht. Der Name, hebräisch: Schelomoh (»der Friedfertige«), bezeichnet eine Politik des Ausgleichs, zu der auch die salomonische Heiratsdiplomatie beitrug: Der kluge König nahm eine Tochter des ägyptischen Pharao zur Frau, verschmähte aber auch die Ammoniterin Naama nicht, die ihm Rehabeam gebar, nach der Reichsteilung erster König von Juda. Mit West und Ost einigermaßen versöhnt – die Konflikte mit Edom und dem Aramäer Reson vermochte er während seiner gesamten Regierungszeit nicht auszugleichen –, spann er auch nach Norden und Süden diplomatische und kommerzielle Fäden. Hiram von Tyrus, König der Phönikier, wurde im heutigen Libanon sein Partner.

Im Kontext der skizzierten Friedenspolitik wächst der biblischen Nachricht vom Besuch einer Araberin bei Salomo Wahrscheinlichkeit zu. Wollte der König die Südgrenze sichern, mußte er die Bedrohung aus der Wüste ausschalten. Jenseits aller Königin-Spekulation beinhaltet die Saba-Legende als historischen Kern diese latente Bedrohung des biblischen Reiches durch Angreifer aus den Weiten Arabiens, aber auch neue Handelsmöglichkeiten. Daß es zu Zeiten Salomos, um 950 v. Chr., bereits ein festgefügtes Reich Saba in Südarabien gab, ist dagegen zu bezweifeln. Müßte der Königin angesichts der üppigen Herrschaftstafel und der wohlgeordneten Administration sonst der Atem stocken? Im übrigen ist für Südarabien nicht ein einziges Mal eine weibliche Herrscherin bezeugt, auch nicht in sehr viel späterer als Salomos Zeit.

Wohl aber sprechen assyrische Dokumente des 8. Jahrhunderts v. Chr. von nordarabischen Königinnen, die über Stämme geboten (s. S. 87ff.), und es erscheint sehr wohl möglich, daß bereits zwei Jahrhunderte vor der ersten mesopotamischen Erwähnung der Wüstenleute eine solche nordarabische Stammesführerin, Vorläuferin der Zabibe, mit Salomo verhandelt hat. Zabibes Nachfolgerin Schamschi gilt der Forschung nicht etwa als unbedeutender weiblicher Scheich, sondern als »Repräsentantin Nordarabiens« (E. A. Knauf).

Daß Israels König die Frau aus der Wüste dabei mit seinem Machtvolumen beeindruckte, desgleichen durch seinen Reichtum und sein zivilisatorisches Niveau, würde nicht verwundern. Salomos Prachtentfaltung war legendär. Er saß auf einem elfenbeinernen, mit Gold überzogenen Thron, Hunderte von goldenen Schilden blitzten bei seinen Militärparaden in der Sonne, und zu seinem Hofstaat von insgesamt 4000 Personen gehörte auch ein riesiger Harem von Haupt- und Nebenfrauen.

Auffälligerweise fehlt unter den Gastgeschenken der »Königin« an Salomo der begehrte Weihrauch. Die Assyrer erwarteten später von ihren arabischen Tributpflichtigen, wie in Sargons »Annalen« verzeichnet, neben Gold und auserlesenen Steinen, neben Elfenbein und Ebenholzsamen wie selbstverständlich »Aromata aller Art«. Aller Art, wohlgemerkt.

Was die Araberin dem König anbietet, ist aber allein Balsam – und der weist nicht zwingend nach Südarabien, denn der Balsamstrauch gedieh ursprünglich unter anderem in den Küstengebirgen des Hedschas, also in Nordwestarabien. Warum bringt sie Salomo nicht die kostbarsten Duftstoffe jener Zeit: Weihrauch und Myrrhe?

Die Antwort lautet: Weil sie darüber nicht verfügt. So problematisch es auch sein mag, ex silentio zu argumentieren, deutet das Schweigen der Quelle fast zwingend darauf hin, daß der Israel-Besuch der »Königin von Saba« in einen historischen Schwellenbereich fällt, als Weihrauch zwar schon mit Schiffen nach Ägypten gelangte, aber noch keine direkte Landverbindung zur mittelmeerischen Welt bestand.

Natürlich ist die Eröffnung der Weihrauchstraße nicht per Stichtag anzugeben. Sie wurde ja auch nicht auf dem Reißbrett der Geschichte entworfen. Zu denken ist vielmehr an ältere regionale Handelszusammenhänge, die schließlich »internationalisiert« wurden. Im Süden der Arabischen Halbinsel lernten die nachmaligen Großkaufmächte ihr Geschäft zum Beispiel im Zuge des Salzhandels kennen; mit diesem begehrten Gut kamen Karawanenleute aus den Minen des südlichen Grenzgebiets nach Saba. Daneben wurden regional auch Obsidian und Trachyt, Silber und Bronze gehandelt. Begehrt war zudem der Achat des Jemen, kaum weniger der Onyx, den ein später Vers poetisch feiert:

»Ein schwarzer Jemen-Onyx unversehrt,
Wie wilder Tiere Augen

Verstreut um unsere Zelte
Und um die Sättel der abgehalfterten Kamele.«

Erst mit zeitlichem Abstand verband die Weihrauchstraße derlei Regionalwege zu einer durchgehenden Transportlinie. Im Norden wird sie dabei die bewährten Trassen des Goldhandels benutzt haben, denn die westarabische Küstenlinie ist ein altes Goldminengebiet, so etwa der heute Wadi Dahaban genannte Gebirgseinschnitt nordwestlich von Mekka. »Die dortige Goldgrube hing mit Ma'mala, einer weiteren Mine oder Verarbeitungsstätte zusammen« und bildete vielleicht »einen Teil des sagenhaften Goldlandes Ophir, aus dem König Salomo seine Schätze bezogen haben soll«. So sieht es der ehemalige Direktor der britischen Antikenverwaltung in Aden, Brian Doe.

Hier zeichnet sich eine fruchtbare Hypothese ab: Schon um die Wende vom 2. zum 1. Jahrtausend v. Chr. gab es, so lautet sie, einen Verkehrszusammenhang im arabischen Norden, aus dem Gold – noch nicht aber Weihrauch – in die Kulturzonen der Levante und Mesopotamiens gelangte, und die »Königin von Saba« mag solche Handelsbeziehungen nach dem Heiligen Land eröffnet haben. Das würde auch die Salomo überreichte bedeutende Goldgabe erklären.

Wenn man im Sinne dieser Hypothese den biblischen Text noch einmal nüchtern liest, wird man gern von älteren Übersetzungen und Interpretationen abrücken, nach denen die »Königin« Salomo mit *Rätsel*fragen habe auf die Probe stellen wollen. Vielmehr dürfte sie schlicht nach Handelskonditionen und Verbindlichkeiten gefragt haben – und Salomo vermochte ihr befriedigende Auskünfte zu geben. Mehr noch: Er demonstrierte seine wirtschaftliche Bonität (wie man heute sagen würde) durch betonte Prachtentfaltung. Umgekehrt konnte sich die »Königin« als Geschäftspartnerin durch wertvolle Mitbringsel ausweisen, die mehr waren als nur Kostproben.

So viel Gold, wie es die Bibel will (120 Talente; mehr als 350 Kilogramm also), werden die arabische Stammesführerin und ihre Handelsdelegation Salomo allerdings nicht gebracht, schon gar nicht geschenkt haben. Immerhin handelt es sich bei den Passagen im

Zweiten Buch der Chronik – wir schließen uns Rolf Beyers Urteil an – um »eine zum Ruhme König Salomos gestaltete Erzählung, in welcher auch die Universalität Jahwes, des Gottes Israels, hervorgehoben wird«. In der Realität jener Begegnung ging es also um künftig aufzubauende Handelsbeziehungen zu beider Partner Nutzen.

Spätere Redaktoren hätten den Namen Saba also in einen biblischen Kontext eingeführt, der authentisch ist, sich aber mehrere

Die Königin von Saba und die legendären Ursprünge des äthiopischen Kaiserhauses in der erzählenden Darstellung eines volkstümlichen Bilderbogens (Umzeichnung): Ein Kaufmann berichtet der Königin von Saba über die Pracht des salomonischen Königshofs (1); neugierig geworden, tritt die Fürstin eine lange Reise an und erreicht Jerusalem (2–4); König Salomo empfängt sie und erringt ihre Liebesgunst, doch trennen sich die Lebenswege wieder (5–8); zurückgekehrt, kommt die Königin mit einem Sohn nieder, Menelik geheißen (9); der halbwüchsige Fürstenproß erfährt von seinem Vater, reist zu ihm, wird von Salomo aufgenommen und erzogen, kehrt als Erwachsener aber zurück in die Heimat (10–15); aus der Hand seiner Mutter, der Königin von Saba, empfängt er die Kaiserkrone (16).

Jahrhunderte *vor* Saba entfaltete. Diese Bearbeiter taten so, weil zu ihrer Zeit die Macht Arabiens gleichbedeutend war mit jener des sabäischen Reiches und der Ruhm Salomos durch den beschriebenen Kniefall Sabas erhöht wurde. Und sie fügten dem Text, durchaus nicht ohne Gespür für den geschichtlichen Horizont, noch die Mitteilung über den phönikischen König Hiram und seine dienstbare Verbindung zu Salomo bei. Hiram schaffte bekanntlich mit der »Tarschisch-Flotte« (...) »Gold, Silber, Elfenbein, Affen und Perlhühner« an den illustren Königshof.

Übrigens wäre gar nicht ausgeschlossen, daß das politische Bündnis des Judenkönigs mit der Araberin, wenn sie denn seinerzeit tatsächlich den Nordhandel bis hinunter nach Mekka kontrollierte, nach zeitgenössischem Usus im Bett besiegelt wurde. Die äthiopische Legende behauptet das jedenfalls, namentlich das Heldenlied »Kebra Nagast«, das Buch von der »Herrlichkeit der Könige«, und schlägt dabei einen Bogen zwischen der »Sabäerin« Besuch in Jerusalem und der hohen Rechtlichkeit des eigenen Königshauses: Die Fürstin sei eine Äthiopierin namens Makeda gewesen, und Menelik, der Gründer des äthiopischen Kaiserhauses, dem Beilager mit Salomo entsprossen. Nun begreift man, welche Legitimität zuletzt ein Haile Selassie für sich reklamierte, der den »Löwen von Juda« im Wappen führte und als Wahlspruch hatte: »Der Löwe von Salomos Geschlecht und von Judas Stamm hat gesiegt.«

Damit sind wir freilich schon wieder bei der Wirkungsgeschichte des Mythos angelangt, die hier nicht unser Thema sein kann. Genannt sei immerhin noch der arabische Legendenname der Königin: Bilqis soll die »Sabäerin« geheißen haben.

DAS SABÄISCHE REICH

Der Titel der ersten Herrscher des geschichtlich ersten südarabischen Reiches lautet *mukarrib*. Man übersetzt dies üblicherweise als Priesterkönig. Opferfürst würde es ebenso treffen. Welche Privilegien und welche Aufgaben diese Funktion genau umfaßte, wird nicht recht ersichtlich. In den relevanten Inschriften ist die Rede von einer Verwaltung der »Gemeinden« und von einem zeremoniellen »Bundesschluß«, bei dem der Mukarrib eine verbindliche Formel über »Gottes«- und »Patronatsgemeinden« zu sprechen hatte. Immerhin erschließen solche Inschriften eine Theokratie mit religiös organisierten Gemeinschaften, die sich um die Tempel der Hochgötter scharten und zugleich den Schutz göttlicher Patrone suchten: der Stammesgötter. Über allen Gottheiten präsidierte der Reichsgott. Der Mukarrib – die Amtswürde wurde innerhalb der herrschenden Dynastie in Erbfolge weitergegeben – verstand sich lediglich als sein Stellvertreter auf Erden, als Mittler zwischen himmlischer und irdischer Sphäre.

Ein religiös gewobenes Herrschaftsmodell ist vielen frühen Reichen zu eigen. In Südarabien mußten sich die Stämme gerade in der Formierungsphase eines staatlichen Gemeinwesens zu einem religiös autorisierten politischen Zentrum bekennen, um sich bei allen internen Streitigkeiten gegen die Wüstennomaden behaupten zu können. Da aber jede soziale Gruppe ihre eigene unantastbare Sippengottheit besaß, verwandelten sich die Stämme zu Kultgemeinden. Gleichzeitig entstand als Regulativ, da Auseinandersetzungen um Wert und Rang jener »Partialgottheiten« unterbleiben mußten, ein Gottesabstraktum, in das der jeweilige Stammesgott einging. Dieser Prozeß dürfte gleichermaßen hinter dem Monotheismus, dem Glauben an einen einzigen Gott, im späteren Arabien wie dem des Heiligen Landes stehen.

Zwar wurde nach einer verbreiteten, sehr romantischen Vermutung, die sich mit dem Namen des bedeutenden Religionshistorikers Ernest Renan verbindet, erst in der Einsamkeit der Wüste das Wesen und Wirken des *einen* Gottes begriffen; ein viel treffenderes Bild von den kulturgeschichtlichen Abläufen ergibt sich jedoch aus den Praktiken um die vorislamische Kaaba: Die pilgernden Stämme Arabiens stellten ihre Gottesbilder im Kreis auf, um sie als religiöses Gut in einen »gemeinsamen Fonds« zu investieren, von dem man Gewinn erhoffte und Überleben erwartete. Aus diesem Fonds erwuchs, den Beteiligten zunächst wohl selbst nicht bewußt, von Mohammed aber wirkkräftig ausformuliert, ein latenter Eingottglaube (so wie im hinduistischen Kulturraum, ohne aber die Höhe des Monotheismus zu erreichen, Stammesgötter zu Aspekten »größerer« Gottheiten umgedeutet wurden).

Über drei oder vier Jahrhunderte haben Sabas Mukarriben eine überraschend stabile Staatseinheit geschaffen. Grundlage der Einheit war der Wohlstand des Landstrichs. Eine technische Großleistung, der Damm von Marib (Farbtafel), garantierte ihn. 680 Meter lang und 18 Meter hoch war dieses »arabische Weltwunder«, an das sich auch der Koran noch erinnert. Die agrarische Bedeutung des Bauwerks faßt der Jemen-Spezialist Werner Daum folgendermaßen zusammen: »Der Staudamm von Marib sperrte den größten der sich in die östliche Wüste ergießenden Wasserläufe des jemenitischen Hochlandes und erlaubte so die Bewässerung eines Gebietes von ungefähr 9600 Hektar. Die zweimaligen Regenzeiten im jemenitischen Gebirge ermöglichten damit zweimal im Jahr Bewässerung und Sedimentierung mit fruchtbarster Ackerkrume, machten so aus der Wüste einen herrlichen Garten.«

Die politische Bedeutung dieses Bauwerks, das den Reichtum Sabas und dessen Vormachtstellung begründete, liegt auf der Hand. Wer über den Damm gebot, war der Herr über den Kern Altsüdarabiens. Ein ausgeklügeltes System der Verteilung ermöglichte es ihm, die widerspenstigen Stämme in straffer ökonomischer Ordnung an sich zu binden. Die religiöse Ordnung, über die wir sehr viel mehr wissen, spiegelt den wirtschaftlichen Sachverhalt nur wider. Indem die Mukarriben als Hüter des großen Dammes den Reichsgott, als dessen »Erstgeborene« sie galten, die Stammesgötter und die Stämme miteinander versöhnten, schenkten sie Südarabien eine Friedenszeit.

Jener Reichsgott hieß Almaqah. Ursprünglich war auch er nur ein Stammesgott: der Gott des Stammes Saba nämlich. Mit dem Aufstieg der Sabäer zum führenden, dammbeherrschenden Staatsvolk in Südarabien aber hob sich auch Almaqahs Rang. Dennoch wird er in den inschriftlichen Götteranrufungen niemals an erster, stets an zweiter Stelle genannt. Erster Gott jeder frommen Anrufung ist vielmehr Attar – vielleicht weil er der Gott der herrschenden Priesterdynastie war, vielleicht auch, weil er traditionell für Fruchtbarkeit einstand und über das Wasser wachte – somit also über die Lebensgrundlagen Südarabiens gebot.

Zu diesen beiden »männlichen« Gottheiten, die dem Mond (Almaqah) und dem Gestirn Venus (Attar) zugeordnet waren, gesellte sich noch eine Sonnengottheit, die man sich weiblich dachte und als »die Heiße« und »die Ferne« kannte; später nannte man sie Schams. »Venussterngott, Mondgott und Sonnengöttin bilden zusammen, immer in dieser Reihenfolge, jene Götterdreiheit, die man als die offizielle sabäische Trias bezeichnen könnte« (M. Höfner). Weitere sabäische Gottheiten der Frühzeit sind Haubas, Sama, auch als »Herr der Gazelle« bekannt, Bascham und Talab. Diese Himmlischen, die man in den verschiedenen Stämmen unter der sabäischen Hoheit verehrte und die deshalb meist nur regionale Bedeutung besaßen, wurden den drei Hauptgottheiten anverwandelt; ihre Bedeutung galt nun als Erscheinungsform eines der sabäischen Hauptgötter.

Auch die Stammesgötter wurden ihrer ursprünglich ganz eigenen Gestalt entledigt und häufig den Hochgottheiten angeglichen. Die Beinamen zeigen aber stets ihre Verbindung zu einem Stammesgebiet, in dem auch ihr Tempel stand. So kennen wir den Attar als »Herrn von Tanayn«, als »Herrn von Taluq«, als »Herrn von Ghumdan«; den Haubas als »Herrn der zwei Burgen Tana und Lamas«; den Talab als »Herrn von Kabd«, als »Herrn von Qudman«, als »Herrn von Rachban«; die Sonnengöttin als »Herrin von Gadran« etc. Es gab jedoch auch Stammesgottheiten oder -patrone, die von den Hauptgottheiten unabhängig blieben, so etwa Qaynan, der in den Inschriften als »Gott der Chasa«, einer südarabischen Sippe, erscheint. Zuweilen ruft ein Stifter auch »seinen« Gott *(mandach)* an, so wie vergleichsweise ein römischer Familienvater die Penaten; diese namenlosen Gottheiten stehen in Südarabien fast immer in Beziehung zum Wasser als dem lebenspendenden Element.

Der Vielzahl der Gottheiten entsprach eine Vielzahl von Kultstätten, nicht nur in der Frühzeit der Theokratie unter der religiös legitimierten Staatsgewalt. Vom berühmten Awwam-Tempel, als Staatsheiligtum von Saba dem Reichsgott Almaqah geweiht, über offene Kulthöhen und geheiligte Versammlungsplätze bis hin zu einfachen Räucheraltären für den privaten Gottesdienst reichen die Formen.

Der Tempel des Almaqah verdient als größtes und offenbar wichtigstes Heiligtum Sabas noch einige Bemerkungen. Es handelt sich um eine eigentümliche Ovalanlage, zwischen deren 1951/52 freigelegten Mauern und Pfeilermonolithen der Wüstenwind mittlerweile langsam, aber unaufhörlich den Flugsand zurückträgt (Farbtafel). Als »Thron der Bilqis«, als Sitz der legendären »Königin von Saba« also, bezeichnen die Einheimischen das Bauwerk, dessen gerundeter Mauerschwung südmesopotamische Bautraditionen fortführen mag. Mächtige, bis zu anderthalb Meter lange Blöcke umgeben den Mondtempel mit einem bis neun Meter hoch anstehenden Wall.

Wenn wir bei einem antiken Schriftsteller wie Plinius später von 60 Tempeln in einer der Hauptstädte Südarabiens lesen, so ist das wohl nicht wörtlich zu nehmen, doch war der Alltag Südarabiens tief religiös bestimmt, und es wird zum Ehrgeiz der Stämme gehört haben, ihrer Patronatsgottheit einen würdigen Bau zu stiften.

Die erhaltenen religiösen Kunstwerke des frühen Südarabien orientierten sich an assyrischen Mustern: in der Grundgliederung, bei der die Motive in horizontalen Bildstreifen geordnet werden oder sich frontal gegenüberstehen, ebenso wie in der Bildwahl und in der Tendenz zur dekorativen Abschwächung oder Auflösung der gewählten Motive (Oryx-Antilopen, Steinböcke, verwundene Schlangen). Idolartige Sitzbilder auf Grabstelen vermitteln zwischen assyrischem und hellenistischem Einfluß. Besonderer Beliebtheit erfreute sich die Darstellung des Verstorbenen als Kamelreiter.

Im öffentlichen Kultus, den Priester leiteten – *raschu* ist ihr Titel –, dominierte das Rind als Opfertier, sein Fleisch wurde nach der Schlachtung zusätzlich als Brandopfer dargebracht. Im privaten Kultus beschränkte man sich auf den Opferbrand von Feldfrüchten und Weihrauch. Geopfert wurde regelmäßig, vor allem in Verbindung mit dem Ackerbau, etwa um eine gute Ernte zu erlangen oder Regen herabzurufen. Joseph Henninger: »Die Stiftung von Votivstatuetten war oft mit der Bitte um Schutz verbunden, konnte aber auch den Dank für empfangene Wohltaten zum Ausdruck bringen; so dankt zum Beispiel ein Ehepaar in einer Inschrift für die vier Kinder, die ihm geschenkt wurden, und bittet um ihren weiteren Schutz.«

Eine altsüdarabische Besonderheit stellen mit Sühneopfern verbundene Schuldbekenntnisse dar: Man demütigt sich vor der Gottheit, gegen deren Gesetz man verstoßen hat. Diese Gebote griffen tief in den Alltag, in das Privatleben ein, regelten nicht nur Eigentumsverstöße, Mord und Totschlag, sondern zum Beispiel auch die sexuelle Reinheit. Da wird etwa in einer öffentlichen Inschrift von

Südarabische Grabstele mit häuslicher Szene (oben) und Kamelreiter (unten). Trauben und gewundene Bänder zwischen den beiden Registern des mehr als einen halben Meter hohen Gedenksteins bezeugen den Einfluß des Mittelmeerraums (entstanden um die Zeitenwende).

einer gewissen Uchaijat, Tochter des Tauban, gehörig zum Stamme Chank, dem Gott, einhergehend mit einem Sühneopfer, eingestanden, daß sie »gesündigt hatte in ihrem (das heißt der Sippe) Hause und in dem Tempel und weil sie die Opferung vorgenommen hatte in dem Wohnhause im Zustand der Unreinheit, und weil sie gefehlt hatte in einer Nacht in Dingen, die sie wußte, und in Dingen, die sie nicht wußte; so flehte sie und quälte sich und tat Buße«. Uchaijat wirft sich unter anderem also vor, während ihrer Menstruation (»Zustand der Unreinheit«) dem Gott geopfert zu haben.

Einmal mehr erschließt sich daraus die Dauerhaftigkeit ritueller Vorschriften, denn auch im Islam gilt die Frau während ihrer Periode als kultunfähig.

Eine Kontinuität zwischen dem altsüdarabischen und dem muslimischen Gottesdienst zeigt sich auch in anderen Belangen: Die rituelle Umwandlung von Kultgegenständen, für die Arabia Felix vielfach bezeugt, hat sich in der mekkanischen Pilgerrunde um die Kaaba erhalten. Selbst der Ausdruck dafür, *tawaf,* ist derselbe.

In politischen Angelegenheiten wurde der Mukarrib durch eine Art Volksversammlung kontrolliert, in der alle Stämme vertreten waren, doch darf man dabei nicht an ein demokratisches Forum denken, eher an ein Organ des Machtausgleichs zwischen dem Priesterfürsten und den sabäischen Adelsgeschlechtern. Denn die Stämme Südarabiens waren keine sozial einheitlichen Gebilde, sondern gliederten sich widerspruchsvoll in den bodenbesitzenden Adel, eine Kriegerkaste, zu der auch Sklaven gehörten, und die breite Schicht der abhängigen Bauern. Dazu kamen Händler und Handwerker in den Städten. Dafür, daß die herrschenden Aristokratensippen über die Jahrhunderte gegen die Mukarriben an Macht gewinnen, spricht die zunehmende Betonung ihrer göttlichen Patrone, die sie in den Anrufungen immer häufiger neben den Reichsgott oder die Göttertrias rücken.

Die Namen von 13 sabäischen Priesterfürsten sind bekannt. Ihr letzter, Karibil Watar II., der wohl zwischen 450 und 410 v. Chr. herrschte, vermochte die Theokratie nicht länger zu wahren. Noch zu seinen Lebzeiten wechselte er den Herrschertitel: Aus dem Mukarrib wurde ein *malik*, ein König ohne unmittelbare religiöse Autorität. Weitere 25 Könige sollten ihm folgen. Nur das Faktum der Umbenennung selbst, nicht der Beweggrund ist bekannt.

Zweifellos aber hängt der Verzicht auf den Titel des Priesterfürsten mit den politischen Unruhen der Zeit zusammen. Die ausgedehnten Feldzüge des zweiten Watar dokumentieren, auch wenn sie von Erfolgen Sabas berichten – und nur von ihnen berichten sie –, einen schnelleren Pulsschlag der Zeit, kündigen das Vibrieren und Schwanken der bei gewissem sozialem Auf und Ab doch über Jahrhunderte in religiösem und sozialem Traditionalismus eingeschlossenen südarabischen Großmacht an.

RÄTSELHAFTES AUSAN

Zunächst siegte das von Karib'il Watar geführte Saba, und zwar über Ausan, ein bis dahin unabhängiges Reich im Süden, von dem wir wenig genug wissen. Jedenfalls wurde es nach der Niederlage zu einem Tributärstaat des Reiches Qataban, das seinerseits wieder an Sabas Gängelband ging. Die Sabäer führten den Krieg mit großer Grausamkeit. Brian Doe: »Die Tempel der Festung Miswara wurden zerstört oder vollständig geschleift, die adligen Grundbesitzer umgebracht, die Städte und Metropolen (...) geplündert und niedergebrannt. (...) Ein Raub der Flammen wurden sämtliche Küstenstädte, verwüstet die Oasen (...). Nicht weniger als 16 000 Menschen wurden getötet, 40 000 traten den Weg in die Gefangenschaft an.«

Gründe genug gab es für den Feldzug. Ausan war jenes südarabische Reich, das die im Mittelmeerraum begehrten Luxuswaren wie Elfenbein und Ebenholz durch Seehandel mit der afrikanischen Küste beschaffte und die Karawanen auf der Weihrauchstraße damit beschickte. Aus dem Hafen von Aden, der mittelmeerischen Antike als Arabia Emporion oder auch als Adana bekannt, verkehrten ausanische Schiffe bis nach Sansibar, vielleicht auch bis an die indische Westküste. Wie stark Ausans Handelsmarine war, geht aus dem »Periplus Maris Erythraei« hervor: Noch ein halbes Jahrtausend nach dem Untergang des Reiches spricht dieses Handbuch für antike Kauffahrer dort von einer »ausanischen Küste«, wo es den Uferstreifen zwischen der südlichen Meerenge (heute: Bab el-Mandeb) und der Ortschaft Achwar meint. Im Norden schützte Ausan eine Kette bis 3000 Meter hoch ansteigender Berge; das Wadi Abyan eröffnete jedoch einen Zugang ins Landesinnere, wo Ausan die Kulturgebiete von Qataban berührte.

Vielleicht hatten die Ausaniten tatsächlich, wie eine sabäische Inschrift behauptet, vor dem gegen sie gerichteten Feldzug der Sabäer das Reich Qataban angegriffen und es sich einverleiben wollen. Sinn würde dies aus dem alten wirtschaftlichen Manko des Küstenstaates heraus machen, keinen unmittelbaren Einfluß auf den lukrativen Fernhandel zu Lande zu besitzen. Qatabans Eingemeindung hätte die ausanische Macht zumindest auf die südarabischen Binnenrouten der Weihrauchstraße ausgedehnt.

Ebensogut ist aber die gegenläufige Interpretation möglich: daß Saba mit seinem Gewaltakt gegen Ausan, das damals von einem König Martawa regiert wurde, die Gesamtheit des Südarabien-Handels an sich ziehen wollte. Die Binnenwege kontrollierten die Sabäer mit Ausnahme des äußersten Ostens, wo der Hadramaut früh eine relative Selbständigkeit besaß, ja bereits seit langem. Aber Saba gab sich damit nicht zufrieden. Schon um 600 v. Chr. hatte der Priesterstaat versucht, auf der anderen Seite des Roten Meeres Fuß zu fassen. Mit Erfolg, wie sabäische Ortsnamen, Anbaumethoden und Kulturpflanzen in Äthiopien belegen.

So oder so: Offenbar schwächte die Auseinandersetzung der beiden unabhängigen Reiche auch den Sieger entscheidend. Innenpolitisch verlor der letzte Mukarrib seine religiöse Hoheit. Wichtiger aber ist dies: Bei den Großstämmen unter Sabas Kuratel, den Qatabaniern und den Minäern, mit Abstrichen auch den Hadramiten, die teilweise ohnedies schon eigene Herrscher aufgeboten hatten, wuchsen die Selbständigkeitsbestrebungen.

DAS MINÄISCHE REICH

Bereits um 450 v. Chr., vielleicht noch vor der Zeit des zweiten Karibil Watar, setzen im Norden Sabas minäische Inschriften ein. Zwar bekunden diese Texte geflissentlich Abhängigkeit, nicht bloße Bundesgenossenschaft zu Saba, aber allein ihre Existenz signalisiert ein neues ethnisches Selbstbewußtsein, in dem die politische Autonomie heraufdämmert. Dem entspricht, daß sabäische Steininschriften um dieselbe Zeit zum ersten Mal von Minäern als einem eigenen Volk oder Stammesverband reden. Dem ethnisch-politischen Aufbruch mag wie dem sabäischen Übergang vom Mukarrib- zum Malik-Titel auch ein Zerbrechen des religiösen Konsenses zugrunde liegen.

In den letzten beiden Jahrzehnten des 5. Jahrhunderts v. Chr. lösten sich die Minäer jedenfalls von Saba ab, möglicherweise unter dem Einfluß von Hadramaut, und bildeten im Norden der Arabia Felix, wo sie seit Jahrhunderten saßen, einen eigenen Staat. Mit anderen Worten, Saba verlor einen Teil seines bisherigen Staatsterritoriums, nämlich die fruchtbare Landschaft um das heutige Wadi el-Dschof, das Land »der hundert Scheiche und fünfhundert Familien« (P. Wald).

Erste Hauptstadt von Main wurde – nicht unter einem Mukarrib, sondern gleich unter einem Malik – Jathill, bei westlichen Forschungsreisenden auch unter dem Namen Baraqisch bekannt und 70 Kilometer nordwestlich der sabäischen Kapitale Marib gelegen. Dieses Jathill, bereits in einer auf etwa 600 v. Chr. zu datierenden Inschrift erwähnt, blieb nach der minäischen Staatsgründung weiterhin bedeutend, vor allem als religiöses Zentrum. Da die Stätte auch in islamischer Zeit besiedelt war, hat sich, von Steinraub weitgehend verschont, bis auf den heutigen Tag eine geschlossene, bis 15 Meter hohe ovale Stadtmauer erhalten (Farbtafel), einschließlich eines alten Torbaus aus mächtigen Monolithen.

Die nachfolgende Hauptstadt der Minäer, etwas weiter nordöstlich gelegen und Qarnawu geheißen, bietet dem heutigen Besucher weniger: bis auf zwei nahezu unversehrte Tore nur Fundamente der Stadtmauer sowie Reste eines heute Banat Ad genannten Tempels, geziert mit Steinbockreliefs. Joachim P. Chwaszcza: »Trotz ihrer wuchtigen Konstruktion aus meterlangen quadratischen Monolithsäulen zeichnet die Anlage eine gewisse Leichtigkeit und Eleganz aus, die ihr fast das Aussehen einer modernen Skulptur verleiht.«

Main war reich an Städten: Zu den beiden genannten kamen in historischer Zeit noch Kaminahu, Naschan und Naschqim; zudem sind die Ruinen weiterer »namenloser« Städte bekannt.

Schon unter sabäischer Oberhoheit hatte der Verkehr auf der Weihrauchstraße nördlich der Reiche bei minäischen Karawanenmannschaften gelegen, zu deren angestammtem Siedlungsgebiet zeitweise die Taloase von Nadscheran gehörte. Auch nach seiner Unabhängigkeit, die mit einem König namens Ilyfa Jatha einsetzte, blieb

Monolithen des auch Banat Ad genannten Mondtempels von Main (Qarnawu).

das Gemeinwesen sehr rührig in der Sicherung seiner wirtschaftlichen Anliegen. Der minäische Stamm der Amir stellte die Kamele für die lange Reise, und minäische Großhändler lassen sich im mittelarabischen Abschnitt der Weihrauchstraße (Dedan; s. S. 203ff.) ebenso nachweisen wie hoch im Norden, wo Familien aus Main an Endstationen der Weihrauchstraße wie Gaza und Sidon saßen.

Südarabien – das waren für die mediterrane Welt konkret die Minäer. Nur so erklärt sich Plinius' dezidiertes Urteil: »Es ist dieses Volk, das den Handel in Gang gebracht hat und ihn hauptsächlich ausübt, und infolgedessen bezeichnen wir auch Duftstoffe als ›minäisch‹.«

Aus Uruk Warka im südlichen Mesopotamien sind ebenso minäische Epigraphe bekannt wie aus der Oase von Ram im südlichen Transjordanien, und »im Jahre 525 finden wir«, schreibt Eduard Meyer, »minäische Kaufleute in Ägypten, welche nach ihrer Rückkehr den Göttern der Heimat ihren Dank abstatten«.

Eine minäische Inschrift auf einem Sarkophag aus Gizeh liefert Details über den Handelsverkehr zwischen Ägypten und Arabien um die Mitte des 3. Jahrhunderts v. Chr.: »Schuldschein für Zidl, den Sohn des Zid, Sippe Zirn, einen von den Priestern, der einführte Myrrhen und Kalmus für die Tempel der Götter Ägyptens unter der Regierung des Ptolemaios, Sohnes des Ptolemaios. Und es wurde zahlungsunfähig Zidl im Monat Hathyr; und die K B streckten ihm vor aus allen Tempeln der Götter Ägyptens ihre Gewebe: Byssosgewänder für sein Handelsschiff, und trugen ihm auf, daß er anerkenne das Darlehen des Tempels des Gottes Osorapis im Monat Choiak des 22. Jahres des Königs Ptolemaios. Und Zidl stellte seine (zu erhoffenden) Einnahmen und seine Schuld in den Schutz des Osorapis.«

Sogar zum ägyptischen Priester konnte also ein Mann aus Main zur Zeit des zweiten Ptolemaios aufsteigen.

Die sogenannten Hierodulen-Listen von Main, ein Verzeichnis von Weihesklavinnen aus dem 3. Jahrhundert v. Chr., zeigen noch einmal die weite Spanne des minäischen Handels: Sieben der mit dem Weihrauchgewinn gekauften Frauen stammten aus Ägypten, sechs aus Dedan, drei waren Qedar-Araberinnen, zwei Sklavinnen kamen aus den transjordanischen Kleinreichen Ammon und Moab – aber gleich 27 aus Gaza, wo die Minäer zweifellos besonders fest verankert waren, bis die Nabatäer sie als »Händler des Nordens« verdrängten. Zugleich führt diese Liste eine Eigentümlichkeit des südarabischen – nicht bloß des minäischen – Kultus vor Augen, die auf mesopotamische Traditionen zurückgeht: die Tempelprostitution.

Für Babylonien ist Herodot der Gewährsmann. Er berichtet: »Jedes Weib des Landes muß in ihrer Lebenszeit einmal im Heiligtum der Aphrodite niedersitzen und sich dort an einen Fremden hingeben. (...) Hat sich ein Weib erst einmal dort niedergesetzt, so kehrt sie nicht eher in ihr Haus zurück, bis einer der Fremden ihr ein Geldstück in den Schoß wirft und ihr außerhalb des Heiligtums beiwohnt. Wenn er ihr das Geld zuwirft, darf er nur sagen: »›Im Namen der Mylitta, komm!‹ (so heißt nämlich bei den Assyriern die Aphrodite), und mag das Geldstück groß oder klein sein, sie wird es gewiß nicht zurückweisen; denn das steht ihr nicht zu, weil das Geld der Göttin gehört. Dem ersten aber, der es ihr zuwirft, folgt sie, und dabei ist ihr keiner zu gering.«

Zahlreiche babylonische Rechtsurkunden zeigen jedoch, daß Herodot irrt – zwar nicht im Tatbestand der Sakralprostitution, aber in der Annahme eines religiösen Gesetzes, das jede Frau einmal in ihrem Leben zur Hingabe zwang. Ein solches Gesetz hat es niemals gegeben. Der Liebesdienst für die Göttin oblag vielmehr Tempelmädchen, häufig Sklavinnen, oder aber Priesterinnen, die durch ihre Tätigkeit keineswegs als entehrt galten. In der Öffentlichkeit durften sie wie reputierliche Ehefrauen den Schleier tragen. Vielleicht ergibt sich Herodots Histörchen eben aus diesem Umstand, einer Verwechslung schicklich verschleierter Ehefrauen und verschleierter Ischtar-Priesterinnen.

In Südarabien ist das vom »Vater der Geschichtsschreibung« Berichtete ohnehin schwerlich denkbar, denn nicht nur die Reinheitsgebote (s. S. 125ff.) waren streng. Man kann auch sonst einen geradezu biederen, ja philisterhaften Charakter der Jemeniten konstatieren.

Die Götterwelt von Main, in deren Tempeln die Hierodulen dienten, ist wie die Sabas eine Gestirnsreligion. Etwas anderes wäre angesichts der jahrhundertelangen sabäischen Oberhoheit auch kaum vorstellbar. Wieder dominiert der Mondgott die Göttertrias; nur heißt er in Main nicht Almaqah, sondern Wadd (»Liebe«, »Freundschaft«). Der Venussterngott, Attar, erscheint bei den Minäern, wo ihn zum Beispiel die großen Bauinschriften schutzheischend beschwören, zumeist mit einem Namenszusatz, am häufigsten als Attar du-Qabd, das heißt als Attar »der Ernte«, aber auch als Attar »des Ostens«. Die Sonnengottheit trägt in Main den Namen Nakrah und ist, anders als in Saba, nicht zwingend weiblichen Geschlechts. Die Verbindung zu den Göttern sicherten – natürlich unter freiem Himmel – rituelle Mahle auf den Höhen des bis 2150 Meter aufragenden Dschebel el-Los, der das Wadi el-Dschof im Nordosten abschließt.

Der astralen Dreifaltigkeit gesellen sich im minäischen Reich bei weitem nicht so viele Sippengottheiten zu wie in Saba. Das mag damit zusammenhängen, daß in Main die vielen Votivinschriften fehlen und die erhaltenen epigraphischen Texte häufig offiziellen Charakter haben. Es kommt aber noch etwas anderes hinzu. In der sabäischen Theokratie gehörte es zum Prestigekampf der Adelsgeschlechter, ihren Stammesgott möglichst nahe an die Göttertrias heranzurücken. Die minäischen Sippen waren aber bis zur Abtrennung Mains von Saba dazu nicht mächtig genug, und nach der Trennung, unter der Oberherrschaft eines Malik, gelang es ihnen nicht mehr, dieses historische Defizit aufzuholen und gegen den Monarchen einen Feudalstaat sabäischen Gepräges durchzusetzen.

QATABAN – DAS MITTELREICH

Fast gleichzeitig mit Main im Norden, also Ende des 5. Jahrhunderts v. Chr., gewann ein Gebiet im Südwesten des alten Saba staatliches Eigenprofil: Qataban. Sein Kerngebiet war das Wadi Baihan, von dem Wendell Phillips, der Leiter der amerikanischen Expedition von 1950, sagt, daß es »ein einziger großer Garten gewesen sein (muß), in dem Getreide, Gemüse und Früchte in reicher Fülle gediehen, denn das Bewässerungssystem, das wir freilegten, war ausgedehnt, mit Sorgfalt und Umsicht geplant und mit großem technischem Geschick angelegt. Wir vermögen dieses Bewässerungssystem zeitlich genau festzulegen, denn eine Inschrift, die wir an einer der ältesten Schleusen entdeckten, stammte etwa aus dem fünften vorchristlichen Jahrhundert.«

Insgesamt aber ist das Quellenmaterial über diesen Stammesverband und sein Gebiet dürftig – neben einigen Graffiti, kurzen und flüchtigen Schriftmarken, rund hundert inschriftliche Texte, »die im altsüdarabischen Alphabet abgefaßt sind, sich aber in ihrer Sprache deutlich vom Sabäischen unterscheiden und gewisse Altertümlichkeiten mit dem Minäischen und Hadramitischen teilen« (W. W. Müller). Wir erinnern uns an William F. Albrights Unterscheidung der verschiedenen Sprachgruppen (s. S. 108).

Über die geschichtlichen Anfänge Qatabans gibt es keine Nachrichten. Zweifellos war das landschaftliche Kerngebiet des heutigen Wadi Baihan bereits früh besiedelt. So wurde in Hadschar ben-Humeid, einer Altsiedlung im Wadi Baihan, durch amerikanische Ausgrabungen 1950 ein Kulturhorizont erschlossen, der nach Ausweis von Tonscherbenfunden aus der Zeit um 1000 v. Chr. datiert.

Eine ganz andere Frage ist die nach Qatabans Staatlichkeit. Sie muß natürlich nicht mit der ersten bekannten Inschrift zusammenfallen, die der belgische Epigraphiker Albert Jamme wiederum in Hadschar ben-Humeid fand und deren Zeichen ihn an die frühe kanaanäische Schrift (12. Jahrhundert v. Chr.) erinnerten. Auch Graffiti in den Hügeln nördlich der Ausgrabungsstätte wiesen nach Auffassung von Jamme Ähnlichkeiten zu jenem Schrifttypus auf.

Während Wendell Phillips, der Organisationsleiter der Expedition, davon ausging, daß Qatabans Eigengeschichte bereits um 800 v. Chr. einsetzt, datierte Albright, der Spiritus rector des amerikanischen Archäologenteams, die ältesten bekannten Priesterfürsten in das sechste vorchristliche Jahrhundert. Die Südarabien-Spezialistin Jacqueline Pirenne, führende Vertreterin einer »kurzen Chronologie«, wiederum läßt Qataban erst im 5. Jahrhundert v. Chr. beginnen.

Die erste Inschrift, in der Qatabanier innerhalb historischer Zusammenhänge auftauchen, ist jedenfalls sabäisch, stammt aus der Zeit des Karibil Watar II. und berichtet zunächst vom Ausan-Feldzug, um dann fortzufahren: Der sabäische Herrscher »wiederherstellte die Bezirke (…) des Warawil und von Qataban aus der ausanischen Herrschaft, weil sich Qataban verbrüdert hatte (…) mit Saba«. Warawil hieß der damalige König von Qataban.

Generell jedoch ist die Chronologie der insgesamt 17 bekannten qatabanischen Herrscher wesentlich unsicherer als die der sabäischen, nicht nur wegen der sehr viel geringeren Zahl an Texten. In Qataban wurden die Titel Mukarrib und Malik nicht klar geschieden, »sondern ein und dieselbe Person scheint beide Titel geführt zu haben, allerdings nie in einer Inschrift. Die Gründe, warum sich ein Herrscher einmal als Mukarrib, einmal als König bezeichnet, sind undurchsichtig; auch ist es nicht klar, wie lange und zu welcher Zeit dieses Nebeneinander bestand« (M. Höfner). Vielleicht traten – so darf man immerhin vermuten – die Fürsten von Qataban in den weltlichen Aspekten ihrer Herrschaft als König, in den geistlichen als Hohepriester auf.

Daß die Sabäer nach dem zitierten Feldzugbericht das Staatsterritorium des alten Gegners Ausan den Qatabaniern übergaben, war ohne Zweifel eine politische Torheit, denn nun rückte die Regionalmacht unter König Warawil in eine Position der Stärke auf. Mit der Küstenlinie zwischen dem wichtigen Hafen Ocelis am Bab el-Mandeb und dem Wadi Abyan gewann Qataban die entscheidende Kontrolle über den Seehandel, ohne seinen Einfluß auf den Binnenverkehr zu verlieren. Die beiden Pässe, die das Wadi Baihan mit dem Wadi Harib im Norden verbanden, waren schon im Altertum gepflastert. In kunstvoll angelegten Haarnadelkurven bewältigten die Weihrauchkarawanen diese Gebirgsjoche.

Ein besonders eindrucksvolles Zeugnis der qatabanischen Handelsmacht, das königliche Edikt von Timna, ist einem Obelisk eingeschnitten. Das freistehende, spitz zulaufende Steinmal erhob sich ursprünglich mitten auf dem Marktplatz der Hauptstadt. Der Erlaß regelte bis ins einzelne – und unter Androhung von Geldbußen – die von Einheimischen und Fremden zu entrichtenden Abgaben und Zölle. Gleich einleitend heißt es kategorisch: »Wer immer (...) in irgendeiner Form Handel treibt, muß (...) die Marktsteuer entrichten und (...) einen Laden haben.«

Vielleicht war Qataban aber nicht nur Handelsmacht, sondern darüber hinaus auch Produzent von Aromata; nicht von Weihrauch zwar, wohl aber von Myrrhe. Eduard Glaser jedenfalls vermutet dies, gestützt auf eine Notiz bei Strabon und eigene Beobachtungen, wonach *qataf*, wie die arabische Bezeichnung für die Myrrhe lautet, in den Gebieten östlich von Aden wuchs, die vor über 2000 Jahren zuerst zu Ausan, später zu Qataban gehörten.

Als ein Indiz für die neu gewonnene qatabanische Stärke ist die Nähe der Hauptstadt Timna (heute: Hadschar Kohlan oder umgangssprachlich *el-medina el-qadima*, »die alte Stadt«) zur sabäischen Kapitale Marib zu werten. Die beiden Städte sind nur 60 oder 70 Kilometer voneinander entfernt, und nach Marib war Timna die größte Stadt Südarabiens. Qataban bot also der alten Großmacht Saba auch in Gestalt seiner Metropole die Stirn.

Etwa 650 mal 350 Meter groß war Timnas ummauertes Stadtareal. Der umfassende Wall zeigt zyklopische Blöcke, wie man sie aus den mykenischen Stätten Griechenlands kennt. Vom Haupttor, das Inschriften mit rechtlichen Regelungen trägt, verzweigt sich ein noch gut erkennbares Straßennetz mit dem Marktplatz im Zentrum. An der südlichen Stadtmauer zeichnen sich die Grundmauern des Haupttempels ab. Er war dem Attar geweiht.

Denn auch der Götterhimmel des »Mittelreichs« zeigt den südarabischen Typus. Himmlischer Schutzherr ist der Mondgott, der in Qataban Amm heißt, zu übersetzen etwa als »väterlicher Oheim«. Dem entspricht die Bezeichnung des Staatsvolkes als »die Kinder des Amm«. Beinamen des Amm wie »der Hellstrahlende« oder »der Kleine« beziehen sich offenbar auf Vollmond und Neumond. Einen

Haupttempel mit bedeutendem Grundbesitz besaß Amm in einem Tal südwestlich von Timna. Die Familien, die diesen Boden bestellten, werden in einer Inschrift »die von Amm Ernährten« genannt.

Auch in Qataban trägt der Gott des Abend- und Morgensterns den Namen Attar. Wo er genannt wird, vor allem in Bauinschriften, steht sein Name wie in Saba an erster Stelle, also noch vor dem des Reichsgottes, und wiederum wie in Saba kennen auch die Qatabanier die Sonnengöttin, die dritte im himmlischen Bunde, eher unter den Beinamen »die Heiße« und »die Ferne« (oder auch »die Kühle«) denn als Schams.

Eine besondere Rolle spielt im Landstrich Qataban eine Anbay und/oder Haukam genannte Gottheit, die aber eigentlich nur Aspekte des Reichsgottes verkörpert: die der Weisheit *(haukam)* und der Rechtshoheit *(anbay)*. Entsprechend nennt sich ein früher Mukarrib von Qataban »Erstgeborener von Anbay und Haukam«. Vielleicht stand dieser rechtsprechende Gott auch mit dem Totenkult in Verbindung. Maria Höfner, deren Studie zu den »Vorislamischen Religionen Arabiens« wir besonders verpflichtet sind, verweist auf die Gedenksteine in der Nekropole, der »Totenstadt« von Timna, circa 1500 Meter vom Stadtareal entfernt, von denen einige »Anbay, dem Patron« gewidmet sind. Ob Anbay eine Art Totenrichter war, muß aber offen bleiben, denn der Jenseitsglauben des alten Südarabien erschließt sich uns auch nach Grabungen in zwei Nekropolen (1938 in Hureida und eben 1950 auf dem Friedhof von Timna) noch nicht.

HADRAMAUT – DAS OSTREICH

Zur gleichen Zeit, als Minäer und Qatabanier eigene Wege gingen, also um die Wende vom 5. zum 4. Jahrhundert v. Chr., gewann ganz im Osten ein Gemeinwesen namens Hadramaut an politischem Profil. Auch von diesem südarabischen Staat hören wir im inschriftlichen Kriegsbericht des Karibil Watar II., daß er mit Saba verbündet war und der siegreiche Herrscher ihm »die Bezirke aus der ausanischen Herrschaft zurückgab«.

Ähnlich Qataban dankte Hadramaut den Sabäern die großzügige Geste jedoch schlecht. Es kehrte seine wiedergewonnene Selbständigkeit nun dezidiert heraus und traf damit vor allem Saba.

Allerdings dürfte Hadramaut niemals uneingeschränkt sabäischer Oberhoheit unterworfen, niemals ein bloßer Vasallenstaat gewesen sein. Bestimmte biblische Hinweise sprechen für eine frühe Staatlichkeit. Zu den Söhnen des südarabischen Stammvaters Joktan zählt die Genesis neben Ofir (das Goldland Ophir?) und Scheba (Saba?) einen gewissen Hazarmawet (»Vorhalle des Todes«), in dem manche Forscher Hadramaut erkennen. Der Prophet Ezechiel wiederum erwähnt unter den Völkern und Orten, die mit dem libanesischen Tyrus Handel trieben, nicht nur Saba, sondern auch Kanne und Eden. Mit ersterem wird Qana (Kane), der Haupthafen des Hadramaut, gemeint sein, und Eden verweist wahrscheinlich auf Aden (Adana), den Hafen des – damals unabhängigen – Königreichs Ausan.

Nun führt aber die Genesis ins 8., Ezechiel an den Anfang des 6. Jahrhunderts v. Chr., und nach dem heutigen Kenntnisstand gehen die meisten Südarabien-Forscher davon aus, daß ein Reich Hadramaut um 750 v. Chr. entstand, zunächst regiert von Priesterfürsten, ab etwa 400 dann – wie Saba und Main – von weltlichen Königen. Insgesamt sind uns 19 Herrscher überliefert. Viele Namen wie auch Gründungsdaten wichtiger Bauwerke hat als eine Art »Reichsarchiv« (P. Wald) eine mit Inschriften bedeckte Felsengruppe im Dschebel Uqla bewahrt, knapp 20 Kilometer westlich der Reichshauptstadt Schabwa.

Diese geheimnisvollste aller Metropolen Altsüdarabiens wird seit 1974 von einem französischen Archäologenteam erkundet. Wie Marib, Sabas Hauptstadt, hing auch Schabwas Existenz von einem ausgedehnten Bewässerungssystem ab, das eine Anbaufläche von 15 000 Hektar versorgte. Der Archäologe Jean-François Breton bemerkt dazu: »Das Wasser der Zuführungskanäle wurde durch ein System von hintereinander geschalteten Verteilern und kleinen steinernen Schwellen auf die Felder geleitet. Dieses System setzt die ständige Kontrolle der Wasser des Wadi Irma voraus, mit der Möglichkeit, im Augenblick nicht benötigtes Wasser im Oberlauf des Wadi in steinernen Becken zu sammeln.« Im Innern des Stadtmauerrings von 2500 Metern Länge ließen sich die Grundlinien von zahlreichen mehrgeschossigen Turmhäusern nachweisen, die wie die bekannten Beispiele des spätmittelalterlichen Italien von Adelssippen bewohnt waren. Gewiß waren dies nicht nur Sicherheits-, sondern auch Repräsentationsbauten, und in Strabons Hinweis auf »Türen, Mauern und Dächer, bekleidet mit Elfenbein, Gold und Silber«, dürfte der Luxus dieser Architektur nachklingen.

Hadramauts Verhältnis zum frühen Saba bleibt undurchsichtig. Was soll man annehmen: eine Handelspartnerschaft, wie sie zwischen Saba und Ausan bestand, oder ein Abhängigkeitsverhältnis? Aber wahrscheinlich ist die Frage, für einen Zeitraum von 350 Jahren gestellt, in dieser Allgemeinheit gar nicht zu beantworten. Bereits in den frühen Jahrhunderten werden sich im politischen Kräftespiel unterschiedliche, wechselnde Herrschaftskonstellationen zwischen Abhängigkeit und Autonomie ausgeformt haben.

Hadramauts primäres Interesse war es selbstverständlich, die Weihrauchgebiete zu sichern und erster Händler der frisch geernteten oder aus Indien über die Häfen Kane und Sumhuram eingeführten Aromata zu bleiben. Ein Interessenkonflikt mit dem anderen frühen Küstenstaat am heutigen Golf von Aden wurde damit unvermeidlich, denn Ausan war in der Lage, Hadramauts Gewinn aus dem Weihrauchhandel empfindlich zu schmälern, wenn die Schiffe mit der kostbaren Fracht weiter westwärts segelten und erst in Adana anlegten. Mit Qataban als dem Nachfolger Ausans am Arabischen Meer dürften sich die Spannungen später fortgesetzt haben.

Dagegen stand Hadramaut mit Main im Norden offenbar stets in einem guten Verhältnis. So war der letzte König von Hadramaut ein Verwandter des minäischen Herrschers. Allein auf sich gestellt hätte Hadramaut niemals den ganzen Verlauf der Weihrauchstraße kontrollieren können; unentbehrlich blieb im Sinne einer »Arbeitsteilung« das Know-how der minäischen Karawanen, vor allem ihre bewährten Handelsbeziehungen in den mediterranen Norden. Aber mußten auch Qataban und Saba am Weihrauchhandel partizipieren?

Offenbar gab es zeitweilig Absprachen zwischen Main und Hadramaut, die Partner im wahrsten Sinne des Wortes zu »umgehen«: also eine Route zu entwickeln, die weder Marib noch Timna berührte, sondern Schabwa und Qarnawu direkt verband.

Verständlicherweise, waren die Reiche von Qataban und Saba doch stille Nutznießer, man kann sogar sagen: Schmarotzer der Weihrauchstraße. Die eigentliche Geschäftslast lag bei Hadramaut und Main. Im einzelnen ist der kulturgeschichtliche Befund allerdings differenzierter. Daß sabäische und qatabanische Großhändler nach Schabwa kamen, um kostengünstig Aromaware für den heimischen Markt einzukaufen, bezeugen verschiedene Inschriften. Übrigens auch, daß die Kaufherren den Kult ihrer spezifischen Götter mit in den Hadramaut brachten.

Aber der eigentliche Fernhandel, Import wie Export, lag bei Hadramiten und Minäern, und so wie minäische »Kolonien« in Nordarabien und an der Mittelmeerküste nachweisbar sind, wo sie neben dem Weihrauch- auch Sklavenhandel trieben, müssen hadramitische Kauffahrer nicht nur in Dhofar, sondern in Somalia und im fernen Indien gesessen haben, wahrscheinlich auch an der Ostküste des Persischen Golfs. Theophrast erwähnt die Verbindungen zwischen Hadramaut und dem Stapelplatz Gerrha auf halbem Weg nach Mesopotamien. Interessant ist auch, daß der Prophet Mohammed kurz nach der Umsiedlung in die Stadt Jathrib gerade einem Mann aus Hadramaut sein Sendschreiben an Bahrain anvertraute.

Hadramaut war, so scheint es, das wichtigste Handelszentrum und der kulturelle Schmelztiegel Altsüdarabiens. Dazu paßt, daß der Reichsgott im hadramitischen Pantheon, über das wiederum eine Gestirnstrias gebot, den Namen des mesopotamischen Mondgottes trug: Sin. Sein üblicher hadramitischer Beiname ist »du-Ilm« nach dem Hauptheiligtum in der Hauptstadt. Im Mondtempel von Hureida verehrte man ihn als »Sin du-Madab«, als Gott der Madab, einer Sippe, die dort, nämlich im Wadi Amd, mächtig war.

DER SEEWEG NACH INDIEN

Das südarabische Macht- und Muskelspiel setzte sich fort. »Rumpfsaba«, Main, Qataban und Hadramaut führten Kriege gegeneinander, schlossen und brachen wechselnde Bündnisse. Zum damaligen Alltag gehörte es offenbar, daß man in Spannungszeiten die Karawanen der Gegner überfiel. So hält eine aus dem 4. oder 3. Jahrhundert v. Chr. stammende Inschrift auf einem Block der Stadtmauer von Baraqisch den Dank zweier minäischer Adliger fest. Sie hatten einen Überfall der Sabäer überstanden und Leben und Güter retten können. Trotz aller Auseinandersetzungen, ob nun Karawanenüberfälle, Sippenkämpfe oder regelrechte Kriege der Stämme und Reiche, kam der Fernhandel mit Weihrauch, Myrrhe und Zimt aber nie zum Erliegen. Wir wüßten von solchen Unterbrechungen, denn wie ein Aufschrei wäre die Nachricht durch die antike Welt des Mittelmeers und durch das Nil-Land gegangen.

Es lohnt an dieser Stelle kaum, die politischen Verwicklungen Altsüdarabiens im einzelnen zu verfolgen. Festzuhalten bleibt, daß das minäische Reich im Norden um 120 v. Chr. seine Selbständigkeit verlor und daß sich um die gleiche Zeit zwei Stämme, Himjar und Radman, aus dem Reichsverband Qatabans lösten. Insbesondere der Stamm Himjar, der nun das alte Küstengebiet Qatabans hielt und nicht zuletzt das Bab el-Mandeb (»Tor der Tränen«) kontrollierte, gewann an Stärke. Er gewann sie, weil sich eben um diese Zeit, also am Ende des 2. Jahrhunderts v. Chr., von Ägypten her ein eigenständiger Handel mit Indien entwickelte und zu einer bis dahin nicht gekannten Intensivierung des Handels führte. Der Bedarf an Aromata, aber auch an anderen Luxusgütern Südarabiens und Indiens wuchs unaufhörlich. Hochgeschätzt waren am ägyptischen Königshof beispielsweise indische Jagdhunde, und auch Chinas begehrte Seide bezog man teilweise über Indien.

Bereits Anfang des 3. Jahrhunderts v. Chr. hatte ein ägyptischer König, Ptolemaios I., der frühere Feldherr Alexanders des Großen, seinen Präfekten Philon zur Erkundung des Roten Meeres, aber auch Äthiopiens ausgesandt. Ptolemaios II., genannt Philadelphos, folgte dem Beispiel des Vaters. Seine Expeditionen und Truppen zogen nach Äthiopien, wo die Goldgruben im Wadi Alaki in ptolemäische Hand fielen.

Kurz nach 280 ließ Philadelphos, wie der Text der Pithom-Stele berichtet, durch die Senke des Wadi Tumilat einen Kanal zwischen Nil und Rotem Meer aufstechen. Er folgte damit dem Vorbild des Pharaos Necho I. (Regierungszeit: 609–595 v. Chr.), der dies vor ihm versucht hatte. Der ältere Kanal war nach 525 v. Chr. unter den Persern verbreitert und vertieft, jedoch durch Nil-Schlamm und Flugsand längst unpassierbar geworden.

Ein Admiral namens Ariston erkundete für den Ptolemäer zudem die arabische Küste bis hinunter zum Bab el-Mandeb. All diese Anstrengungen des Königshauses erklären sich aus der politischen Zeitstellung. Während der Diadochenkämpfe zwischen den Nachfolgern Alexanders des Großen stritten Ptolemäer und Seleukiden erbittert um Syrien und damit um das Nordende der Weihrauchstraße. Es lag im Interesse des ägyptischen Königshauses, bereits an einer weiter südlich gelegenen Station der Transarabienroute die Aromata zu übernehmen und auf die sichere Westseite des Roten Meeres überzusetzen.

Verschiedene Stadtgründungen des zweiten Ptolemaios an der ägyptischen Rotmeerküste entstanden mit Blick auf dieses handelspolitische Anliegen. Auf der arabischen Seite des Meeres wurde Leuke Kome, das heutige el-Wedsch, in Abstimmung mit den Ptolemäern zum Ausfuhrhafen der Minäer, die in der nahen Oase Dedan lange Zeit eine bedeutende Handelskolonie unterhielten. Aber der Ehrgeiz des Herrscherhauses reichte weiter: Eigentliches Ziel blieb es, Südarabiens Handelsmächte auszuschalten (oder politisch zu kontrollieren) und Indien direkt anzufahren.

Mit dieser Absicht entsandte bereits Philadelphos einen Handelsattaché an den Hof des Königs Bindusara und/oder seines Sohnes Aschoka (Regierungszeit: 263–232 v. Chr.), so wie seinerseits Aschoka, der große Förderer des Buddhismus, Fühlung mit den hellenistischen Fürsten aufnahm, nicht zuletzt auch mit Alexandria. Allerdings belegen Papyri des Zenon-Archivs, daß das Gros der Aromata weiterhin nicht über das Rote Meer, sondern über Gaza und den Sinai nach Ägypten gelangte. Die nautischen Möglichkeiten der ptolemäischen Schiffahrt reichten offenbar für gelegentliche West-Ost-Überfahrten zur arabischen Küste, nicht aber für einen ausgedehnten Seeverkehr über die ganze Länge des Roten Meeres.

Eben deshalb zogen ägyptische Expeditionen auf der Westseite des Roten Meeres immer tiefer in den Süden, gründeten eine Hafenstadt oder Faktorei nach der anderen, Berenike und Ptolemais und Adulis, bis in der zweiten Hälfte des dritten vorchristlichen Jahrhunderts unter Euergetes oder Philopator auf der äthiopischen Seite des Bab el-Mandeb, gegenüber von Ocelis und Mausa, die Hafenstadt Arsinoë entstand, das heutige Assab im Süden Eritreas. Damit erst waren die Voraussetzungen für einen eigenständigen ägyptischen Seehandel mit Indien gegeben. An der Westseite des Roten Meeres, den widrigen Winden trotzend, tasteten sich die Segler entlang der Küstenlinie von Hafen zu Hafen weiter südwärts. Fährnisse genug schloß die Route auch dann noch ein. Der schon erwähnte »Periplus« des Roten Meeres macht es deutlich: »Überhaupt aber ist die Fahrt an diesem Teile des arabischen Festlandes gefahrvoll, das Land ohne Hafen, schwierig zum Ankern, unwirtlich, durch Brandung und Klippen unnahbar und im ganzen gefahrdrohend.« Schiffswracks wurden von den Anrainern des Roten Meeres ausgeplündert, Schiffbrüchige in die Sklaverei verkauft.

Wie auf dem Mittelmeer die erfolgreiche Rückfahrt der Kornschiffe von Puteoli nach Alexandria über die hohe See von der nautischen Kenntnis erfahrener Steuermänner abhing, denen man entsprechend mit größtem Respekt begegnete (s. S. 297), so bedurfte es auch für die Indien-Fahrt angesichts unkartierter Küsten wie unbekannter Strömungen und widriger Winde einer mutigen Initialleistung. An Versuchen wird es nicht gefehlt haben, auch wenn die Fehlschläge in Vergessenheit gerieten. Erst in der Regierungszeit des achten Ptolemäers, Euergetes II., gelang der Durchbruch:

Ein Inder, den es nach Ägypten verschlagen hatte, versprach dem König, den Seeweg zur indischen Westküste zu weisen. Euergetes beauftragte daraufhin einen der größten Seefahrer der Antike, Eudoxos von Kyzikos (dem später wahrscheinlich auch die Umseglung Afrikas glückte), mit der Indien-Fahrt. Sie gelang. Eudoxos kehrte um 120 v. Chr. mit einer Ladung Aromata zurück und brach um 115 v. Chr. noch ein zweites Mal, wiederum erfolgreich, nach Indien auf. Der Geschichtsschreibung gilt er zusammen mit dem etwa ein halbes Jahrhundert späteren Kapitän Hippalos als »Entdecker der Monsun-Winde«. Freilich war deren Geheimnis in Altsüdarabien schon Jahrhunderte zuvor entschlüsselt worden.

Über die Art der Indien-Schiffahrt, die sich im Kielwasser der Pioniere Eudoxos und Hippalos herausbildete, unterrichtet uns wiederum der eben zitierte »Periplus«, das Handbuch eines anonymen Kauffahrers aus dem ersten Jahrhundert nach der Zeitenwende. Er beschreibt die Küsten von Ägyptens nördlichstem Hafen am Roten Meer, Myos Hormos, bis hinunter zur ostafrikanischen Insel Sansibar und bis Nelkynda, einer Reede an der indischen Malabar-Küste. Deutlich wird, daß die Indien-Fahrer sich auch nach der Passage des »Tränentors« in der Regel entlang der Küste von Hafen zu Hafen vortasteten. Wohl bestand die Möglichkeit, mit dem genannten Sommerwind, bei nur einer einzigen Zwischenlandung in Südarabien, von Ägypten nach Indien die See zu queren, doch hat man diese waghalsige Möglichkeit offenbar nur ausnahmsweise genutzt. Erst auf der Rückfahrt übers hohe Meer blähten die winterlichen Monsun-Winde die Segel.

Die Fahrt blieb also ein Wagnis, und ganz falsch wäre die Vorstellung, die Lastensegler hätten sich in den ägyptischen und südarabischen Hafenbuchten gedrängt. Sofern Strabon uns zuverlässig unterrichtet, waren es in der letzten Phase der Ptolemäer gerade einmal 20 Schiffe, die pro Jahr die Indische See gewannen. Wahrscheinlich fuhren sie im Kordon, unter militärischem Geleitschutz. Jedenfalls aber war der Bann, das südarabische Monopol gebrochen. Sogar mit dem unendlich fernen China entstanden Handelsverbindungen übers hohe Meer – übrigens nicht nur einseitig, also in west-östlicher Richtung. Zumindest der chinesische Kaiser Liu Che (Regierungszeit: 141–87 v. Chr.), besser unter dem Namen Wudi bekannt, ein Machthaber aus der Dynastie der Westlichen Han, entsandte seinerseits Handelsdelegationen nach dem Westen. Die Hofannalen aus dem Reich der Mitte weisen das Ereignis, das ältere informelle Handelskontakte voraussetzt, in die Zeit zwischen 120 und 110 v. Chr.

DAS SECHSTE REICH – DIE HIMJAREN

Die Gewinne der Südaraber verminderten sich keineswegs durch Ägyptens Engagement. Unbeirrt zogen ihre Karawanen nach Norden, und wenn gleichzeitig in den Häfen ptolemäische, später römische Schiffe festmachten, so ersetzten anfallende Reedegebühren und Zolleinzug die früheren Gewinne aus der nun ausklingenden eigenen Seefahrt, deren Risiken zudem nicht länger getragen werden mußten. Die Kontrolle lag weiterhin in Südarabien, denn die Liegeplätze am und östlich des Bab el-Mandeb blieben den Fernfahrern ja unentbehrlich.

Über Strabons Maß der »zwanzig Schiffe« hinaus füllten sich Südarabiens Häfen, als die Partherkriege im 1. und 2. Jahrhundert n. Chr. den nördlichen Landverkehr auf der Seidenstraße abschnitten. Schon zuvor hatten die strengen Wegabgaben, die Parthien erhob, dem mediterranen Geldbeutel zugesetzt. Der Wegfall der Durchgangszölle im römisch gewordenen Ägypten war da eine gern gesehene Alternative. Entsprechend favorisierte Rom seit den Anfängen der Kaiserzeit den Seehandel mit Indien, und während in der Hauptstadt des Imperiums der Ruf nach Duftluxus immer lauter wurde, begann Südarabiens beste Zeit. Den anfallenden Profit strich das sechste Reich ein.

Der Aufstieg der Himjaren, die dieses Reich trugen, läßt sich auch anekdotisch verdeutlichen, denn warum eigentlich sprechen wir von einem Roten Meer? Balduin I., König von Jerusalem, wollte, als er mit seinen Kreuzrittern 1116 an den Golf von Aqaba vorstieß, jedenfalls Rot sehen, wenn er aufs Wasser schaute. Das gewöhnliche Blau der Meeresbucht enttäuschte ihn. Spätere Besucher zeigten sich nicht weniger unangenehm überrascht, aber erst das 20. Jahrhundert rief seine unvermeidlichen »Erklärer« auf den Plan: Es müsse im blauen Roten Meer Korallen oder sonstige Kleinlebewesen geben, die das Wasser zeitweise in Purpurfarbe tauchten.

Die Wahrheit, die uns nach Altsüdarabien zurückbringt, ist allerdings historisch. Die Benennung Himjar geht auf das Wort *chumr* (»rot«, »die Roten«) zurück, und aus dem »Meer der Himjaren«, dem »Meer der Roten« wurde das Rote Meer. So bedeutsam also erschien passierenden Seefahrern und den Anrainern das neue Staatswesen.

Dessen innere Verfassung, insbesondere sein Verhältnis zu den Sabäern, wirft noch viele Fragen auf, und man scheut bei genauerem Hinsehen sogar vor dem Begriff »Staatswesen« zurück. Ein Reich aus Stein, monolithisch geschlossen, war Himjar jedenfalls nicht. Der Titel, den seine Machthaber in der Zeit der ersten Blüte führten, die man auf die Jahre zwischen 115 v. Chr. und 270 n. Chr. datiert hat, und der da lautete »König von Saba und Dhu Raydan«, bezeugt, daß Saba nicht zerschlagen war, sondern einverleibt oder auch nur beansprucht wurde. Dhu Raydan wiederum spielt auf die Götter des eroberten qatabanischen Gebiets an (»die von Raydan«), denn der Dschebel Raydan war und ist ein beherrschender Gipfel im westlichen Qataban. Mit anderen Worten: Der neue Titel markiert zwar den geltenden Machtbereich, nennt aber bezeichnenderweise das herrschende Volk nicht. Vielleicht, weil es weniger herrschte als zu herrschen wünschte. Die Truppen von Himjar bezeichneten sich als »Kinder des Amm« – sahen sich also als Schutzbefohlene oder Erben des qatabanischen Reichsgottes (s. S. 136f.). Auch dies ein Selbstverständnis, das keine neue Selbständigkeit verrät. Was Wunder, daß noch hundert Jahre verstrichen, ehe das Reich der Himjaren sich eine eigene Hauptstadt erbaute: Zafar, fast 3000 Meter hoch im regenreichsten Teil des jemenitischen Hochlandes südwestlich des heutigen Jarim gelegen, auf halbem Wege zwischen Sana und Aden und gebietend über fruchtbare Hochtäler. Die Burg Raydan sicherte Zafar, das Plinius im sechsten Buch seiner »Naturgeschichte« als *regia Sapphar* erwähnt.

Aber auch nach diesem späten Akt politischer Eigenständigkeit klärt sich das Bild nicht ganz: Als Aelius Gallus Südarabien erreichte, hatte er es in Marib mit einem offenbar selbständig agierenden Sabäer-Fürsten namens Ilscharah (»Ilasaros«) zu tun, Bruder des nominellen Königs von Saba. Wenn Plinius zwischen den Sabäern als dem reichsten und den Himjaren (»Homeriten«) und Minäern als den volkreichsten Stämmen Südarabiens unterscheidet, macht uns dies auch nicht klüger. Denn mit Sicherheit stellten die Himjaren als Stamm nicht den größten Bevölkerungsteil. Ob sich viele Südaraber anderer Herkunft damals bereits als »Homeriten« verstanden? Nicht so taten freilich die alten Dynasten- und Fürstenclane Sabas, die nach wie vor Lebensart und Luxus Südarabiens repräsentierten – und ihre Hand bei jeder sich bietenden Gelegenheit nach der Macht ausstreckten. Gerade die fürstlichen Sippen aus dem Hochland, ob Martadiden oder Hamdaniden, Bata'iden oder Guratiden, die schon lange heimlich wider Mukarrib und König opponiert und ihre göttlichen Patrone dem waltenden Dreierpantheon in religionspolitischer Symbolik angenähert hatten, traten dabei in den Vordergrund. Wie sie es im einzelnen mit den Himjaren hielten und wie diese mit ihnen, läßt sich auf der schmalen Grundlage weniger erhaltener Inschriften kaum rekonstruieren.

Im »Periplus« erscheinen die Sabäer zwar als Untertanen der Himjaren, aber man wird das bestenfalls als eine historische Momentaufnahme werten, denn so schlicht und gerade stellten sich die Machtverhältnisse keineswegs dar. Die irisierende Bezeichnung des frühen Himjaren-Reichs als »sabaeo-himjarisch« löst die Wertungsprobleme auch nicht und wird sogar explizit falsch, wo diese Nomenklatur eine Gemeinsamkeit alter und neuer Gewalten nahelegt. In Wahrheit war die erste Phase der fragilen Himjaren-Hoheit durch unentwegte Abwehrkämpfe gegen sabäische Restaurationsversuche bestimmt: von »erbitterter Feindschaft« und »wilden Kriegen«, wie Hermann von

Wissmann es treffend formuliert. Aus der Geschichtsschreibung Chinas ist der Begriff der »Kämpfenden Reiche« bekannt, die dennoch nach außen eine Einheit bildeten. Er trifft zu auf das Südarabien dieser Zeit.

»Wahrscheinlich wurde Marib manchmal von den Himjaren, Zafar von den Sabäern erobert«, urteilt wiederum Hermann von Wissmann. Auf diesem Hintergrund, angesichts innerer Schwächung Südarabiens, gelang es einer äthiopischen Macht, dem Reich von Axum, um 170 n. Chr. für fast ein halbes Jahrhundert (bis etwa 215) die Tihama, die heiße Küstenebene nördlich des Bab el-Mandeb, und damit Häfen wie Mocha und Hudeidha zu besetzen. Die Axumiten kontrollierten damit beide Küstenlinien der kommerziell und strategisch so wichtigen Meerenge. Auf der Ostseite des Roten Meeres diente ihnen das noch von den Ptolemäern begründete Adulis als Haupthafen – wie auch als Station für den Handel mit Ost- und Zentralafrika. Die wichtigsten Luxusgüter der antiken Welt: Elfenbein, Rhinozeroshorn, Schildpatt, Gold – nicht zu vergessen die in Rom zur Mode gewordenen nubischen Sklaven – gelangten mit Weihrauch, Myrrhe sowie anderen begehrten Aromata aus Indien, Südarabien und Somalia somit als Ausfuhrgüter in die Verfügungsgewalt einer einzigen Handelsmacht.

Axum war stark geworden, als nach der Niederlage von Aktium, nach Alexandrias Fall und nach der Vernichtung der Schiffe, mit denen Kleopatra sich und ihre Schätze nach Indien hatte retten wollen, die ptolemäische Vorherrschaft um das Jahr 30. v. Chr. am Roten Meer zu Ende ging und ein machtpolitischer Leerraum entstand, in dem sich offenbar südarabische Kolonisten festsetzten. Wann genau sich ein eigenständiges Reich von Axum bildete, wissen wir nicht; es muß zwischen 30. v. Chr. und 100 n. Chr. gewesen sein, wahrscheinlich erst nach der Zeitenwende.

Die Kolonisten drängten nach ihrer politischen Konsolidierung also zurück auf die Arabische Halbinsel. Um den Vorgang historisch anschaulicher zu machen: Wären die Nachfahren der »Mayflower«-Emigranten, die Waffe in der Hand, nach England zurückgekehrt und hätten Cornwall besetzt, hätten sie es den Axumiten gleichgetan. Um die Invasionstruppen zu verdrängen, bedurfte es der Aufbietung aller südarabischen Kräfte. Qataban war zu diesem Zeitpunkt freilich bereits untergegangen, sein Territorium um 140 n. Chr. an Hadramaut gefallen, und Hadramaut selbst, die starke Ostmacht, hielt sich lauernd zurück, hoffend vielleicht, sie könne ohne allen eigenen Einsatz vom Kriegsausgang zwischen Saba und Himjar profitieren.

Schließlich wurden die bewaffneten Auseinandersetzungen zu jener Zeit so grausam geführt, daß sie in der Regel auch den Sieger schwächten. Eine Votivinschrift aus der Zeit des ersten Himjaren-Imperiums läßt diesen Sachverhalt erahnen: »Sie sandten einen Vortrupp ihrer Streitmacht gegen das Land Muhanifun und verübten dort Grausamkeiten, richteten Blutbäder an, brachten zu ihrer Befriedigung Gefangene und Beute mit. (...) Sie eroberten und verwüsteten die Stadt Aidhanum, überfluteten den gesamten Osten von Qaschanum, verübten Grausamkeiten, richteten Blutbäder an und machten nach Herzenslust Gefangene.« Jedem solchen Schlag folgte freilich ein Gegenschlag.

Zumindest Himjaren und Sabäer mußten angesichts der akuten Beeinträchtigung gemeinsamer Interessen nun über alle innere Zerrissenheit hinweg zu einer handlungsfähigen Einheit finden. Es gelang die Freikämpfung der Tihama, die Sicherung des lukrativen Seehandels; Axum mußte abziehen.

Es sollte allerdings nicht das letzte Mal sein, daß die Macht auf der Ostseite des Roten Meeres nach Südarabien griff. Unter einem König namens Ezana eroberte Axum 325 n. Chr. wiederum den westlichen Teil Südarabiens. Interesse verdient der Titel, den Ezana nach seinem Siegeszug annahm: Er nannte sich nun »König der Himjaren, von Rhaidan und Saba«; zum ersten Mal finden damit die Himjaren als Staatsvolk Erwähnung.

Umgekehrt haben die Himjaren in ihren südarabischen Machtkämpfen später zuweilen bei den Äthiopiern militärischen Rückhalt gesucht. So etwa im 4. Jahrhundert n. Chr. der Himjar-König Schammar Juharisch, der mit Axums Hilfe Teile von Hadramaut eroberte und daraufhin den Titel eines »Königs von Saba, Dhu Raydan, Hadramaut und Jamnat« führte. Diese letzten Vorgänge fallen bereits in die Zeit des zweiten, des eigentlichen Himjaren-Reiches, die man zwischen 270 und 525 n. Chr. ansetzt.

In diesem Zeitraum entstand unter himjarischer Oberhoheit ein Staatswesen, das annähernd das heutige Gebiet der beiden Jemen einnahm. Der neuen, nicht bloß großmundig beanspruchten, sondern wirklich gegebenen Machtfülle entsprach ein neuer Herrschertitel. Die Himjaren-Herren nannten sich vom 3. bis zum 6. Jahrhundert n. Chr., also bis zum Ende ihrer Zeit, nicht Malik, sondern *tubba*.

Von großer Bedeutung in den Kämpfen des Himjaren-Reiches mit den Axumiten, mit Hadramaut, später auch mit dem mittelarabischen Stamm der Kinda wurde ab dem 4. Jahrhundert die Religionszugehörigkeit. Zunächst in friedenstiftendem Sinne: So zogen sich die Axumiten um das Jahr 361 n. Chr. aus Südarabien zurück, nachdem sich ihr schon erwähnter Fürst Ezana ein Jahrzehnt oder Jahrzwölft zuvor von der energischen christlichen Mission in Äthiopien zum Glauben an den Gottessohn hatte bekehren lassen.

Jemenitische Juden in einer Synagoge zu Sana. Die historische Aufnahme (1907) stammt von Hermann Burchardt, einem 1909 im Jemen ermordeten Reisefotografen.

Bis dahin hatte Ezana nicht eben durch Pazifismus geglänzt, vielmehr vom Elixier immer neuer Kriegsbeute gelebt: von Plünderung und Versklavung. In hochmütigen Inschriften ließ er die Zahl der gefangengenommenen Männer, Frauen und Kinder, die Kriegsbeute an Buckelrindern, Eseln, Kamelen und Schafen akribisch vermerken. Auch das barbarische Ritual des Menschenopfers war dieser Machtgestalt nicht fremd. Gehorchte Ezana, als er sich nun so singulär sanft zurückzog, seinem christlichen Gewissen, hielt er es mit seinem Bekenntnis für unvereinbar, über die himjarischen Glaubensbrüder mit der gewöhnlichen Grausamkeit einer Kolonialmacht zu herrschen, oder stand er unter dem politischen Druck von Byzanz? Die Forschung ist sich uneins über den Sachverhalt.

Aber nicht nur das Christentum, sondern auch das Judentum missionierte in Südarabien, und bald endete die segensreiche Wirkung der zweifachen Mission aus dem Norden. Anzumerken ist noch, daß die angestammte Religion Südarabiens mit ihren Gestirntriaden unter dem Eindruck vorderasiatischer Erlösungshoffnung oder -gewißheit zusammenfiel wie ein Kartenhaus. Keine Hand hob sich wehrend gegen die monotheistischen Proselytenmacher. Das Fehlen eines institutionalisierten Priestertums wird für diesen »stillen Abgang« des religiösen Altsüdarabien bedeutsam gewesen sein.

Dann Flammen und Blut: Juden- und Christentum stoßen heftig aufeinander. Kirchen waren auf südarabischem Boden schon ab Ende des 4. Jahrhunderts entstanden, zum Beispiel in der Himjaren-Hauptstadt Zafar, aber auch in Aden und Nadscheran, und das Christentum schien in stetem Zug friedlich zu obsiegen. Da jedoch trat der Himjaren-Tubba Zura dhu-Nuwas, auch als Masruq bekannt, zum Judentum über. Jusuf Asar nannte er sich nun, doch blieb es nicht beim persönlichen Glaubensbekenntnis. Das Judentum sollte nach seinem Willen die neue Staatsreligion Südarabiens sein. In Medina saßen die geistigen Väter dieses »Unruhestifters«, im christianisierten Axum seine entschiedenen Gegner. Auf Himjars Territorium stärkte der mächtige Stamm der Azaniten Jusuf den Rücken, aber auch kämpferische Beduinen wurden seinem Heer zugezogen, das nach Anfangserfolgen bei der Zwangsjudaisierung – eine Inschrift zählt 13 000 tote Gegner, 9500 Gefangene, dazu 280 erbeutete Kamele, Rinder und Schafe – spätestens ab dem Herbst 523 unter immer stärkeren Druck der von Afrika her übersetzenden christlich-äthiopischen Truppen geriet und zwei Jahre später vor dem 70 000 Mann starken Aufgebot des Axumiten-Fürsten Ella Asbeha kapitulieren mußte.

»Gott, dem Himmel und Erde gehören, beschütze den König Jusuf gegen all seine Feinde.« Dieser Wunsch, in einer zeitgenössischen Steininschrift verzeichnet, ging nicht in Erfüllung. Jusuf dürfte in einer letzten Abwehrschlacht des Jahres 525 n. Chr. gefallen sein. Die südarabische Volkslegende mißt ihm jedoch nicht bloß Märtyrertum, sondern ein stolzes, ungebeugtes Ende zu: Der König habe sich Axum nicht unterworfen, sei mannhaft seinem Pferd aufgesessen und ins Meer geritten. Einst, wenn die Zeit reif sei, werde ihn die See wieder freigeben ...

Die Juden des Jemen warten bis heute auf diese Rückkunft. Denn während das Christentum nach seinem Sieg im 6. Jahrhundert untergegangen ist, konnten sich Juden unter dem Druck des Islam als konfessionelle Minderheit bis Mitte des 20. Jahrhunderts hinein behaupten. Nach türkischen Verwaltungsdokumenten lebten Ende des 19. Jahrhunderts noch knapp 60 000 Juden im jemenitischen Machtbereich. Seit 1909, massenhaft dann in den Jahren 1950/51 sind die meisten von ihnen zwar nach Palästina/Israel abgewandert – allein während der Operation »Zauberteppich« wurden 1950 annähernd 45 000 Juden von Aden ins Heilige Land ausgeflogen –, zwischen 1000 und 2000 »Altgläubige« sind jedoch geblieben, und gelegentlich nimmt der heutige Jemen-Reisende in den Marktgassen von Sana oder Sada unter einem gewundenen Männerkopftuch die charakteristischen Schläfenlocken wahr.

Übrigens bewahren die verbliebenen jemenitischen Juden keinen spezifischen, etwa besonders altertümlichen Kultus, sondern haben in Kontakten vor allem mit ägyptischen Glaubensbrüdern den sephardischen Ritus übernommen. Die historischen Beweggründe: Während des islamischen Mittelalters waren jüdisch-ägyptische und jüdisch-jemenitische Großhändler bei der Schiffahrt auf dem Indischen Ozean besonders aktiv und einander verbunden. In gewissem Sinne setzten ihre Indien-Fahrten das fort, was das ptolemäische Ägypten bzw. Hadramaut und Byzanz begonnen hatten. Von daher entwickelten sich auch starke geistliche Kontakte. Der in Cordoba geborene, in Kairo lehrende und wirkende jüdische Philosoph Maimonides (1135 bis 1204) sandte den seinerzeit verfolgten Jemen-Juden ein berühmtes »Trostschreiben«.

Mit dem Juden-König Jusuf starb der letzte Himjaren-Fürst, endete aber auch Südarabiens Selbständigkeit, denn das nächste Jahrhundert stand im Zeichen der Fremdherrschaft: Den Axumiten, die zwischen 525 und 575 n. Chr. über Teile Südarabiens geboten, folgten bis 628 n. Chr. die persischen Sassaniden. Damals versanken die alten Metropolen – zur neuen Hauptstadt stieg Sana auf. Es verkam das wundergleiche Bewässerungssystem, das die städtische Kultur Südarabiens überhaupt ermöglicht hatte – etwa 570 brach der Staudamm von Marib, dieses »Weltwunder« Südarabiens. Und auch die großartige Schriftkultur ging unter – die letzte himjarische Inschrift datiert auf das Jahr 554.

5 EINE STRASSE DER KAMELE

KAMELKARAWANEN

»Das Kamel ist der Ernährer des Nomaden, sein Transportmittel und seine Währung. Die Mitgift der Braut, die Sühne für eine Bluttat, der lockende Preis beim Glücksspiel *(maysir)*, der Reichtum des Scheichs – dies alles berechnet sich in Kamelen. Das Kamel ist der ständige Begleiter des Beduinen, sein Alter ego, sein Ziehvater. Er trinkt Kamelmilch statt Wasser (das er für sein Vieh einbehält), verzehrt Kamelfleisch, hüllt sich in Kamelhaut, stellt sein Zelt aus Kamelhaar her. Kameldung dient ihm als Brennstoff, Kamelharn als Haarwasser und Arznei.« Diese griffige Beschreibung, die wir Philip K. Hitti verdanken, läßt sich knapp zusammenfassen in einer Sentenz, die zum Zitatenschatz der Orientalistik gehört: Der Beduine ist, so lautet der Aphorismus, ein »Parasit des Kamels«.

Wir haben über die wissenschaftlichen Meinungsverschiedenheiten, Herkunft und Domestikation des einhöckrigen Kamels betreffend, schon gesprochen (s. S. 96f.). An dieser Stelle sei nur die wahrscheinlichste Forschungsmeinung wiederholt. Danach ist das Kamel, bis dahin nur Jagdbeute schweifender Jäger, irgendwann zwischen 1300 und 1000 v. Chr. domestiziert worden, und zwar im mittel- oder im südostarabischen Raum durch Nomaden bzw. Protobeduinen, deren Existenz unter einem immer menschenfeindlicheren, immer trockeneren, immer hitzigeren Klima von einer raumgreifenden Beweglichkeit abhing, die das altgediente Transporttier, der Esel, nicht gewährleisten konnte. Erst das Kamel, gern als »Schiff der Wüste« tituliert, erlaubte den Verkehr durch wasserarme Wüstenregionen. Viermal so lange wie ein Esel, zehnmal so lange wie ein Mensch kann es dürsten, zudem schadlos Wasser trinken, das bis sechs Prozent Salz enthält.

Außerdem übertrifft seine Tragkraft bei weitem die des Esels, des bis dahin dominierenden Lasttiers. Captain F. M. Hunter, der 1877 Bericht erstattete über die britische Siedlungstätigkeit in Aden, unterscheidet mit der ihm eigenen Genauigkeit die Gewichte, welche die ihm bekannten sechs Kamelspezies der südarabischen Küstenregion zu transportieren vermochten: Es waren zwischen 450 und 1000 englische Pfund, umgerechnet also etwa zwischen 200 und 450 Kilo. Nun ist freilich zu berücksichtigen, daß die innerarabischen Kamele von etwas leichterem Bau als die Küstenspezies sind, und allgemein geht die Forschung davon aus, daß das einzelne Tier auf längeren Strecken nur zwischen 175 und 200 Kilogramm tragen kann.

Natürlich bleibt ungewiß, ob die antiken Lastkamele eine identische Trageleistung erbrachten, aber da die Durchgangszölle, wie eine Inschrift aus dem syrischen Palmyra verdeutlicht, nach der Anzahl der Kamelladungen bemessen wurden, hat man dem einzelnen Tier sicher soviel aufgebürdet wie eben möglich. Die arabischen Karawanen hatten dabei den Vorteil, daß ihre botanische Ware nicht das hohe spezifische Eigengewicht von Edelmetallen besaß, bei deren Transport sich die Lasttiere häufig Druckwunden zuzogen. Natürlich hing stets viel von der sachgemäßen, möglichst gleichgewichtigen Befestigung der Kamelladung beiderseits des Sattels ab.

Dies einmal vorausgesetzt, erschließt sich aus Plinius' Zahlenangaben über die Importe von Weihrauch und Myrrhe in das römische Imperium das ganze Ausmaß des Duft- und Gewürzhandels auf der Weihrauchstraße. Um die 10000 Kamele benötigte man, um die in Rom jährlich verbrauchten Quantitäten (s. S. 31 f.) auf dem Landweg von Südarabien an den Saum des Mittelmeers zu befördern. Natürlich trugen die Tiere das kostbare Gut nicht in einem Zug von Dhofar nach Gaza, vielmehr wurde es mehrfach, ja zehn- und zwanzigfach umgeladen, und so darf man davon ausgehen, daß in den besten Jahren der Weihrauchstraße fast 100000 Kamele im kommerziellen Einsatz waren.

Entscheidend für diesen Einsatz war mehr noch als ihre Tragkraft die Anspruchslosigkeit der Tiere. Bis zu 17 Tage vermag ein Kamel –

wir sprechen stets vom einhöckrigen Kamel oder Dromedar im Gegensatz zum zweihöckrigen baktrischen Kamel oder Trampeltier – ohne Wasser auszukommen. Dazu tragen große, zur Wasserspeicherung befähigte Zellen in den Wänden des dreikammrigen Magens ebenso bei wie der große Fetthöcker, der als wasserbindender Speicher fungiert. In höchster Wassernot stoßen die Beduinen ihren Kamelen Stöcke in den Rachen, damit sie würgend trinkbares Wasser von sich geben, oder schneiden ihnen sogar die Mägen auf.

Von ganz wesentlicher Bedeutung für die vielbeschworene Wüsteneignung des Kamels erscheint seine natürliche Fähigkeit, die Körper- der Außentemperatur anzupassen und somit den Flüssigkeitsverlust aufs äußerste zu reduzieren. Während wasserloser Wüstenmärsche verlieren Dromedare bis zu 25 Prozent ihres Körpergewichts (das beim ausgewachsenen, circa 2 Meter hohen Tier etwa 400 bis 500 Kilogramm beträgt), ohne dadurch gesundheitlichen Schaden zu nehmen. Zum »Schiff der Wüste« machen das Dromedar ferner seine Hochbeinigkeit, die auch Treibsand bewältigt, die lederartige Ausstattung des Mauls, das Dorngesträuch der Wüste unbeschadet zermalmt, die starken, pufferartigen Lederschwielen unter den Zehen, die zusammen mit den kleinen, nagelartig ausgeformten Hufen der Gluthitze des sonnenbestrahlten Sandes trotzen, und – nicht zuletzt – die bei Sandstürmen verschließbaren Nasenlöcher.

Bis heute noch durchstreifen Wildkamele den arabischen, den »brennenden« Subkontinent – so wie die Wüste Gobi kleine Wildbestände des baktrischen Kamels bewahrt. Doch sollte sich hüten, vorschnell zu urteilen, wer Kamele an den Wüstenhängen in Oman oder im Wadi Hadramaut unbeaufsichtigt ihr geliebtes Bartgras raufen sieht, denn die Herden zerstreuen sich üblicherweise über ein weites Terrain. Es gehört zur alltäglichen Anstrengung der Beduinen, sich nach Sonnenaufgang der versprengten Herde – im Durchschnitt besitzt »ein Zelt« etwa hundert Tiere – zu versichern. Nur die trächtigen Kamelstuten werden gegen Ende der Winterzeit, wenn die Geburt der Kälber bevorsteht, näher beim Lager gehalten, denn dieses Ereignis, das den nomadischen »Reichtum« begründet, bleibt rar genug: Frühestens mit vier Jahren ist ein Kamel geschlechtsreif, und nur alle drei Jahre wirft die Stute ein einzelnes Junges.

Die Milch der Kamelstuten wird gerecht aufgeteilt zwischen Mensch und Tier: Die Zitzen der rechten Seite sind dem Kalb vorbehalten, die der linken Euterhälfte dem beduinischen Besitzer. »Damit das Kamelkalb sich die Milch der linken Seite nicht unrechtmäßig aneignen kann, werden mit einem kleinen runden Holz (…) diese zwei Zitzen unterbunden mit einer aus feinem Kamelhaar gedrehten Schnur« (J. J. Hess). Stirbt ein Junges, stopft man seinen Balg mit Fenchgras aus und bettet ihn neben den Kopf der schlafenden Stute, die dann weiterhin Milch gibt. Ähnlich listig wird das Kalb entwöhnt. Man steckt ihm ein spitzes Hölzchen in die Nasenscheidewand, das beim Saugen in das Euter der Mutter sticht; die tritt in ihrem Schmerz gegen das Kalb aus und vertreibt es von der Quelle.

Die beduinische Dressur, unter der aus dem herangewachsenen Kamel ein Reit- und Lasttier wird, bedient sich ebenfalls etlicher Finten und Kniffe. J. J. Hess, auf dessen Detailkenntnis wir uns stützen, berichtet über die zentralarabische Praxis der Kamelnomaden: »Zuerst legen sie dem noch ungebändigten Kamel mit Sand gefüllte Satteltaschen auf und befestigen das Leitseil so kurz an diesen Sandsäcken, daß es den Kopf nicht erheben kann. So läßt man es drei bis vier Tage herumlaufen. Dann wird ihm ein Sattel angelegt, an dessen beiden Seiten zwei Mäntel angehängt sind, so daß sie bei den Bewegungen des Kamels hin und her pendeln. Nun wird es an der Halfter geführt, wobei es durch das Aufschlagen der Mäntel erschreckt, zunächst gewaltig ausschlägt, bis es schließlich auch damit erlahmt und dann geritten werden kann.«

Nicht nur Beduinen, auch Karawanenleute lassen die Tiere nach den Mühen des Tages frei auslaufen, wie es das Beispiel der bis heute ziehenden Salzkarawanen der Westsahara zeigt. Jeden Morgen das gleiche Spiel: Auf den Reitkamelen, die am Lagerplatz angekoppelt bleiben, geht es unter der spürbaren Kälte, die in den ersten Tagesstunden noch vorherrscht, auf die Suche nach den weidenden Lasttieren. Unter schrecklichem Protestgebrüll werden die widerstrebenden Entdeckten an ihre Tagesaufgabe zurückgeführt, wobei dies Gebrüll sich noch steigert, wenn man ihnen die Lasten aufwuchtet.

Die arabischen Beduinen kennen ihre »Arbeitnehmer« auch in dieser Hinsicht sehr genau. In der reichen Begriffswelt, mit der sie das Leben und Treiben der Kamele erfassen, unterscheiden sie zwischen dem Kamelknurren im allgemeinen, dem Brüllen aus Unzufriedenheit, dem Jammerschrei, wenn die aufgebürdete Last definitiv zu schwer ist, dem Brummen der Stute, die ihr Kalb ruft, und dem anderen Brummen, mit dem Lastkamele darauf drängen, daß ihnen die Kniefesseln gelöst werden.

Üblicherweise geht es nach dem »Dienstantritt« vier Stunden in elegantem, wiegendem Paßgang, der den Reiter einmal von links nach rechts, dann von rechts nach links sinken läßt und in der Tat dem Schwanken eines Schiffes auf bewegter See gleichkommt, durch die Wüste. Gegen elf Uhr große Siesta. Die Kamele werden von ihren Lasten befreit, gehen aber nicht auf die Wüstenweide. Mensch und Tier dösen und dämmern unter dem Sonnenglast, jeden Schattenfleck nutzend, die Menschen manchmal auch den

Karawanenlager in der Wüste, wiedergegeben nach der Manier der orientalistischen Malerei (Ölgemälde des Franzosen Théodore Frère von ca. 1870).

Schatten der Kamele. Gegen 16 oder 17 Uhr dann der zweite Aufbruch. Noch einmal drei oder vier Stunden zieht die Karawane, ehe sie sich bei irgendeinem Wüstenwasserloch zum Nachtlager einrichtet:

Nun werden Lagerfeuer entfacht, Steinherde zum Kochen einer warmen Mahlzeit aufgeschichtet, Zelte aufgeschlagen, Laternen entzündet. Zum Schutz vor Erkältung – in der heißen Wüste sind die Nächte kalt – schlafen heutzutage (und wohl auch damals) die Karawanenleute in Mantel oder Umhang gehüllt. Den Kopf bedeckt ein Tuch. Als Unterlage auf dem flachen Wüstenboden genügt dagegen eine Decke, denn der tagsüber erhitzte Sand strahlt über Nacht noch Wärme genug aus. Wachen gewährleisten die Sicherheit der Ruhenden und der Fracht.

Natürlich zieht und zog man feste, gemauerte Karawansereien stets einem provisorischen nächtlichen Zeltlager vor. Wahrscheinlich war die Weihrauchstraße ebenso wie die späteren Pilgerstraßen von Kairo bzw. Damaskus nach Mekka mit gesicherten Wasserstationen ausgestattet (s. S. 198). Für das Altertum belegt sind solche Herbergen auf der Strecke zwischen der Lyder-Hauptstadt Sardis in Kleinasien und Susa, der achämenidischen Metropole. Herodot, der davon berichtet, zählt 111 Rastplätze auf dieser sogenannten »Königsroute«.

In Oasen oder ausgedehntere Siedlungen zieht eine Karawane üblicherweise nicht ein; sie lagert vielmehr am Ortsrand. In Ägypten und Arabien kreisten über solchen traditionellen Rastplätzen, eben denselben wohl, an denen einst die Weihrauchkamele schnaufend in die Knie gingen, um ihrer Lasten ledig zu werden, Geier oder Gabelweihen. Erwartungsvoll ließen die Greifvögel ihre scharfen Augen über den biologischen Müll des Nachtquartiers wandern.

Nicht immer aber ruhte man bei Nacht. Bei Strabon und Plinius sind auch Nachtmärsche bezeugt. Die Abkühlung in den dunklen Stunden des Tages war – und ist – gerade solchen Karawanen willkommen, denen nach langem Zug die Kräfte schwanden und deren mitgeführte Wasservorräte zur Neige gingen. Der nächtliche Sternenhimmel bot zusätzliche Orientierungsmöglichkeiten. Den Kamelen angebundene Laternen hielten, marschierte man im Dunkeln, die Sichtverbindung zwischen Last- und Reittieren aufrecht.

In Zeitnot wird eine Weihrauchkarawane, so wie später die Pilgerzüge nach Mekka, auch einmal einen ganzen Tag und eine ganze Nacht bis zur völligen Erschöpfung gezogen sein. Zeichen äußerster Entkräftung war stets das Schweigen von Mensch und Tier. Geisterhaft gewiß die Erscheinung solcher Karawanen, in denen kein Wort mehr fiel, kein Kamel mehr brummte und nur noch das weiche Tappen der gepolsterten Hufe und das Schlurfen der lumpenumwundenen Treiberfüße zu hören waren.

Von den konkreten Formen des antiken Karawanenhandels haben wir wenig Nachricht. Was aber bekannt ist, korrespondiert so unmittelbar mit den Reiseberichten des 18., 19. und frühen 20. Jahrhunderts, daß Analogieschlüsse die Wissenslücken verläßlich zu füllen vermögen.

Zwei Orientalen, die mehr oder minder Geld aus dem Weihrauchhandel zogen: rechts der Kaufherr, links der Kamelführer. Das Relief-Fragment zierte einen Sarkophag aus dem syrischen Palmyra (Anfang 3. Jh. n. Chr.).

1 *(oben)* Kamelkarawane zwischen den Lehmhochhäusern von Schibam im Hadramaut.

2 *(folgende Doppelseite)* Typische Terassenlandschaft im Dschebel Milhan.

3 *(linke Seite)* Eines der Wehrdörfer im Dschebel Haraz.

4 *(oben)* Die Gegenwelt zum bäuerlichen Jemen: Nomadenlager mit schwarzen Zelten im Dschauf.

5 *(oben)* Die mit Türmen verstärkte Stadtmauer von Baraqisch (Jathill), der ersten Hauptstadt der Minäer.

6 *(rechte Seite oben)* Pfeilermonolithe des Awwam-Tempels: Staatsheiligtum von Saba.

7 *(rechte Seite unten)* Der Staudamm von Marib, hier die Südschleuse, gilt als das »Weltwunder Südarabiens«.

8 *(oben)* Gruppe südarabischer Alabasterstatuen, wahrscheinlich Votivgaben.

9 *(rechte Seite)* Kamelzug am Rande der Rub el-Chali.

10 *(nachfolgende Doppelseite)* Küstenlandschaft am Golf von Aqaba, dem »Meer der Nabatäer«.

11 *(linke Seite oben)* Am Schluchtzugang zur Innenstadt von Petra.

12 *(linke Seite unten)* Nabatäische Blockgräber und beduinische Reiter am Bab es-Sik.

13 *(oben)* Bdul-Beduine vor dem Obeliskengrab in der Nabatäer-Hauptstadt Petra.

14 *(folgende Doppelseite)* Zwei der monumentalen Königsgräber von Petra.

15 Die Weihrauchstraße verließ Petra durch die bunten Felsen der Vorstadt en-Nasara.

Wie auf dem Meer teilte sich auch auf dem »Sandmeer« die Verantwortlichkeit in einen kommerziellen und einen operativen Strang. Die Kaufleute, welche die Aromata erworben hatten und im Norden verkaufen wollten, reisten gelegentlich zwar höchstselbst mit ihrer Ware in Richtung Mittelmeer, bedienten sich aber auch in diesen Fällen kundiger Karawanenführer. Nur Bauernkarawanen, die kurze und wohlbekannte Strecken zurückzulegen hatten, konnten auf die Hilfe eines solchen ortskundigen Führers verzichten. Niebuhr, Burckhardt und Seetzen berichten gleichermaßen davon.

Im Fernhandel waren Karawanenführer dagegen unentbehrlich. Häufig zogen sie ein ganzes Leben lang über dieselbe Strecke; sie kannten diese Route genauestens, waren mit den Nomaden der Region vertraut, überblickten die klimatischen Fährnisse und wußten Rat noch im schlimmsten Sandsturm. Traditionen der Erfahrung bildeten sich heraus. Die Agel bei Bagdad, die Sleyb in Syrien, die Amir im alten Südarabien (s. S. 131) waren Stämme, in denen solch operatives Wissen vom Vater auf den Sohn überging und aus denen die Karawanenführer üblicherweise rekrutiert wurden. Zu diesen Kenntnissen traten, ebenso traditionell, »gute Verbindungen«, denn dem Karawanenführer oblag es, mit den Anliegern des Wüstenweges erträgliche Zölle oder Schutzgelder auszuhandeln.

Ein Karawanenführer war machtvollkommen auf der Reise, erfüllte Repräsentationspflichten gegenüber den Führern oder Scheichs der durchzogenen Region und schlichtete autoritativ karawaneninterne Streitigkeiten. Aus palmyrenischen Inschriften kennen wir den antiken Titel solcher Männer: Man nannte sie *astorubaida* oder *praefectus deserti*; aber auch als *dux coetus mercatorum* oder *Synodiarch*, als Führer einer Gemeinschaft von Händlern, erscheinen sie in den historischen Nachrichten.

Die Größe der Karawanen wechselte zwischen zehn oder zwanzig und einigen Tausend Kamelen. Eine der Pilgerkarawanen nach Mekka soll im Jahre 1333 sogar 120000 Kamele versammelt haben. Beim Zug über die Weihrauchstraße war freilich der begrenzte Wasservorrat mancher Brunnen und Tränken zu bedenken. Aus Rentabilitätsgründen gab es jedenfalls stets mehr Last- als Reitkamele, und wenn die aus dem letzten Jahrhundert von Seetzen berichtete Relation verallgemeinert werden darf, kam auf jeweils zwei oder drei Transporttiere ein Troßknecht. Zwei oder drei Troßknechte teilten sich wiederum ein Reitkamel, mußten also große Strecken zu Fuß zurücklegen.

Manche Treiber dürften die Weihrauchstraße oder doch ihre Hauptetappen sogar in ganzer Länge abgegangen sein. Eindrucksvoll, was Charles M. Doughty über den Aufbruch der syrischen Pilgerkarawane nach Mekka am 10. November 1876 berichtet: »Es war schon fast zehn Uhr, als der Signalschuß endlich ertönte; ohne die geringste Unordnung wurden nun (…) die knienden Kamele mit den Lasten bepackt, und die Tausende von Menschen, alle aus den Karawanenländern stammend, saßen schweigend auf. Danach standen nur noch die Kameltreiber – oder sie ruhten sich bis zum letzten Augenblick im Schneidersitz aus. Sie müssen mit den anderen Lager- und Zeltdienern die neunhundert Meilen zu Fuß zurücklegen, auch wenn sie vor Erschöpfung fast zusammenbrechen, und dann steht ihnen noch einmal die gleiche Strapaze bevor, wenn die müden Füße sie von den heiligen Städten zurücktragen.«

»Die berufsmäßigen Treiber«, schreibt Hildegard Weisse in ihrer Doktorarbeit über den Karawanenhandel, »gehörten von jeher zur untersten, verachtetsten Klasse, sie sind derbe, rohe Gesellen und stehen mitunter in einem wenig guten Ruf betreffs der Ehrlichkeit.« Hinter diesem harschen Urteil dürften nicht zuletzt die Gegensätze zwischen Handelsherren und den Beduinen stehen, denn die Kameltreiber rekrutierten sich meist aus dem Milieu der Wüste, blieben ihren frei ziehenden Stammesgefährten verbunden. Die militärischen Eskorten, die den Karawanenzug manchmal begleiteten, werden also nicht nur auf äußere Gefahren ihr Auge gehabt haben …

Natürlich hing der Karawanenrhythmus, die Länge der Tagesabschnitte und der Befehl zu Nachtmärschen von der Folge geeigneter Rastplätze ab, insbesondere von den verfügbaren Wasserstellen. Den britischen Arabien-Diplomaten Philby und seine Mannschaft trugen bei der Durchquerung der Rub el-Chali im Jahre 1932 besonders kräftige, dafür etwas langsamere Omani-Kamele in 90 Tagen über eine Strecke von knapp 2000 Kilometern; das Terrain war allerdings sehr schwierig.

Etwas schneller, in Tagesmärschen zwischen 30 und 40 Kilometern, dürften sich die Weihrauchkarawanen bewegt haben, jedenfalls, wenn man heutige Erfahrungswerte hinzunimmt: Ein durchschnittlich, also mit höchstens vier Zentnern beladenes Kamel legt auf ebenem Terrain in der Stunde knapp fünf Kilometer zurück, auf Bergstrecken und in Flug- oder Tiefsand natürlich weniger.

Nach dem älteren Plinius hatte eine jede Karawane allein zwischen der qatabanischen Hauptstadt Timna und Gaza am Mittelmeer 65 Kamelstationen zu passieren und eine Strecke von 4 436 000 Schritten zurückzulegen. Natürlich sind diese Zahlen, exakt wie sie klingen mögen, mit Reserve aufzunehmen; Plinius kannte die Weihrauchstraße ja nur vom Hörensagen, und die Verschleierungstaktik der arabischen Händler spiegelt sich, wie wir bereits gesehen haben, in so mancher Südarabien-Mythe der Mittelmeerwelt wider (s. S. 60 f.).

Angesichts der dürftigen antiken Mitteilungen über den Verkehr auf der Weihrauchstraße läßt sich auch die Formation und Zusammensetzung der antiken Karawanen nur indirekt erschließen. Karawanen waren sicher auch im Altertum »Männersache«. Frauen und Kinder hatten bei solch gewagten Unternehmungen in der Regel nichts zu suchen. Der Orientalist Eduard Sachau, erster Direktor des Seminars für orientalische Sprachen in Berlin, berichtet 1883 allerdings über seine Reise durch Syrien und Mesopotamien, daß Beduinenfrauen, teils reitend, teils hinter dem Kamel ihres Mannes schreitend, den Wüstenzug begleiteten, und ein altes ägyptisches Dokument, der Zolltarif von Koptos, erwähnt neben »einwandernden Weibern« auch die Frauen der Karawanenkaufleute.

Von den Karawanen des 19. und frühen 20. Jahrhunderts wissen wir, daß die Kamele hintereinander gingen, in fester Marschordnung. Folgen von jeweils zehn bis zwanzig Tieren waren dabei durch

Stricke miteinander verbunden; das Leittier eines jeden solchen Zuges, meist das stärkste Kamel, gelegentlich aber auch ein Maultier, trug eine Glocke oder Schelle um den Hals, so daß die Position des betreffenden Zuges im Gesamt der Karawane stets bestimmbar war. Bewegungsfreiheit genossen nur der Karawanenführer und die Eskorte. Bei schwierigen Gebirgspassagen wurde die gebundene Marschordnung aufgelöst.

Über antike Randkulturen wie die Arabiens ist das Kamel als Reit- und Lasttier vor allem im persischen Raum und an den nordafrikanischen Grenzen der römischen Welt bekannt geworden. Als der Perser Kyros 546 v. Chr. gegen den steinreichen Lyder-König Kroisos zu Felde zog, ritt ein Teil seiner Krieger auf Dromedaren. Deren scharfer Geruch, vor dem die Pferde der lydischen Lanzenreiter scheuten, soll die Schlacht zugunsten des Großkönigs entschieden haben. Zum Troß des Xerxes, der am 10. April 481 v. Chr. gegen Hellas aufbrach, gehörten arabische Kamelreiter und Lastkamele, und auch die Parther bedienten sich bei ihrem Sieg über den römischen Prokonsul Crassus im Jahre 53 v. Chr. arabischer Dromedare, die den gefürchteten parthischen Bogenschützen den nötigen Nachschub an Pfeilen zutrugen.

In der mediterranen Welt selbst wurde das Kamel aber niemals heimisch, auch wenn es an Versuchen dazu nicht gefehlt hat, zum Beispiel dem des Spartaner-Königs Agesilaos Anfang des 4. Jahrhunderts v. Chr. Entsprechend bleiben die antiken Berichte über das arabische Tier mythenverhangen – Plinius der Ältere spekuliert über ein Alter von bis zu 100 Jahren, und nach Strabon soll ein Kamel am Tag zwischen 180 und 270 Kilometer zurücklegen können.

Nein, nicht in solch stolzem Tempo blieben die südarabischen Reiche zurück, aber wenn es auch nur 30 oder 40 Kilometer waren, die eine Weihrauchkarawane Tag für Tag an Distanz gewann – man ließ die Arabia Felix in Wahrheit überhaupt nicht zurück. Weit griff ihr zivilisatorischer und kultureller Einfluß über die – ohnedies stets fließenden – Reichsgrenzen hinaus. Konkret ist der Einfluß der

Minäer zu würdigen, deren Inschriftenspuren sich bis ins 2. Jahrhundet v. Chr. hoch in den Norden, nach Dedan, ja sogar in den Mittelmeerraum verfolgen lassen (s. S. 303 f.).

WEIHRAUCH IN SÜDARABIEN

Die Weihrauchstraße begann in Dhofar, einer Region im Westen des heutigen Sultanats Oman, dessen Einwohner das mediterrane Altertum, Ptolemäus etwa, Sachaliten nannte. In Dhofar gedieh (und gedeiht) der beste Weihrauch, dort dürften aber auch, und zwar im Hafen Sumhuram, einige Dutzend Kilometer östlich des heutigen Salala, andere Waren des Orients eingetroffen sein, die dem Römischen Reich dann als Eigenprodukte der Arabia Felix galten, zum Beispiel Zimt. Angesichts der immensen Defizite der archäologischen Forschung in Südarabien gibt es bislang kaum positive Erkenntnisse zu diesem Überseehandel mit Indien, doch wissen wir, daß einer Hochseeschiffahrt auf dem Indischen Ozean, zwischen dem indischen und dem arabischen Subkontinent, sehr viel günstigere Winde wehten als auf dem Roten Meer. Im jahreszeitlichen Wechsel, einmal von Nordost nach Südwest, dann zurück, die sich umkehrenden Monsun-Strömungen und -winde nutzend, war ein Verkehr von der südarabischen Küste nach Indien sogar mit primitiven Wasserfahrzeugen möglich.

Vielleicht sind die indoarabischen Segler aber gleich bis Kane, wie der Ort in der Antike hieß (heute: Qana), weitergefahren, denn dies war der Haupthafen des Hadramaut. Im Hadramaut, einem etwa 200 Kilometer langen Wüstental, sammelten sich die »Wohlgerüche des Orients«, ob sie über den Binnenweg vom dhofarischen Sumhuram her eintrafen oder in Kane an Land gelangt waren. Ein kleinerer Teil des Seehandels erreichte auch die Häfen Saihut und esch-Schihr, zwischen Kane und Sumhuram an der südarabischen Küste gelegen, so etwa die Weihrauchernten der Insel Sokotra, die sich nach Wind und Strömung dorthin am leichtesten verschiffen ließen, während die aus den Küstenbergen Somalias wenn nicht nach Kane, so direkt nach Aden gingen.

Die Schiffahrt war im Ausläufer des Indischen Ozeans zum Roten Meer hin dem Landtransport vorzuziehen, dennoch bahnte sich eine Überlandroute von Dhofar nach Hadramaut, ansetzend wohl bei dem Stapelplatz Chanum. Nach der Karte, die der amerikanische Ausgräber Wendell Phillips entworfen hat, lagen die Ortschaften Tarim, Sayun und das berühmte Schibam an diesem Karawanenweg. Nigel Groom vermutet dagegen, es habe zwei, stets freilich nur wenig begangene Routen gegeben, eine, die am Nordrand der Berge über die Brunnen Sanau und Thamud führte, und eine zweite, die südlich der Gebirgslinie über den heutigen omanisch-jemenitischen Grenzort Habarut verlief. Da uns die archäologische Feldforschung im Stich läßt, bleibt vorerst nur der Rückzug auf die Formel von einem dunklen Abschnitt der Weihrauchstraße.

Am ehesten könnten übrigens, wie es der englische Archäologe Gerald Lankester Harding schon vor Jahrzehnten vorgeschlagen hat, Ausgrabungen im Hafen von Kane Aufklärung über die Verbindungen, womöglich auch Intensität und Verlauf der Verbindungen zwischen Dhofar und Hadramaut bringen.

Bis dahin muß man sich wiederum mit gewissen Analogieschlüssen behelfen, die den mittelalterlich-islamischen Geographen und Reisenden zu verdanken sind. Der große arabische »Globetrotter« des 14. Jahrhunderts, Ibn Battuta, gibt an, daß man für die Strecke von Dhofar nach dem Wadi Hadramaut 16 Tage benötige. Zumindest um diese Zeit war eine Landroute also durchaus bekannt und begangen.

Wurde die Weihrauchfracht im Hafen Kane an Land gebracht, stand den Karawanen eine etwas kürzere, aber ebenso unerfreuliche, da wasserarme Wüstenstrecke nach dem Hadramaut bevor. Möglicherweise schritten die Kamele von der Hafenstadt über etwa vier Dutzend Kilometer streng nach Norden, um dann nordwestlich abzuschwenken auf die Hauptstadt des Hadramaut zu. Größeren Siedlungen kommt diese Weglinie nicht nahe. Wahrscheinlicher aber ist, daß die Aromakarawanen über Maifaat gezogen sind, dessen Ruinenfeld mit einem gewaltigen Wall aus behauenem Stein heute Naqb el-Hadschar heißt und noch vor Timna und Schabwa als die eindrucksvollste Ruinenstätte des südlichen Jemen gelten darf.

Daß die moderne Durchfahrtsstraße dorthin fast regelmäßig unter Wanderdünen unpassierbar wird, illustriert die Intensität der den Ort umschließenden Wüstenei, der sich nach Norden hin der sogenannte Dschol anschließt, ein Hochplateau, bedeckt nicht mehr von »romantischen« Sanddünen, sondern von Schotterödnis. Manch einer findet sie in ihrer Kargheit beeindruckend. Dagegen beschwor Leo Hirsch, der Berliner Arabist, 1893 die Tristesse dieser Landschaft, die sich ihm »drückend auf's Herz« legte, und charakterisierte sie treffend: »Niederige Hügel, Festungswällen ähnlich, oben vollkommen abgeflacht, bedecken den Dschol in seiner ganzen Ausdehnung; weiten Strecken fehlt jede Vegetation; wo sie sich findet, ist sie höchst dürftig, und Bäume und Sträucher sind oft vollständig verdorrt.«

Erst in Schabwa selbst, der Hauptstadt des Hadramaut, vereinigte sich die Dschol-Route von Kane her mit dem wohl über Schibam laufenden Inlandsweg von Dhofar her. Im eigentlichen Sinne trat der Weihrauch erst hier in die Historie ein. Der ältere Plinius schreibt: »Der Weihrauch wird nach seiner Ernte auf Kamelen nach Sabata transportiert, wo er nur durch ein einziges Tor hereingebracht werden darf. Das Benutzen eines anderen Weges gilt als Verbrechen.«

Hier, in der Adramyta, im »Ostreich« der Arabia Felix, wurden die duftenden Kostbarkeiten für die antiken Spurensucher faßbar. So dürfte es sich erklären, daß zum Beispiel im »Periplus des Erythräischen Meeres« – wie zwei Jahrtausende später auch in der frühmodernen Forschung – die Handelssphäre Hadramaut als Weihrauchland par excellence erschien. Nach den klimatischen Bedingungen konnte der Weihrauchbaum aber wohl nur an den Randbergen des Hadramaut, im Hinterland des antiken Hafens Kane, gedeihen.

Wer die südarabische Landkarte betrachtet, mag am klugen Verstand der Karawanenleute zweifeln. Warum überhaupt trieben sie die Kamele mit dem Weihrauch und den anderen orientalischen Duftnoten nach Sabautha oder Sabota, wie es die antiken Autoren auch nennen? Was zwang sie, von Qana oder Saihut her den Umweg durch den trostlosen Dschol nach der Adramyta zu nehmen, in ein Inlandsnest wie Schabwa?

Die Antwort lautet (wie so oft auch in unseren Tagen und bei der Frage nach zeitgenössischen Ungereimtheiten): Macht, Gewalt und Kontrolle. Walter W. Müller: »Der Durchgang durch die hadramitische Hauptstadt wurde (…) für den für die westlichen Märkte bestimmten Weihrauch erzwungen, um von der Ware Zoll erheben zu können. Es scheint sogar, daß auf den durch Zollzwang behördlich vorgezeichneten Routen oft beträchtlicher Umweg in Kauf genommen werden mußte. In Schabwa als dem Zentrum des Weihrauchhandels waren Geschäftsleute aus allen Teilen Südarabiens ansässig.« Müller stützt sein Urteil auf die »Naturgeschichte« des älteren Plinius, in der auch die sakrale Komponente der Weihrauchüberwachung deutlich wird.

Im zwölften Buch seines Werks berichtet der Römer, der geerntete Weihrauch werde in den Tempeln aufbewahrt, und die Priester, die über ihn wachten, zögen von dem wertvollen Lagergut den Zehnten ein. Bereits Theophrast, Schüler des Platon und des Aristoteles, hatte in seiner »Geschichte der Pflanzen« ähnliches erzählt, nur ging nach seiner Darstellung sogar der dritte Teil jeder im Tempel gehorteten Ernte an die Priesterschaft. Tempel als Schatzkammern?

Man wird spontan an das mittelalterliche Recht Europas denken, das aus dem Konflikt von weltlicher und religiös begründeter Macht heraus den Gotteshäusern den Rang einer Freistatt zuwies, unberührt von jeglicher profanen Belästigung und mit der Vollmacht, Asyl zu gewähren. In den antiken Tempeln Südarabiens stand der Weihrauch unter dem Schutz des jeweiligen Dedikationsgottes. Wer sich an der Räucherware vergriff, zog den Zorn der Gottheit selbst auf sich – und diese Drohung wurde offenbar ernst genommen. Wer dennoch zweifelte, dem gab man es auch schriftlich: Einem Tempelpfeiler in der Sabäer-Hauptstadt Marib fand sich ein Text mit dem ausdrücklichen Verbot eingeschnitten, den »Weihrauch des Gottes«

anzutasten. Daraus mag man schließen, daß das Duftharz jenem Gott in spezifischer Weise heilig war, doch dürfte der Tempel jenseits solch enger Interpretation als sakrosankter Ort auch Sicherheit gewährt haben, *ohne* daß die Gottheit den Weihrauch höchstselbst »konsumierte«. Der Gottesort war unantastbar, den Tempel zu berauben schlimmster Frevel.

Ein Beispiel vom anderen Ende der Arabischen Halbinsel verdeutlicht dies: Als der späthellenistische Tyrann von Philadelphia, der heutigen jordanischen Hauptstadt Amman, in politische Bedrängnis geriet, deponierte er seine Reichtümer in der heiligen Dunkelheit eines Tempels im nahen Gerasa (heute: Dscherasch).

Nicht zu vergessen in diesem Zusammenhang, daß die arabischen Stämme im vorislamischen Mekka ein Zentralheiligtum besaßen, dessen Unantastbarkeit alle schwelenden oder offenen Konflikte temporär aussetzte. Ein solcher Sakralplatz, an dem die Waffen schwiegen und die Steinsymbole der verschiedenen Stammesgottheiten versammelt waren, bot größeren Schutz als jede noch so starke militärische Macht und damit auch beste interne Verhandlungsmöglichkeiten.

Und um Handel ging es auch in den Tempeln, wo nach Theophrast der Kontakt zwischen Verkäufern/Produzenten und Käufern/Großhändlern hergestellt wurde.

Auffällig wenige Inschriften sprechen vom Status des Weihrauchs im südarabischen Kultus selbst. Bildliche Darstellungen setzen spät ein, mit dem Hellenismus zumeist, doch haben Ausgrabungen zahlreiche Blockaltäre, über vier kurzen Standbeinen erhöht, zutage gefördert, so etwa im Mondtempel von Madabum in der Adramyta, 1937 von der Britin Gertrude Caton-Thompson freigelegt, oder auch auf dem Friedhof von Timna. Zur Aufnahme des Räucherwerks war eine manchmal rechteckig gefaßte, manchmal schalenartige Vertiefung in der Oberseite des Altarblocks vorgesehen. Aber auch diese Altäre, soweit sie überhaupt genau zu datieren sind, gehören nicht in die Frühzeit Südarabiens.

Natürlich nur eine Hypothese, aber vielleicht war der Weihrauch in der klassischen *regio thurifera* (bei den arabischen Geographen sind die Begriffe *bilad el-luban* bzw. *bilad el-kundur* überliefert, beide bedeuten soviel wie Weihrauchland) zunächst einmal nur ein Duftmittel, mit dem man üble Gerüche überdeckte und den Lebensluxus erhöhte. Und vielleicht ist das Harz des Boswellia-Baumes erst lange nach seinem florierenden Export in Richtung Ägypten, Mesopotamien und in den Mittelmeerraum, in religiöser Rückkopplung vom sakralen Endverbraucher auf die Erzeuger und Aufkäufer, auch auf dem Boden Südarabiens in den Rang eines kultischen Ehrengutes aufgerückt.

Jedenfalls dauert seine Hochschätzung – gegen gewisse Widerstände des Islam – seither auch im Ursprungsland an und ist in magischen Praktiken bis heute lebendig geblieben. So wurde, wie Eduard Glaser berichtet, Weihrauch im Jemen noch Ende des letzten Jahrhunderts bei eidesstattlichen Erklärungen abgeräuchert – offenbar, um den feierlichen Charakter der Zeremonie sakral zu erhöhen. Wenig zweifelhaft, daß man, damals noch unter Anrufung der Götter, nach diesem Modus schon in Altsüdarabien verfuhr. Auch ein Brauch, den Julius Wellhausen zu den »Resten arabischen Heidentums« rechnet, ist sicherlich alttraditionell: In die Totentücher, die den Leichnam umhüllen, werden Gewürzkräuter und Weihrauch gelegt. Dem entspricht eine Beobachtung aus jüngster Zeit: Aus dem Jemen, wohl auf dem Weg der alten Weihrauchstraße, nach Jordanien eingewanderte Beduinen bestatteten auf einem Friedhof südlich von Petra ihre Toten mit Gaben von Weihrauch.

Aber nicht nur im Totenkultus, auch in der Zeit der Schwangerschaft und bei der Geburt eines Kindes ist Weihrauch, so der Volksglaube im zeitgenössischen Jemen, von magischem Nutzen. Walter W. Müller, Semitist und anerkannter Weihrauchspezialist, hat eine ganze Reihe von Beispielen dafür zusammengetragen. So besuchen die Geschlechtsgenossinnen eine schwangere Frau mit der Segensformel: »Der Name Gottes sei mit dir und Myrrhe und Weihrauch und Kopalharz und Wacholderharz.« Dabei räuchern sie die genannten

Duftstoffe ab. In Dhofar gehört es zur Vorsorge einer schwangeren Frau, sich in wölkenden Weihrauch zu hüllen. Von den jemenitischen Juden wiederum ist bekannt, daß eine Frau, die einem Kind das Leben geschenkt hatte, wenn sie nach der vorgeschriebenen Klausur von 40 Tagen das Haus zum erstenmal wieder verließ, durch Weihrauchschwaden für den neuen Lebensabschnitt gestärkt wurde. In der Hafenstadt Aden entsprach dem der jüdisch-jemenitische Brauch, das Neugeborene zuerst mit Öl zu salben, dann in eine Weihrauchwolke zu halten – eine Art »Weihrauchtaufe« also.

Der apotropäische, Unheil abwehrende Einsatz des Harzes, stets offenbar auf besondere Gefährdungsmomente oder -konstellationen bezogen, macht, ganz folgerichtig, vor der Toilette nicht halt. Denn die teilweise Entkleidung, sei es bei der Geburt, sei es bei der Verrichtung der Notdurft, setzt nach dem arabischen Geisterglauben in besonderem Maße dem Wirken böser Mächte aus, vor allem der gefürchteten *dschinn*, also der Naturgeister. So sind denn die Weihrauchpfannen auf jemenitischen Abtritten (die den zu ihrem Besuch genötigten europäischen Reisenden so manche sanitären Probleme bereiten) nicht nur als Duftspender, sondern auch als Geisterfalle gedacht.

Zugleich hat der Weihrauch im Jemen seine Funktion als Duft- und Schönheitsmittel bewahrt. Südarabische Beduinen suchen ihr lang fließendes Haar in Weihrauchwolken mit gutem Geruch zu »sättigen«, bei den typischen Qat- und Kaffeerunden jemenitischer Männer schwelt Weihrauch auf einem Glührost, und in Sana hat sich der Brauch erhalten, Krüge über aufwölkenden Weihrauch zu stülpen, ehe man sie mit Wasser füllt; solcherart parfümiertes Wasser ist als Trank besonders beim Qat willkommen. Gäste ehrt der Hausherr, indem er ihre Kleidung vom Wohlgeruch kokelnden Weihrauchs durchdringen läßt, und jemenitische Kinder kauen Weihrauchtropfen oder -ballen, um den bitter-aromatischen Geschmack des Harzes zu genießen. »Kauweihrauch« heißt diese Ware entsprechend – aber auch »Frauenweihrauch«, denn dem Beispiel der Kinder folgen Frauen während der Schwangerschaft.

Offenbar sind die Grenzen zwischen magisch-prophylaktischen Erwartungen und bloßem Duftgenuß oder rein kosmetischer Nutzung fließend, und fraglos ist der Weihrauch noch in seinem profanen Gebrauch als Wachsbeimischung, mit der dhofarische Mädchen sich Achsel- und Schamhaare entfernen, ein symbolisches Gut, das jahrtausendealte Hoffnungen in sich trägt.

JENSEITS DER REICHE

So wie er in die Hauptstadt des Hadramaut mehr oder minder zwangsweise kam, so wurde der Weihrauch von einem südarabischen Reich an das nächste, von einer Hauptstadt an die andere, von Tempel zu Tempel weitergereicht. Ein jedes Reich, eine jede Priesterschaft zog Gewinnanteil aus der Fracht. Die Karawanenstraßen waren dieselben, die auch sonst zwischen den alten und historisch wechselnden Reichen vermittelten. Welche Route aber die »Weihrauchkamele« zogen, welche Stammesleute als Treiber eingesetzt wurden und wer die Aufsicht innehatte, dies hing von den konkreten Machtkonstellationen ab. Es gab eine Karawanenstraße, die von Schabwa in nordwestlicher Richtung direkt zur sabäischen Hauptstadt Marib führte, eine andere, die südwestwärts über die qatabanische Königsstadt Timna verlief und sich erst danach nach Norden, Richtung Marib wandte. Doch hielt das hadramitische Gemeinwesen sich interessanterweise zwei »Hintertüren« offen:

Freya Stark, die darüber in ihren »Südtoren Arabiens« berichtet, fand Mitte der dreißiger Jahre, geleitet von Beduinen, eine Direktverbindung: eine Route, auf der Karawanen in einem heiklen Wüstenmarsch von acht Tagen Dauer, einen Winkel der Rub el-Chali querend, die Oase Nadscheran erreichen konnten, ohne das sabäische oder qatabanische Reich zu berühren. Daß diese Fährte bereits in der Zeit eines selbständigen Hadramaut, also zwischen dem vierten vorchristlichen und nachchristlichen Jahrhundert, begangen wurde, läßt sich zwar nicht beweisen, ist aber wahrscheinlich. Im 18. Jahrhundert sicherten die Wahabiten diese alte Route übrigens mit Wegmarken und zusätzlichen Wasserstellen.

Eine zweite »Hintertür« des Hadramaut ging nach dem Persischen Golf hinaus, Richtung Gerrha (s. S. 72). Größer noch als auf der Geheimroute nach Nadscheran war hier das Durstrisiko der Rub el-Chali, tiefer ihr feiner Sand, heißer ihr Himmel. Dennoch: Quer durch diese schrecklich leere Wüste, von der die heutigen Beduinen, die el-Murrah, glauben, daß sie von Geistern beherrscht wird, führte eine schwache Spur. Schlug man diesen Lauf ein, befand man sich auf dem gefürchtetsten aller arabischen Karawanenpfade.

Bertram Thomas, der 1931 als erster Europäer »Die Sande«, wie die Rub el-Chali ja auch genannt wird, durchquerte, mag mit seinen beduinischen Begleitern streckenweise noch über diese alte, heute vollends verlorene Weglinie gezogen sein. Als Colonel H.R.P. Dickson, einer der besten Kenner der arabischen Einöde, 1943 den Sachverhalten nachspürte, berichtete man ihm über eine legendenumwobene Stadt namens Ubar (oder: Wabar) mitten in den »Sanden«, zu der viele, allerdings verwehte Spuren führten. Nach arabischem Volksglauben residierte in Ubar einmal ein mächtiger König. Wo die Stadt nun genau liege? »Das weiß allein der Teufel!« war die Antwort, die wieder ein Jahrzehnt später Wendell Phillips von den Beit-Kathir-Beduinen in Dhofar erhielt.

Wie es scheint, vermag aber auch der Teufel nicht der modernen Raumfahrt zu wehren. Nach Satellitenaufnahmen, die Ende 1991 publik wurden, könnte das »Atlantis der Wüste« bei dem omanischen Inlandsnest Schisr gelegen haben, dessen Hütten sich um das letzte größere Wasserloch vor dem Leeren Viertel drängen. Amerikanische Archäologen der Universität Springfield, Missouri, wiesen vor Ort eine Art Kastell mit acht Türmen nach, das sie als altsüdarabisches Weihrauchlager deuten. Eine inschriftliche Identifizierung steht indessen noch aus. Unbestritten somit nur, daß Schisr eine Station des Weihrauchhandels war, bestreitbar aber, daß es mit Ubar identisch ist, und denkbar, daß die Legendenstadt zwischen der Sachalitis, dem alten Dhofar, und Gerrha, selbst für Satellitenoptik unsichtbar, tief unter den Wanderdünen der Rub el-Chali verborgen liegt. Die Überlandroute, die einst über die fruchtbare Oase Ubar durch das Leere Viertel nach Gerrha verlief, wird sich ohnedies kaum mehr rekonstruieren lassen.

Von den Hintertüren zurück zur Vordertür. Sofern die Karawanen, nachdem sie die abermals besteuerte Duftfracht aus den Tempeln von Marib zurückempfingen, nicht über die himjarische Hauptstadt Zafar zu den Hafenstädten Mausa (heute: Mocha) am Roten Meer und Arabia Emporion/Adana (heute: Aden) am Indischen Ozean zogen, wo mutige Reeder und Kapitäne den gefährlichen Seetransport wagen wollten, war die Hauptstadt des minäischen Reiches, Qarnawu, die man von Marib her über eine enggliedrige Kette von Wasserstellen am Ostrand des Gebirges erreicht, die letzte südarabische Station, welche Steuern auf die Fracht erhob.

Danach mußten die Karawanen nicht mehr einer machtpolitisch bestimmten Route folgen; den klimatischen und geographischen Faktoren kam fortan Priorität zu. Nicht in die Tihama, die im Sommer unerträglich heiße und von Malaria verseuchte Küstenebene hinunter und nicht in die Berge! Nach diesem Prinzip entwickelte sich auf der Hochebene eine Landroute parallel zum Roten Meer.

Natürlich ist der Begriff »Weihrauchstraße« nicht wortwörtlich zu nehmen: Nur ausnahmsweise, meist in besonders gefährdeten Passagen, gewann die Route klare Gestalt als ein gebahnter, gepflasterter oder jedenfalls gesicherter Weg. Üblicherweise leiteten lediglich Spuren oder Fährten von einer Wasserstelle zur nächsten. »Eine regelrechte Chaussee, welche von beiden Seiten mit ziemlich gutem Mauerwerk eingesäumt ist«, wie sie Eduard Glaser am Südostrand von Zafar fand, Pflasterstrecken auf dem Plateau östlich und auf dem Ruwaiq-Hügel westlich von Schabwa oder die meterbreiten Steinböden einiger Paßserpentinen zwischen Timna und Marib bestätigen nur die Regel, auch für Südarabien selbst. Im offenen Gelände zog man nach Gutdünken mal östlich, mal westlich der idealtypischen Trasse. Gelegentlich mußte irgendein Wadi, das sich nach Regenfällen so sehr vertieft hatte, daß die Abbruchkanten von den Kamelen nicht bewältigt werden konnten, abweichend von der Direktroute, umschritten werden. Natürlich wich man auch den Basaltfeldern mit ihren scharfkantigen Brocken aus, die selbst in die sonst fast unempfindlichen Schwielensohlen der Kamele einschneiden. Kam die Nachricht, ein zur Rast bestimmter Brunnen sei bis hinunter auf den schlammigen Grundwasserhorizont erschöpft oder ganz versiegt, galt es, Wegalternativen zu finden. Auch politische Hindernisse, neben den Kämpfen der südarabischen Reiche untereinander vor allem beduinische Übergriffe, veränderten gewiß die Route, zwangen die Karawanenführer zur Improvisation.

NADSCHERAN – DIE OASE DER MÄRTYRER

Nadscheran ist heute eine ebenso verbotene Stadt wie Mekka, ja vielleicht noch unzugänglicher, denn nicht einmal gläubige Muslime werden ohne weiteres in das mehr als 20 Kilometer lange, mit Streusiedlungen besetzte Tal eingelassen.

Das hat aktuelle politische Gründe, an die zunächst erinnert sei. 1930 gliederte der arabische König Ibn Saud den Süden des Hedschas und den Asir, eine westarabische Küstenlandschaft, seinem Reich ein. Allerdings: Auch der nordjemenitische Imam Jachja erhob auf diese Regionen Ansprüche, besetzte im politischen Gegenzug 1931 Nadscheran, verlor die Oase ein Jahr später wieder an Ibn Saud und marschierte daraufhin 1933 in den Asir ein. Als Ibn Saud mit geballter militärischer Macht gegenhielt und nach Nordjemen vorrückte, wobei die Hafenstadt Hudeidha eingenommen wurde, schlossen die verfeindeten Regenten zu Taif im Mai 1934 einen »Burgfrieden«, in dem Nadscheran, der Imam mußte es zähneknirschend einräumen, endgültig an Saudi-Arabien fiel. Bis heute schwelt der Konflikt unterirdisch, und die Stämme des Nordjemen wie auch des südwestlichen Saudi-Arabien bewahren sich in der umstrittenen Region eine hohe Unabhängigkeit bis hin zur Autonomie gegenüber den formell sie beherrschenden Staatsmächten. Der 1934 vereinbarte Grenzverlauf hat für sie nicht einmal Pfennigwert, so wie weiter östlich, im Leeren Viertel, die el-Murrah-Beduinen ihre Kamele nach Belieben mal hoch im Norden, mal tief im Süden weiden. Die Frage nach Grenzdokumenten würde sie nur zum Lachen bringen.

Der Staatsmacht im heutigen Jemen des Jahres 1995 ist der Norden, aber auch der »Wilde Osten« nahezu entglitten. Mit lässigem Humor spielt ein kürzlich erschienener Reiseführer auf »wilde, bärtige Gestalten« an, »die obligatorische Kalaschnikow« in der Hand oder über der Schulter. In den genannten Gebieten prägen diese Gestalten das Bild. Ihre geländegängigen Wagen tragen natürlich keine Nummernschilder. Steuern führen sie ohnehin nicht ab. Gelegentlich wird unter ihrem wohlwollenden Blick, wo nicht unter ihrer aktiven Mithilfe, auch schon einmal ein Touristenbus entführt und erst nach Zahlung von Lösegeldern »gnädig« entlassen, der eine oder andere ausländische Ölexperte oder -techniker bis zum fälligen Freikauf »in Gewahrsam« genommen usw. Die vielen jemenitischen Militärposten, die man auf der Fahrt nach Marib passiert, erscheinen weniger als wirksame Ordnungsmacht denn als deren Schauspieler.

In Nadscheran und im Asir dürfte die Autonomie der Stämme nicht geringer ausgeprägt sein als im jemenitischen Norden. Ist diese These richtig, sind die genannten Territorien keine »Vorzeigegebiete« für einen Staat, der hier die Hoheit reklamiert, und man beginnt zu verstehen, daß weder in- noch ausländische Besucher in diesen quasi-autonomen Regionen erwünscht sind.

Tiefer in der Geschichte wurzelt die religiöse Sonderstellung von Nadscheran, das erstmals im Bericht über die römische Expedition des Aelius Gallus genannt wird: In eine Stadt namens Negrana, deren »König« angeblich geflohen war, drang Aelius mit seiner Legion damals vor. Es ist denkbar, daß biblische Verweise in der Genesis, dem Ersten Buch der Chronik und bei Ezechiel uns den älteren Namen Negranas überliefern. Ragma, »Stadt des Donners«, könnte Negrana im 7. Jahrhundert v. Chr. geheißen haben. Jedenfalls nennt das Alte Testament dieses Ragma in einem Atemzug mit Saba. Saba und Dedan sollen sogar Ragmas »Söhne« sein.

Die Gegend wird von Strabon als fruchtbar beschrieben, und arabische Quellen rühmen die vielen Brunnen wie auch die Fruchtbarkeit der Oasensiedlung, deren prachtvolle Dattelhaine den Neid der Nachbaroasen weckten. Aber auch gutes Korn wuchs in Nadscheran.

Man sollte sich freilich hüten, europäische Siedlungs- oder Stadtbegriffe in die alte Oasenwirtschaft hineinzuprojizieren. Arabische Oasen sind keine deutschen Dörfer. Siedlungszentren waren ursprünglich allein die Brunnen – und die konnten über ein weites Terrain verstreut sein. Um diese Kerne scharten sich Einzelgehöfte und Hausgruppen, aus Lehm erbaut, mit Zinnen geziert und umgeben von Gärten, Saatfeldern und Palmenhainen. Gebahnte Wege verbanden die Siedlungseinheit mit der Nachbarin, die sich um den nächsten Brunnen gruppierte und von ihm das nötige Wasser zum Ackerbau bezog. In dem Maße freilich, wie ein System von Wasserleitungen entstand, wo immer möglich unterirdisch geführt, um die Verdunstung einzuschränken (und wo dies nicht möglich war, zumindest durch Palmen oder Gesträuch beschattet), ließ sich das bewohnbare Terrain ausdehnen, vereinten sich die ursprünglichen Lebenseinheiten zu geschlossenen Siedlungen, ja sogar zu Städten. Heute umfaßt das besiedelte Terrain von Nadscheran etwa 30 Hektar Land, den eigentlichen Talboden ebenso wie terrassierte Hänge, dazu mehr als 300 Weiler oder Höfe.

Negrana gehörte schon in den Tagen des Kaisers Augustus zum Machtbereich der Himjaren. Der Kern der Oase war in jener Zeit stark befestigt. Ein Wehrgraben umschloß das große Burgareal, zu dem zunächst Tempel, später – nach der Vermutung von Philby, der sich hier kurz aufhalten konnte – inmitten eines weiten Hofes ein christlicher Zentralbau gehörte.

Die Christianisierung des Vorderen Orients war in den ersten Jahrhunderten schnell vorangeschritten. Der Apostel Paulus etwa begab sich gleich nach seinem »Damaskus-Erlebnis« »nach Arabien«, wie es im Brief an die Galater heißt, doch ist damit gewiß nicht die Tiefe des

Subkontinents gemeint, sondern der Bereich der späteren römischen *Provincia Arabia*. Im südsyrischen Bostra oder in transjordanischen Städten wie Gadara, Pella und Gerasa mag er das Christentum gepredigt haben. Dagegen blieben die Versuche der aufblühenden Religion, die nomadisierenden Stämme Arabiens und die Oasenstädte zu erreichen, in den ersten drei Jahrhunderten nahezu folgenlos. Dies änderte sich mit dem Aufschwung des Christentums zur Staatsreligion. So sandte der byzantinische Kaiser Konstantin II. (Regierungszeit: 337 – 340) einen Bischof Theophilos mit Geschenken nach Südarabien, weniger um seinen politischen Herrschaftsbereich als um die religiöse Einflußsphäre dorthin auszudehnen. In diplomatischer Mission kamen später Euphrasios (502), Abraham (524) und Nonnosos (530/531). Die längst christianisierten Zentren der Provincia Arabia, in denen man zwei- oder dreisprachig war, des Griechischen, des Arabischen und manchmal auch des Lateinischen mächtig, avancierten nun zu Vorposten der arabischen Mission.

Ein syrischer Wanderprediger namens Faymijum, von Beruf eigentlich Lehmmaurer, soll es gewesen sein, der im 6. Jahrhundert mit einer Handelskarawane bis in die ferne Oase Nadscheran vorstieß, dort in Sklaverei geriet, wieder freigekauft wurde und schließlich die Bevölkerung zum Christentum bekehrte. So jedenfalls berichtet es Tabari, der große arabische Geschichtsschreiber (839 – 923). Wieviel Wahrheit in dieser Geschichtslegende steckt, sei dahingestellt. Gesichert ist jedenfalls, daß bereits Anfang des 5. Jahrhunderts, also mehr als ein Jahrhundert vor dem syrischen Maurer, ein gewisser Hajjan, seines Zeichens Großhändler aus Nadscheran, in Geschäften Konstantinopel besuchte und sich dort – und später im Iran – von den Lehren Christi überzeugen ließ. Als Getaufter verbreitete er zunächst in seiner Sippe und über deren einflußreiche Verzweigung dann in den »besseren Kreisen« der Oasenstadt die Erlösungsreligion des Heilands. Das fragmentarisch erhaltene »Buch der Himjaren«, abgeschlossen am 10. April 932 in Hira, der Residenzstadt der Lachmiden, und verfaßt vermutlich von Sergios, dem christlichen Bischof des nordsyrischen Rusafa, berichtet uns darüber.

Faymijum hätte in Nadscheran somit bereits an einen ersten Schub christlicher Missionierung anknüpfen können. Wie auch immer: Die Oase wurde jedenfalls zu einem Bollwerk des Christentums, und entsprechend formuliert die fromme axumitische Legende: »An der Grenze des Landes Saba lag eine sehr große Stadt, in welcher unzählige Leute wohnten, und diese alle glaubten an unsern Herrn und Erlöser Jesum Christum.« Die zentrale Kirche der Stadtrepublik Nadscheran, Grabkirche eines christlichen Märtyrers, wurde übrigens – so wie das spätere Hauptheiligtum des Islam zu Mekka – »Kaaba« genannt.

Fakten wie diese sind freilich rar. Die neue Religion aus dem inneren Arabien hat systematisch die Geschichtsspuren des älteren arabischen Christentums ausgetilgt; nur in der Dichtkunst des Subkontinents hallt diese Vergangenheit nach in der Erwähnung von Priestern und Mönchen, Prozessionen und zum Gebet rufendem Glockenschlag, Kruzifixen und Bildsäulen.

Heimlich zeigt sich das christliche Substrat freilich auch im Koran, dem durch Mohammed verkündeten Wort des allmächtigen Gottes. Christen wie der Olivenölhändler Tamim ed-Dari oder der Sklave Dschaber waren Lehrer des Propheten, aber auch für den jüdischen Glauben standen ihm kundige Gewährsmänner wie Abdullah Ben Salam zur Verfügung. Denn das religiöse Gegengewicht zum Christentum bildete im vorislamischen Arabien nicht so sehr die beduinische Glaubenswelt mit ihren Gestirns- und Wassergottheiten, ihren Natur- und Totengeistern als vielmehr der jüdische Monotheismus, der in Jathrib, dem späteren Medina, eines seiner Zentren hatte (s. S. 198 ff.).

Als der Himjaren-König dhu-Nuwas, im frühen 6. Jahrhundert auf den Thron gekommen, zum judäischen Glauben übertrat, griff er unter dem neu angenommenen Namen Jusuf Asar das christliche Nadscheran sogleich mit der ganzen Inbrunst religiösen Dogmatismus an. Der Bevölkerung blieb die Wahl zwischen Übertritt zum judäischen Glauben und dem Tod. Und den Tod zog damals so mancher vor, denn die von einem Mann namens Arethas – wohl im Range eines Bischofs – geführte christliche Gemeinde von Nadscheran blieb standhaft. Darauf befahl König dhu-Nuwas, breite Gräben auszuheben, sie mit Brennholz zu füllen und all die Christen der Oase, die nicht widerrufen wollten, auf die Scheite zu stellen, die wie in der Zeit der Inquisitionsgerichte bald hoch aufloderten. Noch im 20. Jahrhundert, als Harry St.J.B. Philby, Agent britischer Interessen in Arabien, sich in Nadscheran aufhielt, trug die Siedlung dieserhalb den Beinamen *Uchdud* (»die Gräben«).

Arethas, der Führer der Gemeinde, wurde enthauptet; die Kirche begeht seinen Gedenktag am 24. Oktober. In Nadscheran selbst errichtete man ihm und seinen Leidensgenossen nach dem Untergang des Judenkönigs und der Restitution des Christentums eine Kirche, geweiht »den heiligen Märtyrern und dem glorreichen Arethas« – vielleicht jener Zentralbau, den Philby in den dreißiger Jahren sah.

Daß die Erinnerung an die Massaker jener Zeit noch nach eineinhalb Jahrtausenden lebendig ist, sei es auch nur nominell, mag kein Zufall sein. Es ist durchaus unklar, ob die Oasensiedlung, die arabische Christenstadt par excellence, sich damals vollständig von ihrer alten Konfession lossagte. Um das Jahr 630 erwirkte jedenfalls eine Delegation aus Nadscheran vom Propheten Mohammed höchstselbst die Erlaubnis, am christlichen Gottesdienst festhalten zu dürfen. Die Gewährung dieses religiösen Sonderrechts war der Gesandtschaft fette Tributzahlungen wert: jährlich 2000 Stück Tuch, im Kriegsfall Kettenpanzer, Kamele und Pferde.

Nach dem Tode des Religionsstifters im Jahre 632 kursierte freilich ein fragwürdiges Testament. Einer der Leitsätze: »Es sollen nicht zwei Religionsgemeinschaften auf der Arabischen Halbinsel existieren.« Der »rechtgeleitete« Kalif Omar vollstreckte diese Absicht, ob Mohammed sie nun formuliert hatte oder nicht, gegen Nadscheran. Im Jahre 638 n. Chr. soll er die Christen aus der Oase vertrieben haben. Wie es heißt, sind sie in der Mehrzahl nach Syrien und in den Irak ausgewandert.

Nadscheran gehörte seit je zu den bedeutendsten Siedlungen an der Weihrauchstraße. Man konnte Marib umgehen oder Timna, so wie die Hadramiten es versuchten, nicht aber die große Oase zwischen dem Jemen und dem Hedschas. Das war schon vor 2000 Jahren so. Als

Aelius Gallus 24 v. Chr. mit seinen Legionären den Rückweg antrat, vermied er zwar die umständliche Route, die der Intrigant Syllaeus ihm eingeflüstert hatte, aber um Negrana kamen die sterbensmatten Truppen auch bei der Heimkehr nicht herum. Denn die Brunnen dieser Oase versiegten nie.

Nadscheran war aber nicht nur unumgängliche Station auf der Hauptlinie der Weihrauchstraße nach Norden hin, sondern auch Ausgangspunkt einer wichtigen Zweiglinie, die nach Osten, knapp über der tiefen Sandbraue des Leeren Viertels, zum Persischen Golf führte.

Trotz Herodots Meldungen über den immensen Weihrauchverbrauch bei den Persern standen die Kulturen am Persischen Golf niemals so sehr im Banne dieses Wohlgeruchs wie zum Beispiel Ägypten oder die römische Welt. Immerhin: Weihrauch wurde auch hier im Kultus benötigt. Falls er, erstens, nicht über jene geheimnisvolle »Hintertür« aus dem Hadramaut eintraf, von der schon die Rede war (s. S. 189f.), falls, zweitens, nicht direkte Schiffsverbindungen zu den Weihrauchküsten Mittelindiens bestanden, kam das Duftharz auf der Nadscheran-Route in 30 bis 40 Tagesmärschen durch das Wadi ed-Dawasir, das den Dschebel Tuwaiq schneidet, ins versunkene Gerrha und von dort weiter ins Zweistromland bzw. nach Persien.

Spätere arabische Historiker kennen die Negrana-Gerrha-Route, die damals allerdings schon nicht mehr in Benutzung war, unter der

Kies- oder Kieselstraßen wie diese verbanden Nadscheran im Mittelalter mit dem Persischen Golf, vermittelten aber auch zwischen den Oasen Nordarabiens.

Bezeichnung »Kiesstraße« *(tariq er-radrad)* und schreiben die mehr als 1000 Kilometer lange Trasse vorislamischen Königen zu.

Daß die alte Route im islamischen Mittelalter nicht mehr gewartet wurde, hängt mit dem Niedergang der Ware Weihrauch zusammen. Ein Jahrtausend später erinnerte man sich aber aus aktuellem Anlaß des historischen Wegverlaufs: In etwa parallel zu diesem west-östlichen Arm der Weihrauchstraße, manchmal auch deckungsgleich mit ihm, florierte zwischen dem 16. und 20. Jahrhundert die sogenannte »Straße der Kaffeekarawanen«. Kamelrücken trugen die – noch grünen – Bohnen aus den Plantagen des Jemen zuerst nach Nadscheran und von dort über die Oase Hofhuf (Gerrha ?), die als Verteilerstation fungierte, zu den ostarabischen Küstenstrichen.

MEDINA – DIE STADT DES PROPHETEN

Daß der Hauptarm der Weihrauchstraße Mekka berührte, heute das große Pilgerzentrum des Islam und vielleicht identisch mit dem bei Ptolemäus genannten Makoraba, ist eher unwahrscheinlich – zu groß wäre der Umweg gewesen. Und warum hätten die Karawanenleute

Doughtys Zeichnung des Pilgerforts von Medain Salih. Die Sicherung des Wasservorrats war den muslimischen Mekka-Wallfahrern des 19. Jahrhunderts besonders wichtig. Auch eineinhalb Jahrtausende zuvor dürften den Aromakarawanen wehrhafte Wasserstationen als Rastplätze gedient haben.

ihre Kamele auch nach Westen treiben sollen? Zwei der drei großen Pilgerrouten aus dem Jemen nach Mekka verliefen seit dem 7. Jahrhundert jedenfalls nicht auf der älteren Weihrauchstraße, sondern bahnten sich ganz neue Wege, unter anderem durch die von den antiken Weihrauchhändlern ängstlich gemiedene Tihama – ein wichtiges Indiz dafür, daß die Weihrauchstraße, deren Stationen man andernorts doch gern folgte, »unbrauchbar« war für die Wallfahrer, die Mekka zustrebten. Und auch die dritte Route nimmt nur bis auf die Höhe von Turaba Bezug auf antike Handelsstationen.

So darf man davon ausgehen: Die Kamellasten von Weihrauch und Myrrhe »wogten« von Nadscheran über die Oasen Tathlith, Tabala (wo ein berühmter Tempel stand) und Thumala (heutiger Name: Bischa), die Küstengebirge und Lavafelder östlich umgehend, unmittelbar nach Jathrib, das später Medina, das heißt »Stadt« (des Propheten), genannt wurde. Der genaue Streckenverlauf ist allerdings nicht mehr exakt nachvollziehbar; offenbar boten sich im Terrain mehrere probate Wegalternativen an.

Ein Teil der Route zwischen Nadscheran und Medina erhielt in der Spätantike übrigens den Beinamen »Straße der Elefanten«. Der historische Hintergrund: Um das Jahr 570 n. Chr. machte sich ein axumitischer Feldherr namens Abraha (Abraham) auf, die Macht seines Reiches und das äthiopische Christentum gegen allen jüdisch-himjarischen Widerstand nach Norden zu tragen. Als ein »Hannibal Arabiens« führte auch Abraha, der als Feldherr begann, zum Vizekönig ernannt wurde und später selbstherrlich den Königstitel annahm, die triumphalen Tiere des großen Puniers mit sich: 13 Elefanten, die im südwestlichen Arabien solchen Eindruck machten, daß man jenes Jahr, in dem Abraha durch Arabien zog, als »Elefantenjahr« feierte – und es später noch dem Propheten Mohammed als Zeichen vorbestimmter Größe zugute hielt, daß er in eben diesem Jahr das Licht der Welt erblickte.

Die muslimische Tradition dichtet dem »Herrn der Elefanten«, den sie als Abu Jaksum (»Vater Aksum«) kennt, übrigens an, er habe nach Mekka vorstoßen wollen – zweifellos eine ideologische Aufwertung des neuen islamischen Pilgerziels: »Abu Jaksum, der König der Abessinier, zog mit den Seinen in feindlicher Absicht gegen die Kaaba; und von jedem Stamme der Araber, den sie berührten, nahmen sie Leute gefangen. Als sie aber (…) in die Nähe des heiligen Gebietes von Mekka kamen, hemmte Gott den Elefanten und sandte Vögel in Schwärmen gegen sie.«

Ungefähr 1000 Kilometer in der Luftlinie trennten Nadscheran von Jathrib; Schritt für Schritt, Huf für Huf setzend, mögen es am Wüstenboden für Treiber und für Kamele um die 1200 Kilometer gewesen sein. Die Strecke war nach der Geländestruktur nicht sonderlich schwer zu gehen, es mangelte auch nicht an Wasserstellen (nur so läßt sich ja Abrahas Elefanten-Zug erklären), aber noch die gut gerüsteten muslimischen Pilgerkarawanen benötigten später fast einen ganzen Monat für diese Route.

Jathrib/Medina, das seit je zu den bedeutendsten Oasenstädten Zentralarabiens zählt, liegt in einer wasserreichen Ebene zwischen den Großräumen des Hedschas und des Nedschd. Wasserreich heißt einmal mehr: brunnenreich, denn die Wadis, welche die Ebene durchziehen, darunter das Wadi Aqiq, führen nur ausnahmsweise Fließwasser. Julius Wellhausen: »Es ist ein Ereignis und ein Fest, wenn der Aqiq fließt. Dann eilt Alt und Jung hinaus, veranstaltet allerlei Lustbarkeiten, läßt die Füße in das Wasser hangen usw.«

Im Westen und Osten ist die Stadt von *harra* umschlossen: der vielleicht abweisendsten Form der Wüste überhaupt. Der Sandgrund ist hier über viele Quadratkilometer mit basaltenen Steinfeldern bedeckt; aus der Verwitterung einer ursprünglich geschlossenen Gesteinsdecke haben sie sich freigesprengt in jenem extremen Wechsel von Tagesglut und Nachtkälte, der ja das Wüstenklima bestimmt. Mohammed hat das Weichbild »seiner« Stadt später in die Grenzen dieser unfruchtbaren, dunkel glosenden Basaltfelder gewiesen.

Wie die Araber anderer Oasen des Nordens (Teima oder Schaibar beispielsweise) hingen große Teile der arabischen Bevölkerung Jathribs in den letzten Jahrhunderten vor dem Islam dem jüdischen Glauben an. Nicht nur judaisierte Araber, sondern auch exilierte Juden, die sich dem christlichen Druck und einem immer schlechter werdenden Rechtsstatus im byzantinischen Palästina entzogen hatten, waren in der großen und fruchtbaren Oase zu Hause.

Wenn diese nach Süden abgewanderten Juden von Wellhausen als die Lehrmeister der Araber im Acker- und Gartenbau bezeichnet werden, muß man freilich den Wertungshorizont des späten 19. Jahrhunderts in Rechnung stellen, der in sehr anfechtbarer Weise Kultur- und Barbarenvölker schied. Nein, die *Oasen*-Araber bedurften durchaus nicht jüdischer Kulturimpulse, um Dattelpalmen zu setzen und zu hegen, um Felder zu bewässern etc.

Allerdings waren, von Süden her kommend, zuletzt zwei Stämme von *Wüsten*-Arabern eingewandert, die Aus und die Chazraq; sollte es sich bei ihnen um protobeduinische Stämme gehandelt haben, mögen sie von den älteren jüdischen Sippen Jathribs, den Nadir, den Quraza und den Qainuqa, tatsächlich in Landwirtschaft und Handwerk dazugelernt haben. Die Qainuqa zum Beispiel galten als Meister der Goldschmiedekunst.

Wie auch immer, jedenfalls befanden sich diese Stämme und Blutsgemeinschaften seit Anfang des 5. Jahrhunderts in einem Zustand der Auflösung. Die verschiedenen Clans und Subclans der Aus und Chazraq zerrieben sich nicht nur in bewaffneten Kämpfen gegeneinander, sondern ebenso in stammesinternen Auseinandersetzungen, in denen es fast stets um den Besitz von Grund und Boden ging. Man saß ja eingezwängt in die abweisende Unfruchtbarkeit der östlichen und westlichen Harra, konnte zwar nach Norden und Süden expandieren, aber nur so weit und insofern ein hoher Grundwasserspiegel Brunnenaufschlüsse erlaubte. Der Zuzug aus der Wüste hatte in der vorher dünn besiedelten Oase viel Terrain beansprucht, nun wuchs die bäuerliche Bevölkerung stetig. Zudem wünschten unter Berufung auf ihre Blutsbande zu den dominierenden Stämmen immer neue Nomadenfamilien ihre Schwarzen Zelte gegen Lehmhütten in Jathrib einzutauschen. Wechselnde Allianzen fransten am Stammesbewußtsein, sonst doch ein so starkes Band, und die politische Handlungsfähigkeit war auf die kleinsten Einheiten, Familie und Sippe, abgesunken. »Von Ämtern und städtischer Verfassung, von Obrigkeit und höherer Gewalt, die ihre Hand über dem Ganzen hielt und das Recht erzwingen konnte, war in Medina keine Rede«, schreibt Julius Wellhausen.

Den letzten Waffengang, nach dem Kampfplatz als »der Tag von Buat« bekannt, hatten die streitenden Gruppen, so scheint es, allesamt verloren. Albrecht Noth spricht von »einem Aufhören des Kampfes wegen allseitiger Erschöpfung«.

In dieser Situation benötigte man in Medina einen politischen Vermittler, der die verworrenen inneren Angelegenheiten neu ordnete und den labilen Waffenstillstand in einen dauerhaften sozialen Frieden verwandelte. In der tribalen, nach Stämmen gegliederten Gesellschaft Arabiens hatte ein solches Schiedsgericht in sonst unlösbaren Konflikten Tradition. Üblicherweise wurde zur Schlichtung ein Fremder berufen, der gesellschaftlichen Status, guten Leumund und persönliches Profil in sich vereinte und von dem strenge Neutralität zu erwarten war. Man fand ihn – nach einer ersten Kontaktaufnahme während der Wallfahrt zum altarabischen Hochheiligtum, der Kaaba – in Mohammed, der damals etwa 50 Jahre alt war und sich als Prophet eines neuen Monotheismus durch scharfe Kritik am Vielgötterglauben in seiner Heimatstadt Mekka einflußreiche Feinde gemacht hatte.

Im Jahre 622 übersiedelte Mohammed mit einem Gefolge von Gläubigen, den sogenannten »Gefährten«, von Mekka nach Jathrib und wurde dort, wo der Monotheismus ja jüdische Tradition hatte, auch als Religionslehrer mit offenen Armen empfangen. Er gab der Stadt mit einer neuen, vom Islam inspirierten Gemeindeordnung solche innere Kraft, daß ausgehend von Jathrib, nun »Stadt des Propheten« genannt, die muslimische Mission binnen eines Jahrzehnts nahezu die gesamte Arabische Halbinsel erfaßte.

Als Wiege der muslimischen Tradition fand Medina stets die Beachtung arabischer Autoren. Um so bemerkenswerter erscheint, daß in all diesen Nachrichten von Weihrauch und Weihrauchhandel nicht die Rede ist. Wir erfahren lediglich, daß sich die Juden von Jathrib in Handelsgeschäften mit den Beduinen hervortaten, doch ging es dabei vornehmlich um Wein, Korn (insbesondere Gerste) und Datteln. Dasselbe Schweigen der Quellen müssen wir nachträglich auch für Nadscheran konstatieren.

Der Sachverhalt läßt keinen Zweifel daran, daß der Verkehr auf der Weihrauchstraße schon längere Zeit vor dem Machtantritt des Islam zusammengebrochen war – wie es ja auch den politischen Ereignissen im Jemen und der Situation im Mittelmeerraum entspricht (s. S. 152f.; S. 307f.). Was die beiden nach Jathrib im 4. oder 5. Jahrhundert zugewanderten Araberstämme betrifft, die Aus und die Chazraq, so darf man vermuten, daß sie zuvor im Karawanenhandel ihr Auskommen fanden und erst mit dessen Niedergang zu einer seßhaften Lebensweise übergingen.

Dies mag sogar für die Koraisch gelten, jenen einflußreichen Stamm, der zu Zeiten Mohammeds den mekkanischen Handel beherrschte, dem der Prophet entstammte und mit dem er sich religiös und politisch überwarf. Auch die Koraisch waren damals erst ein oder zwei Jahrhunderte in Mekka ansässig und werden im Aromahandel gelernt haben, Karawanen auszurüsten und Geschäfte zu führen. Die Beduinisierung Arabiens, die sich nach einer vielbeachteten These von Werner Caskel mit dem Zusammenbruch der altarabischen Staaten forcierte, brachte also zumindest im Bereich der Weihrauchstraße auch Gegenläufiges hervor.

DEDAN – AN DEN GRENZEN NABATÄAS

Kann man überhaupt von einem *Reich* namens Nabatäa sprechen? In der antiken Literatur geschieht dies ohne alles Zögern. Allerdings darf man nicht die nationalstaatlichen Begriffe des 19. und 20. Jahrhunderts auf das alte Arabien übertragen. In einem der verdienstvollsten Bücher über Petra und das Königreich der Nabatäer findet sich eine Karte, die jenes Nabatäa mit kräftiger Kontur und in der festen Form eines Parallelogramms in den Nordwestwinkel des Subkontinents setzt. Nur: Keinen König von Nabatäa hätte es gekümmert, was in den »Ecken« seines – ich wiederhole: hier nach modernem Verständnis kartographierten – Gemeinwesens geschah. Und umgekehrt wäre den Nomaden in jenen »Reichsecken« ein Machtinteresse ferner Instanzen gleichgültig gewesen, es sei denn, Wachtposten und Truppen hätten es gegen sie durchsetzen wollen und können.

Noch in diesem Jahrhundert bewiesen staatlich gewordene Mächte Arabiens Augenmaß für die gegebene Situation: Zwischen Saudi-Arabien und dem Jemen definierten sie »Rumpfgrenzen«, Staatslinien nämlich, die mitten auf der Karte abbrechen – eben dort, wo das Machtinteresse endet. Und so ist es faktisch bis heute auch an anderen arabischen Grenzen. Die fotogene südjordanische Wüstenpolizei etwa ist vornehmlich damit beschäftigt, auf Reitkamelen vor ihrer Station im Wadi Ram zu posieren, wenn Touristengruppen eintreffen; die Grenze nach Saudi-Arabien wird nur pro forma abgeritten.

Nabatäa – das ist also durchaus kein staatliches Parallelogramm mit linealgeraden Wüstengrenzen gewesen; vielmehr gingen von einem Kernsiedlungsgebiet im transjordanischen Raum strahlenförmig die relevanten Karawanenrouten aus. *Diese* Routen allerdings galten als »Staatsgut«, und gerade um die Stationen an der Weihrauchstraße wie auch um die wenigen Häfen am Roten Meer wurde geschichtlich vielfach gerungen.

Zum Beispiel um Dedan (heute el-Ula). Wie Nadscheran und Medina war diese Oasenstadt im Nordwesten Arabiens, mehr als 300 Kilometer – oder neun Tagesmärsche – nordnordwestlich von Medina gelegen, schon früh besiedelt. Hermann von Wissmann möchte sogar die »Königin von Saba« mit Dedan verbinden: Hier, nicht in Südarabien habe sie ihren Sitz gehabt, von Dedan aus sei sie nach Jerusalem zu König Salomo gezogen.

Unter die »Söhne Ismaels« (s. S. 90 ff.) wird Dedan nicht gezählt, doch rechnet der Prophet Jeremias die Oase im 7. Jahrhundert v. Chr. zu den politischen Mächten unter den arabischen Anrainern. Begehrt waren nach dem biblischen Zeugnis des Propheten Ezechiel Dedans Satteldecken.

Der seltsame Neubabylonier Nabonnidos, der ab 550 v. Chr., offenbar freiwillig, zehn Jahre lang im arabischen Exil weilte und dabei in der Oase Tema/Teima residierte, eroberte auch Dedan (Dadanu) und unternahm Streifzüge hinunter bis nach Jathrib. In Nabonnidos eigenen Worten: »Ich aber begab mich weit weg von meiner Stadt Babylon und schlug den Weg nach Teima, Dadanu, Patakku, Chibra, Yadiru, ja bis nach Yatribu ein und wanderte zwischen diesen Städten hin und her. In meiner Stadt Babylon aber kehrte ich nicht ein.« Auch in der Perserzeit wird Dedan in den Inschriften vom Dschebel Gunem bei Teima als Kampfplatz genannt.

Bald darauf zieht die Weihrauchstraße ihre Trasse durch den Norden Arabiens. Minäische Händler, so liest man in der gelehrten Literatur, »kolonisieren« Dedan – sei es im späten 5., sei es im frühen 4. Jahrhundert. v. Chr. Die konkrete Form der südarabischen Einflußnahme liegt allerdings im dunkeln. Am ehesten ist daran zu denken, daß der Handelsmacht von lokalen Potentaten Station und Verkehrsrecht eingeräumt wurde. Schließlich profitierten diese von solcher Rechtvergabe. Oder mußte das Bleiberecht ihnen abgerungen werden? Da die Weihrauchkarawanen gerade in der ersten Zeit unter bewaffnetem Begleitschutz aufbrachen, mögen sie sich in Dedan und auch par force durchgesetzt haben.

Hans P. Roschinski: »Die Gewichtigkeit der minäischen Relaisstation in Dedan spricht aus den Inschriften, die die Minäer dort hinterließen. Von hier trieben sie ihren Handel nach Ägypten und Syrien, und ihr Einfluß in Dedan wird jeder politischen Selbständigkeit der Nordwestaraber dort gewisse Schranken auferlegt haben.«

Über den *konkreten* politischen Einfluß Südarabiens in Dedan läßt sich streiten: Die Obrigkeit von Dedan führte den zweideutigen Titel: »die beiden Vorsteher der Kolonie und der Minäer der Kolonie«, so als stünde hier ein gleichberechtigtes (?) Duo in Amt und Würden. Zugleich wird Dedan in den Listen über die Hierodulen, die Tempelsklavinnen von Main (s. S. 131 f.), neunmal als Herkunftsort von Weihegeschenken genannt, was bei einer stark eingeschränkten Selbständigkeit der Oase keinen Sinn machte. In jedem Fall aber hat Südarabien durch seinen dedanischen Handelsvorposten kulturell auf den arabischen Nordwesten gewirkt.

Irgendwann Anfang oder Mitte des 2. Jahrhunderts v. Chr., als der Stern Mains sank, stiegen dedanische Machthaber zu größerer Autonomie auf. Namentlich bekannt ist als »König von Dedan und Tira« ein gewisser Kaburil, Sohn des Matail, doch dauerte Dedans Selbstherrlichkeit, von der drei oder vier Dutzend Inschriften und Graffiti künden, nur eine kurze Spanne, nicht einmal ein halbes Jahrhundert, dann geriet der Oasenstaat erneut unter fremde Kuratel.

Die Lihyan, ein nordwestarabischer Stamm, schwangen sich um 115 v. Chr. zur Macht über Dedan auf. Plinius der Ältere verzeichnet sie im sechsten Buch seiner »Naturgeschichte« als »Lexianes« bzw. »Lechieni« und erwähnt gleichzeitig einen Ort namens Hegra, der mit Hedschra gleichzusetzen ist.

Den Verkehr auf der Weihrauchstraße haben all die Machtwechsel nicht beeinträchtigt. Erst sicherten die Minäer in Verbindung mit lokalen Machthabern, dann örtliche Potentaten allein, dann wieder »auswärtige« Araber, die Lihyan, den gewinnträchtigen Handel mit den Aromata.

Zum Aufstieg der Lihyan trug offenbar ihre Verbindung mit der ptolemäischen Macht jenseits des Roten Meeres bei. In Dedan gefundene Monumentalstatuen zeigen unstrittig ägyptischen Einfluß, und es fällt auf, daß drei der vier bekannten lihyanischen Königsnamen den Bestandteil Tahmai oder Tulmai einschließen. Darin verbirgt sich das ägyptische Ptahmay bzw. Ptolemaios. Mit anderen Worten: Die Lihyan-Könige bezogen sich in ihrer Herrschaftswürde auf den großen Nachbarn im Westen.

Wie stark die Ptolemäer im Nordwestwinkel Arabiens tatsächlich waren, wissen wir freilich nicht. Handelte es sich bei den Lihyan-Herrschern um bloße Schattenkönige des späthellenistischen Ägypten – oder verkennt man ihre politische Selbständigkeit, weil sie sich nominell und kulturell auf die Ptolemäer ausrichteten?

Der wirtschaftliche Zusammenhang Dedans mit der Westlinie des Roten Meeres steht jedenfalls außer Frage. Im arabischen Hafen Leuke Kome (heute: el-Wedsch), fünf Tagesmärsche von Dedan, legten vor zwei Jahrtausenden die Lastensegler ab, beladen nicht zuletzt mit Weihrauch und Myrrhe. Nach zwei Tagen und zwei Nächten Fahrt waren Myos Hormos oder Berenike an der Ptolemäer-Küste die Anlaufstationen.

Der Lihyan und der Ptolemäer Kraft reichte zuletzt nicht aus, den Nabatäern zu widerstehen, die noch vor der Mitte des ersten vorchristlichen Jahrhunderts von Norden her, wo sie spätestens seit der Schwächung von Main (s. S. 141) den Karawanenhandel verwalteten, ihren Einflußbereich nach Süden ausdehnten. Es wird nicht das erste Mal gewesen sein, daß sie dies versuchten, denn die nabatäische Feindschaft gegenüber den Ptolemäern ist geschichtsnotorisch. Der griechische Geograph und Historiker Agatharchides hat jedenfalls für das 2. Jahrhundert v. Chr. von nabatäischen Seeräuberstücken Kenntnis. Zweifellos richteten die Piratenüberfälle sich gegen die Seeverbindung zwischen Leuke Kome und den ägyptischen Häfen am Roten Meer, denn der Frachtverkehr zur See ging ja auf Kosten der nabatäischen Landhandelsmacht, und erhebliche kaufmännische Gewinne verblieben in Dedan, statt nach Petra zu fließen.

Die Eroberung der Oase im nordwestlichen Arabien macht also Sinn im nabatäischen Interessenhorizont – und wurde nur durch die militärische Überlegenheit des ptolemäischen Ägypten über ein Jahrhundert hinausgezögert. Irfan Shahid definiert das hellenisierte Ägypten als einen »aggressiven und unruhigen Flottenstaat, dem es gelang, den Nordteil des Roten Meeres in ein ptolemäisches Meer zu verwandeln«.

Dann aber politische Wirren in Alexandria nach dem Tod Ptolemaios' IX. (80 v. Chr.), Entkräftung und Abhängigkeit von Rom. Jetzt endlich bot sich Nabatäa die ersehnte Gelegenheit: Im Zeitraum zwischen 62 und 58 v. Chr., unter König Aretas III., übernahmen die Nabatäer die Herrschaft in Dedan, geboten damit, für die ganze antike Welt sichtbar, als die Nachfolger von Main über die Nordlinie der Weihrauchstraße.

Da der englische Arabien-Spezialist Peter J. Parr 1968 bei seinen Bodenforschungen in Dedan/el-Ula keine nabatäische Keramik fand, scheint die peträische Macht die dedanisch-lihyanische Doppelstation aufgegeben und die durchziehenden Karawanen ganz auf die Nordsiedlung Hegra/Medain Salih, eine knappe Tagesreise nördlich von Dedan, konzentriert zu haben. Der Lihyan-Stamm wurde übrigens bei der Machtübernahme nicht vertrieben, sondern unterstellte sich den neuen Potentaten. Nur so erklärt sich die Fortdauer lihyanischer Schriftbeispiele bis ins zweite nachchristliche Jahrhundert hinein.

Daneben treten nun freilich, entsprechend den neuen Herrschaftsverhältnissen, in zunehmender Zahl nabatäische Inschriften. Das letzte antike Epigraph stammt allerdings von ganz anderer Hand: von der irgendeines römischen Soldaten der um das Jahr 119 n. Chr. unter Kaiser Hadrian in Nordwestarabien stationierten *Legio III. Cyrenaica* (s. S. 251).

Roms letzter Versuch, feste Hand auf die Weihrauchstraße zu legen, scheiterte freilich ebenso wie der erste, den Aelius Gallus unternahm. Es begannen dunkle Jahrhunderte, in denen die Beduinisierung Arabiens fortschritt.

Was blieb von Dedans und Hegras Glanz? Die Frage ist schwer zu beantworten, denn es mangelt an der elementarsten archäologischen Bestandsaufnahme. Robert Wenning sagt es, auf Dedan bezogen, schlicht und treffend: »Die Erforschung des Ortes ist noch sehr ungenügend.«

Um Hegra/Medain Salih steht es nur wenig besser. Offenbar legte 1966 ein arabischer Ausgräber bei dem heute ez-Zemele genannten Platz Konturen einer Stadtmauer mit Türmen frei. Publiziert wurde diese Grabung nicht. Auch der Engländer Frederick V. Winnett, dem wir eine historisch-topographische Bestandsaufnahme Nordarabiens verdanken, erzielte nur spärliche Ergebnisse. Aber was auch immer unter dem Sand noch verborgen liegt, Hedschra fasziniert allein durch die eindrucksvollsten vorislamischen Kulturdenkmäler in Saudi-Arabien: eine nabatäische Nekropole, deren Reichtum nur in Petra selbst übertroffen wird. Medain Salih, »die Stätte des Salih«, lautet der legendenumwobene Name der Stätte im modernen Arabisch.

Dem Koran war ihr stolzer Reichtum eine Sure wert. Die Leute von al-Hidschr hätten, so heißt es dort, Mohammed, den Gesandten Gottes, abgelehnt und seine Lehre geschmäht. »Und sie meißelten aus den Bergen Häuser, um darin sicher zu sein. Da kam am Morgen der Schrei über sie.« Gemeint ist die Abberufung durch den einen und einzigen Gott: Allah.

Die später so berühmte Hedschas-Bahn, 1864 konzipiert und vom osmanischen Sultan Abdul Hamid II. anläßlich des 25. Jahrestages seiner Thronbesteigung als Bauprojekt beschlossen, schob ihre 1300 Kilometer lange Trasse zwischen 1902 und 1908 auch an den eindrucksvollen Grabfassaden von Medain Salih vorbei. Aus dem Zugfenster konnte man bis 1917, von Mekka her reisend oder nach Mekka fahrend, gerade 100 Meter entfernt, nach Osten hin niedere Sandsteinklippen mit etlichen Grabfassaden bewundern. Heute kommt ein Besuch von Medain Salih einer Expedition gleich, deren bürokratische Hindernisse vom Erziehungsministerium im saudi-arabischen Riad (wo der Besuchsantrag einzureichen ist) bis zu den Wachen »vor Ort« atemberaubend mühselig erscheinen.

Wem der Besuch gelingt, wird für all die Mühen freilich belohnt. Erhalten haben sich in Medain Salih insgesamt 95 nabatäische Felsgräber, davon 81 mit Fassadengestaltung; nach den etwa 30 Inschriften datieren diese Grablegen aus der Zeit zwischen 2/1 v. Chr. und 75 n. Chr. »Die Grabinschriften nennen häufig den Besitzer des Grabes, die Nutzungsberechtigten (meist nur Mitglieder einer Familie), geben Vorschriften für den Verkauf des Grabes und eine Strafregelung bei Mißbrauch (Geldbußen an den Tempel und an den König) und weisen den/die Bildhauer nebst dem Baudatum nach«, schreibt Robert Wenning.

Man erkennt es beim Studium der Inschriften ebenso wie vor den repräsentativen Grabfronten: Die Stadt hatte Bedeutung, war mehr als nur ein bloßer Handelsposten: Nabatäas Militär- und Verwaltungszentrum im Süden nämlich, ja vielleicht sogar, wie Gerhard Heck und Manfred Wöbcke vermuten, »Hauptstadt« einer Art Südprovinz.

TEBUK UND DAS LAND MIDIAN

Bei Medain Salih verzweigte sich die Fernroute. Nach Nordwesten war über eine wasserarme Wüstentrasse in drei Tagen die Oase Tema (heutiger Name: Teima) zu erreichen – auch sie eine Siedlung an der Grenze des nabatäischen Einflußbereichs.

Genauer: Vom 5. bis ins 3. Jahrhundert v. Chr. waren die von Dattelpalmen beschatteten Wasserstellen von Teima im Besitz der Schalamu, eines Stammes, der sich in Inschriften immer wieder erwartungsvoll zu einem Gott namens Schalm bekannte (»Wer auf Schalm hört, geht nicht zugrunde«), sich aber in Kriegen gegen das minäisch beherrschte Dedan und gegen die Nabatäer verzehrte. Später hatte die Göttin al-Uzza – Glen Warren Bowersock nennt sie »die nabatäische Aphrodite« – hier einen Tempel; jedenfalls deuten ein Weihebild der Gottheit und von Philby gesehene Säulenfragmente darauf hin. Zusammen mit der noch einmal vier oder fünf Tagesmärsche weiter östlich am Südsaum der Großen Nefud gelegenen Oase Hail – heute die größte Stadt im Nordwesten Arabiens – vermittelte Teima zu einer anderen bedeutenden Karawanenroute, die Bostra, Nabatäas Nordzentrum, nach Südosten über das Wadi Sirhan und die Oase Duma (heute: el-Dschof) mit dem Persischen Golf und dort mit dem großen Gerrha verband. Viele Handelsgüter, zum Beispiel Perlen von den Muschelbänken des Golfs, nicht aber die begehrten Aromata wurden über diese Trasse bewegt.

Die »klassische« Weihrauchstraße, der später die *derb el-Hadsch* folgte, die muslimische Pilgerstraße zwischen Damaskus und Medina, verließ Medain Salih nach Nordwesten; zur Linken blieben grauschwarze, unzugängliche Lavahügel zurück. Gelegentlich türmen sich Sandverwehungen zu hohen Dünen auf. »Der Sand fließt durch die Finger«, verzeichnet Charles M. Doughty mißmutig in seinem großartigen arabischen Reisebericht.

Nächstes Ziel, dem die Kamele, die gelbbraunen Gebisse mahlend geschlossen oder auch gegen den Treiber gefletscht, wiegend zustrebten, war Tebuk, um die 13 Tagesmärsche entfernt. Mit dieser bescheidenen und bei allem quirligen Ausbau seit etwa 1960 (weit ausgreifende, künstlich bewässerte Felder) bis heute bescheiden gebliebene Oasensiedlung schließt die arabische Landschaft des Hedschas nach Norden hin ab.

Als Doughty Ende 1876 mit der Pilgerkarawane nach kräftezehrendem Nachtmarsch hier eintraf, fand er noch ein anderes, sehr viel armseligeres Tebuk vor: »Das alte Dorf, ockerfarben aus rohem Lehm erbaut, steht einladend vor einem Palmenhain, umgeben von einer öden Wüste, die mit Sandstein-Quarz-Kieseln übersät ist.«

Der Landstrich war verrufen. Ein gewisser Dr. Toncik, seines Zeichens k.u.k. Sanitätsdelegierter und Vizekonsul in Dschedda, hat ihn 1909 als »das ärmste und elendeste Land der Welt« charakterisiert: »Verfall und Verarmung, Sand und mörderische Hitze, Pest und Cholera sind die allgemeinen Kennzeichen dieser grausigen Gebiete.« Doughty wiederum spricht von einer »Löwengrube des Islam«.

Forschungsreisende warfen dennoch begehrliche Blicke auf diese Gegend. Tebuk (auch: Tabuk) galt ihnen als das »Nordtor Arabiens«, als Pforte zu den Mysterien des »brennenden Subkontinents«. Freilich hat keine Freya Stark *diesem* Eingang kulturhistorische Aufmerksamkeit geschenkt (s. S. 188 f.); sträflich vernachlässigt blieb Tebuk, das in der Antike wohl Thapaua hieß, in der archäologischen Forschung bis heute. Lediglich Alois Musil, der große mährisch-österreichische Arabist, war im Juni 1910 dort und hat eine kurze Beschreibung hinterlassen.

Gläubige Muslime hielten den Ort aus ganz anderen Gründen für denkwürdig: Von der höchsten Erhebung der zerklüfteten Bergkette im Osten habe Gottes Gesandter Mohammed, so will es ihre fromme Legende, den Völkern Arabiens den Islam gepredigt. »Kanzel des Propheten« nennen sie die schwarze Höhe, die über Jahrhunderte eine Landmarke an der muslimischen Pilgerstraße war.

Aber auch die jüdische und die christliche Tradition hätten Grund, nach Tebuk zu blicken. Aus eben dieser Gegend kamen die Handelsleute, die Joseph nach Ägypten verkauften, und Moses selbst mag sich hierher geflüchtet, ja hier sogar eingeheiratet haben – mit dem midianitischen Priester Jethro als Schwiegervater –, ehe er auf göttliche Weisung nach Ägypten ging, um sein Volk zu befreien. So berichtet uns das biblische Buch Exodus, freilich ohne den Namen Tabuk oder Tebuk zu verzeichnen, der den Bewohnern zu Doughtys Zeit allerdings auch nicht als der ursprüngliche galt.

Vielmehr ist ein wiederkehrender Begriff des Alten Testaments Midian. Er bezeichnet einen der sechs Söhne Abrahams, gezeugt mit einer Nebenfrau namens Ketura. Und dieses Midian ist nicht nur nach solcher Vermutung, sondern nach allen geographischen Indizien der Bibel im Osten des Golfs von Aqaba zu lokalisieren. Dort kennen auch die arabischen Geographen des Mittelalters noch eine Siedlung namens Midian.

In Wüstennestern wie Mudawwara – heute Grenzstation zwischen Jordanien und Saudi-Arabien – oder Qurajja mit ihren geringen Wasserreserven wird man Midians historische Ortslagen wohl vergeblich suchen; das kaum erforschte Tebuk darf dagegen – zusammen mit den Orten el-Bad und Aynuna weiter westlich – für sich reklamieren, altes Zentrum dieses Landstrichs zu sein. Als Senkungsgebiet, im Westen und Osten von Hügeln und Gebirgszügen umgeben, besaß es seit alters eine nie versiegende Quelle: Ain Tebuk, dazu mehrere Wasserstellen, die Doughty 1876 allerdings seicht und lau fand.

Der Stamm Midian oder – wie Eusebios von Kaisareia, ein palästinischer Bischof des 3./4. Jahrhunderts, in seinem »Onomastikon« alternativ meint – das »Land« bzw. die »Stadt« Midian spielen in den biblischen Nachrichten sonst eine eher prekäre Rolle. Mal verführen die Midianiter, im Bunde mit dem eisenzeitlichen Kleinreich Moab, Israel zur Unzucht und zum Götzendienst; dann wiederum stehen sie als Gedemütigte im sogenannten Heiligen Krieg da, in dem gleich fünf midianitische Könige von den Israeliten abgeschlachtet wurden. Evi, Reqem, Zur, Hur und Reba sind die überlieferten Namen; daneben kennen wir als midianitische Könige Sebach und Zalmunna, als bedeutende Heerführer Oreb und Seeb.

Besonderes Interesse verdient der Königsname Reqem, denn er ist identisch mit der altsemitischen Bezeichnung (auch: Reqmu) der Nabatäer-Hauptstadt Petra. Der kaiserzeitliche Historiker Flavius Josephus spricht in seinen »Jüdischen Altertümern« von einem Midianiterkönig namens Rekem, »von welch letzterem die Hauptstadt Arabiens ihren Namen hat«.

Noch unter anderem Blickwinkel mag man die öde Berglandschaft um Tebuk ins Auge fassen. 1873 erschien in England, von einem gewissen Charles Beke, eine Broschüre mit dem Titel »Mount Sinai, a Volcano«, die besonders in kirchlichen Kreisen Aufsehen erregte. Beke vertrat darin, wie der Schriftentitel es schon besagt, die These, der biblische Berg sei ein Vulkan gewesen, und stellte dem bekannten Zitat aus dem Buch Exodus (»bei Tag in einer Wolkensäule, um ihnen den Weg zu zeigen, bei Nacht in einer Feuersäule, um ihnen zu leuchten«), das die göttliche Orientierungshilfe für die Israeliten beschreibt, die Verse aus Pindars »Oden« gegenüber, die den aktiven Vulkan Ätna schildern:
»Am Tage verströmen feurige Bäche Schwaden von dunklem Rauch/
In der Nacht wälzt eine blutrote Flamme Felsen.«

Beke teilte explizit die von vielen seiner Zeitgenossen – man denke an Heinrich Schliemann – hochgehaltene wissenschaftliche Tendenz zur Rationalisierung. Man müsse, war sein Credo, aus dem Mythos, aus der Legende, aus dem Wunderbericht mit logischer Kraft nur den »vernünftigen« Kern herausschälen, um zur geschichtlichen Wahrheit zu gelangen …

Der Berg Sinai, der Horeb – nicht von Schwaden und dem Geleucht Gottes umspielt, sondern ein Vulkan? Die Route, auf der das »auserwählte Volk« unter Moses' Führung Ägypten verließ, ist in der Bibel-Archäologie bis heute umstritten, und die Ortsangaben und Lagerplätze sind mit Ausnahme der Oase Kadesch-Barnea nicht sicher zu bezeichnen. Gefestigt hat sich indessen die Auffassung, die von den Israeliten durchzogene Wüste Paran mit dem Zentrum der Sinai-Halbinsel gleichzusetzen. Eine Graniterhebung im Süden der Halbinsel gilt als Berg Sinai oder Dschebel Musa (»Mosesberg«). Das um das Jahr 557 gegründete Katharinenkloster, altberühmt wie kaum eines sonst, liegt wenige Kilometer nordwestlich.

Als Alois Musil 1910 in den nördlichen Hedschas ritt, bedrohlich im Stich gelassen von der osmanischen Verwaltung in Tebuk, war er in diesen Fragen allerdings ganz anderer Ansicht. Zu den wissenschaftlichen Zielen seiner Nordwestarabien-Reise gehörte es gerade, den »wahren Weg« des Exodus zu rekonstruieren. Für ihn hatte sich dieser mythenverhangene Zug nämlich nach der Überwindung des Roten Meeres (»Schilfmeer«) durch das Land Midian bewegt, wo Musil zum Beispiel auch die in der Bibel erwähnte Wüste Zin ansetzte. Und hier, in Midian, gab es – nach Bekes Rationalisierungsansatz, den Musil teilte – auch jene Altvulkane, die auf der Sinai-Halbinsel ganz fehlen.

Eigentlich hatte Musil noch tiefer in den Hedschas vorstoßen wollen; Medain Salih war sein Ziel gewesen. In den letzten Junitagen aber wurde der Abbruch der Expedition unumgänglich. Die Beduinen verdächtigten Musil, der in arabischer Tracht und angemessen vollbärtig als »Scheich Musa« reiste, ein verkleideter »Christenhund« zu sein, hatten ihn und seine beiden österreichischen Gefährten in Gewahrsam genommen und erst nach einem riskanten Täuschungsmanöver Musils zögernd von der verdächtigen Gruppe abgelassen. Die Lastkamele waren zudem nicht genug geweidet worden, und es gelang nicht mehr, die Blutungen an ihren wunden Fußballen zu stillen. Nicht zuletzt fehlte auch ein Führer, der den wasserarmen Weg in die »Südhauptstadt« Nabatäas in ganzer Länge kannte.

Dennoch raffte Musil noch einmal seine letzten Kräfte zusammen – so als wollte er das Gutachten der österreichischen Akademie bestätigen, das die staatlichen Reisegelder überhaupt erst hatte fließen lassen. Beste Eignung hatte es dem mährischen Priester, Universitätsdozenten und Forschungsreisenden bescheinigt. In den Worten der Expertise: »große Widerstandskraft«, »zähe Ausdauer« und »großen Muth«.

All diese Tugenden waren auch dringend nötig. Schon von seinen ersten Orient-Reisen hatte Musil der Akademie berichtet: »Die Stämme sind fanatisch, mißtrauisch und hinderten mich immer und überall. Ich mußte Kamelhändler, Zauberer, Arzt, wandernder Kaufmann etc. vorspielen, um meinen Zweck zu erreichen ... Den ganzen Tag geistig und physisch arbeitend – an manchen Tagen bis zu 14 Stunden fußwandernd – zerrissen, schmutzig, voll Ungeziefer schlimmster Art, mußte ich in der Nacht Alle und Alles überwachen ... Ich

Alois Musil, mährischer Priester und Universitätslehrer, schlüpfte bei seinen gefahrvollen arabischen Forschungsreisen um die letzte Jahrhundertwende in Tracht und Rolle eines Scheichs Musa er-Rueili.

lebte über vierzig Tage nur von Wasser, Brot und undefinierbaren Speisen. Mein Seelenzustand war schrecklich, aber Gott hat mir geholfen.«

Auch vor Tebuk wiederum die strengste Disziplin gegen sich selbst. Anreitend hatte Musil sich bei einem Sturz in unwegsamem Gelände zwei Rippen eingedrückt. Doch gilt nicht seiner eigenen Verletzung die Sorge, sondern allein dem Elend der Kamele. Tatsächlich erreichte der Unbeugsame den Saum der Vulkanzone – und machte geradezu im letzten Augenblick vor der Umkehr eine Entdeckung, die Musil in seinem ersten Bericht an die österreichische Akademie als die wichtigste seiner ganzen gefahrvollen Reise bezeichnete: Nach seiner festen Überzeugung hatte er den »wahren« Berg Sinai gefunden.

Und zwar in Gestalt eines Hala el-Bedr genannten Vulkankegels. Während sein Führer, ein Belaui-Beduine, den Musil sich durch Arzneigaben an die kranke Frau gewogen gemacht hatte, durchaus bereit war, ihn in die übrige Vulkanbergwelt zu begleiten, weigerte er sich beharrlich, den schwarzen Kegel des el-Bedr zu betreten.

Der Berg, um den sich viele beduinische Legenden rankten, war ihm heilig. Feuer und Steine habe er einmal gespien, und kein Beduine werde an seinen Hängen, wären sie auch fruchtbar begrünt, die Herden weiden. Unheimliches Terrain sei dies. Weiter im Südosten gebe es auch Grotten, genannt »Höhlen der Diener Mose«. Die Bediensteten des großen Mannes hätten sich dort verborgen gehalten, während ihr Gebieter mit Allah sprach …

DIE HÄFEN DER NABATÄER

Von Tebuk aus zogen die Karawanen nach Nordwesten über die schon genannten Wasserstellen Qurajja und Mudawwara in neun oder zehn Tagesmärschen auf das Wüstental von Ram zu (s. S. 220ff.), wobei die wolkenartigen, seltsam zerklüfteten Bergzüge der Hisma im Westen aufstiegen und wieder zurückblieben. Zwei- oder dreihundert Kilometer weiter westlich liefen Feluken, die zweimastigen Boote unter dem dreieckigen Segel, mit Waren, darunter auch Spezereien, in den Golf von Aqaba ein, wie er heute heißt.

Küstenschiffe waren dies zumeist: Schaluppen, ganz selten hochgetakelte Segler. Im Roten Meer mit seinen widrigen Strömungen und Gegenströmungen, mit seinen untiefen Korallenriffen und seinen gefürchteten Haischwärmen, die jede Havarie tödlich bestraften, wurde die ganze Gefährdung und nautische Schwäche der antiken Schiffahrt ja offenbar. Nicht ohne Grund hatte das ptolemäische Ägypten sich so schwer getan, diese Wasserwelt zu erschließen (s. S. 114ff.).

Besser stand es im Golf von Aqaba, dem etwa 200 Kilometer langen Nordostabschnitt des Roten Meeres, den die Antike als Aelani(ti)schen Golf kannte. Widrige Monsun-Winde griffen hier nur noch schwach in die Segel. Haie zeigten freilich auch in solch sanfteren Gewässern ihre Rückenflossen als Todeszeichen.

Die schmale Wasserstraße ist Teil jener großen geologischen Einbruch- oder Grabenzone, die sich von Nordsyrien über den See Genezareth, das Tote Meer und das Wadi Araba durch das Rote Meer nach Süden zieht und im »Great Rift Valley« seine afrikanische Fortsetzung findet. Politisch teilen sich heute vier Staaten die Küsten des Golfes: Ägypten, Israel, Jordanien und Saudi-Arabien.

Die Hafenstädte, die am Nordende des Aelanitischen Golfs lagen, waren über Jahrhunderte und Jahrtausende bedeutsam und umkämpft. So hat es denn Tradition, wenn sich heute ihre Nachfolger, das israelische Elath und das jordanische Aqaba, als verfeindete, seit Mitte 1994 unter US-amerikanischem Druck politisch kunstvoll, aber keinesfalls überzeugend wiedervereinte Geschwister den Westen und den Osten der Bucht teilen.

Der Wasserreichtum, der hier seit der Bronzezeit Ansiedlung und Leben ermöglichte, erklärt sich daraus, daß der zum Golf hin abschüssige Grund die winterlichen Niederschläge von den umgebenden, vegetationslosen Wüstenbergen her – rötlich beleuchtet sie das Abendlicht (Farbtafel), gelblich gleißen sie in der Tagessonne – auf allen Seiten langsam heransickern läßt. Auch im Hochsommer noch, zu einer Jahreszeit also, in der Elath und Aqaba längst wie gelähmt unter einer schwülen Dunstglocke liegen.

Das Ergebnis der besonderen Geographie referiert der britische Archäologe Gerald Lankester Harding so: »Frischwasser ist in einer Tiefe von nur zwei Metern unter der Oberfläche im Überfluß vorhanden; ein Loch, das nur einen Meter vom Rand des Meeres gegraben wird, liefert trinkbares Wasser.«

Trotz solch natürlicher Begünstigung war Aqaba Anfang dieses Jahrhunderts unter der Osmanen-Herrschaft zu einem kläglichen Flecken verkommen. Im Jahr 1910 fand Musil 30 schmutzige Lehmhütten vor, und als »Lawrence von Arabien« im Sommer des Jahres 1917 zu seinem berühmten Sturm auf Aqaba ansetzte, erwarteten ihn bei 50 Grad Celsius im Schatten die Flinten einer ebenso bescheidenen wie demoralisierten türkischen Garnison von gerade einmal 300 Männern.

Der »Lawrence-Kult«, wie ihn die autobiographischen »Sieben Säulen der Weisheit«, mehr noch aber David Leans 1962 entstandener Arabien-Film begründeten, ist überlebensgroß. Heroische Pose und (Selbst-)Stilisierung legen dabei einen Schleier über die tatsächlichen Vorgänge. Historisch bezeugt, doch selten zitiert ist sehr viel weniger Heldenhaftes: So schoß der gefeierte Lawrence in der Aufregung des Aqaba-Angriffs sein Reitkamel an und wurde zu Boden geschleudert. Desmond Stewart: »Im entscheidenden Augenblick der entscheidenden Schlacht war der einzige britische Offizier auf dem Feld bewußtlos.«

Nach der Gründung eines unabhängigen Emirats Transjordanien (1923), in das Großbritannien freilich noch kolonialistisch hineinregierte, und vor allem nach 1946, als Jordanien unter Abdullah zum unabhängigen Königreich avancierte, stieg Aqabas Wert. Städtebaulich übrigens nicht zu seinen Gunsten: Ein Gleichgewicht zwischen Tradition und Neuaufbau erhielt sich nur bis etwa Mitte der fünfziger Jahre. Damals hatte jedes der etwa 500 Lehmhäuser Aqabas im Garten noch seine eigene Wasserstelle; Schaufelräder, von geduldig trottenden Eseln bewegt, hoben das Naß. In den seither begründeten Vierteln demonstriert der wachsende Südhafen des haschemitischen Königreichs dagegen nur mehr die Sterilität des Reißbretts.

Einen ersten Golf-Hafen macht das Alte Testament faßbar: Ezion Geber sein Name. Lag er bei Aqaba, lag er bei Elath? Wie auch immer, es geht damit zurück an den Anfang des 1. Jahrtausends v. Chr.: in die Zeit des verschlagenen Salomo. Der legendenumrankte König entsandte von Ezion Geber, »das bei Elat an der Küste (...) liegt«, wie es im Ersten Buch der Könige heißt, eine Handelsflotte nach dem sagenhaften Goldland Ophir, und Hiram, König von Tyrus, stellte für die Unternehmung jene erfahrenen Seeleute ab, für die Phönikien ja berühmt war. Mit einer stolzen Beute von 420 Talenten Gold soll Salomos Expedition zurückgekommen sein. 420 Talente, das sind nach unseren Gewichtsmaßen um die 1200 Kilogramm, eher mehr als weniger – die antiken Berechnungsgrundlagen schwanken.

Spätere Begehrlichkeit wurde nach der Reichsteilung durch das Mißgeschick König Josaphats gedämpft: Der judäische Herrscher wollte nach Salomos Vorbild ein weiteres Mal Ophir ansteuern lassen, doch erlitt die Flotte bereits im Hafen von Ezion Geber Schiffbruch.

Der Schiffsliegeplatz blieb aber Handelsstation. In den Geschichtsquellen ist er über die folgenden drei Jahrtausende unter wechselnden Namen präsent: Aila, Ela, Elat, Elot, Aelana, Laeana, Elana. In all diesen Bezeichnungen ist das hebräische Wort für den Palmenbaum, *ail*, enthalten, denn das unter Grund zum Meer absickernde Wasser hat hier von je Dattelpalmenhaine genährt. Der arabische Name Aqaba wiederum ist die Kurzform von *Aqabat Aila*, was soviel wie »Abstieg nach Aila« bedeutet und sich auf die muslimische Pilgerkarawane bezieht, die es von den Höhen des Sinai in schwierigen Serpentinen zum Golf hinabführte.

Diese Pilgerkarawane folgte auf diesem ihrem Weg nach Mekka einer der alten nabatäischen Routen, die vom Sandstrand des Golfs ausgingen. Drei solcher Routen lassen sich rekonstruieren. Jene, der die ägyptische Pilgerkarawane folgte, war nicht nur wegen des schwierigen Abstiegs durch die Randberge des Sinai die unbedeutendste unter ihnen. Denn das Gros der für Ägypten bestimmten Aromata war ja bereits per Boot oder Schiff über das Rote Meer gesetzt worden, zum Beispiel von Leuke Kome, dem Hafen von Dedan, wenn nicht gar schon am Bab el-Mandeb.

Sehr viel wichtiger als der »ägyptische Pfad« waren die Direktroute von Aqaba nach Gaza, dem Haupthafen für Weihrauch und Myrrhe, und die Straße nach Petra, die sich zwei Kameltagesmärsche nördlich von Aqaba/Ela beim Wadi Ram mit der Landroute von Tebuk her vereinte.

IM WADI RAM

Zwei Karawanenwege führten also ins Wadi Ram.

Die »klassische« Landroute der Weihrauchstraße gelangte über den Rastplatz Mudawwara dorthin. Später quälten sich unter osmanischem Patronat die Mekka-Pilger über diese Strecke. In Türken-Forts, die bei oder um die wenigen Wasserstellen errichtet waren, fanden sie des Nachts Sicherheit. Diese Lagerplätze an der Route trugen so malerische Namen wie Durf ed-Derwisch (»Buttersack des Derwischs«) oder Batn el-Ghoul (»Bauch des Menschenfressers«). Es sind, um mit Charles M. Doughty zu sprechen, allesamt »Orte der Verlassenheit in diesen rostfarbenen Ruinen ausgetrockneter Sandsteinberge, die in ewiges Schweigen gehüllt sind und in denen man kein Zeichen von Leben sieht«.

Dann erleichterte kurzfristig die Hedschas-Bahn, dem Kurs des uralten Karawanenwegs folgend, die Wallfahrt. Den ersten Plan zu dieser »religiösen Eisenbahn« hatte der Deutschamerikaner Carl Zimple entwickelt. Im Jahre 1900 verkündete der osmanische Sultan Abdul Hamid II. den Baubeginn der Linie. In Europa belächelte man das Projekt. Der deutsche Botschafter in Stambul, Freiherr Marschall von Bieberstein, äußerte sich in einem internen Bericht nach Berlin entschieden kritisch: »Kein verständiger Mensch glaubt an die Ausführung dieser 1200 Kilometer langen ›religiösen‹ Bahn, für deren Bau der türkischen Regierung sowohl die technischen Kräfte wie die Mittel fehlen.« Nicht anders sah es der britische Konsul in Damaskus.

Dennoch: Die Hedschas-Linie entstand. Geld gaben der ägyptische Vizekönig und der iranische Schah. Darüber hinaus füllten Sammlungen bei den muslimischen Gläubigen und Steuererhebungen die Kassen. Türkische und deutsche Ingenieure bahnten technisch den Weg. Über 5000 Soldaten des osmanischen Heeres, rekrutiert aus syrischen und irakischen Regimentern des Sultans, verrichteten dabei die Knochenarbeit. Sie ebneten die Trasse, schlugen Brücken über Wadis, legten die Schwellen und wuchteten die Schienen auf ihren Platz. 1903 erreichte die von Damaskus ausgehende Linie Amman, damals nicht mehr als ein großes Dorf, heute die Millionenhauptstadt Jordaniens, ein Jahr später die südjordanische Provinzstadt Maan, 1908 endlich Medina: In Schmalspurführung zog sich nun ein Schienenstrang von 1303 Kilometern Länge durch die Öden Westarabiens. Europäische Reisende mußten die Bahn

Blick auf das Südende des Wadi Ram: Die spärliche Besiedlung mit geduckten Hütten verliert sich zwischen einsamen Sandsteinhöhen.

übrigens bereits in el-Ula verlassen; nur Muslime durften Richtung Medina weiterfahren.

Ein Erfolg gegen alle Zweifler also?

Erste Antwort: Ja! Denn Europa hatte den religiösen Impetus des Islam unterschätzt; wohl auch, daß der »kranke Mann am Bosporus« sich noch einmal – ein letztes Mal, wie wir heute wissen – zu solch konstruktiver Kraft aufraffen könnte. Überschätzt wurden von den »Beobachtern« wiederum die gefürchteten Beduinenstämme des Hedschas, denen man geschlossenen Widerstand gegen das technische Großunternehmen zugetraut hatte. Die großen Gewinne, welche die Beduinen aus den Schutzzöllen – erhoben für eine friedliche Passage der Pilgerkarawanen – erzielten, hatten einen spontanen Widerstand gegen das Großprojekt erwarten lassen.

Zweite Antwort: Nein! Der innenpolitische Widerstand gegen das Osmanen-Sultanat wuchs, und der Druck der jungtürkischen Bewegung verhinderte die geplante Weiterführung der Trasse bis Mekka. Beduinischer Widerstand aber konnte, rührte er sich nicht von selbst, von außen entfacht werden, wie nach 1914 die britische Kriegsstrategie im Vorderen Orient bewies, die sich im Wirken des Thomas Edward Lawrence personifiziert. Dem Schattenleben der Hedschas-Bahn machte der britische Obrist mit aggressiver Guerillataktik ein Ende. Leitgedanke dabei war es, angesichts der Schwäche der von ihm rekrutierten »Beduinen-Armee« – Schwäche nach Zahl, Ausbildung und Bewaffnung – eine direkte militärische Konfrontation zu vermeiden. Binnen vier Monaten zerstörten Lawrences Stammeskrieger 17 Lokomotiven und an die 80 Eisenbahnbrücken; die Hedschas-Bahn mußte ihren Verkehr einstellen. Von den militärischen Attacken im Rahmen des Ersten Weltkriegs hat sie sich bis heute nicht erholt, doch wurde die alte Trasse wegweisend für die moderne Fernstraße, auf der nun die Busse türkischer, syrischer und jordanischer Mekka-Pilger zur heiligen Stadt des Islam fahren.

Eines der Zentren, in denen »Lawrence von Arabien« die arabische Guerilla sammelte, war das Wadi Ram, ein Hochtal, das beiderseits von mächtigen, bis 400 Meter höheren Felsmassiven gesäumt wird. Fährt man von Norden her auf der schmalen asphaltierten Straße in das Wadi ein, versteht man sogleich Lawrences bildkräftige Beschreibung der faszinierenden Landschaft. In den »Sieben Säulen der Weisheit« hatte er von einem »Prozessionsweg« und von »riesigen Bauwerken zu beiden Seiten einer Straße« gesprochen: »Unsere kleine Karawane wurde nachdenklich, und keiner sprach mehr ein Wort; man fühlte sich beängstigt und beschämt, sich mit seiner Geringfügigkeit breit zu machen inmitten dieser riesenhaft ragenden Berge.«

»Prozessionsweg« war das Wadi, was Lawrence noch nicht wissen konnte, auch in buchstäblichem Sinne. Ausgrabungen seit Anfang der dreißiger Jahre dieses Jahrhunderts ergaben, daß die Nabatäer an dieser wichtigen Karawanenstation einen Tempel errichtet hatten; und weiter, daß der heute geläufige Name sich aus der nabatäischen Bezeichnung Iram herleitet, denn jener Tempel war nach Ausweis einer Inschrift »der großen Göttin von Iram« geweiht.

Hier nur der Hinweis, daß die Ruinen des Tempels sich 300 Meter westlich des modernen »Rest House« finden. Die kargen Grundmauern sind attraktiv natürlich ausschließlich für den Interessierten, der sofort erkennt, daß es sich um einen Zentraltempel handelt: einen der beiden Grundtypen des nabatäischen Gotteshauses (s. S. 273). Noch weniger besucht werden gewöhnlich die Ruinen eines nabatäischen Bades, 50 Meter nordöstlich der Tempelmauern in den Sand geduckt, ebenso die Reste einer nabatäischen Brunnenanlage, 300 Meter südlich des Tempels.

Die Trias Tempel – Bad – Brunnen gruppiert sich nicht zufällig im Wadi Ram, erschließt vielmehr einen wichtigen kulturgeschichtlichen Zusammenhang der Weihrauchstraße. Wasser, so läßt er sich definieren, das war Leben und Handel; zugleich war es aber auch Kultus, verstanden als religiöser Tribut an die »übermenschlichen« Mächte, die Wasser aus dem Stein spendeten und Handel wie Leben damit überhaupt erst zuließen.

Wasser aus dem Stein: Als vor ungefähr 30 Millionen Jahren jener geologische Graben aufbrach, in dessen Tiefe die Landschaften des

Toten und des Roten Meeres sich entfalteten, zerriß es auch die angrenzende Gesteinsmasse. Schluchten und Täler klafften auf, einzelne Berge wurden schroff aus ihrem Massiv herausgetrennt. Die Kräfte der Erosion, in der Tag-Nacht-Ungleiche des Wüstenklimas besonders wirksam, taten ein übriges, die Bizarrerie dieser Landschaft auszubilden. *Hisma* nennt man sie in Arabien, und über mehr als 250 Kilometer erstreckt sie sich nach Süden, zunächst entlang des Golfs von Aqaba, dann auf der Westseite des Roten Meeres bis auf die Höhe von Tebuk.

Eine geologische Besonderheit der Hisma-Höhen, zwischen denen tamariskengrüne Täler liegen, ist ihr zweiteiliger Steinbau: Auf Granitsockeln erheben sich rötliche, zuweilen ins Graue spielende Sandsteingipfel. So erklärt sich auch die ungewöhnliche Position der Quellen im Bereich des Wadi Ram. Regenwasser aus winterlichen Niederschlägen durchdringt sickernd den porösen Sandstein, stößt schließlich auf den undurchdringlichen Granitgrund und fließt auf dieser Ebene dann zum Hang ab. Die Quellen entspringen des-

Blick vom jordanischen Aussichtspunkt Ras en-Naqb nach Südosten auf die Hisma mit ihren isoliert aufragenden Höhen; dazwischen Trockenflußläufe.

halb Dutzende von Metern über dem eigentlichen, meist schottrigen Bergfuß.

Die Brunnenanlage des Wadi Ram wurde über eine Wasserleitung von einer solchen Quelle her gespeist, die heute Ain el-Schellaleh heißt und nur in beschwerlichem Anstieg über einen Stein- und Schutthang zu erreichen ist. T. E. Lawrence hat die Kletterei nicht gescheut und genoß im Sommer 1917 die Kühle des kleinen Teichs, der sich unter dem silbernen Quellstrahl gebildet hatte: »Dichte Farne und Gräser in köstlichstem Grün machten sie zu einem kleinen Paradies von fünf Fuß Durchmesser.«

Er tat es den Mannen nach, die sich hier 2000 Jahre zuvor den Reisestaub der Karawane vom Leib gespült und ihre Kleidung in der Sonne ausgebreitet hatten, damit deren Glut das Ungeziefer vertreibe. An den Felswänden rings um Ain el-Schellaleh (»Wasserfallquelle«) haben die Weihrauchleute sich in Graffiti verewigt. Neben nabatäischen finden sich auch minäische Inschriften. Stammeszeichen *(wusum)* und ungelenk in die Felspatina geritzte Kamelreiterdarstellungen sind dagegen sehr viel jünger. Ein Post-quem-Datum erschließt sich aus den Bildern, die den Straußen zeigen. Da das letzte Exemplar des einst im arabischen, bis hin in den transjordanischen Raum heimischen Laufvogels 1932 östlich des Wadi Ram im Dschebel Tubaiq erlegt wurde, stammen die »Gruppenbilder mit Strauß« wohl vom Anfang dieses oder aus dem letzten Jahrhundert, als der Beduinenstamm der Howeytat das Wüstental zu seinem Hoheitsgebiet rechnete.

6 DIE KÖNIGSSTADT IM FELS

AUF DEM WEG NACH PETRA

Nordwestlich des Wadi Ram verband sich die Aqaba-Route mit der Überlandtrasse aus Arabien. Die »vereinigte Weihrauchstraße« strebte danach auf kürzestem Weg zur nabatäischen Hauptstadt; nur noch drei oder vier Tagesreisen trennten die Karawanen von Petra, der Königsstadt im Fels.

Wenig bedeutsam die erste Station nach Ram. Quweira heißt sie heute; den alten Namen kennen wir nicht. An den Durchzug der nabatäischen Karawanen erinnert nur noch eine alte Zisterne am Fuß des nordöstlichen Sandsteinhügels; davor die moderne Siedlung, geducktes Hüttenelend. Quweira liegt nun an der sogenannten Desert Road (»Wüstenstraße«), die sich von der jordanischen Hauptstadt Amman über eine Strecke von etwa 330 Kilometern südwärts nach Aqaba zieht.

Die Weihrauchstraße verlief anders. Wenn der Anachronismus erlaubt ist: Sie kreuzte die moderne Desert Road. Nächstes Ziel war jenseits einer sandigen, von mehreren Wadis durchschnittenen Ebene – die »Wüstenstraße« umkurvt sie östlich – die nabatäische Kleinstadt Auara, am Fuße jenes Sandsteinbergzugs gelegen, der dieses flache Landstück im Westen begrenzt.

Daß Auara mehr war als eine bloße Karawanenstation, bezeugt die namentliche Nennung (als »Hauarra«) in der Kopie jenes spätantiken Kartenwerks, das man nach dem Augsburger Humanisten Konrad Peutinger, in dessen Besitz sich die Karte ab dem Jahre 1508 befand, »Tabula Peutingeriana« nennt. Seit 1738 wird die Rolle, fast 7 Meter lang, dabei nur 34 Zentimeter hoch, in der Wiener Nationalbibliothek verwahrt: ein Schatz der Wissenschaft. Die Karte verzeichnet, ohne dabei Wert auf geographische Proportionen zu legen, über 3500 Orte, die im Römischen Reich bedeutsam waren, und markiert sorgsam ihre Entfernung zueinander. Aus gutem Grund: Man konsultierte die »Tabula« seinerzeit als Reisehandbuch.

Das erhaltene Fragment der »Arabika« des griechischen Historikers Uranios (1. Jahrhundert v. Chr.) gibt die Gründungslegende der Nabatäer-Siedlung wieder: »Auara, eine Stadt in Arabien, von Aretas, dem Sohn des Obodas, nach einem Orakelspruch so genannt, der an seinen Vater ergangen war. Da brach Aretas auf, um das Orakel zu ergründen, das darauf lautete, ›einen Ort *auara* zu suchen‹ – was im Arabischen oder Syrischen soviel wie ›weiß‹ heißt. Als Aretas angekommen war und Ausschau hielt, zeigte sich ihm eine Erscheinung, ein weißgekleideter Mann, der ein weißes Kamel ritt, und als die Erscheinung verschwand, tauchte sofort ein schroffer Hügel auf, fest verbunden mit der Erde. Dort gründete er eine Stadt.«

Uranios' Bericht führt uns in die Mitte des ersten vorchristlichen Jahrhunderts. Auara, das unter diesem Namen auch von Ptolemäus im 2. Jahrhundert n. Chr. noch einmal genannt wird, bestand etwa tausend Jahre lang. Nach dem Ende der Weihrauchstraße sank es freilich zu einem kläglichen und gänzlich einsamen Flecken ab: der rechte Treffpunkt für Verschwörer, die von einer argwöhnischen Öffentlichkeit nicht wahrgenommen werden wollten. Und so erscheint Auara, nun Humayma genannt, im 8. Jahrhundert als Ränkeschmiede der proabbassidischen Opposition gegen das Herrscherhaus der Omajjaden. Danach verliert sich die geschichtliche Spur. Selbst die Nomaden, die bis vor 20 Jahren hier lebten und ihre Ziegenherden zur Frühlingsweide in die Wadis el-Amghar und el-Beida trieben, haben ihre Schwarzen Zelte abgebrochen und sind in das »westliche Humayma« an der Desert Road verzogen, eine Nachfolgesiedlung von vielleicht drei Dutzend Hütten.

Das alte – das nabatäische, römische und byzantinische – Auara am Fuße der heute Qalcha und Humayma genannten Sandsteinhöhen war in seinen besten Tagen dagegen eine stattliche Siedlung. Die verbliebenen Ruinen, darunter auch die Grundmauern eines römischen Kastells und byzantinischer Kirchen, bieten noch einen Abglanz davon. Vor allem bezeugt die kunstvolle Wasserversorgung der Wüstensiedlung, welche Bedeutung sie einmal als Karawanenstation besaß. Dutzende von aufgemauerten oder in den Stein geschnittenen Zisternen verraten mitsamt ihren Zuleitungen und Laufrinnen eine intelligente Sorge um das Wasser; desgleichen all die Dämme und Wadi-Barrieren, die das im Winter ja zuweilen überreich fließende, in den heißen Sommern dagegen sehr entbehrte Naß zu speichern suchten. Sogar Höhlenreservoire, der Sonne nicht ausgesetzt und somit vor Verdunstung bestens geschützt, lassen sich in den Klippen entdecken.

Ein Paradewerk nabatäischer Wassertechnik ist die knapp 19 Kilometer lange Leitung, deren Zug auch der heutige Besucher, wenn er die schwierige Anfahrt auf sich nimmt, noch über lange Strecken verfolgen kann. Von einer Quelle namens Ain el-Qana, 1425 Meter hoch nahe der heutigen Desert Road gelegen, führte sie durch unwirtliches Terrain nach Auara (Höhe: 955 Meter) hinunter. Zwei Zuleitungen von tiefer gelegenen Quellen ließen das Wasser in der offenen, aus gelblichen Sandsteinplatten gefügten Leitrinne noch reichlicher fließen. Das nabatäische Endreservoir maß 27 Meter in der Länge, 17 Meter in der Breite und war 1,75 Meter tief. Später entstand noch ein zweites, ähnlich dimensioniertes, aber mehr als drei Meter tiefes Bassin.

An den Trögen vor diesen Reservoiren tranken die Kamele, denn es ist kluger Brauch aller Nomaden und Karawanenleute, die Lasttiere und das Vieh niemals unmittelbar an das Wasser als die größte Kostbarkeit des Wüsten- und Steppenlandes heranzulassen. Ausgenommen von dieser Regel sind lediglich die wenigen Fließgewässer und die offenen Wasserstellen, in denen ohnehin Sandkörner auf- und niedertreiben. Ansonsten aber gilt streng die Regel, eine Zisterne oder ein Quellbecken sorgsam zu sichern gegen alle Verunreinigung, etwa durch Kamelkot, aber auch vor dem Menschen, der sich dort selbstverständlich nicht säubern darf. Üblicherweise stehen Becher und Kessel bereit, mit denen das Wasser zum Trinken geschöpft oder eben in bemessenem Quantum in die angrenzende Viehtränke gegeben wird.

Natürlich lag bereits in Auara der Name der nabatäischen Metropole auf aller Lippen: Petra. Die ersehnte, die wunderbare, die unvergleichliche Hauptstadt war nächste Station. Bis dort standen den Kameltreibern allerdings noch zwei kräfteraubende Tagesmärsche bevor: Es galt einen schwierigen Abstieg und einen schweißtreibenden Aufstieg zu bewältigen. Wasser war erst kurz vor Petra wieder zu erwarten.

Der Abstieg führte von Auara hinunter in das Wadi el-Araba. Dieses »Tal der Araber« ist Teil des großen geologischen Grabenbruchs, der die Region durchschneidet und zwischen dem Toten und dem Roten Meer vermittelt. Wenn man die wüste Region mit der notwendigen Sondererlaubnis – die Araba ist Grenzgebiet zu Israel – heute durchfährt, begreift man sogleich, warum die moderne Straße, erbaut übrigens von chinesischen Ingenieuren und Arbeitern, keine Alttrasse vorfand. Die Araba war seit alters gefürchtet: kein Wasser, keine Ausweichmöglichkeit nach Westen oder Osten. Der Aufstieg in das transjordanische Bergland wie auch westwärts in die Negev-Wüste blieb ein Abenteuer und war ohne Gefahr für Leib und Leben nur auf vier oder fünf gebahnten Pfaden zu bewältigen.

Landwirtschaft konnte dieses Terrain nicht hervorbringen. Meist waren es Heimatlose, die den zwischen acht und zwanzig Kilometer breiten »Sandgraben« der Araba durchzogen – möglicherweise eine Strecke weit auch die aus Ägypten exilierten Israeliten auf ihrem Weg ins »Gelobte Land«. Der heilige Antonius, einer der ersten großen christlichen Eremiten, verstarb, übrigens mehr als hundertjährig, im Jahre 356 in der Araba, deren Einsamkeit ihn angezogen hatte, verhieß sie doch besondere Gottesnähe.

Lebensnähere Menschen setzten sich dagegen nur an zwei Stellen des Wadi el-Araba freiwillig der glutheißen Wüste aus: in Timna, 30 Kilometer nördlich der Golfmündung bei Aqaba, und in Punon (Fenan), 50 Kilometer südlich des Toten Meeres. An beiden Plätzen wurde seit frühester Zeit Kupfer gewonnen. Nie fehlte es an couragierten Männern, die sich der Schinderei und der Wassernot mit Blick auf die zu erwartenden Gewinne unterwarfen.

Hinunter in diese gelbe Ödnis, aus deren Grund ein halbes Dutzend Mal pro Jahr Sturmwinde den Sand heben und bis nach Bagdad tragen, schritten die Weihrauchkamele, hoch bepackt wie stets, aber bei guten Kräften, hatten sie sich in Auara doch endlich einmal sattsaufen können.

Der Aufstieg nach Petra behagte ihrem Wiegeschritt weniger. Die Karawanenleute gönnten den Tieren nun freilich keine Ruhe mehr. Eine letzte Zollstation mit kleiner nabatäischer Siedlung wurde, knapp acht Kilometer vor Petra, bei Abu Kuscheiba passiert, wie die Bedu die Ruinen heute nennen. Es folgte als »Königsetappe« der Serpentinenaufstieg über den Steilhang von Naqb er-Rubai. Das schwierige Wegstück war durch Steinlagen stabilisiert. Ansporn gab den Erschöpften der nun prachtvoll geöffnete Blick auf das Haupttheiligtum Petras, erbaut auf dem mit 1510 Metern höchsten Gipfel der Region, der heute Dschebel Harun heißt. Das heisere Brüllen der angestachelten Kamele und das Keuchen der Treiber verbanden sich in einer letzten Kraftanstrengung.

DER HEILIGE BERG

In der Pariser Nationalbibliothek liegt unter der Nummer 1578 ein arabisches Manuskript, verfaßt von dem Chronisten el-Nuwairi (1279–1332). Nuwairi berichtet über die Reise des Mamluken-Sultans Baibars von seinem Herrschersitz in Kairo zur Burg von Kerak im mittleren Jordanien, damals die wichtigste Bastion der ägyptischen Dynastie im Land jenseits des Jordan. Baibars war Ende Mai 1276 aufgebrochen, hatte die gebirgige Sinai-Halbinsel durchquert, war in das Wadi el-Araba abgestiegen, wo Beduinen als Kundschafter ausgeschickt wurden, eine Wasserstelle zu finden, und danach in die alte Weihrauchstraße nach Petra eingeschwenkt.

»Er setzte seinen Weg fort«, schreibt Nuwairi, »und schlug seine Zelte am Fuß jenes Berges auf, der Naqb er-Rubai heißt. Und so stieg er denn im Morgendämmern den Berg hinauf, der staunenswert hoch war, zerschnitten von wilden Schluchten aus brüchigem Gestein, die an gehärteten Sand gemahnten und in ihren Farben von Rot zum Azur und zum Weiß wechselten. Daselbst waren Engpässe in den Bergen, die dem Reiter Durchlaß boten, dann wiederum Stellen, als seien Treppenstufen in den Fels geschlagen. Auf diesem Berg liegt das Grab Haruns, des Propheten Gottes, des Moses Bruder, des Umran Sohn – Friede sei mit ihnen –, und zwar zur Linken, wenn der Reisende nach Damaskus blickt.«

Die historische Regel ist bekannt: Heilige Plätze fallen nur selten der Vergessenheit anheim, siegreiche Religionen und neue Völker erkennen vielmehr den Genius loci an und suchen seine sakrale Kraft in den neuen religiösen Zusammenhang zu überführen. Der Dschebel Harun ist für diese Gesetzmäßigkeit ein klassisches Beispiel. Das nabatäische Hochheiligtum, das die »Stadt im Fels« überragte, wurde nach dem Sieg des Christentums ersetzt durch ein Kloster des heiligen Aaron. Im 12. Jahrhundert besuchte Bohemund von Tarent, Kreuzritter und damals Fürst von Antiochia, den heiligen Berg, ein Jahrhundert später, nämlich 1217, einer der abendländischen Wallfahrer nach Jerusalem, der reiselustige Magister Thetmar. Auch zu diesem späten Zeitpunkt noch, mehr als ein halbes Jahrtausend nach dem muslimischen Sieg in der historischen Schlacht vom 15. August 636 am Yarmuk, sorgten zwei griechische Mönche auf dem Berg für christlichen Gottesdienst.

Zwischen 1217 und Baibars' Besuch im Jahre 1276 ist das Heiligtum dann offenbar islamisch geworden. Dazu muß man wissen, daß Aaron – wie so viele andere biblische Gestalten – über den Koran zu einer Gestalt auch des muslimischen Bekenntnisses avancierte. Über Aarons/Haruns Tod weiß die fromme islamische Legende, daß er in einer Höhle einen goldenen Thron fand mit der Aufschrift »Für den, dem er angemessen ist«. Moses nahm zuerst Platz, »paßte« aber nicht auf den Sitz. Anders Harun, dem der Thron sich anbequemte. Sogleich allerdings erschien ihm der Todesengel und führte seine Seele hinweg. Als die Israeliten Moses später anklagten, den Tod des Bruders verschuldet zu haben, geleitete er sie zu jener Höhle, »erweckte« den Leichnam und ließ ihn bezeugen, was wirklich geschehen sei. Der Ort all dieser Geschehnisse soll der Dschebel Harun gewesen sein.

Das heutige islamische Heiligtum, ein weißgekalktes mittelalterliches Hausteingebäude mit einfacher Kuppel und krönendem Steinzipf, stammt einer Inschrift über der Tür zufolge aus dem Jahre 1361,

Islamisches Heiligtum auf dem Dschebel Harun (Aaronsberg), dem höchsten Gipfel über der Sandsteinwildnis von Petra. Schon den Nabatäern dürfte der Berg heilig gewesen sein.

bewahrt aber als historische Spur älterer Religiosität die Reste eines byzantinischen Mosaiks. Die typischen Treppenanlagen bezeugen das noch ältere nabatäische Heiligtum um die Zeitenwende, dessen Baureste allerdings nur Grabungen wiedergewinnen könnten. Eine große rechteckige Zisterne, mit Gurtbögen überwölbt, versorgte etwas unterhalb der Bergspitze gewiß schon die nabatäischen Gläubigen und die christlichen Mönche. Heute schöpft der strenge muslimische Wächter des Heiligtums daraus, ein Beduine vom Stamme der Bdul.

Als Sultan Baibars hier stand, vermochte er zwar den Talkessel von Petra nicht einzusehen, dafür aber boten sich ihm alle heiligen Höhen über der Stadt dar: der Tempel auf dem Dschebel en-Nmer, das »Pfeilerheiligtum« und der Hochaltar auf dem Dschebel el-Hubta, der Große Opferplatz auf Zibb Atuf und nicht zuletzt der gewaltige Felsentempel auf dem ed-Deir-Plateau, genauer gesagt, dessen Obergeschoß. Daß die Sichtverbindung zwischen diesen Höhenheiligtümern bewußt herbeigeführt wurde, verdeutlichen geometrische Zeichnungen auf dem »Dach« jenes Felsentempels. In ihrer Lineatur visieren sie exakt den Harun-Gipfel an. Aber nicht nur die Richtung, sogar die Neigungsflächen der Hochaltäre scheinen auf den Harun ausgerichtet zu sein.

Noch weiter reicht der Blick vom heiligen Berg der Nabatäer nach Westen. Und umgekehrt: Wenn Regenfälle allen Sandstaub und schwebenden Dunst niedergeschlagen haben, kann man den weißen Tupfer des Harun-Heiligtums noch aus der Distanz der Negev-Wüste erkennen, die ja altes nabatäisches Terrain ist. Der Dschebel Harun war und ist also eine Landmarke ohnegleichen. Nicht einmal der Dschebel et-Tannur, Nabatäas zweiter heiliger Berg, der 100 Kilometer weiter nördlich an der »Königsstraße« über dem Wadi el-Hesa präsidiert, sah so weit über nabatäisches Land und wurde so weit gesehen.

NABATÄISCHE ANFÄNGE, EDOMITISCHES ERBE

Der Mamluken-Sultan Baibars war eine typische Gestalt des dunklen Zeitalters. Aber trifft dieser Ausdruck, Synonym für ein abgesunkenes Mittelalter, die islamischen Verhältnisse jener Epoche? Zumindest hat sich die islamische der abendländischen »Dunkelzeit« hoch überlegen gezeigt, zivilisatorisch – etwa stadtplanerisch und hygienisch – wie auch im enger gefaßten kulturellen Sinne. Als Europa, drastisch gesprochen, in Blut und Kot und Pest versank, übersetzte man zwischen Merw und Cordoba Aristoteles und Platon, beschäftigte sich mit altgriechischer Geometrie und schöpfte aus den Kenntnissen der antiken Medizin, wie sie etwa der Pergamener Arzt Galen hinterlassen hatte. Grenzen des Erkenntnisgewinns aber auch hier.

Während die christliche Erlösungsreligion in ihrem bitteren Pochen auf die Nichtigkeit der irdisch-leiblichen Welt eine Asketenbewegung nach der anderen gebar und »Ketzer« für chiliastische Hysterien sorgten, verschloß Mohammeds Lehre bei aller naturwissenschaftlichen und philosophisch-spekulativen Freisinnigkeit den muslimischen Gläubigen letztlich die Dimension der Geschichte. Reale historische Linien nachzuziehen verwehrte der biblisch unterlegte Koran nicht weniger als Altes und Neues Testament. Die seit dem 14. Jahrhundert wachsende europäische Vorherrschaft war darin begründet, daß die Renaissance das geschichtliche Denkverbot eines ganzen Jahrtausends durchbrach. Seit des Albertus Magnus Trennung von »hoher« religiöser Weisheit und »zweitrangigem« konkreten Wissen konnte in Europa auf hohem Niveau geforscht werden. Natürlich nicht ohne heftigsten theologischen Widerstand gegen die Ergebnisse. Die konservative Reaktion suchte und fand ihre Opfer; das prominenteste war Giordano Bruno. Im Jahre des Heils 1600 verging dieser unabhängige Denker in den Flammen eines christlichen Scheiterhaufens.

Zwar waren die Mamluken, die ihren Weg zur nahöstlichen Vormacht ganz elendig, als kasernierte Sklaven einer älteren Dynastie, begonnen hatten, wahrlich nicht die besten Sachwalter muslimischer

Kultur, aber dennoch: Hätte man den Erklärungsansatz von den historiographischen Versäumnissen der islamischen Kultur nicht im Sinn, müßte die geschichtliche Unbedarftheit überraschen, mit der Sultan Baibars nach seinem Besuch des Dschebel Harun durch Petra ritt. Noch einmal sei el-Nuwairi und damit die älteste Ortsbeschreibung der Königsstadt im Fels zitiert:

»Und er stieg hinunter (...) zu den Städten der Kinder Israel, wie sie da inmitten wundersamster Höhlen liegen. Jene dienten ihnen als Häuser, geschmückt mit Säulen und Toren; die Fassaden sind mit dem Meißel ausgehauen und eingeschnitten in die Felsflächen selbst, dabei künstlich durchbrochen und mit Friesen von zierenden Lebensgestalten ausgestattet, so als wären sie Behausungen heutiger Menschen.«

Keine Erinnerung an die Nabatäer hatte sich also in mamlukischer Zeit erhalten. Vergessen war, was antike Autoren wie Diodorus Siculus oder Strabon geschrieben hatten, und die hinterlassenen Bauwunder Petras wurden, wie so häufig in der muslimischen Überlieferung, den Israeliten zugeschrieben, deren breiter Rücken für Legendenlasten offenbar besonders taugte.

Woher die Nabatäer tatsächlich stammten, wurde schon dargestellt (s. S. 94ff.): Als eine arabische Fraktion des Qedar-Stammes gewannen sie zwischen dem sechsten und dem vierten vorchristlichen Jahrhundert in Nordwestarabien, auf dem Sinai, in der heutigen Negev-Wüste und jenseits des Jordan ein Terrain, das zuvor die Edomiter besaßen. Kontinuitäten und Traditionen wahrend, paßten die Wüstenaraber sich in diesem Zeitraum einer halbseßhaften Lebensweise an – und bedienten sich bald mit größter Selbstverständlichkeit der edomitischen Errungen- und Hinterlassenschaften.

Edom war das südlichste unter den eisenzeitlichen Reichen des Ostjordanlandes; den Israeliten auf ihrem Zug ins »Gelobte Land« stellte es sich als erste Macht entgegen. Das vierte Buch der biblischen Urgeschichte erzählt die Begebenheit: Moses schickte vom Lager zu Kadesch, an der Grenze zu Edom, einen Boten an den König des Landes und ließ ihn folgendes Anliegen vorbringen: »Wir möchten durch dein Land ziehen. Wir werden eure Felder und Weinberge nicht betreten und kein Brunnenwasser trinken. Wir werden die Königsstraße benutzen und weder rechts noch links davon abbiegen, bis wir dein Gebiet durchzogen haben.« Der Herrscher jedoch schlug die Bitte ab. »Und Edom zog mit schwer bewaffneten Kriegern Israel entgegen, zur Abwehr entschlossen.« Moses konnte also nicht über die Hauptroute ziehen, sondern mußte, wohl über das Wadi el-Araba, mit den Seinen einen Umweg nehmen, der ihn zum Berg Hor (Dschebel Harun) führte, wo sein Bruder Aaron starb. In ihrer islamischen Fassung haben wir die Harun-Legende ja soeben kennengelernt.

Genannt wird das Kleinkönigreich Edom auch in den historischen Berichten Ramses' II. (circa 1290 – 1224 v. Chr.), desgleichen in einem der »Amarna-Briefe«, wie man die 1887 in Mittelägypten entdeckten Tontafeln mit Schreiben vorderasiatischer Fürsten aus dem 15. und 14. Jahrhundert v. Chr. an die Pharaonen Amenophis III. und Echnaton (Amenophis IV.) nennt. Die Genesis, das erste Buch des Alten Testaments, führt die Nachkommen Esaus, »der auch Edom hieß«, allerdings in einer Weise auf, die weniger auf Herrscher im Bauernland denn auf Häuptlinge nomadischer Stämme hindeutet.

Das schließt nicht aus, daß Stämme und Häuptlinge des Gebiets dem pharaonischen Ägypten erwähnenswert erschienen; und schon gar nicht, daß sie gegen die Israeliten eine hohe Kampfkraft ins Feld führten. Auch die biblische Nachricht, daß König David Anfang des 1. Jahrtausends v. Chr. Garnisonen nach Edom legte und dort Vögte einsetzte, spricht eher für labile Machtverhältnisse als für ein wohlgeordnetes Königtum auf agrarischer Grundlage.

Als geschlossene Territorialmacht erscheint Edom jedenfalls erst im 9. Jahrhundert v. Chr. Zur Zeit König Jorams von Juda wurden die jüdischen Besatzer zwar aus dem Land hinausgeworfen, aber sie kamen noch ein zweites Mal zurück und wüteten grausam. Der judäische König Amazja soll damals, Anfang des 8. Jahrhunderts, 10 000 Edomiter (»Seiriter«, wie man die Edomiter nach dem Gebirgszug Seir auch nannte) erschlagen, 10 000 weitere von einer Berghöhe in den Tod gestürzt haben. Als Ort dieses Massakers – die Bibel hat die Bezeichnung Sela – gilt gewöhnlich jener Bergstock in Petra, der heute Umm el-Biyara heißt und eine kleine edomitische Siedlung trug.

Wieder aber gelang es den Edomitern, sich freizukämpfen. Für die biblischen Propheten Amos, Jesaja und später auch für Jeremia formte der widerspenstige Staat im Osten danach ein klar umrissenes Feindbild; die prophetischen Drohworte und Verwünschungen sind voller Gift und Galle.

Doch nicht israelisch-judäische Heerscharen, sondern die Assyrer eroberten in der Folge Edom. Daß dem Land dabei höhere Tribute abgepreßt wurden als den nördlich angrenzenden Kleinreichen Moab und Ammon, erklärt sich wohl aus dem Kupfererzbau in der Araba, der hohe Gewinne abwarf. In der edomitischen Stadt Bosra (heute: Buseira) nahm zeitweise ein assyrischer Provinzgouverneur seinen Sitz.

Vielleicht stand Edom, das den Babylonier-Einfall leidlich überstand, schon unter dem Druck der Qedar, als es den neubabylonischen Vergeltungsschlag gegen das aufständische Jerusalem 587/586 ausnutzte und plündernd in Juda einfiel. Nach der Versklavung und »Wegführung« vieler Juden, dem sogenannten »Babylonischen Exil« (bis 539), wanderten die Edomiter in jenen Landstrich südlich von Hebron ein, der in der hellenisierten Bezeichnung Idumäa den alten Landesnamen weiterträgt. Gleichzeitig rückten die Qedar in Edom ein.

Die Visionen des Obadja, eines der zwölf »kleinen« Propheten, stehen noch ganz unter dem Eindruck vom Fall Jerusalems und der Beteiligung Edoms daran. Sie beschwören das »göttliche Gericht« über das edomitische Bergland und über seine Bewohner herauf: »Du wohnst in Felsenklüften, du sitzt auf dem hohen Berg und denkst: Wer stürzt mich hinab? Erhebst du dich auch wie der Adler und baust dein Nest zwischen den Sternen, ich stürze dich von dort hinab.«

Zum Erbe, das die Edomiter den Nabatäern im Bergland Seir, dem späteren arabischen Schara, hinterließen, gehörte eben die Fähigkeit, »in Felsklüften« Wohnung zu beziehen und »auf dem hohen Berg« Zuflucht zu nehmen, mit anderen Worten: eine ausgeklügelte Felsbautechnik. Verdeckte Treppen wurden hinter Sandsteinklippen gelegt, Wasserkanäle und Zisternen in das Gestein geschlagen, natürliche Höhlen zweckmäßig erweitert, künstliche Terrassen geschaffen. Vieles, was Petras heutige Besucher als nabatäische Felsarbeit ansehen, mag Jahrhunderte älter sein und noch von den Edomitern herrühren, so etwa der raffiniert geführte Stufensteig auf das Massiv vom Umm el-Biyara. Eine kleine Gruppe von Verteidigern vermochte an einem solchen Engpaß ein ganzes Heer aufzuhalten. Die bescheidene Siedlung, die englische Archäologen vor drei Jahrzehnten auf dem Gipfelplateau aufdeckten, zeigt nicht nur den edomitischen Mauertypus mit mörtellos geschichteten Steinplatten, sondern gab auch einen Siegelabdruck des Edomiter-Königs Qos Gabor frei, der im 7. Jahrhundert v. Chr. herrschte.

GESCHICHTLICHE ENTWICKLUNGSLINIEN

Wahrscheinlich führt gleich der erste historische Bericht über die Nabatäer uns wieder auf die altedomitische Felshöhe von Umm el-Biyara zurück. Der Bericht findet sich in der »Universalgeschichte« des sizilischen Historikers Diodorus, der im 1. Jahrhundert v. Chr. als Zeitgenosse Caesars lebte und sich auf einen älteren, verläßlichen Gewährsmann stützen konnte: Hieronymos von Kardia. Um das Jahr 360 v. Chr. geboren, wurde Hieronymos in die Diadochen-Kriege nach dem Tod Alexanders des Großen verwickelt. Er war hoher Beamter des makedonischen Feldherrn und späteren Königs Antigonos Monophthalmos und hatte als solcher zeitweise die Aufsicht über die Asphaltgewinnung aus dem Toten Meer (s. S. 277). In diesem Amt wurde er Zeuge der Ereignisse des Jahres 312 v. Chr., als Antigonos zweimal ein Heer gegen die neue nabatäische Macht aussandte – vielleicht um einen geplanten Ägypten-Feldzug an der Ostflanke zu sichern. Die Truppen der Griechen brachen in Idumäa auf, erreichten nach drei Tagen und drei Nächten nabatäisches Terrain und nahmen in einem Überraschungsangriff »den Felsen« der Araber. Interesse verdient die Beute, mit der sie von dort wieder abzogen: Weihrauch und Myrrhe, dazu 500 Talente Silber.

Indessen: Die Nabatäer verfolgten das griechische Heer, brachten ihm eine vernichtende Niederlage bei und holten sich ihr Gut und Geld zurück. Von den 4000 griechischen Fußsoldaten und 600 Kavalleristen sollen gerade einmal 50 Mann entkommen sein. Daß die Nabatäer ihren Gegenschlag so schnell und offenbar mit starken Kräften vortragen konnten, dürfte sich daraus erklären, daß zufällig zu dieser Zeit eine Art »Nationalfest« oder ein Markt stattfand und alle streitkräftigen Mannen Nabatäas in Petra zuhanden waren.

Die militärische Schlappe wollte natürlich nun wiederum der einäugige Antigonos nicht auf sich beruhen lassen. Nach kurzer »diplomatischer Korrespondenz«, einem Hin und Her aramäisch abgefaßter Schriftstücke, schickte er seinen Sohn Demetrios, genannt Poliorketes (»Städtebezwinger«), zu einer zweiten Attacke aus. Diesmal aber waren die Araber gewarnt. Der griechische Versuch, die nabatäische Fliehburg im Sturm zu nehmen, scheiterte, und da eine Belagerung keinen schnellen Erfolg versprach, gab sich Demetrios schließlich mit Geiseln sowie reichen »Geschenken« zufrieden und zog ab.

Wie angedeutet, dürften mit dem »Felsen« und mit der Fliehburg Umm el-Biyara und die spätere Metropole Petra gemeint sein. Die Griechen wären dann das letzte Stück, über den Nemala-Paß und durch die Schlucht Umm el-Hiran, auf der Weihrauchstraße gezogen, die Petra mit Gaza verband. Dies bleibt die wahrscheinlichste Lösung, wiewohl einige Forscher sie angezweifelt haben und inzwischen auch das Felsmassiv von Khirbet es-Sela, 50 Kilometer nördlich von Petra, als »Felsen der Nabatäer« zur Diskussion steht. Aber mag jenes andere Sela auch eine geeignete Fliehburg sein – wieder erschließt nur ein einziger langgezogener Treppenaufgang die Höhe –, als designierter Versammlungs- oder Marktplatz der Nabatäer in Friedenszeiten kommt das Terrain keinesfalls in Betracht.

Wichtiger als die berichtete militärische Episode und anknüpfende Spekulationen erscheint das Bild, welches Hieronymos/Diodorus vom Leben der »nicht viel mehr als zehntausend« Nabatäer zeichnen: Sie übertreffen alle anderen Araberstämme an Reichtum, »denn nicht wenige von ihnen pflegen Weihrauch, Myrrhe und die kostbarsten Gewürze hinunter zum Meer zu bringen«. Gemeint ist natürlich das Mittelmeer, und es fehlt umgekehrt auch nicht der Hinweis, daß diese begehrten Gewürze und Duftstoffe aus Arabia Felix eingeführt werden. Zudem bergen die Nabatäer Asphalt aus dem Toten Meer »und ziehen daraus einen nicht geringen Gewinn«.

Andererseits aber erheben sie sich nach der Einschätzung von Hieronymos bzw. Diodorus durchaus nicht über das übliche zivilisatorische Niveau der Arabia Deserta. Sie ziehen Kamele oder Schafe und weiden sie in der Wüste, die ihnen zugleich als Rückzugsgebiet dient, wenn feindliche Heere nahen, denn nur die Nabatäer kennen die wenigen Wasserstellen und vermögen in der Einöde zu überleben. Solche Kenntnis und ihr unbändiger Freiheitswille haben stets verhindert, daß sie in Sklaverei oder politische Abhängigkeit gerieten. Feste Häuser besitzen sie nicht, auch treiben sie keinen Ackerbau, zumal nur ein kleiner Teil ihres Territoriums überhaupt Frucht trägt. Vielmehr ernähren sie sich von Fleisch und Milch, von Naturpflanzen und wildem Honig, den sie mit Wasser vermischt trinken. Sehr geschickt zeigen sie sich bei der Anlage verdeckter Zisternen im Lehmgrund oder im Sandstein.

Nehmen wir die Nachricht von Diodorus Siculus hinzu, daß die Nabatäer immer wieder in benachbartes Territorium einfallen und es ausplündern, so ergibt sich das Profil eines eher nomadischen als seßhaften Araberstamms. Daß die Araber, wie wiederum Diodor berichtet, diesmal unter Berufung auf Agatharchides, einen griechischen Geographen und Historiker des 2. Jahrhunderts v. Chr., um diese spätere Zeit am Golf von Aqaba zur Seeräuberei übergingen, bezeugt dagegen, so seltsam es klingt, einen Fortschritt in ihrer gesellschaftlichen Organisation. Es ist eines, beduinische Streifzüge in die Weidegebiete anderer Stämme zu unternehmen oder auch Bauern einer nahen Oase auszurauben, ein anderes aber, mit strategischem Kalkül, um der eigenen Handelsinteressen willen, Piratenschiffe auszurüsten und sich einem »Element« preiszugeben, so fremd und unheimlich wie allen Arabern das Meer.

Kein Zweifel, die Nabatäer hatten begonnen, sich zu wandeln. In welchem Maße, zeigt Strabons Bericht, der in die Jahrzehnte um die Zeitenwende führt. Seit der bei Diodorus überlieferten Schilderung des Hieronymos von Kardia sind 300 Jahre, seit der des Agatharchides 150 Jahre vergangen. Und siehe da, wir finden den nomadisierenden Araberstamm jetzt als wohlsituiertes Volk wieder. Ackerbau ergänzt die traditionelle Viehzucht, Steinhäuser haben die »Zelte aus Haar« abgelöst, wer kann, frönt dem Prunk, und wer dies nicht vermag, immerhin einem ehrgeizigen Besitzstreben. Aber lassen wir Strabon selbst sprechen:

»Die Nabatäer sind mäßig und erwerbsam, so daß selbst von Staats wegen dem, der sein Vermögen vermindert, Strafen, dem aber, der es vermehrt, Belohnungen bestimmt sind. Da sie wenige Sklaven haben, werden sie meist von Verwandten bedient, oder sie bedienen sich selbst; und sogar bis zu den Königen erstreckt sich diese Sitte. Sie veranstalten Gastmähler (immer) für dreizehn Personen, und bei jedem Gastmahle sind zwei Musiker zugegen. Der König aber hält in einem großen Saale fortwährend viele Trinkgelage. Niemand jedoch trinkt mehr als elf Becher und immer aus einem anderen goldenen Trinkgefäß. Der König ist auch so herablassend, daß er neben der Selbstbedienung sogar auch den übrigen gegenseitige Bedienung leistet. Oft legt er auch vor dem Volke Rechenschaft ab; bisweilen wird selbst sein Lebenswandel untersucht. Die Wohnungen sind von kostbarem Gestein und die Städte des Friedens wegen nicht ummauert. Das Land ist größtenteils fruchtbar, mit Ausnahme des Olivenöls; man bedient sich aber des Sesamöls. Die Schafe sind weißwollig, die Rinder groß; der Pferde ermangelt das Land, Kamele aber ersetzen ihren Dienst. Die Leute gehen einher ohne Leibröcke in Schürzen und Pantoffeln, selbst die Könige, diese jedoch in Purpur. Einige Waren dürfen ganz frei eingeführt werden, andere aber gar nicht, sowohl aus anderen Gründen, als besonders weil sie einheimisch sind, wie Gold, Silber und die meisten Gewürze. Kupfer aber und Eisen, ferner Purpurgewänder, Storax, Safran und weißer Zimt, erhabene Bildwerke, Gemälde und plastische Kunstwerke sind nicht einheimisch. Die Leichname achten sie dem Miste gleich, wie Heraklitus sagt: ›Leichname sind verwerflicher als Mist‹. Deshalb verscharren sie sogar die Könige neben den Miststätten. Sie verehren die Sonne, indem sie auf dem Hause einen Altar errichten, auf welchem sie am Tage Trank- und Rauchopfer darbringen.«

Woher Strabon dies alles weiß? Von einem gewissen Artemidoros, um 100 v. Chr. im kleinasiatischen Ephesus geboren, der die nabatäischen Gebiete bereiste. Dennoch ist nur der allgemeine Umriß, den Artemidoros bzw. Strabon geben, verläßlich, das Detail dagegen kritisch zu werten. So die Angabe, daß man in Nabatäa die Toten wie Unrat abtat – da sprechen Petras eindrucksvolle Grabfassaden eine ganz andere Sprache; so auch die Behauptung, daß Gold und Silber bei den Arabern »einheimisch« wären.

Noch in manch anderer Hinsicht wirkt der antike Bericht wie aus zweiter, nicht aus erster Hand gegeben. Warum etwa sollte Nabatäa Kupfer einführen? Es standen ihm ja nicht nur die alten Erzgruben in Fenan zur Verfügung; die seßhaft gewordenen Araber hatten es sogar verstanden, an den Ostflanken der Araba-Bruchsenke den geologisch angerissenen Kupfergürtel weiter zu erschließen und die aus neuen Minen geförderten Erze gewinnträchtig zu verhütten. Ein Nabatäer-Städtchen wie Sabra, acht Kilometer südlich von Petra gelegen, hätte sich ohne den Kupferreichtum der nahen Araba das Statussymbol eines Theaters und die hochragenden Säulen stattlicher Tempel niemals leisten können.

Darin aber hat Strabon recht: Nabatäa war um die Zeitenwende eine Monarchie. Nicht nur eine nominelle, sollte man wohl hinzufügen, da ja auch in älteren assyrischen Quellen bereits arabische »Königinnen« und »Könige« erscheinen, die doch kaum mehr als Stammesführer waren, wie ja nicht anders auch die biblische »Königin von Saba«. Natürlich aber hat sich das nabatäische Königtum ebenfalls aus dem Scheichtum entwickelt, und noch im 2. Jahrhundert v. Chr., in das uns das zweite Makkabäer-Buch der Bibel führt, ist einerseits von einem nabatäischen »Alleinherrscher« namens Aretas die Rede, während es andererseits ebenso lapidar wie vielsagend heißt: »Die Araber (...) zogen sich zu ihren Zelten zurück.«

Mit jenem Aretas, der auch in der frühesten bekannten nabatäischen Inschrift (aus der Negev) genannt wird, begann die Traditionslinie einer Monarchie, die sich in Anspruch und Gestus immer deutlicher am Brauchtum der hellenistischen Herrscherhäuser orientierte: Aretas III. legte sich den Beinamen Philhellenos (»Griechenfreund«) zu, Obodas III. wurde posthum zum Gott erklärt, den vierten Aretas zeigen Münzbilder mit einem Lorbeerkranz auf dem Haupt, und Nabatäas letzter König, Rabel II., ließ sich nach den Gepflogenheiten des ptolemäischen und seleukidischen Herrscherkults als »Soter«, also als Heiland oder Erlöser, feiern, »der sein Volk belebt und befreit«.

Denn es waren die hellenistischen Mächte, unter deren Druck wie Beispiel sich der Karawanenstaat entfaltete, und es lag an der erbitterten Rivalität jener Großreiche, daß Nabatäa überhaupt all die Jahrhunderte gedeihlicher Entwicklung beschert waren: als ein Zankapfel, in den niemand die Zähne schlug. Die vorderorientalischen Großen hatten miteinander genug zu tun. Ein historischer Dauer-

Münzporträts zweier nabatäischer Könige: Malichus I. (links) regierte zwischen 60 und 30 v. Chr., Aretas IV. (rechts) zwischen 9 v. Chr. und 40 n. Chr.

konflikt hielt die Ptolemäer – mit dem Machtzentrum Ägypten – und die Seleukiden – mit dem Machtzentrum Syrien – in Atem. Und so wuchs und blühte denn im Nahen Osten das Pflänzlein Nabatäas – wie übrigens auch die jüdische Sonderkultur. Unter sich fauchten die kleinen allerdings nicht anders als die großen Reiche gereizt gegeneinander.

Wohl schon der erste geschichtliche Auftritt der Nabatäer vollzog sich, wie angedeutet, im hellenistischen Spannungsfeld eines bevorstehenden Angriffs der Seleukiden auf Ägypten, und es würde nicht wundern, wenn die Nabatäer in der »diplomatischen Korrespondenz« mit dem einäugigen Antigonos seinerzeit gewisse Zusicherungen gaben. Die nabatäischen Geiseln, gewiß hochgestellte Persönlichkeiten, mit denen Antigonos' Sohn Demetrios abzog, dürften die lebendigen Pfänder ihres Versprechens gewesen sein – darauf lautend, daß die nabatäische Kamelreiterei still halten und dem ptolemäischen Ägypten *nicht* zur Hilfe kommen werde.

Da allein das hellenisierte Nil-Land in jener Zeit den Karawanenhandel auf der Weihrauchstraße gefährden konnte, wird den Nabatäern die »verbindliche Zusage« nicht schwergefallen sein. Auch in den nächsten eineinhalb Jahrhunderten haftete das arabische Augenmerk stets kritisch am ptolemäischen Ägypten, dessen Anstrengungen wuchsen, das kommerzielle Weihrauchmonopol Süd- und Nordarabiens zu brechen oder zu dominieren: einerseits durch die Anlage neuer Häfen an der ägyptischen Rotmeerküste und die Aufnahme direkter Seeverbindungen nach Dhofar und dem indischen Malabar; andererseits dadurch, daß man den nabatäischen Handel ab 278/277 v. Chr. auf Gaza lenkte, das zur ptolemäischen Bastion geworden war. Auf einem Höhepunkt seiner Macht angelangt, schirmte das Ptolemäer-Reich sich um diese Zeit durch den großzügigen Ausbau des Ostjordanlandes auch mit zivilisatorischen Impulsen gegen die geschwächten Seleukiden ab. Die monumentale Ausstattung jordanischer Stätten wie Gerasa (heute: Dscherasch) oder auch des alten Rabbath Ammon (heute: Amman), das als Philadelphia, den ptolemäischen Herrschernamen Philadelphos aufgreifend, in die antike Geschichte eintrat, hat hier ihren Ursprung.

Ob die Nabatäer zu dieser Zeit, also im 3. Jahrhundert v. Chr., zu so etwas wie konsequenter »Außenpolitik« bereits in der Lage waren, darf man bezweifeln. Jedenfalls aber gehörten ihre politischen Sympathien, in vielfältiger Weise geäußert, stets den Seleukiden, die nicht nach der Kontrolle des Weihrauchhandels strebten, sondern es zufrieden waren, Myrrhe und Weihrauch um schweres Geld anzukaufen. Umgekehrt war zumindest dem Seleukiden Antiochos III. (Regierungszeit: 223–187 v. Chr.) an militärischer Unterstützung seitens der arabischen Kamelkavallerie gelegen.

Das nabatäische Königtum, das Ende des 2. Jahrhunderts v. Chr. mit König Aretas II. dynastische Stabilität gewann, fand allerdings bereits ein entkräftetes Seleukiden-Reich vor. In Prunk und Prachtentfaltung konnten es Syriens Herren mit dem ptolemäischen Haus zwar allemal noch aufnehmen, aber nach Antiochos' schrecklicher Niederlage bei Magnesia in Kleinasien um die Jahreswende 189/190 v. Chr. gegen die Römer entwickelten sich neue politische Konstellationen im Nahen Osten. Die zweitrangigen und abhängigen Mächte sahen nun die Sonne.

Die Nabatäer drängte es dabei nach Norden. Bis in das Gebiet von Amman/Philadelphia breiteten sie sich aus, den Blick begehrlich auf Damaskus und die Mittelmeerhäfen geheftet. Aber auch die Juden nutzten die seleukidische Schwäche und begründeten einen autonomen jüdischen Staat, beherrscht zunächst durch das Makkabäer-, dann durch das Hasmonäer-Haus. Und das Gezänk der »Kleinen« gegeneinander gab nun über Jahrzehnte den politischen Ton im Nahen Osten an.

Den für Nabatäa so bedeutsamen Ausfuhrhafen Gaza besaß zum Verdruß der Araber plötzlich der Hasmonäer Alexander Iannäus (Regierungszeit: 103–77 v. Chr.). Schon lange zuvor hatte sich freilich im Ostjordanland, gerade 20 Kilometer von Philadelphia/Rabbath Ammon entfernt im wasserreichen und grünen Wadi es-Sir, nach Zwistigkeiten mit seiner hochmögenden Familie ein gewisser Hyrkan aus dem jüdischen Geschlecht der Tobiaden eingenistet und einen Parvenü-Palast errichtet, dessen Wände nach hellenistischer Repräsentationsmanier mit üppigem skulpturalem Schmuck (Löwen und Adler als allbekannte »Siegestiere«) protzten. In nahen Höhlenfluchten schuf sich der Tobiade zusätzlich Ställe und militärische Refugien.

Und auch einen der nach der Epochenschlacht von Magnesia niedergeschmetterten Seleukiden (Antiochos XII., Regierungszeit: 87 bis 84 v. Chr.) trieb es – er wollte die Ammonitis zurückgewinnen – zu zwei Feldzügen gegen Nabatäa. Ob ihn dabei ein gefiederter arabischer Pfeil oder eine scharfe Lanze traf, wissen wir nicht; jedenfalls kehrte er vom zweiten Arabien-Feldzug nicht lebend zurück. Auch der neue »Erbfeind«, Alexander Iannäus, wurde endlich einmal aufs Haupt geschlagen, der nabatäische Traum vom Besitze Damaskus' wahr (84–72 v. Chr.). Doch rächte sich der tatkräftige Hasmonäer, indem er den Nabatäern zwischen Wadi el-Hesa und Wadi el-Mudschib Land abrang (82 v. Chr.).

Diese Geschichtsskizze müßte weiterhin überfließen von derlei undurchsichtigen Schlachtenfolgen – hätte Roms Engagement im Nahen Osten die Verhältnisse nicht radikal vereinfacht. Nach dem Triumph von Magnesia und dem reichen Erblaß Pergamons war das italische Imperium bei allen strategischen Bedenken und aller militärischen Zögerlichkeit letztlich gezwungen, Kleinasien und den Vorderen Orient zu Aktiva seiner Großmachtpolitik zu machen. Pompeius (106–48 v. Chr.) vollstreckte mit seinem Palästina-Marsch im Jahre 64/63 v. Chr. die römischen Ambitionen. Rom kannte aber und fürchtete Asien zugleich. Und so wollte es sich durchaus nicht hineinziehen lassen in die wehrhaften Tiefen des Kontinents. Die Vision Alexanders des Großen war also sehr viel kühner, aber vielleicht nicht gescheiter als die der späten römischen Republik, die nur dem Saum Asiens zublinzelte und vor dem Horizont des tieferen Asien bescheiden die Augen senkte.

Die Sicherheitsinteressen der römischen Welt erforderten ja keine bedingungslosen Territorialgewinne. Der Senat entschied sich differenziert: All jene nahöstlichen Gebiete, die landwirtschaftlichen Ertrag erbrachten und in denen eine seßhafte Bevölkerung lebte, sollten dem Imperium einverleibt werden; die Steppe, die Wüste und auch sonst alles, was nach Wassernot schmeckte, aber ausgegrenzt bleiben.

Für das Ostjordanland bedeutete dies konkret, daß die Städte des fruchtbaren, griechische Kultur demonstrierenden Nordwestens im Bund der sogenannten Dekapolis zusammengeschlossen und bei gewissen verbleibenden kommunalen Eigenrechten zur römischen Provinz Syrien geschlagen wurden. Der transjordanische Süden aber, in den Pompeius selbst nie eingerückt war, wurde durch den Feldherrn Scaurus zur Tributzahlung gepreßt und dem Reich im Sinne des »Klientelprinzips« assoziiert.

Welch eine vorteilhafte Entscheidung für Rom, welch eine gute Entscheidung für Nabatäa! Die arabische Autonomie lag damals auf der Waagschale – mitsamt den kostbaren Weihrauch- und Myrrhesäcken. Der konzentrierten Heereskraft Roms hätte der Karawanenstaat nicht mehr entgegensetzen können als eine Guerilla- oder Bedu-Taktik der »gezielten Nadelstiche«. Aber hätte Rom formal auch dominiert – man kann sich die Folgen, die Zerrüttung der Region lebhaft ausmalen: Das Imperium sichert den vordem nabatäischen Nordteil der Weihrauchstraße mit gepanzerten Kriegern und verliert doch ein ums andere Mal gegen die nabatäischen Freischärler Menschen und Waren; Strafexpeditionen werden ausgeschickt, überraschen und zerreiben gelegentlich auch arabische Haufen, stoßen indes mindestens ebenso häufig ins Leere oder vergreifen sich, die arabische Verbitterung noch steigernd, an Frauen und Kindern in den Schwarzen Zelten.

Daß es geschichtlich so nicht gekommen ist, stellte Roms kluges Arrangement sicher – hier wie auch sonst an den unruhigen Ostgrenzen, die fortan halbautonome Lokaldynastien und Kleinreiche säumten, Kolchis, Armenien, Kommagene und wie sie sonst hießen. Das »Angebot« Roms lautete dabei jeweils auf Beistand und Militärhilfe im Kriegsfall, das Versprechen der vertragsgebundenen »Klienten« auf Loyalität gegenüber dem Imperium.

Für die Nabatäer brachte die neue politische Regelung freilich auch territoriale Einbußen mit sich. Denn bis auf die Höhe von Damaskus waren in den vorausgegangenen Jahrzehnten entlang den Karawanenstraßen auf zuvor seleukidischem Terrain neue nabatäische Stützpunkte wie Bostra, das heutige südsyrische Bosra, und Thantia, das heutige nordjordanische Umm el-Dschemal (arabisch: »Mutter der Kamele«), entstanden. Nun entglitten sie den Arabern politisch. Aber was zählten solche »Imageverluste« letztlich gegen die wachsenden Gewinne aus dem Dufthandel. Jedes Jahr schien Rom mehr Weihrauch und Myrrhe, mehr Mekka-Balsam, palästinischen Safran und indischen Zimt zu verbrauchen.

Und beiläufig gesagt: Als Associé Roms blieb man in Bostra und Thantia, mochten diese Emporien nun auch einem römischen Provinzgouverneur unterstehen, insgeheim doch bestimmend. Zogen die Karawanen in die neu verwalteten Siedlungen ein, klangen grüßend die altvertrauten arabischen Laute auf; gelegentlich hörte man die griechische, kaum aber einmal die lateinische Zunge. Die Lasttiere stellte man in den bewährten preisgünstigen Ställen ein, und in den nicht weniger bewährten Nabatäer-Spelunken fand man herzhafte Verköstigung. Kurzum: Überall dort, wo Nabatäer in den vorausgegangenen Jahrzehnten politisch den Ton angegeben hatten, waren sie als Händler weiterhin willkommen, und man schätzte sie auch in ausgesprochenen Griechenstädten wie Gerasa – von den Nabatäern Garschu genannt –, in denen ihnen ein eigenes Heiligtum eingeräumt blieb, geweiht »dem arabischen Gott«.

Über 150 Jahre schritt in den skizzierten Bahnen alles gut voran. Nie gekannte Gütermengen flossen über die Weihrauchstraße in den östlichen Mittelmeerraum. Mit der kommerziellen Hochblüte entfaltete sich zaghaft die Seßhaftigkeit: Nabatäische Bauern erschlossen und bestellten Ackergelände etwa an den Hängen östlich von Petra, bewässerten zwischen den Felsbuckeln von el-Hubta – freilich eng bemessene – Gärten. Schließlich ersetzte das im Handel eingeheimste Gold und Silber noch längst nicht das tägliche Brot, und man mochte nicht wie ein König Midas sterben, nur noch Gold, aber kein

Brot mehr in der Hand. Zumal es offenbar eine Revanchestrategie der mediterranen Welt gab: In der Arabia Deserta erwünschte oder dringend benötigte Güter wurden im Ausgleich zu den horrenden Weihrauchpreisen nur zu grotesk überhöhten Forderungen abgegeben – und plötzlich lohnte es sich für so manchen Kameltreiber, statt weiter einem nabatäischen Großen zu dienen, sich als Bauer selbständig zu machen und das erwirtschaftete Obst und Gemüse um gutes Geld auf dem einheimischen Markt zu veräußern, natürlich stets knapp unter Roms Wucherpreisen.

Die hohe Zeit Nabatäas im ersten vor- und nachchristlichen Jahrhundert wurde von großen Königen verwaltet: Malichus I., Obodas III., Aretas IV., Malichus II. und Rabel II. Geschickte politische Sachwalter standen diesen Regenten zur Seite, namentlich Syllaeus, Kanzler des dritten Obodas, dem das Bravour- oder vielleicht besser: das Schurkenstück gelang, ein ganzes römisches Heer in der Wüste irrezuleiten und es statt durch Waffengewalt mit »strategischem« Kalkül, durch Hitze und Hunger, quälenden Durst und schleichende Krankheit aufzureiben (s. S. 51 ff.). Bei solchen Königen und Kanzlern waren die »vitalen wirtschaftlichen Interessen« Nabatäas offenbar in besten Händen.

So genoß das Land die merkantile Sicherheit der Pax Romana weiterhin mit der Selbstsicherheit einer Monopolmacht. Begleitend entwickelten sich die Künste zu jener Höhe, die jeder Besucher Petras an den Grabfassaden ablesen kann, die aber auch im bescheideneren Medium der Töpferkunst noch eindrucksvoll genug ist. Auffallend zartwandig, ja eierschalendünn ist diese hochwertige Keramik, deren anfangs rosafarbenen, in späterer Zeit dann härter und ziegelrot gebrannten Scherben Blumen- und Blattmuster in symmetrischer Stilisierung dekorieren. Überall findet der Petra-Besucher die Splitter und Bruchstücke der schönen Ware. Massivere Scherbenvolumen, ein bräunlicher Farbgrund und gröbere Dessins deuten schon ins 2. Jahrhundert n. Chr., in Nabatäas Abstiegszeit.

Denn der keramische Leistungsschwund ist bezeichnend. Nach

106 n. Chr., vollzog sich das, was Nabatäa schon bei des Pompeius Einmarsch in Palästina hätte widerfahren können: die vollständige Eingliederung in das Römische Reich, verbunden mit dem Ende jeder politischen Selbständigkeit.

Mitte des 1. Jahrhunderts n. Chr. hatte eine Krise eingesetzt, die den arabischen Pufferstaat in die römische Abhängigkeit wies. Damals drangen neue nomadische Stämme in das Nabatäer-Land vor, und zeitweilig wurden so bedeutende Negev-Zentren wie Oboda oder Mampsis von beduinischen Kriegern eingenommen. Was aber war die Pufferzone Nabatäa wert, wenn sie gegen das nachsetzende Wüstenarabien nicht mehr abschirmte?

In Rom, das damals schon mehr als ein Jahrhundert unter kaiserlicher Hoheit stand, begann man sich dieserhalb ernste imperiale Gedanken zu machen, und zwar nach einem politischen Muster, das ein Reich mit festen Grenzen, eine umrissene Territorialmacht, dem spätrepublikanischen Modell fließender Grenzen und halbautonomer Grenzstaaten vorzog. Trajan und Hadrian waren die Kaiser, welche Gestalt und Umfang des Reiches allenthalben durch klare Grenzziehung, durch einen Limes markierten. Den hohen Norden Britanniens schützte fortan ein »Hadrianswall«, und ganz im Osten des Imperiums erhielten die Grenzmarken von Dakien und Moesien, also der heutige rumänisch-bulgarische Raum, »ihren« Limes. Seit den Iden des März im Jahre 106 n. Chr., als Kaiser Trajan dem Imperium eine Provincia Arabia hinzufügte, gebildet aus dem Südteil des heutigen Syrien, dem Westteil des heutigen Jordanien, der Sinai-Halbinsel und Teilen Nordwestarabiens, kurzum: aus dem Territorium Nabatäas, entstand auch hier, im äußersten Süden eine Kette von Grenzfestungen – von Lagern, Kastellen und Wachttürmen. Über annähernd 400 Kilometer zog sich dieser *Limes Arabicus* von der neuen Garnisonsstadt Bostra hinunter bis nach Aqaba und weiter südwärts ins Land Midian. Ältere Befestigungen, ob Wachttürme der eisenzeitlichen Reiche Ammon, Moab und Edom oder bastionsartig gesicherte nabatäische Karawansereien wie in Auara, gingen in diesem Limes auf. Die ab 106 n. Chr. erbaute *Via Nova Traiana*, die neue und wohlgepflasterte Hauptstraße von Syrien nach Nordarabien, der ein ganzes Wegenetz bei der Versorgung der Limes-Truppen sekundierte, bezog entsprechend ältere nabatäische Karawanenrouten in ihren Lauf ein.

Zunächst war es nur eine römische Legion, die ihre Mannschaften von Bostra aus über neun oder zehn Kastelle verteilte, wobei jedes dieser Forts wiederum die zugehörigen Hilfskastelle und Wachttürme mit Legionären zu beschicken hatte. Das Kasernierungsprinzip heutiger Nationalheere folgt altrömischem Muster: Schon damals wurden pannonische Legionäre nicht in Pannonien, germanische nicht an der Grenze Germaniens etc. eingesetzt, denn es sollten keine Verstrickungen, welcher Art auch immer, die Soldaten an die Heimat binden. Entsprechend wachten über die Grenze der neuentstandenen Provincia Arabia Legionäre aus der Cyrenaica, aus Nordafrika also.

In spätrömischer Zeit, zumal unter Kaiser Septimius Severus (Regierungszeit: 193–211), erhöhte sich die Zahl der Forts noch beträchtlich, erhielt auch das Nordwestende des Wadi Sirhan, eine der wichtigsten beduinischen Routen von Ost- und Zentralarabien her, die angemessene Bewehrung, wurden weitere nabatäische Stützpunkte instand gesetzt und mit römischen Truppen belegt. Der arabische Limes umfaßte schließlich zwei Legionärslager, dreiundzwanzig Kastelle und einige hundert Wachttürme, dazu Karawansereien und ummauerte Zivilsiedlungen. Nicht ohne Grund. Der Historiker Ammianus Marcellinus, der um 330 n. Chr. geboren wurde und um 395 n. Chr. starb, läßt uns über die arabischen Beduinen vor der Grenzlinie wissen: »Halbnackt, in bunte Umhänge bis zu den Hüften gehüllt, ziehen sie auf ihren schnellen Pferden und schlanken Kamelen in Friedens- wie in Kriegszeiten umher.«

Der schützende Limes war zugleich der politische Eisenreif, in dem sich die Nabatäer weiterhin um Handel und Wandel bemühten – vor allem natürlich um den Handel, denn sie blieben auch nach dem Schicksalsjahr 106, als Roms Statthalter in Syrien, Aulus Cornelius

Palma, Nabatäa zur römischen Provinz erklärte, verantwortlich für die Dufttransporte von Zentralarabien her. In den »kommerziellen Filz« Arabiens, die Mischpoke der süd- und nordarabischen Großhändler vermochte Rom auch nach der Provinznahme nicht einzubrechen. Daran änderte selbst Kaiser Hadrians demonstrativer Petra-Besuch im Jahre 130 n. Chr. nichts. Der äußerste Süden Nabatäas mit der Regionalmetropole Hedschra gehörte niemals ganz zum Imperium, und Südarabien blieb wie je Roms Legendenland.

Für die Nabatäer in der Provincia Arabia war entscheidend, wenn sie eine Art Stillhalteparole ausgaben, daß Rom ihr profitables Handelsmonopol nicht antastete. Militärischer Widerstand gegen die Besatzermacht regte sich nur an wenigen Plätzen, etwa in Aroër (heute: Khirbet Arair) am Nordrand des Wadi el-Mudschib, um aber auch dort alsbald wieder zu erlöschen. Der kämpferisch-nomadische Schwung, der die Araber eineinhalb Jahrhunderte zuvor, als Pompeius kam, mit Sicherheit noch in die Sättel der Kampfkamele gehoben hätte, war meistenorts wohllebiger Sattheit gewichen. Zudem bot der neue römische Provinzrang ärmeren Nabatäern sogar Chancen. Als Handwerker und Verwaltungskräfte in aufblühenden Städten wie Bostra und Palmyra fanden sie lohnende neue Betätigungsfelder, vor allen Dingen aber als Bauern, denn es wertete die noch zögerlich wachsende nabatäische Landwirtschaft auf, daß die römisch-cyrenaicischen Grenztruppen in ihren vorgeschobenen Wüstenpositionen zwar Schafe halten, sich aber mit Gemüse und Obst nicht hinreichend versorgen konnten. Der israelische Nabatäer-Forscher Avram Negev urteilt: »Während des ganzen zweiten Jahrhunderts und eines Teils des dritten Jahrhunderts n. Chr. erfreute sich die gesamte Provinz, einschließlich des früheren nabatäischen Distriktes im zentralen Negev, einer materiellen und künstlerischen Hochblüte, die in manchen Belangen sogar diejenige zur Zeit der großen Nabatäer-Könige Obodas II. und Aretas IV. übertraf.«

Was jedoch mit dem Verlust der politischen Autonomie verlorenging, war die »nationale«, schließlich auch die ethnische Identität. Die Nabatäer waren ja niemals ein »flächendeckendes« Staatsvolk auf ihrem Terrain gewesen; andere Volksgruppen, die Griechen der Dekapolis-Städte ebenso wie nomadische Araberstämme, hatten mit ihnen einvernehmlich das Land geteilt. Nun förderte dieser Umstand einen Auflösungsprozeß, der auch kulturell nicht aufgefangen werden konnte.

Längst hatte sich Nabatäas traditioneller Kultus griechischen und römischen, aber auch ägyptischen Vorstellungen (Isis-Verehrung) geöffnet; und auch dem Christentum verschlossen sich die »mediterranisierten« Araber nicht. In ihrer Bildsprache waren sie ohnedies wenig eigenständig. Nabatäische Repräsentationskultur bediente sich anfangs assyrischer, später hellenistischer Modelle. Als eigene nabatäische Kulturleistung erscheint dagegen die Schriftkultur mit ihren hohen Zeichen. Unverkennbar vollzog sich die Herausbildung des eckigen arabischen Kufi, der schönen Schrift des islamischen Frühmittelalters, unter dem Eindruck nabatäischer Vorgaben. Insofern wirkt das Ende des spezifischen Schriftduktus wie ein Schlußstrich unter die nabatäische Eigengeschichte. Bei Namara, einem südsyrischen Wachtposten am Fuße der Hauran-Berge, hat irgendein Traditionalist in den frühen Jahrzehnten des 4. Jahrhunderts eine letzte nabatäische Inschrift hinterlassen. Um diese Zeit ist jene eigenartige arabische Zivilisation erloschen. Über tausend Jahre währte sie, etwa so lange wie die Weihrauchstraße.

BEDUINEN IN PETRA

Im Sommer des Jahres 1812, mehr als ein halbes Jahrtausend nach dem Besuch des Mamluken-Sultans Baibars, zog eine arabische Reiterschar südwärts durch das glutheiße Transjordanien. Auch wenn man es ihm nicht ansah: Einer der »arabischen« Reiter war Europäer. Johann Ludwig Burckhardt hieß der junge Mann, gerade einmal 27 Jahre war er alt. Nach Studien in Leipzig und Göttingen hatte Burckhardt, als Sohn eines Obristen 1784 in Lausanne geboren, in Syrien zwei Jahre lang die arabische Sprache erlernt und sich mit den theologischen und juristischen Grundlagen des Islam vertraut gemacht. Finanziert wurde seine ungewöhnliche Ausbildung von einer britischen Forschungsgesellschaft, die es sich zum Ziel gesetzt hatte, die Quellen des Flusses Niger zu erkunden. Burckhardt war ihr Mann; in Nordwestarabien sollte er sich auf die »Grande Tour« vorbereiten.

Ironie des Schicksals, daß sein Name heute einerseits mit Arabien, mit der Wiederentdeckung Petras, andererseits mit Ägypten, der Wiederentdeckung von Abu Simbel, verbunden ist, nicht jedoch mit dem inneren Afrika als dem eigentlichen Reiseziel. Dorthin kam Burckhardt nie. Am 17. Oktober 1817, kurz vor dem Aufbruch zur Afrika-Expedition, starb er in Kairo an der Ruhr.

Als Burckhardt im Sommer 1812 durch die transjordanische Wüstenei ritt, erwähnten die Bauern, die ihn zu Pferd begleiteten, Ruinen in der sandsteinernen Bergwildnis nach Westen hin. Burckhardts Interesse war sogleich geweckt, doch konnte er die ängstlichen Begleiter, welche die Bdul-Beduinen als die eigentlichen Herren Petras

Johann Ludwig Burckhardt, dem im Sommer des Jahres 1812 die Wiederentdeckung der Nabatäer-Hauptstadt Petra gelang. Die Bleistiftzeichnung des englischen Künstlers H. Salt gibt den Forschungsreisenden in seinem Todesjahr (1817) wieder.

fürchteten, nur durch eine List dazu bewegen, ihn durch die Stätte zu geleiten. Er habe ein Gelübde getan, erzählte er ihnen, das Grab des Harun zu besuchen, das er nahe bei den Ruinen wußte. Diesen frommen Wunsch respektierend, schwenkten die Araber von der vorgesehenen Route nach Westen ab, ritten mit dem schweizerischen Abenteurer durch die Sik genannte Schlucht, querten das alte peträische Stadtgebiet und stiegen mit ihm, die Pferde gelegentlich am Halfter führend, hinauf zum Dschebel Harun, wo Burckhardt pflichtschuldig ein Tieropfer darbrachte. Viel hatte er von der antiken Metropole in der mißtrauischen Obhut seiner Begleiter nicht erblickt, immerhin aber genug, um zu erahnen, welche Entdeckung ihm gelungen war. Sein Tagebucheintrag vom 22./23. August 1812 schließt mit dem Vermerk: »... es ist sehr wahrscheinlich, daß die Ruinen im Wadi Musa jene des alten Petra sind«.

So wie Burckhardt hatten auch die folgenden Petra-Pioniere, die britischen Marineoffiziere Irby und Mangles (1818), der französische Graf Léon de Laborde (1828), der amerikanische Reverend Edward Robinson (1836) und der deutsche Geograph Heinrich von Schubert (1837), große Schwierigkeiten, sich den Ruinen zu nähern, wobei ein Bdul-Scheich namens Abu Zeitun (»Vater der Oliven«) eine besonders hinderliche Rolle spielte. Der Stamm der Bdul-Beduinen beschirmte den Talkessel wie sein persönliches Eigentum. Aber vielleicht war er das ja auch ...

Die Bdul sind ein kleiner Stamm von heute etwa 120 Haushalten und etwa 1500 Mitgliedern. Die jordanische Regierung hat die Beduinen vor einem Jahrzehnt aus dem Talkessel von Petra umgesiedelt und ihnen weiter nördlich bei Umm Schaihun ein neuerbautes Dorf zugewiesen. Bis dahin wohnten die Bdul teils in Zelten, teils in den Höhlen von Petra; mit Wasser versorgten sie sich im Wadi Musa oder an der ganzjährig sprudelnden Quelle im Wadi Syagh, im Westen der antiken Stätte. Die britische Archäologin Margaret Murray berichtet über ihre Beobachtungen im Jahre 1937: »Die B'dul leben wie die Füchse in Felslöchern; mit anderen Worten, in Grotten. Hier in Petra gibt es jede

Menge Höhlen, natürliche wie auch von den geschichtlichen Bewohnern ausgemeißelte, unter denen man nach Belieben wählen kann. Im allgemeinen sind die nabatäischen Felshäuser und Gräber zu monumental, um annehmlich zu sein. Zu heftig durchpfeifen die eisigen Windstöße sie im Winter, zu stechend wirft die Sonne im Sommer ihre Strahlen hinein; eine kleine natürliche Felshöhlung eignet sich daher besser. Vor dem Höhleneingang schichtet man aus losen Steinen eine niedrige Mauer auf (...). Das Innere der Behausung ist so urzeitlich und schlicht wie die Wohnung selbst. Die Feuerstelle befindet sich mehr oder weniger in der Raummitte, und das Feuer wird mit Reisig genährt, den die Hausmutter sammelt. Der beißende Rauch zieht durch den Höhleneingang ab. Ein eiserner Kochtopf, ein Brotblech, eine paraffinbeschichtete Dose, um Wasser zu holen, ein Sack Mehl, eine flache Schale, um Brot darin zu kneten (sofern es in größerer Menge bereitet wird) und für Schmorgerichte (sofern Fleisch vorhanden ist) – das ist die ganze Haushaltseinrichtung; manchmal gibt es noch eine Kiste für besondere Kleidungsstücke. Den Reichtum der Familie trägt die Hausmutter in Form von Halsketten, Armreifen und Kopfschmuck, oft erbärmlich und armselig, an ihrem Körper. Die Vorkehrungen für die Nächtigung sind außerordentlich bescheiden. Einige Steine von unterschiedlicher Größe werden in einem ungefähren Kreis um das Feuer gelegt, und jedes Familienmitglied bettet zum Schlaf den Kopf auf einen dieser Steine, während die Füße der niederbrennenden Glut zugewandt sind. Wenn ich in England von ›einfachem Leben‹ reden höre, kann ich in Erinnerung an das wirklich einfache Leben der B'dul nur lachen.«

Die Sonderstellung ihres Stammes wußten die Bdul gegen ihre Nachbarn stets zu verteidigen, nicht zuletzt durch eine strenge Heiratsordnung. Gegen die Bauern des heute Wadi Musa, früher el-Dschi genannten Dorfes, die zum Stamm der Lyathnah gehören, grenzen sie sich besonders scharf ab (»Die Fellachen sind schreckliche Menschen, aber die Bdul sind großartig«). Reserve zeigen sie auch gegenüber den Amarin-Beduinen weiter im Norden, mit denen sie sich aber bei einzelnen Unternehmungen gelegentlich zusammentun, den kamelzüchtenden Saidiyin-Beduinen im Westen (also in der Araba) und den ziegen- und schafzüchtenden Nomadenstämmen der Nuaimat und Maraiyah im Osten.

Nur im Süden erkennen die Bdul ihresgleichen: In der Wüstenebene um Humayma (s. S. 227) haben die sogenannten südlichen Bdul ihr Revier. Mit ihnen allein gingen und gehen die »Peträer« bis heute verwandtschaftliche Beziehungen ein.

Bekanntlich hatte der Bericht über den Petra-Besuch des Sultans Baibars die »Kinder Israels« als Schöpfer der peträischen Denkmäler genannt. Wenn sich die Bdul einem frühen Reisenden wie John Wilson, der Petra 1843 besuchte, nun selbst als Nachkommen des Stammes Israel darstellen, so macht die Wiederholung den behaupteten Ursprung nicht wahrscheinlicher. Das muslimische Mittelalter fragte sich seinerzeit nach dem Ursprung der kunstvollen Stadt im Fels, hatte keine Erinnerung mehr an die geschichtliche Rolle der Nabatäer und schrieb Petras grandiose Ruinen historischen Kräften zu, denen man Bauleistungen dieser Art zutraute: den Israeliten oder auch den ägyptischen Pharaonen. Die Bdul wiederum griffen, da sie keine Erinnerung an die Herkunft ihres Stammes bewahrt hatten, diese Geschichtslegende auf, betonten aber als fromme Muslime zugleich ihren frühen Übertritt vom judäischen Glauben zum Islam.

Bis in die dreißiger Jahre dieses Jahrhunderts läßt sich dieser Ursprungsmythos nachweisen, dann wandelte er sich unter den politischen Bedingungen der Zeit. Einerseits wollte man mit den verhaßten israelischen Neusiedlern im palästinischen Raum nicht einmal mehr die biblische Herkunft gemein haben; andererseits hatten die Bdul durch die seit Ende des letzten Jahrhunderts sich stetig intensivierende Nabatäer-Forschung erfahren, wer die tatsächlichen Bauherren Petras waren. Und so kursiert, in der typischen Form der arabischen Geschlechterlinie, heute ein neuer Mythos im Talkessel: Der Stamm habe in Badl, einem der Söhne des Königs Nabat, seinen Ursprung.

Was besonderes Interesse verdient, ist dies: Beide Mythen gehen wie selbstverständlich davon aus, daß die Bdul-Beduinen seit je in Petra (bzw. in der Ebene von Humayma) gelebt haben. Bei anderen Beduinenstämmen der Region findet sich dagegen stets der Gedanke, irgendwann zugewandert zu sein. Nicht weil sie dies neuerdings behaupten, sondern aufgrund ihrer wahrscheinlichen Altseßhaftigkeit dürfen die Bdul als gesellschaftlich abgesunkene und beduinisierte Nachkommen der Nabatäer gelten, die sich auf dem Kernterrain ihrer alten Hochkultur, zwischen Humayma und Petra, in strenger Abgrenzung gegen Zuwanderer, in zwei Stammesgliederungen behaupten konnten. Ist diese Vermutung richtig, würde die aggressive Haltung der Bdul gegen die wachsende Zahl der Forschungsreisenden historisch verständlich: Petra wäre ihr angestammtes Gebiet, seit zweieinhalbtausend Jahren in ungebrochener Folge besiedelt.

Die Lücken der Geschichtsforschung lassen es freilich nicht zu, eine solche durchgehende Linie zu belegen, denn die Nachrichten versiegen im siebten nachchristlichen Jahrhundert. Als Byzanz zum »neuen Rom« aufstieg, wurde das christianisierte Petra mitsamt dem Süden der trajanischen Provincia Arabia der neugeschaffenen *Provincia Palaestina Tertia* zugeschlagen. Zwischen 340 und 530 n. Chr. sind in Petra christliche Bischöfe bezeugt, etwa Germanus und Casterius, und gerade eben ist ein amerikanisches Archäologenteam dabei, aus den Schutthügeln der Innenstadt den Grundriß einer Basilika zu schälen, deren Mosaiken zu den schönsten byzantinischen Arbeiten des Ostjordanlandes gehören.

Das schwere Erdbeben im Mai des Jahres 365 n. Chr. hatte in der Region noch keine bleibenden Schäden hinterlassen, doch dann drückte das Ende der Weihrauchstraße im 5./6. Jahrhundert, verbunden mit fortschreitender klimatischer Austrocknung, Petras alte Herrlichkeit buchstäblich in den Sand. Bis ins 7. Jahrhundert haben Scheichs (»Phylarchen«) christlichen Glaubens als Bundesgenossen der Byzantiner über die Bewohner des Talkessels geboten.

AM »TOR« ZUR STADT

Wer heute die Nabatäer-Hauptstadt besucht, hat es gleich am Eingang zum Sik mit den kommerziell vereinigten Lyathnah-Bauern aus Wadi Musa und Bdul-Beduinen aus Umm Schaihun zu tun. Am Horse Riding Point (»Pferdereitplatz«), unmittelbar nach dem offiziellen Zugangstor, halten sie, das weiß-rote oder weiß-schwarze Tuch malerisch um Kopf und Hals gewunden, zu gesalzenen Preisen rassige Araberpferde bereit. Der Weg, über den sie die »Karawane« der mühsam aufgesessenen und unsicher dreinschauenden Petra-Touristen am Halfter in die alte Nabatäer-Stadt führen, ist eben der, auf dem vor nun fast schon 200 Jahren Johann Ludwig Burckhardt in die Felsenstadt einritt. Ob die Huf-und-Staub-Romantik sein muß, mag jeder Besucher für sich entscheiden.

Zur Rechten des Weges durch den Bab es-Sik ragen schon nach 200 oder 300 Metern drei Blockgräber auf (Farbtafel). Man hat sie auch für Wasserspeicher gehalten, weil am Fuße der nordwestlichen Felsen eine Wasserrinne verläuft, doch sind sie Beispiele eines besonders frühen Grabtypus, bei dem die Bestattungsgruben meist in die Oberfläche, das »Dach« der freistehenden Felswürfel eingesenkt waren.

Zu den wenig wahrgenommenen Sehenswürdigkeiten im Tal vor der Petra erschließenden Schlucht, dem Sik, gehören in schmalen Seitenklüften auch zwei Treppengräber. Schräg gegenüber dann das berühmte Obeliskengrab (Farbtafel) mit vier schmucklosen pyramidalen Pfeilern; sie symbolisieren vier Tote. Die Existenz von *fünf* Senkgräbern im Innern erklärt sich wohl daraus, daß der fünfte Tote durch die Statue zwischen den beiden inneren Spitzpfeilern repräsentiert wurde. Dieser Tote dürfte der Grabherr sein und könnte Manku heißen – eine großformatige Inschrift in Nabatäisch und Griechisch nennt auf einem Felsen schräg gegenüber dem Grab eben jenen Namen: »Dieses Denkmal wurde errichtet von Abd Manku (...) für sich selbst, seine Nachfahren und deren beider Nachfahren ...« Der Fassade unter dem Obeliskengrab haben der gesprengte Giebel

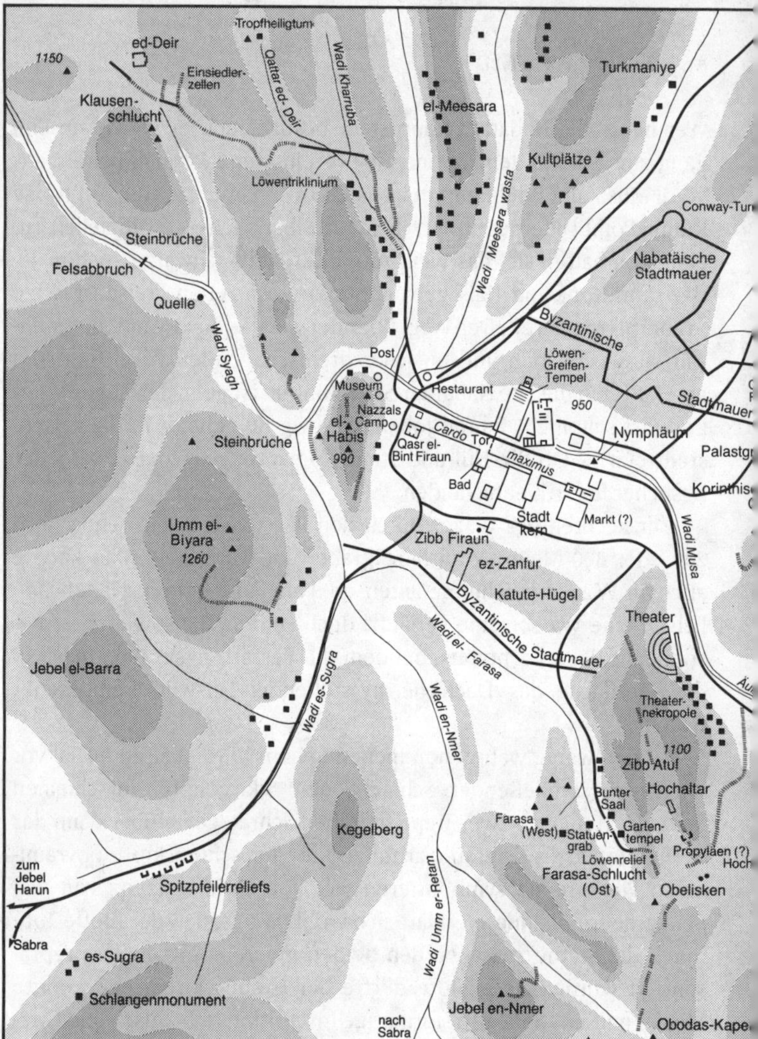
Tropfheiligtum
ed-Deir
1150
Einsiedler-
zellen
Klausen-
schlucht
Qattar ed- Deir
Wadi Kharruba
el-Meesara
Turkmaniye
Kultplätze
Löwentriklinium
Wadi Meesara wasta
Conway-Tur
Steinbrüche
Felsabbruch
Nabatäische
Stadtmauer
Quelle
Wadi Syagh
Byzantinische
Stadtmauer
Löwen-
Greifen-
Tempel
Post
Museum
Restaurant
950
Nazzals
Camp
el-
Habis
990
Cardo
Tor
Nymphäum
Steinbrüche
Qasr el-
Bint Firaun
maximus
Palastgr
Bad
Korinthis
Umm el-
Biyara
1260
Stadt
kern
Markt (?)
Wadi Musa
Zibb Firaun
ez-Zanfur
Katute-Hügel
Byzantinische Stadtmauer
Wadi el- Farasa
Theater
Jebel el-Barra
Wadi es- Sugra
Wadi en-Nmer
Theater-
nekropole
1100
Zibb Atuf
Hochaltar
Bunter
Saal
Farasa
(West)
Statuen-
grab
Garten-
tempel
Kegelberg
Propyläen (?)
Hoch
Löwenrelief
zum
Jebel
Harun
Spitzpfeilerreliefs
Farasa-Schlucht
(Ost)
Obelisken
Sabra
es-Sugra
Wadi Umm er-Retam
Schlangenmonument
Jebel en-Nmer
nach
Sabra
Obodas-Kape

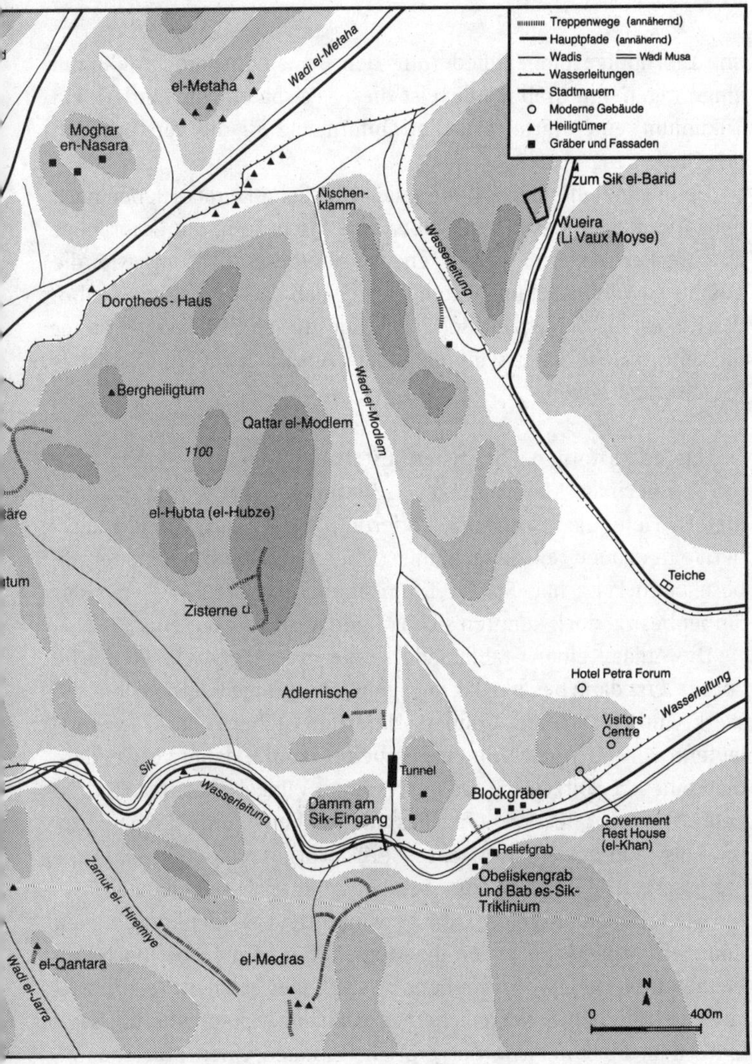

Die Nabatäer-Hauptstadt Petra mit ihren Kulthöhen und der »City« im Talkessel. Die Weihrauchstraße erreichte das Stadtgebiet im Südwesten bei es-Sugra nahe dem Schlangenmonument.

und die üppige Binnengliederung den Beinamen Barocktriklinium eingetragen. Ein Grab nämlich ist dieser Felsbau nicht, sondern ein Triklinium, eine Stätte festlicher Opfermahle für die Verstorbenen des Obeliskengrabs.

Denn ganz offenbar glaubten die Nabatäer an ein Fortleben nach dem Tod. Reiche Bestattungsgaben und Inschriften, die Grabräuber abschrecken sollten, weisen ebenso in diese Richtung wie die posthume Vergöttlichung, die einer der nabatäischen Könige, Obodas III., erfuhr. So scheint der Prunk der großen Grabfassaden über die sehr irdische Statussymbolik hinaus Anspruch auf ein fürstliches Jenseits zu erheben.

Die Elementarform nabatäischer Bestattung war das Senkgrab, eine Grube von circa 2 Metern Länge, 60 Zentimetern Breite und 70 Zentimetern Tiefe, die in Felsbuckel oder in die Oberseite von Blockgräbern eingehauen sein kann, zumeist aber innerhalb von Kammergräbern ihren Platz hat. Solche Totenkammern waren Familien- oder Sippenbesitz, doch konnten sich Fremde in sie »einkaufen«.

Die Anlage einer Grabfassade setzte eine geglättete Felsfläche voraus, erst dann begann das im eigentlichen Sinne baukünstlerische Werk. Andreas Schmidt-Colinet: »Unfertige Gräber zeigen, daß fortlaufend von oben nach unten gearbeitet wurde; dabei verwendete man eine Art Spitzeisen, das in schrägem Winkel von circa 45 Grad geführt wurde.« Bei den hohen Fassadengräbern wurde der geglätteten Felswand ein provisorisches Gerüst vorgesetzt – oder aber die Steinmetzen seilten sich von oben her an ihren Arbeitsplatz ab. Waren die Fallinien ausgelotet, die gewünschten Fassadenkonturen auf dem Fels vermerkt, konnten die Meißelarbeiten nur dort noch Probleme aufwerfen, wo freistehende Felsglieder aus dem relativ weichen petäischen Sandstein herauszuschälen waren. Abschließend legte man über manche der großen Fassaden einen Stuckmantel, vielleicht mit Farbauftrag. Auch manche Grabkammern und Opfermahlsäle dürften ursprünglich nicht so schmucklos gewesen sein, wie sie sich heute präsentieren.

Die drei Grundformen der petraischen Fassadengräber haben Anlaß zu wissenschaftlichen Debatten gegeben.

Besonders häufig sind sogenannte *Zinnengräber*, zuweilen auch assyrische Gräber genannt: Es wurden 156 Fassaden mit einer Zinnenreihe und 81 Fassaden mit zwei Zinnenfriesen gezählt. Blickt man genauer hin, fällt auf, daß sich die Fassaden dieses Typus stets ein wenig nach hinten neigen und mit zunehmender Höhe auch schmaler werden. Vielleicht ist diese Grabform nichts anderes als die Übertragung oder Umzeichnung südarabischer Wohntürme in die Zweidimensionalität der Felsfläche. Das Beispiel eines vollplastischen Grabturms kurz vor Petras Theater (Abbildung auf dem Schutzumschlag) und zinnenbesetzter Grabtürme im südpetraischen Vorort es-Sugra, direkt an der Weihrauchstraße, stützen diese These, die sich auch mit der stilkritischen Herleitung des Zinnendekors aus dem mesopotamischen Raum verträgt. Der südarabische Zinnendekor war ja keine Erfindung der Sabäer, Minäer oder Hadramiten, vielmehr eine Übernahme aus dem assyrischen Zweistromland. Ob sich der Schmucktypus von dort direkt nach Nabatäa durchgesetzt hat oder indirekt über die Vermittlung Südarabiens, wird sich wohl nicht mehr klären lassen und ist letztlich auch unerheblich.

Treppengräber wie die in den Seitenklüften des Bab es-Sik zeigen in aller Regel reicheren Schmuck als die Zinnenfassaden: Halbsäulen oder Pilaster flankieren die Front und »tragen« auf typisch nabatäischen Hörnerkapitellen eine Gesimszone mit abschließender Hohlkehle. Darüber steigen dann die dekorativen Treppen auf, durchweg streng genormt auf fünf Stufen. Gelegentlich schiebt sich zwischen Gesims und Hohlkehle noch eine Attika mit Zwergpilastern. Das Grabportal kann durch Giebelung, Seitenpilaster und Leistenschmuck hervorgehoben sein.

Die Nabatäer waren, wie schon angedeutet, kein begnadetes Künstlervolk. Woher also die genannten Elemente des Treppengrabs? Die Antwort weist buchstäblich in alle Himmelsrichtungen und läßt den künstlerischen Synkretismus Nabatäas in seinem ganzen Umfang erkennen: Treppenzinnen sind aus Mesopotamien bekannt, die Hohlkehle gehört zum Repertoire altägyptischer Fassadenkunst, Attika-Geschosse mit gestauchten Pilastern wiederum finden sich gelegentlich in der altiranischen Baukunst, mögen aber auch durch hellenistische Hallenarchitekturen inspiriert sein.

Der dritte, *hellenistische Fassadentypus* weist unmißverständlich auf mediterrane Vorbilder hin. Die Fassaden sind prunkvoll ausgeführt und ragen häufig in zwei Geschossen auf, Vor- und Rücksprünge der Fassade, die Freistellung von Baugliedern, dazu figürlicher Dekor verleihen den Grabfronten eine größere Plastizität.

Noch vor zwei Jahrzehnten schien die Welt der kunstgeschichtlichen Interpretation petraïscher Grabfassaden heil. Keine Frage, daß sie chronologisch folgendermaßen zu ordnen waren: Auf die älteste Phase des assyrischen Zinnengrabs folgte der Mischtyp des Treppengrabs; mit mediterran-klassizistisch gestalteten Fronten habe die Entwicklung abgeschlossen. Dann aber konnte Avram Negev für die nabatäische Südmetropole Hedschra einen Zusammenhang zwischen Grabtypus und sozialem Status des Bestatteten nachweisen. Alle chronologischen Gewißheiten zerbrachen damit, und statt eines Nacheinanders ist nun ein Nebeneinander der Grabtypen wahrscheinlich. Nach Negevs These gehörten die hellenisierenden Gräber den Angehörigen einer – militärischen oder zivilen – Oberschicht, während in den Zinnengräbern Nabatäer geringeren Rangs und Wohlstands zur Totenruhe kamen.

Das letzte Wort hat Negev sicher nicht gesprochen. Indessen hat er den unverzichtbaren Hinweis gegeben, daß ein *allein* stilkritisches Deuteln an den Fassaden nicht taugt, wenn es darum geht, die Komplexität von Kulturschöpfungen zu erfassen, gerade solcher, die sich zwischen den Großkulturen ausbildeten.

Die nabatäische Religiosität, die den Grabkultus trug, erschließt sich uns nur in Andeutungen. Noch vor Petras Eingangstor, dem Sik, bietet sich die Möglichkeit, über terrassierte Hänge und eine in den Stein geschnittene Prozessionsstraße nach el-Medras aufzusteigen, einer Stätte, die zwar keine hervorragenden Denkmäler oder Grabfassaden besitzt, aber gerade in ihrer Stille und Abgeschiedenheit den Glauben der Nabatäer deutlich macht, der neben dem offiziellen Kultus das private Opfer und die intime Gebetsstätte schätzte.

Diesen Glauben und Nabatäas religiöse Kultur verstehen heißt allerdings absehen von christlichen Kinderbibel-Bildern. Andere religiöse Traditionen hielten und halten auf Bildabstinenz. Entschieden hat sich die an Nabatäa angrenzende israelische Welt, später auch der Islam jedweder illustrativen Darstellung der Gottheit verschlossen: Das unfaßbar Große abbilden zu wollen sei nicht nur von vornherein zum Scheitern verurteilt, sondern sogar frevlerisch.

Auch die ältere arabische Tradition war sich darin sicher, daß der Gottheit kein künstlerisches Bild gegeben werden konnte und durfte. In der Kaaba zu Mekka, dem Hochheiligtum des Islam, wurde ein vom Himmel gefallener Meteorit als ungefüger Stein verehrt. Die »Gottessteine« im Umkreis der Kaaba kündeten von göttlicher Anwesenheit oder galten als »Gottessitz«.

Nabatäas Hauptgott wohnte gleichfalls im Stein, war Stein. Man nannte ihn Duschara (griechisch: Dusares), also »den von Schara«, womit jenes Sandsteingebirge zwischen Petra und Aqaba gemeint ist, das die Edomiter als Seir (s. S. 236) bezeichneten. Nach einer späten byzantinischen Quelle verehrte man den Göttlichen in Petras Haupttempel als schwarzen Stein auf goldenem Podest.

Die elementare Form des nabatäischen Gottesbildes ist der Betyl. Die Bezeichnung leitet sich aus dem aramäischen *beth-El* (»Haus Gottes«) her. In großer Zahl auf el-Medras wie auch in der Sandsteinschlucht des Sik, in Einzelstücken aber überall in Petra begegnet man diesen elementar gehaltenen Reliefs: In einer ganz flach aus dem Fels geschlagenen Nische, einer Art Bildfeld oder »Haus«, zeichnet sich eine hochrechteckige Stele ab, der »Gott«. Haus und Herr sind natürlich nur Symbole des Undarstellbaren.

Dabei waren die Nabatäer keineswegs dem Eingottglauben verpflichtet. Häufig sind in den Steinnischen, die wie Miniaturausgaben des Allerheiligsten griechischer, römischer oder orientalischer Tempel aussehen, zwei oder drei Idole eingemeißelt, manchmal auch ganze »Götterfamilien«. Zwar hat Gustaf Dalman in solchen Gruppenidolen die verschiedenen Erscheinungsphasen einer Gottheit erkennen wollen, doch weisen die häufigen Doppelbetyle auf ein Götterpaar hin: vielleicht Duschara und die altarabische Göttin Allat, die uns ja auch in Südarabien begegnete.

Den Übergang vom ungestalteten Gottesstein zur menschenähnlichen Gottesdarstellung bezeichnen jene Betyle, bei denen das Idol mit skizzenhaften Gesichtszügen ausgestattet ist: Während ein Mund fehlt, treten die runden Pupillen, gelegentlich quadratisch gerahmt, beiderseits einer vertikalen Nasenkerbe deutlich hervor.

Das Doppelporträt des Gottes Dionysos/Duschara an einem Felsen zwischen dem Großen Opferplatz und der östlichen Farasa-Schlucht bezeugt im Miteinander von figürlicher und symbolischer Darstellungsweise die nabatäische Unentschiedenheit zwischen altarabischem Steinkultus und mediterraner Bildsprache (entstanden wohl im 2. Jh. n. Chr.).

Unter dem Eindruck des Hellenismus und seines Pantheons haben die Nabatäer aber auch Gottheiten wie Dionysos, Athene oder Isis nach dem vorgegebenen Bildkanon aus dem Sandstein geformt. Die nabatäische Unentschiedenheit zwischen mediterraner Bildersprache und altarabischem Steinkultus wird in exemplarischer Weise durch ein Relief veranschaulicht, das sich an einem Felssteig im Westen des peträischen Hochaltars auf Zibb Atuf findet. Unmittelbar über einem Betyl – in der üblichen Form der Nische mit eingesetztem hochrechteckigem Gottesstein – ist dort ein Medaillon mit figürlicher Büste in den Felsen geschnitten. Ein Rebkranz auf dem Haupt weist die Gestalt als Dionysos aus. In der Tat haben die griechisch-römisch-ägyptischen Götter sich nach der bekannten Manier der Angleichung oder Gleichsetzung in der religiösen Tradition des arabischen Händlervolks verankern können: Der Fruchtbarkeitsspender Dionysos galt als Ausdruck des Duschara.

Den Betylen ähnlich, jedoch von anderer Bedeutung sind die sogenannten *nefesch*, in den Stein reliefierte Spitzpfeilerlinien. Daß solche Nefesch dreidimensional sind und somit frei stehen wie beim Obeliskengrab im Bab es-Sik, ist die Ausnahme. Unverkennbar ist jedenfalls dies: So wie zahlreiche Grabmale Roms südliche »Ausfallstraße«, die Via Appia, säumten, so finden sich besonders viele Nefesch in den »Vororten« Petras entlang der Weihrauchstraße, ein besonders schön geschnittener Doppelnefesch zum Beispiel im Wadi Umm el-Hiran im Norden der Stadt.

In Höhen- und Schluchtheiligtümern, Opfermahlstätten und Tempeln bündelte sich die nabatäische Religiosität. Höhenheiligtümer tragen fast alle Bergkuppen oder -plateaus im Umkreis der antiken Stadt; Petras stimmungsvollstes Schluchtheiligtum wiederum ist das Wadi el-Modlem mit nicht weniger als 95 Kultnischen, aber auch im Sik finden sich zwischen zusammenrückenden Felswänden eindrucksvolle Bet- und Kultplätze, vom einfachen Betyl bis hin zur elaborierten Ehrennische mit Giebel, Pilastern und figürlichem Schmuck. Allgemeingültige Vorschriften für die Ausstattung der Heiligtümer scheint es nicht gegeben zu haben; nicht zwei sind sich gleich. Immerhin lassen sich wiederkehrende Elemente peträischer Kultstätten benennen: unter anderem Abtreppungen, Schalenvertiefungen, Wasserbehälter und -rinnen, altarartige Sockel.

Auf welche Weise, mit welchen Riten, in welchen Erwartungen oder Hoffnungen Duschara und seine göttlichen Gefährten verehrt wurden, erschließt sich nur aus der Analogie zur besser dokumentierten kultischen Praxis anderer vorderasiatischer Religionen, dazu aus einigen wenigen nabatäischen Inschriften. Danach wären die Becken und Rinnen zur Aufnahme von Weihwasser für die rituelle Reinigung der Gläubigen vor der Opferhandlung, die Altäre für Schlacht- und Räucheropfer wie auch zur Darbringung von Milch, Öl, Korn und Speisen bestimmt gewesen.

Nach der Opferhandlung versammelten sich die Gläubigen zu rituellen Mahlzeiten, die unter freiem Himmel oder auch in Felshallen stattfinden konnten. Nach antiker wie auch beduinischer Sitte speiste man im Liegen; dabei ruhten die Teilnehmer auf zwei oder – häufiger – drei Steinbänken (Biklinium bzw. Triklinium). Häufig finden sich solche rituellen Speiseplätze, zu der auch Kochstellen gehörten, in der Nachbarschaft oder im direkten Verbund mit Grabkammern. Bei den Römern waren solche Totenmahle am Beisetzungstag, am neunten Tag nach dem Leichenbegängnis und zur Jahresfeier des Verstorbenen üblich.

DURCH DEN SIK IN PETRAS INNENSTADT

Als »rosarote Stadt, halb so alt wie die Zeit« hat der Engländer J. William Burgon Petra in einem Gedicht bezeichnet, den »Sarkophag einer uralten Zivilisation« nannte sie der amerikanische Reisepionier

Petras schönste Fassade, bekannt als Khazne oder »Schatzhaus des Pharao«, knapp 40 Meter hoch und 25 Meter breit, ist aus einer lotrecht abfallenden Felswand herausgearbeitet (Zeichnung des englischen Reisepioniers David Roberts, der Petra 1839 besuchte).

G. L. Robinson. Von der Felswüste, in der die antike Metropole sich verbirgt, geht dabei kaum geringerer Reiz aus als von den außergewöhnlichen Denkmälern. Die Aura des Geheimnisvollen ist Petra trotz aller archäologischen Aufhellung und touristischen Betriebsamkeit geblieben. Dazu trägt nicht unwesentlich bei, daß man den Sik, eine enge, himmelhohe Felsschlucht, passieren muß, ehe das eigentliche Stadtgebiet sich öffnet. Die in der dunklen Felspassage geweckten Erwartungen werden nicht enttäuscht, wenn die zugleich monumentale und grazile Fassade der Khazne Firaun rötlich zwischen den dunklen Steinwänden am Ausgang des Sik hervortritt. Fast 40 Meter hoch, gegliedert in zwei Geschosse, ragt dieses »Schatzhaus des Pharao« empor – wohl die schönste erhaltene Fassade der Antike überhaupt.

Die figürlichen Elemente der Grabfront haben im Laufe der Zeit freilich in solchem Maße Schaden genommen, daß ihre Identifizierung umstritten bleibt. Sicher ist aber, daß die Reiterreliefs zu beiden Seiten des Eingangs die Dioskuren abbilden, die »himmlischen Zwillinge« Kastor und Pollux, in der griechischen Mythologie bekannte Symbole für Leben und Tod. Wie aber sind die tanzenden weiblichen Gestalten des Obergeschosses zu deuten? Handelt es sich um Siegesgöttinnen? Oder um Amazonen-Darstellungen? Und vor allem: Welche mythische Gestalt ist in das Frontfeld des Rundbaus reliefiert? Vielleicht die Schicksalsgöttin Tyche? Oder die ägyptische Isis? Letzteres ist am wahrscheinlichsten, da die zentrale Verzierung des unteren Giebels eine Sonnenscheibe zwischen Hörnern und Ähren zeigt – ein Isis-Symbol. Neu aufgefundene Skulpturen der Isis in versteckten Seitenschluchten von Petra unterstreichen die Bedeutung der »Ägypterin« im nabatäischen Kultus. Aber auch der Bautypus der Khazne scheint spätalexandrinischen Bautraditionen zu folgen, wie sie uns in Pompeji Wandmalereien vor Augen führen.

So mag das »Schatzhaus des Pharao« tatsächlich nach Ägypten weisen und ein Grabtempel sein, in dessen drei Felssälen große nabatäische Tote sich dem überirdischen Schutz der Isis anheimstellten. Keine Inschrift überliefert freilich ihren Namen und Rang.

Zwischen der Khazne und Petras Innenstadt zeichnen sich monumentale Zinnen- und Treppenfassaden, dazu ein freistehendes Turmgrab (Abbildung auf dem Schutzumschlag) in den bunten Felsen ab. Nach dem Erlebnis des unvergleichlichen »Schatzhauses« werden sie unter Gebühr beachtet. Sie leiten über zur sogenannten Theaternekropole als dem wohl ältesten Begräbnisplatz der Königsstadt. Die Fassaden sind hier bescheidener dimensioniert, als Schmuck überwiegt der einfache oder der doppelte Zinnenfries. In den Querschlitzen über den meist einfach gestalteten Grabportalen waren ursprünglich wohl Holzbalken eingelassen, die den Namen des Bestatteten trugen.

Die gähnenden Felskammern in der Abschlußwand über dem römischen Halbrund des in den Fels geschnittenen Theaters von Petra hielt einer der frühen Petra-Reisenden des 19. Jahrhunderts für »Ehrenlogen«. In Wirklichkeit handelt es sich um aufgeschnittene, dem Theaterbau pietätlos geopferte Gräber einer älteren Zeit. Das Theater entstand um die Zeitenwende und bot in seinem Auditorium auf 40 Steinbänken 7000 oder 8000 Menschen Platz. Diese Angabe verdient schon deshalb Interesse, weil die aus der Antike bekannten relativ festen Beziehungen zwischen Einwohnerzahl und Zahl der Theatersitze für das antike Petra jener Zeit damit auf eine Bevölkerung von 20000 oder sogar 25000 Menschen schließen lassen. Nicht grundlos also baute man kilometerlange Wasserleitungen, um die Innenstadt angemessen zu versorgen.

Die Grandezza der beschriebenen Grabfassaden setzt sich nun, da Petras Talkessel sich in seiner ganzen Weite öffnet, fort in den gewaltigen Königsgräbern zur Rechten (Farbtafel). Wie es scheint, wurden sie in chronologischer Folge von Süd nach Nord in den Ansatz des Hubta-Hügels gemeißelt, beginnend mit dem Grab eines Kanzlers namens Oneiso (der für den noch unmündigen König Rabel II. zunächst die Regierungsgeschäfte führte). Es schließen sich das Urnengrab – später in eine christliche Kirche umgewidmet –, das Palastgrab und schließlich, nur beim Sonnenuntergang von Lichtschein erreicht, das Grab eines der ersten römischen Gouverneure der Provincia Arabia an, Sextius Florentinus sein Name.

Verglichen mit solch sepulkraler Pracht kommt das Innere Petras einer archäologischen »Kraterlandschaft« gleich, gegliedert nur durch die freigelegte Pflasterstraße. Soll das die ganze Hauptstadt sein? Ein paar Säulenstümpfe zur Linken, die geringen Reste eines Stadtbrunnens zur Rechten, Treppenansätze, die – nun wieder links – in die Steinwildnis führen, in der gelegentlich auch Säulen in Sturzlage zu erkennen sind, die Säulentrommeln wie Aufschnitt hingeblättert? Dominieren also die Monumente des Todes ganz und gar die Denkmäler antiken Lebens?

Wahr ist, daß gerade einmal ein Prozent der Fläche des Stadtgebiets durch Ausgrabungen erkundet wurde – und eine schlichte Antwort auf die schlichte Frage, wie und wo die Einwohner der nabatäischen Königsstadt lebten, bis heute aussteht.

Eine Wanderung in das Wadi Syagh, die Fortsetzung des Sik zur Araba, führt zu großen Steinbrüchen; andere Steinbrüche finden sich nach Süden hin über einer bei der Khazne abzweigenden Seitenschlucht und auf einem Nachbarhügel des Theaterbergs. Die Vertrautheit einheimischer Handwerker mit Stein- und Felsbearbeitung ist evident. Dennoch sollte man sich mit dem Urteil zurückhalten, das antike Petra sei eine Metropole ganz in Stein gewesen. Einige Wissenschaftler haben für die alte Stadt eine Kombination von Stein-, Lehmziegel- und Holzbauten angenommen. Das mutmaßliche Nebeneinander unterschiedlicher Baustoffe und Architekturen muß aber wahrscheinlich noch rigoroser gefaßt werden. Vieles spricht für folgendes Stadtbild: Um eine steinerne, griechisch-römisch inspirierte »City«, aufgebaut über Hangterrassen, gruppierten sich Lehmziegelviertel mit zinnenbesetzten Wohnhäusern oder -türmen südarabisch-assyrischer Tradition und im erweiterten »Vorstadt«-Kreis, jenseits einer Stadtmauer, Zeltlager. Ergänzend kamen die von Margaret Murray erwähnten Wohnhöhlen hinzu. Nicht alle Nabatäer lernten das »Wirtschaftswunder« des Karawanenstaates eben aus nächster Nähe kennen...

Nicht nur aus rituellen, sondern wohl auch aus zwingenden hygienischen Gründen stand diesen Minderbemittelten am Tor der gepflasterten Hauptstraße ein Bad zur Verfügung. Gereinigt betrat man danach geheiligtes Terrain. Zur Rechten konnte man über eine Treppenflucht zum »Tempel der geflügelten Löwen« aufsteigen, geradeaus erweiterte sich die Straße zum Vorhof für Petras Haupttempel. Die Bdul-Beduinen gaben ihm, ein weiteres Mal Ägyptens Größe feiernd, den Namen Qasr el-Bint Firaun (»Schloß der Tochter des Pharao«).

Alois Musil, einer der Tapfersten und Verdienstvollsten unter den Forschungsreisenden in Nordarabien, hat die lokale Legende des hochgeborenen Fräuleins folgendermaßen überliefert: Eine Prinzessin wünschte sich in ihrem Palast, eben dem Qasr el-Bint, seit langem fließendes Wasser und versprach, demjenigen Mann eine gute Ehefrau zu sein, der es ihr heranschaffen werde. Natürlich fand sich – der Legende zufolge – ein solcher Schatz von Mann.

In Wirklichkeit umrankt die Legende in der ihr eigenen bildhaften Erklärungssprache die den »Nach-Nabatäern« rätselhaft gewordene kilometerlange Wasserleitung, die von der Moses-Quelle in den peträischen Stadtkessel führte. Die wirkliche Bedeutung des Baues, der da mit einer Mauerhöhe von etwa 23 Metern aufragt, war natürlich *nicht* die eines pharaonischen Schlößchens.

Vielmehr kann man am peträischen Haupttempel des Duschara und dem ihm jenseits der Straßenachse zugeordneten Tempel der geflügelten Löwen (der vielleicht der Göttin Allat geweiht war) die beiden markant unterschiedlichen Tempelformen Nabatäas vergleichend studieren. Der dreiteiligen Stirn des Allerheiligsten im Qasr el-Bint steht auf der anderen Straßenseite ein Zentralsanktum gegenüber, wie wir es schon im Wadi Ram kennengelernt haben (s. S. 220 ff.): In der Mittelkammer eines raumreichen Kultensembles erhebt sich dabei ein Altar. Daß solche Zentraltempel dem Opferkultus dienten, die dreiteiligen »Stirntempel« dagegen der Verehrung einer Gottestrias mit Duschara im Zentrum, ist eine ansprechende Vermutung.

PETRÄISCHE WANDERUNGEN

Nicht einmal ein wochenlanger Aufenthalt vermag Petras landschaftlichen und kulturellen Reichtum vollends auszuschöpfen. Es lohnt, auf die Berghöhen zu steigen und dort die vergessenen Altäre und Heiligtümer aufzusuchen, sei es auf Zibb Atuf, el-Hubta oder Umm el-Biyara. Es lohnt, einmal abzuzweigen vom Pflasterweg der Innenstadt und einzubiegen in die Ruinenwildnis der Metropole, zum Beispiel in das Nebental beim Nymphäum, dem städtischen Prachtbrunnen. Aber solche Empfehlungen sollen und können keinen praktischen Reiseführer ersetzen. Sie wollen nur andeuten, welch ein Erlebnis die »Stadt im Stein« demjenigen verspricht, der sich einige Tage Zeit nimmt und sie zu Fuß erkundet.

Der Aufstieg zur ed-Deir (»das Kloster«) genannten Monumentalfassade gehört dagegen zum Pflichtprogramm auch eines Petra-Kurzbesuchs. Über »eine wahrhaft königliche Stiege mitten in der Romantik wilder Schluchten« (G. Dalman) geht es, einen Höhenunterschied von circa 200 Metern bewältigend, hinauf zu einem Bergplateau mit Aussicht tief hinein in die ausgeglüht wirkenden Randhügel der Araba. Ohne Zweifel ist dies ein alter Prozessionsweg. In Seitenschluchten des vielbegangenen Treppenpfads haben nabatäische Gläubige dem glosenden Fels links und rechts des Weges Heiligtümer eingeschnitten. Am Oberlauf der Qattar ed-Deir genannten Klamm ist unter einem mächtigen Felsüberhang ein düster-romantischer Platz mit Kultnischen, Bassins, einem Betyl, Inschriften und einem Triklinium zu entdecken. Höher auf ed-Deir zu bezeugen in der sogenannten Klausenschlucht gravierte Kreuze im Stein, daß hier nach der Zeitenwende Christen, vielleicht Eremiten, in ältere nabatäische Kultstätten eingezogen sind und zu ihrem Heiland beteten.

Dann endlich die Bergterrasse – und rechts, in die Sandsteinklippen gemeißelt, die Fassade von ed-Deir, 40 Meter hoch und 47 Meter breit, also noch wuchtiger als die Khazne – aber vielleicht doch nicht so eindrucksvoll wie diese. Statt spielerischer Stimmung und Detailfreude bündeln klar definierte architektonische Linien sich zu einem

Eindruck beherrschter Kraft. Dabei darf man allerdings nicht vergessen, daß der Fassade ursprünglich ein Säulenhof vorgelagert war und somit völlig andere Licht- und Schattenverhältnisse als heutzutage herrschten, wo erst die Nachmittagssonne aus dem gelb-beigen Kolorit ein wärmeres Rot aufglühen läßt.

Alles ist monumental an ed-Deir: das Eingangsportal mit acht Metern Höhe ebenso wie die Urne über dem Hörnerkapitell des Dachpavillons mit neun Metern Höhe. Postamente in den insgesamt fünf Nischen der Fassaden werden einst Statuen getragen haben. Aber welche Art Skulpturen waren hier aufgestellt: Bilder ehrwürdiger Toter oder solche von Gottheiten des nabatäischen Pantheons?

Im archäologischen Befund deutet sich eine Antwort an. Der kahle, annähernd quadratische Felssaal von ed-Deir besitzt weder Senkgräber noch Wandnischen. Über einem Treppenpodest an der Rückwand erhob sich in einer Bogennische ursprünglich ein Betyl. Demnach ist der Felsbau kein Mausoleum, sondern ein Tempel gewesen.

Eine Votivinschrift in der Nähe nennt den Namen Obodas III. Als Grabtempel könnte ed-Deir diesem vergöttlichten König zugeeignet

Strenger geschnitten als die Khazne, zugleich mit 40 Metern Höhe und 47 Metern Breite noch monumentaler, ist der ed-Deir (»das Kloster«) genannte Felstempel auf einem Hochplateau im Nordwesten von Petra.

gewesen sein, der wahrscheinlich in der gleichnamigen nabatäischen Ruinenstadt (heute: Avdat) im Negev zur letzten Ruhe kam, aber auch in Petra posthume Verehrung genoß. Trifft die Vermutung zu, wäre ed-Deir um die Zeitenwende entstanden.

Das Bergplateau bietet noch andere Schätze als die eine gigantische Fassade, derenthalben es die meisten Besucher heraufzieht: mehrere Dutzend Grabkammern und Altäre, Triklinien und Idol-Nischen. Zu den Denkmälern persönlicheren Kultus gehört, in einer Seitenschlucht nahe ed-Deir, ein hochinteressantes Relief, das uns auf die Weihrauchstraße zurückführt. Ein nabatäischer Künstler schnitt hier das Bild zweier Kamele und zweier Kamelführer in den Sandstein. Sie wenden sich einem Räucheraltar in der Mitte zu. Vandalismus und Erosion haben der Arbeit leider sehr zugesetzt. Als einzigartige Darstellung nabatäischer Karawanenleute hätte sie uns sonst manches über die Tracht wie auch über die Aufzäumung der Lasttiere lehren können. So lassen sich nur noch die pludrigen arabischen Hosen erkennen; sie scheinen gegürtet oder wurden von einer Art Leibbinde gehalten. Die Treiber sind barfüßig.

DIE WEIHRAUCHSTRASSE IN DER KÖNIGSSTADT

Sind die Karawanen von Weihrauch und Myrrhe gar nicht nach Petra eingelassen worden? War sich die Hauptstadt zu fein für brüllende Kamele und übel duftende Treiber? Mußten Tiere und Mannschaften vor der Stadt lagern? Wahrscheinlich war es so. Aber nicht, um die empfindsamen Hauptstädter zu verschonen. Auch als die Schönheits- und Reinheitsideale der hellenistischen, dann der römischen Welt Petra beherrschten und man dort gegen das mediterrane Naserümpfen über die »Parvenüs aus der Wüste« nur um so eifriger den Duft alexandrinischen Parfüms um sich verbreitete, wird die gute Gesellschaft Nabatäas nicht vergessen haben, daß ihr ganzer Reichtum an Weihrauch und Myrrhe und Balsam hing. Mit dem bißchen

Landwirtschaft, das sich – mühsam genug – entwickelt hatte, war ja durchaus kein Staat zu machen und die Asphaltgewinnung aus dem Toten Meer kaum mehr als ein schöner Nebenverdienst.

Um darüber noch ein Wort zu verlieren: Der Historiker Flavius Josephus, der im 1. Jahrhundert n. Chr. eine Geschichte des »Jüdischen Krieges« und eine zwanzigbändige Geschichte der Juden bis auf die Zeit Neros (»Jüdische Altertümer«) verfaßte, berichtet von schwarzen Bitumenbrocken, die das *Mare Mortuum* gelegentlich »nach oben kommen läßt«, verwendbar »nicht nur zum Abdichten von Wasserfahrzeugen, sondern auch gegen körperliche Leiden«. »Bitumen Judaicum« oder »Judenpech« nennt der ältere Plinius die begehrte teerartige Masse. Die Nabatäer boten den Naturasphalt zu hohen Preisen vor allem in Ägypten an, wo er zum Einbalsamieren verstorbener Würdenträger benötigt wurde. Wie rar die Ware aber gewesen sein dürfte, macht der Arabien-Pionier Seetzen deutlich, der 1806 am Salzmeer entlangzog: »Die Erscheinung des Asphalts auf dem toten See«, schreibt er, »ist gar nicht so gewöhnlich, wie man zu glauben scheint, sondern gehört zu den Seltenheiten, und alte Leute wußten sich nur zu erinnern, daß dies zwei- oder dreimal in ihrem Leben der Fall gewesen sei.«

Nein, aus dem »Judenpech« allein konnten die Nabatäer ihren Luxus nicht finanzieren, zumal schon früh andere Hände nach dieser kostbaren Ware griffen, die des Hasmonäers Alexander Iannäus etwa. Und so hat denn die wirtschaftliche Bedeutung der eintreffenden Weihrauchkarawanen auch feiner witternde Nasen stets über den Essigschweiß der Treiber und die Urinschwaden lagernder Kamele hinweggetröstet.

Jedenfalls aber mußten die Stapelplätze außerhalb oder innerhalb der Felsenstadt das kostbare Gut sicher, absolut sicher verwahren. Haben die Nabatäer dafür, so wie ihre südarabischen Handelspartner, die unantastbaren Tempel benutzt? Anders als in der Arabia Felix fehlen Inschriften zur Bestätigung der an sich naheliegenden Vermutung.

Manfred Lindner, der die bedeutende Tradition deutscher Petra-

Forschung fortsetzt – Rudolf E. Brünnow, Alfred von Domaszewski und Gustaf Dalman sind die großen Vorgänger –, hat bei seinen Untersuchungen auf einer Nordterrasse des Bergstocks Umm el-Biyara ein Ensemble von Höhlenräumen und Vorbauten vermessen können, geschützt durch einen festungstorartigen Zugang sowie Felsrampen, die wiederum durch Verteidigungswege gesichert wurden. Die außergewöhnliche Anlage, deren Zweck Lindner offen läßt, dürfte jener gesuchte petraische Stapelplatz von Weihrauch und Myrrhe gewesen sein – jedenfalls läßt er sich nicht als ein Heiligtum oder eine Wohnstatt nabatäischer Fürsten interpretieren. Kultelemente auf dieser Nordterrasse, Betyle etwa, Votivnischen und Wasserbecken, widersprechen der Deutung des Ortes als kommerzielles Depot ebensowenig wie einige Schmuckelemente.

Zur Ortsbestimmung: Die Weihrauchstraße zog nach der Passage des Dschebel Harun zunächst auf schwierigem Weg durch das Wadi el-Waqit, lief in sanfter Steigung und problemlos zur »Schlangennekropole« des heute es-Sugra genannten Vororts hinauf und fand danach mühselig den Weg in den Talkessel von Petra. In den Sandstein geschnittene Serpentinen bahnten bei es-Sugra den Abstieg. In die Felswände der Karawanenstraße linierte Nefesch erinnerten die Einziehenden an verdiente Verstorbene. Zur Linken des Wadi es-Sugra war die erste Bergfeste, die den Karawanen Sicherheit bot, Umm el-Biyara.

Zum wirtschaftlichen Hintergrund: Natürlich ist es keine kommerzielle Erfindung der kapitalistischen Moderne, wichtige Waren künstlich zu verknappen, um die Handelspreise hochzutreiben. Auch in Nabatäa dürfte man Angebot und Nachfrage bereits geschickt austariert haben. Im Gegensatz zu den meisten Karawanenstationen war die »Königsstadt im Fels« mehr als ein bloßer Transitriemen für die wertvollen Warenmengen. In Petra saßen die Ökonomen, die kontrollierten, was sie zu welchem Preis an die mediterranen Küsten bringen wollten. Wenn die Karawanen von Petra nach Gaza, Rhinocolura (el-Arisch) oder Damaskus aufbrachen, hatte die Fracht ein anderes Gewicht als zuvor, nannten die Frachtbriefe andere Zahlen. Vielleicht hielt man Ware zurück, vielleicht auch packte man aus älteren Beständen den Kamelen noch den einen oder anderen Weihrauchsack drauf.

Es muß Lagerhallen gegeben haben, in denen die »Wohlgerüche Arabiens« längerfristig, nicht nur eine Nachtwache lang wie an irgendeinem Karawanenwasserloch, gehortet wurden. Wo aber wäre die Ware außer in der kühlen und geheiligten Dunkelheit eines Sanktuars besser gelagert gewesen als in den geräumigen, zwar gut belüfteten, der Sonne aber schon aufgrund der Nordlage nicht direkt ausgesetzten Höhlen von Umm el-Biyara, unmittelbar über der Weihrauchstraße? Dem Trubel der nabatäischen Hauptstadt war die kostbare Ware hier entzogen; mochten die Karawanenleute, nachdem sie ihre Kamele an der großen Zisterne auf der Nordterrasse hatten saufen lassen, in der Metropole auch die lang entbehrten Vergnügungen genießen.

Die Aufstiegsrampen zur Nordterrasse des Berges sind jedenfalls in solchem Winkel geschrägt, daß sie auch von Kamelen problemlos begangen werden konnten, und der alte edomitische Treppenweg zum Gipfelplateau hebt sich deutlich genug von diesen späteren Rampen ab. Historische Einheit ist hier nicht zu erkennen, vielmehr eine ganz andere Aufgabe, ein ganz anderer Zweck. Auch ohne letzte Sicherheit darf man zuversichtlich urteilen: Die Nordterrasse von Umm el-Biyara diente Nabatäa als zentrales Weihrauchlager.

Waren die wieder besattelten Lastkamele mit der neuen Fracht bestückt, zogen sie von der Bergfeste – offen bleibt, ob mit der altgedienten oder ob mit einer frischen Mannschaft – durch das peträische Stadtgebiet. Petras Innenstadt dürfte man dabei aber bewußt vermieden haben – der Hof des Qasr el-Bint war ohnehin sakrosankt. Also schwenkten die Karawanen von Umm el-Biyara geländebedingt zunächst nach Osten und erst dann nordwärts, in jene Richtung also, wohin die Reise eigentlich ging, und überschritten, wahrscheinlich zwischen Theater und Nymphäum, die Senke des städtischen Wadi.

Sichtbar wird die Weihrauchstraße erst wieder im nordwestlichen Vorort en-Nasara, wo schwierige Felspassagen zu bewältigen waren.

Mehrere weithin sichtbare Fassadengräber, darunter ein Treppengrab mit Waffenfries, überragen das hier besonders eindrucksvoll gemaserte blau-gelb-rote Gestein, in dem der Karawanenweg sich als künstlich eingeschnittene Trasse klar abzeichnet (Farbtafel). Gerade noch begehbar für hochgepackte Kamele war die künstlich erweiterte, indessen noch immer schmale Felspassage westlich der Gräbergruppe. War sie bewältigt, erhob braun-weiß gemaserter, dann weißlich-kalkhaltiger Sandstein neue Ansprüche an Steig- und Tragkraft der Kamele, ehe kurz vor Umm Schaihun, dem heutigen Beduinendorf der Bdul, endlich wieder trittfeste Bodenkrume erreicht war. Auch hier allerdings konnten Kamele noch zu Fall kommen, denn die Steigung blieb beträchtlich. Immerhin: Die besonders anspruchsvolle Steigstrecke über den Sandstein war bewältigt.

Ihren frommen Dank an den großen Duschara oder auch an Schai el-Qom, den die nordarabischen Karawanen als ihren besonderen Schutzgott ehrten, mögen die glücklich Aufgestiegenen nun am Sik el-Barid abgestattet haben. Die heute als »Little Petra« gefeierte schlanke Schlucht vereinte in typisch nabatäischem Miteinander Felsgräber, Opferstätten und geräumige Warenlager. Ein natürlicher Hort, war die Klamm nach beiden Seiten hin leicht zu verteidigen und nach Osten hin sogar durch eine Balkenpforte gesichert. Wer von Petra kommend in diesem zweiten Sik noch einmal verweilte, sehnte sich aber trotz der Sicherheit der Stätte fort. Es lockte die salzige Brise des Mittelmeeres …

7 DIE HÄFEN DER KARAWANEN

DIE HÄFEN DES ORIENTS

Die alte Philisterstadt Gaza, irgendwann um die Zeitenwende. Das reiche Gemeinwesen, eine der größten Städte Palästinas, liegt nahe dem Mittelmeer auf einem flachen Hügel, um den sich eine fruchtbare Ebene weitet, wohlbestellt mit Weizenfeldern und Dattelhainen. Der Stadtname leitet sich vom hebräischen Wort *azza* ab, was soviel bedeutet wie »die Starke«. Stark jedenfalls waren die Mauern der Stadt, monatelang vermochte sie Alexander dem Großen zu widerstehen; dann legte der Eroberer eine makedonische Kolonie hierher, und die Hellenisierung nahm ihren Lauf. Inzwischen wird die griechische zunehmend von römischer Lebensart überlagert.

Dieser alten, glanzvollen Stadt nähert sich im Staub von Kamelhufen eine Karawane. Aus dem nabatäischen Petra kommen die arabischen Reiter und Treiber, unverkennbar ihre kehligen Zurufe, acht oder mehr Tage waren sie unterwegs, in Oasen wie Oboda oder Sabota haben sie Station gemacht. Begehrte Gäste sind diese übel duftenden Wüstenaraber nicht im weltoffenen Gaza, dennoch erwartet man ihre Ankunft begehrlich. Denn was die dahinschwankenden Nabatäa-Kamele aufgepackt haben, ist Gold wert: Weihrauch, Myrrhe, Balsam. Und so galoppieren denn, über die Kruppen schaumflockiger Pferde gebeugt, die Ausgesandten der Großhändler und Reeder von Gaza sogleich nach Osten, dem Wüstenterrain zu, das man heute Negev nennt, wenn dort auch nur ein wenig mehr Staub aufwirbelt, als ein einzelner Kamelreiter ihn lostreten kann. Wie ein Lauffeuer geht es durch die Stadt: »Sie kommen ...«

Alexandria, irgendwann um die Zeitenwende. Gazas Pracht ist nichts gegen den der Hafenstadt am Westsaum des Nil-Deltas, zum pharaonischen »Harpunen-Gau« gehörend, und die Reiseautoren der Antike geraten in helle Begeisterung über die rechtwinklig sich schneidenden breiten Säulenboulevards und die Prachtbauten der ptolemäischen Dynastie, die auf Alexandrias Halbinsel Lochias Residenz genommen hat, über die prunkvollen Tempel und den mehr als 100 Meter hohen Leuchtturm auf einer Insel vor der Hafeneinfahrt. Alexander der Große, dessen Namen die Stadt wie so viele andere seiner Gründungen trägt, liegt hier bestattet – in einem Grab nahe dem Großen Hafen, dem *portus magnus*. Gerade erst hat Kaiser Augustus eine Pilgerfahrt zum Mausoleum des Hochverehrten unternommen.

In diese Stadt ist der Weihrauch anders als nach Gaza gelangt. Nabatäer sieht man hier kaum einmal, dafür Nubier, welche die kostbare Ware von Theben mit Lastbooten den Nil herab begleitet haben, oder ägyptische Karawanen, welche die Aromata auf dem Sinai von den nabatäischen Händlern übernahmen. Anders als Gaza ist Alexandria auch kein bloßer Umschlagplatz der Rohstoffe von der Kamelkruppe in den Schiffsbauch. Ein Gutteil der Waren wandert vielmehr in die einheimische Duftindustrie, denn die ägyptische Großstadt ist längst eines der Zentren, wenn nicht *das* Zentrum der Salben- und Parfümfabrikation geworden. Hier entstehen nach gehüteten Rezepturen Parfüme und Räucherwerk, kosmetische Cremes und Mundspülmittel, darunter teuerste Produkte, aber auch billige Imitationen. »Je kostbarer die Duftstoffe und Salben waren, um so kostbarer waren auch die kleinen Fläschchen und Kästchen, in denen man sie aufbewahrte. Bei Ausgrabungen wurden Alabastra aller Art und verschiedener Größen gefunden, man sieht sie auch bei den Terrakotten in den Händen des Eros, der Aphrodite oder der Modedamen.« (C. Schneider)

Dieser Mitteilung entspricht, daß in Rom zwar ganze Dufthändlerbrigaden die *tabernae* des *Vicus Thurarius* besetzen (vgl. S. 30), aber verhältnismäßig wenige inschriftliche oder literarische Zeugnisse von der lateinischen Parfüm-*Produktion* künden. So oder so, als unverarbeitetes Harz und Pulver oder aber als »Endprodukt« im schicken Glasflakon (besonders beliebt waren Fischformen) – die Aromata treten nach dem langen Landweg nun die große Reise übers Mittelmeer an. Libysche Schauerleute aus dem westlich des Hafens gelegenen Armeleuteviertel Rhakotis bringen sie unter den argwöhnischen Blicken des Schiffseigners über Laufplanken an Bord. Staatlich bestellte Meßbeamte führen über jede verladene Amphore – Allzweck-»Container« der Antike –, über jeden versiegelten Sack mit Weihrauch und Myrrhe genau Buch. Wie wichtig dies war, wenn sich die Fracht auf verschiedene Eigentümer verteilte, beweisen Streitigkeiten, die in den römischen Rechtsurkunden verzeichnet sind.

Die beteiligten Reeder und Großhändler entstammten meist den syrisch-jüdisch-arabischen Provinzen. Sozial galten sie trotz ihres Reichtums nicht eben viel, auch wenn Cicero in seiner Rede »Über die Pflichten« zu differenzieren versucht zwischen dem »schmutzigen« Kleinhändler und dem gesellschaftlich reputierlichen Großkaufmann, der produktiv zwischen Hafen und Grundbesitz vermittle.

Die Passagiere, die mit den Schiffen nach Rom wollen, kümmert der Ruf der Händler, ob groß oder klein, wenig. Sie haben ihre Passage vorab erkauft und warten nun darauf – feste Abfahrtzeiten kennt der antike Hafen nicht –, daß irgendein Ausrufer sie vom Herumlungern in den Hafengassen, den langen Tagen in den Schenken erlöst.

ANTIKE SEEFAHRT AUF DEM MITTELMEER

Antike Seefahrt war und blieb ein Abenteuer. Dies galt in der seit dem Alexander-Zug enger zusammengerückten Welt des Mittelmeers und Vorderasiens noch ebenso wie zur Zeit der homerischen Epen. Die Menschen schwankten zwischen Faszination und Furcht: »Die See: das ist das Große, Fremde, grenzenlos und unberechenbar. Heute spiegelblank, vielleicht morgen schon ein tobender Hexenkessel voll tödlicher Gefahren für das Schiff und die Menschen an Bord. Warum solcher Wechsel? Sind es übermenschliche Wesenheiten, die aus Laune solchen Umschwung bewirken, oder weil der Mensch sie gereizt hat, indem er etwa das reine, heilige Element durch irgendwelche Handlungen befleckte?« (O. Höckmann)

Das Wagnis der Seefahrt beherrschte all jene, die es von Berufs wegen eingingen, und Dietrich Wachsmuth, der erste zusammenfassende »Untersuchungen zu den antiken Sakralhandlungen bei Seereisen« vorlegte, spricht sogar von einer spezifischen Religion des antiken Hafens. Damit ist nicht irgendeine vom Hauptstrom griechisch-römischer Frömmigkeit getrennte Geheimreligion gemeint, vielmehr ein besonders intensiver Kultus, in den abergläubische Vorstellungen und Tabus wie auch magische Praktiken hineinragten. Da gab es neben den allbekannten Meeresgottheiten wie Poseidon/Neptun, Nereus und Proteus noch spezielle Hafengottheiten wie Hera »Limenia«, Apollon »Bathylimeneitis«, Zeus »Limenios« oder Portunus, den Gott des Tiber-Hafens. Sicher haben in den vorderasiatischen Häfen auch bis in die römische Zeit hinein alte regionale Meeresgottheiten wie der in den Ugarit-Texten als Nebenbuhler des Wettergottes Baal genannte Yam eine gewisse kultische Bedeutung behalten, vielleicht dem neuen Pantheon anverwandelt. Die ägyptische Isis jedenfalls, deren Namen so manches Kriegs- oder Handelsschiff trug, besaß geradezu den Status einer Schutzpatronin der ostmediterranen Seefahrt.

Jedem Aufbruch aufs Meer ging ein Bittopfer voraus. Der Philosoph Epiktetos (ca. 50 v.–ca. 130 n. Chr.) berichtet, daß »niemand in See sticht, ohne zuvor geopfert und die Götter zu Helfern herbeigerufen zu haben«. Das älteste Zeugnis eines solchen Versuchs, die Götter gnädig und die Winde günstig zu stimmen, bietet bekanntlich die »Ilias«: Um sein Heer endlich nach Troja einschiffen zu können, ist Agamemnon bereit, die eigene Tochter Iphigenie der verdrossenen Artemis zu opfern. Solche Menschenopfer waren üblich seit minoischer Zeit und wurden im Seesturm, um die wütenden Wellen zu besänftigen, bis ins 1. Jahrtausend v. Chr. hinein auf dem hohen Meer wiederholt. Als vornehmstes Bitt- und Sühneopfer nach dem Menschen galt der Stier. Die Römer brachten den günstigen Winden ein weißes Schaf dar, Sturmböen, die Seenot heraufbeschworen, jedoch ein schwarzes. Zum blutigen Opfer wurden gelegentlich aber auch Ziegen und Kälber, Geflügel und Fische bestimmt; unter den unblutigen Opfern dominiert der Wein, gefolgt von Rauchopfern (Weihrauch!), Milch, Honig, Backwerk und Blumen.

Manche Schiffe besaßen auf dem Achterdeck Altäre, auf denen während der Reise, auch ohne den akuten Anlaß eines heraufziehenden Sturms, geopfert und geräuchert wurde. Das Aphrodite-Tempelchen auf dem »Luxusliner« »Syrakusia« war die wohl anspruchsvollste Einrichtung dieser Art (s. S. 294). Wer in diesem Schrein Opfer darbrachte, wird dazu weiße Festgewänder angelegt haben, so wie es später auch für die letzte Seereise des Kaisers Augustus überliefert ist. Nach Brauch und Herkommen erfolgte an Bord ein »Zwischenopfer« bei der Passage von Strand- und Kapheiligtümern.

Votivgaben standen den Göttern füglich zu, wenn die Seereise einen guten Ausgang genommen hatte. »Vielfach werden aus dem Zehntteil des Ertrags von Unternehmungen aller Art (sogar der Piraterie) Weihgeschenke angefertigt«, schreibt Olaf Höckmann. Besonders beliebte Opfergaben der glücklich Heimgekehrten waren, nach der Vielfalt entsprechender Funde zu schließen, Anker und Ankerstöcke.

Etwas abseits der Religion, aber in gleichem Herzschlag pulsierte der Aberglaube. Der »heilige Delphin« etwa galt als Sinnbild der erfolgreichen Seereise, die Matrosen trugen sein Abbild als Amulett. Über den Kontakt mit der »Religion des Hafens« ist der Delphin als heiliges und Unheil abwehrendes Symbol schließlich sogar in die nabatäische Wüstenei geraten. Im einsamen Gipfeltempel von Khirbet et-Tannur, hoch über dem Wadi el-Hesa, fanden amerikanische Ausgräber 1936 ein Bild der Göttin Atargatis-Aphrodite mit einem Kopfschmuck aus zwei einander zugewandten Delphinen. Daß die Atargatis bei den Nabatäern um diese Zeit (frühes 2. Jahrhundert n. Chr.) zugleich als Getreidegottheit Verehrung genoß, wird sich aus der engen Verbindung der römischen Handelsschiffahrt mit dem Korntransport erklären.

Zum antiken Seefahrer-Aberglauben gehörten unzählige Vorzeichen, die bei einer Ausfahrt beachtet werden mußten. »Keine Flotte kam ohne einen ›Dolmetscher‹ *(interpres)* des göttlichen Willens aus«, schreibt Dieter Wachsmuth. Volkstümlich waren Los- und Würfelorakel; man deutete Träume, sah in die Sterne, prüfte die Windrichtung, schaute Opfertieren in die Eingeweide, bediente sich magischer Steckkalender für die Bestimmung des günstigen Abfahrttages und beobachtete den Vogelflug. Wurde ein Wrack am Ufer gesichtet, galt dies als unheilvoll; ebenso die dreimalige Grundberührung des Schiffes beim Ablegemanöver. Auf den Schiffsboden mußte man – wie übrigens auch auf den Stylobat, die oberste Tempelstufe – zuerst mit dem rechten Fuß treten; wer stolperte, verzichtete besser auf die geplante Seefahrt. Ein Niesen galt als gottgesandt und somit als gutes Omen, desgleichen merkwürdigerweise, wenn einem Passagier oder Matrosen beim Bordgang der Sandalenriemen riß. Das Kreuzzeichen besaß lange vor dem Christentum unheilabwehrende Bedeutung. Schon ägyptische Seefahrer aus der Mitte des dritten vorchristlichen Jahr-

Delphingeschmücktes Bildnis der Atargatis/Aphrodite, die von den Nabatäern als Getreidegöttin verehrt wurde (2. Jh. n. Chr.).

tausends wie auch frühgriechische Seefahrer brachten Kreuze am Bug ihrer Schiffe an. In römischer Zeit bevorzugten Seeleute zu demselben Zweck Augensymbole; oft war deren Drohstarren in eine Bugverkleidung eingebunden, die ein Tier, etwa den Hai, darstellen sollte – dominanter Bewohner des Elements, das man unbeschadet befahren wollte. Göttinnen erhoben sich als Galionsfiguren über den Wellen und sollten ihnen gebieten. Die berühmte Nike von Samothrake ist nur die steinerne Nachbildung einer solchen Galionsskulptur.

Nicht zu vergessen die Fülle der marinen Tabus. Tabu war es etwa, einen Leichnam an Bord zu nehmen; starb ein Passagier auf hoher See, schritt man sogleich zu sakralen Reinigungsakten gegen die als gefährlich eingeschätzte »Befleckung«. Ungern nur duldete man Kranke, und unerwünscht an Bord waren offenbar auch sexuelle Kontakte.

Niemals wurde das Meer als natürliche Heimstatt des Menschen betrachtet, und stets bedeutete es einen heimlichen Frevel gegen die menschliche Bestimmung, wenn ein Boot in See stach. Schon das Eintauchen der Ruderblätter in den Wasserspiegel galt als Verletzung der natürlichen Ordnung. Also war die ozeanische Sphäre vorab zu besänftigen oder durch wirkkräftige Sakralhandlungen gleichsam zur Duldsamkeit zu nötigen. Darüber hinaus nahmen die Seefahrer sich die Freiheit magischer Täuschung heraus. Das erwähnte Haifisch-Bugkleid etwa setzt das Schiff als legitimierten Wellenreiter in ein erschlichenes »Recht« gegenüber den Meeresgottheiten, und die beliebten Vogelköpfe auf dem Bugspriet signalisieren in dieser magisch definierten Korrelation zwischen Mensch und See, daß hier ein gefiedertes Wesen anderer göttlicher Zuständigkeit möwengleich über die Wogen fliege, den Urmächten des Wassers entzogen.

Die fundamentale Unsicherheit hatte allerdings gute, vernünftige Gründe, denn die Nautik des Altertums ließ sehr zu wünschen übrig, und die freie Fahrt übers Meer blieb stets eine Kühnheit sondergleichen, auch wenn die alexandrischen Handelsschiffe der Kaiserzeit, gestützt auf das Erfahrungswissen bewährter Seeleute, die direkte Rückreise vom italienischen Stiefelfuß zum Nil-Delta wagten. »Wieder und wieder beschwören römische Schriftsteller die bloße Fingerbreite Schiffsplanken, die den Aussegelnden vom Wassertod trennt, und die Abschiedsgedichte, die sie zu einer Meeresreise aufbrechenden Freunden zueignen, lesen sich gelegentlich wie Klagelieder auf einen sicher bevorstehenden Tod.« (L. Casson)

Nicht ganz grundlos. Schiffbrüche waren häufig. Die Unterwasserarchäologie, inzwischen als eigener Forschungszweig fest etabliert, kennt allein an die 600 Schiffswracks römischer Frachter. Die »Odyssee« einmal beiseite, ist die bekannteste Althavarie, von der wir Bericht haben, und zwar durch die »Apostelgeschichte«, die des Paulus, der unter militärischer Bedeckung von Palästina in die Hauptstadt überführt werden sollte, um sich dort vor dem Kaiser wegen angeblicher Tempelschändung, begangen in Jerusalem, zu verantworten. Der aus Alexandria stammende Kornfrachter, mit dem der Apostel sehr spät im Jahr – es war das Jahr 60 n. Chr. – unterwegs war, geriet vor der kretischen Küste in Seenot: »Doch kurz darauf brach von der Insel her ein Orkan los, Eurakylon genannt. Das Schiff wurde mitgerissen, und weil es nicht mehr gegen den Wind gedreht werden konnte, gaben wir auf und ließen uns treiben. (...) Die Matrosen (...) sicherten das Schiff, indem sie Taue darum herumspannten. Weil sie fürchteten, in die Syrte zu geraten, ließen sie den Treibanker hinab und trieben dahin. Da wir vom Sturm hart bedrängt wurden, erleichterten sie am nächsten Tag das Schiff, und am dritten Tag warfen sie eigenhändig die Schiffsausrüstung über Bord. Mehrere Tage hindurch zeigten sich weder Sonne noch Sterne, und der heftige Sturm hielt an. (...) Als wir schon die vierzehnte Nacht auf der Adria trieben, merkten die Matrosen um Mitternacht, daß sich ihnen Land näherte. Sie warfen das Lot hinab und maßen zwanzig Faden; kurz danach loteten sie nochmals und maßen fünfzehn Faden. Aus Furcht, wir könnten auf Klippen laufen, warfen sie vom Heck aus vier Anker und wünschten den Tag herbei. (...) Als es nun Tag wurde, entdeckten die Matrosen eine Bucht mit flachem Strand; auf ihn wollten sie, wenn möglich, das Schiff auflaufen lassen; das Land selbst war ihnen unbekannt. Sie machten die Anker los und ließen sie im Meer zurück.

Zugleich lösten sie die Haltetaue der Steuerruder, hißten das Vorsegel und hielten mit dem Wind auf den Strand zu. Als sie aber auf eine Sandbank gerieten, strandeten sie mit dem Schiff; der Bug bohrte sich ein und saß unbeweglich fest; das Heck aber begann in der Brandung zu zerbrechen.« Teils schwimmend, teils an Planken geklammert, erreichten schließlich alle Besatzungsmitglieder und Passagiere, insgesamt 276 an der Zahl, das rettende Ufer der Insel Malta.

Man kann es nicht genug hervorheben: Die Antike kannte keinen Kompaß, keine tanzende Magnetnadel, und Sextanten und Fernrohre wurden erst eineinhalbtausend Jahre später erfunden. Man hatte auch keine Möglichkeit, die geographische Länge zu bestimmen, und ebenso fehlten Instrumente, die Schiffsgeschwindigkeit zu messen.

Und Karten? Die gab es schon, nicht nur »Weltkarten«, deren erste Anaximander von Milet (6. Jahrhundert v. Chr.) zugeschrieben wird, sondern auch Küstenkarten, aber jedes einzelne Kartenwerk mußte, sollte es Gemeingut werden, nach Punkt und Strich getreulich abgezeichnet werden, und dies war teuer. Wer wollte sich zudem für die Genauigkeit der Abschrift verbürgen? So kursierten Karten eher in den Gelehrtenstuben der Antike als in den Kapitänskajüten auf dem Schiffsheck und in den Kontoren der Reeder.

Statt dessen bedienten sich die Seefahrer eifrig der sogenannten *periploi*: antiker Küstenbeschreibungen für den Steuermann, nachweisbar wiederum seit dem 6. Jahrhundert v. Chr. Das griechische Wort bedeutet soviel wie Rundfahrt oder Umschiffung, denn diese Fahrtenskripte gaben keinerlei Hinweise zur Nautik auf hoher See, sondern leiteten ausschließlich die küstennahe Schiffahrt an, also das umrundende Aussegeln der geschwungenen Küstenlinie. Nur selten, wo eine stark eingezogene Meeresbucht bedeutende Abkürzung ermöglichte, schwingt sich ein *periplus* einmal zum *diaplus*, zur Beschreibung direkter Überfahrt auf. In der Regel aber lautete die Segelanweisung: Folge dem Lauf der Küste.

Das war simpel, aber brauchbar und gewann Praktikabilität durch eine Vielfalt konkreter Mitteilungen: »Es wird angegeben, ob sich an einem Orte ein Hafen findet oder ein bloßer Anlegeplatz oder nur eine Seereede, ob der Platz Schutz gegen gewisse Winde bietet und ob dies nur im Sommer der Fall ist, so daß er sich zum Überwintern nicht eignet, ob die Wassertiefe für große oder nur für kleine Schiffe ausreicht, ob er offen oder ob er schwierig anzulaufen ist (...). Als ein besonders wichtiger Punkt wird hervorgehoben, ob man sich an einem Orte mit Trinkwasser versehen kann oder nicht, ob Bäche oder Brunnen vorhanden sind oder ob man im Sande danach graben muß; es wird dann der Ort, wo es sich findet, genau bezeichnet und zugleich gesagt, ob das Wasser von süßem oder brackigem Geschmack ist.« (A. Breusing)

Daß nach solchen Vorgaben tatsächlich gefahren wurde, wissen wir unter anderem von Cicero, im Jahre 51 v. Chr. designierter Statthalter der kleinasiatischen Provinz Kilikien. Auf seiner Seereise, die ihn von Athen nach Ephesos an Kleinasiens Westküste führte, hat der berühmte Redner und Staatsmann keine einzige Nacht auf schwankenden Schiffsplanken zugebracht. So dauerte seine Fahrt von gerade einmal 200 Seemeilen stattliche 14 Tage – und so erklärt sich auch der allgemein geringe Unterkunftskomfort an Bord, von dem schon die Rede war.

Neben dem geschriebenen Wort der Periploi standen der küstennahen Schiffahrt ortskundige Lotsen zur Verfügung, die man vom Ausgangshafen eine Strecke weit mitnahm; größere Küstenorte verfügten über Hafenlotsen, die auf schnellen Booten hinausfuhren, um einen nahenden Frachter in die Sicherheit des Portus zu lavieren. In untiefen Gewässern gaben manchmal in den Meeresgrund gerammte Pfähle den Weg an. Zusätzlich wurde emsig das Lot geworfen, das am unteren Ende eine flache, mit Wachs, Talg oder ähnlichem Material gefüllte Höhlung aufwies. So brachte jede Tiefenmessung zugleich, der weich-klebrigen Masse anhaftend, Grundproben mit herauf. Wer zum Beispiel Ägypten anfuhr, wußte, wenn das Senkblei Schlamm zu tragen begann, daß er noch einen Tag weit vom Land, genau gesagt: vom Delta des Nils entfernt war; so jedenfalls berichtet es uns Herodot. Ein weiteres interessantes Detail im »Indienbuch« (»Indike«) des Arrian: Fuhren Kauffahrteischiffe im Kordon, so setzte das Leitschiff Baken aus, Markierungszeichen, an denen sich die folgenden Frachter orientieren konnten.

Der höchste und berühmteste unter den Leuchttürmen der Antike war der *Pharos* von Alexandria; sein Name hat sich in den romanischen Sprachen bis auf den heutigen Tag als Bezeichnung für solche nautischen Signaltürme erhalten und ist dann auf nahe Orte übertragen worden, wie das Beispiel des Algarve-Badeorts Faro zeigt. Auch für Ravenna und Ostia sind bei Plinius bzw. Sueton Leuchttürme bezeugt, und der »Pharos« im nordwestspanischen La Coruña war noch bis in die Gegenwart in Benutzung. Zudem lesen wir schon in der »Odyssee« und bis hin zu Lukian von Leuchtfeuern, die in dunklen, stürmischen Nächten zur Warnung für die Schiffer an den Küsten entfacht wurden. Gute Landungsstellen wiederum bezeichnete man durch steinerne Säulen oder Pfeiler.

Aber was tun, wenn es auf die offene See hinausging und der Blickkontakt zu den Gestaden abriß? Die Phönikier, die als erste planmäßig das hohe Meer befuhren, nahmen nach altorientalischer Tradition – man erinnert sich der Tauben, die Noah von seiner Arche auffliegen ließ – in Vogelbauern Krähen auf ihre Schiffe mit, »die den Weg zum Land weisen und zugleich vor der Küste warnen sollten« (O. Höckmann). Die Levantiner waren es auch, welche die Himmelskunde der Übermeerfahrt zunutze machten. Der ältere Plinius sagt es knapp: »Sternbeobachtungen wendeten bei Seereisen zuerst die Phönikier an.«

Der Steuermannskunst der Antike standen an nautischen Instrumenten lediglich der Gnomon, eine Art Sonnenuhr, und als Peilgerät für den Nachthimmel das sogenannte Astrolabium zur Verfügung.

Zur Anwendung des Gnomons schreibt Artur Breusing, einst Direktor der Seefahrtschule in Bremen, anschaulich: »Man errichtete auf ebener Erde im Freien einen senkrechten, oben zugespitzten Stab, beschrieb aus dessen Achse als Mittelpunkt auf dem Boden konzentrische Kreise und beobachtete mit ihrer Hilfe zunächst die Punkte, in denen der Schatten der Sonne vor- und nachmittags dieselbe Länge hatte. Darauf halbierte man den Bogen zwischen diesen Punkten und erhielt so die Mittagslinie. Maß man nun die Länge des Sonnenschattens im Augenblick des Mittags, so konnte man aus dem Verhältnis zwischen der Stabhöhe und der Schattenlänge den Winkelabstand der Sonne vom Horizont oder die Sonnenhöhe berechnen. Machte man die Beobachtung am längsten und kürzesten Tage, so ergab der halbe Höhenunterschied die Schiefe der Ekliptik und die halbe Höhensumme die Äquatorhöhe oder das Komplement der Breite.«

Auch wenn die Meßkunst mit solchen Schattenstäben später verfeinert wurde, blieb sie stets ungenau. Der Gnomon konnte zudem auf den schwankenden Schiffsplanken nicht sicher aufgestellt werden. Wichtig waren deshalb Tabellen von Ortsschattenlängen der passierten Küstenorte, wie sie zum Beispiel in Plinius' »Naturgeschichte« wiedergegeben werden. Jedenfalls ließen sich mit dem Gnomon annähernd die Nord-Süd-Richtung und die geographische Breite bestimmen.

Das Astrolabium wiederum erlaubte die Projektion des Sternenhimmels, den man sich als Gewölbe dachte, auf die Äquatorebene. Bei Ptolemäus (2. Jahrhundert n. Chr.) wird dieses kompliziert aus metallenen Scheiben und beweglichen Ringen aufgebaute Instrument erstmals in seiner Anwendung beschrieben. Die Araber haben es später vervollkommnet und mit hohem Geschick eingesetzt. Unter günstigen Umständen konnte ein Schiffsführer mit dem Astrolabium die Tag- und Nachtstunde bestimmen, vor allem aber die einmal erreichte geographische Breite des Zielorts halten, auf ihr nach Osten oder nach Westen steuernd.

Aber eben nur »unter günstigen Umständen«, soll heißen: dann, wenn die Gestirne sichtbar waren. Verdunkelten Wolken oder Nebel die Sonne oder den Fixsternhimmel, verlor man auf hoher See jede Möglichkeit der Orientierung. Das vom Sturm mitgerissene Schiff des Apostels Paulus war schon wegen des hohen Wellengangs nicht mehr zu steuern, aber wäre es auch souverän manövrierfähig gewesen, der *gubernator* (»Steuermann«) hätte die Richtung auf irgendein günstiges Gestade gar nicht anzugeben gewußt. Solche Orientierungsschwäche beschränkte die Aktivitäten mediterraner Seefahrt auf das halbe Jahr zwischen Mai und Oktober, in dem das Wetter in der Regel verläßlich gut war. Hesiod (um 700 v. Chr.) faßte die Regel noch strenger: »Mitte August, wenn die heiße Sommerzeit zu Ende geht, dann ist gut Wetter auf See und keine Gefahr für Schiff und Mannschaft – es sei denn, daß Poseidon oder Zeus gerade jemanden vernichten wollten. Denn um diese Zeit ist reine Luft und ruhige See. Aber man muß sich mit der Rückreise beeilen und darf nicht bis zur Weinlese ausbleiben.«

Bezog sich auch in dieser Sommerperiode einmal der Himmel, drängten sich in den Mittelmeerhäfen sogleich Fischerschaluppen und Kornfrachter, Militärruderer und Personenfähren ängstlich zusammen. Während der Wintermonate galt jede transmediterrane Reise vollends als Himmelfahrtskommando; nur in militärischen Notlagen, wenn eingeschlossene und bedrängte Truppen dringend auf Entsetzung warteten, wagte man sie.

Schiffe – Passagiere – Ladung

Die Schiffszimmerleute, allesamt Spezialisten, die auf ihren Werften am Meeresstrand Schiff um Schiff mit Holzskelett und Verschalung versahen, gaben durchweg Nadelhölzern den Vorzug. Schließlich war die Kiefer der am leichtesten verfügbare Bauträger. Die entsprechend rücksichtslose, ökologisch verhängnisvolle Abholzung des Baumbestandes hat viele Waldgebiete zu Steppen degradiert, die noch heute, 2000 Jahre später, brachliegen – man denke etwa an die Ödflächen Zentralanatoliens. Eiche und Zypresse mit ihrem härteren Holz kamen, da erheblich kostspieliger, allein bei besonders beanspruchten Bauteilen, Kielen und Spanten etwa, zum Einsatz. Legendär seit biblischer Zeit war die hochaufgeschossene »Zeder des Libanon«, ein vorzüglicher Mastbaum.

Der Schiffsrumpf, »genäht« oder »gefedert« – die Termini beziehen sich auf die unterschiedliche Verbindungstechnik der Planken – wurden außen mit Teer und Pech abgedichtet; schon bei Homer ist von solcher Fugenversicherung die Rede. In Einzelfällen beschlug man die unter Wasser bleibende Außenhaut zusätzlich mit Bleiblech. Wachsfarben gaben den

Überwasserteilen der Handelsschiffe jene Buntheit, die überhaupt das Signum des griechischen wie des römischen Alltags ist. Man kann dies nicht genug betonen, weil die Altertumswissenschaften in trockenem Akademismus gern verschweigen, daß griechische oder römische Tempel ursprünglich keineswegs in der edlen Fahlheit ihrer Ruinen dastanden, sondern in greller Farbenpracht.
Zwei Schiffstypen kamen im transmediterranen Handelsverkehr zum Einsatz: reine Segelfrachter und kombinierte Segel-Ruder-Laster. Ruderer, die Flauten und Gegenströmungen mit Muskelkraft ausgleichen konnten, sind aus der antiken Kriegsmarine wohlbekannt, griffen in der zivilen Seefahrt aber nur ausnahmsweise in die Riemen. Der entscheidende Vorteil der reinen Segelschiffe war ja die kleine Mannschaft. Sklaven, an die Ruderbänke geschmiedet, bedeuteten in jedem Fall eine Minderung der Ladekapazität, einen höheren Bedarf an Vorräten; also haben nur große Schiffe, auf denen es man sich leisten konnte, Ruderer eingesetzt. Selbst die »Syrakusia«, Prestigeobjekt des sizilischen Tyrannen Hieron II. und mit ungefähr 1700 Tonnen das wuchtigste Zivilschiff hellenistischer Zeit – drei Stockwerke hoch und ausgestattet mit 40 luxuriösen Passagierkabinen, ganz zu schweigen von der Suite des Schiffseigentümers, einem Aphrodite-Tempelchen, einem Bad und einer Bibliothek, ausgerüstet aber auch mit Kampfplattformen über Deck – vertraute allein auf die Schubkraft der geblähten Segel.
Wenn auf den Frachtschiffen römischer Zeit Passagiere mitreisten, wie dies im Zuge eines sich ausweitenden »Tourismus« immer häufiger geschah, mußten sie es sich, so gut es eben ging, zwischen den Beibooten und den verschiedenen Ankern auf Deck bequem machen oder aber einen Platz im Frachtraum zwischen den Amphoren und Getreidesäcken suchen, nahe dem Schiffsboden gelegentlich umspült von Brackwasser. Nur im äußersten Innenwinkel von Vorder- und Achtersteven, also an den beiden Enden des Schiffes, gab es je eine abgetrennte lichtlose Kammer, in die sich ein Reisender zurückziehen konnte. Zumeist war eine dieser Kammern aber schon als Depot für die Trinkwasserfässer in Beschlag genommen. First things first. Die Kajüte im hinteren Teil des Schiffes, die dem Besitzer oder dem Steuermann Schutz bot – und manchmal als »Luxuskabine« wohlhabenden Passagieren vermietet wurde –, taugte auch nicht viel mehr als der harte Schiffsboden, über den die einfachen Matrosen ihre Decken ausbreiteten.
Wir sprechen hier, wohlgemerkt, von den römischen Kauffahrteischiffen. Daneben gab es mit Unterdeckkabinen ausgestattete Personenschiffe, die allerdings nur selten auf der langen Alexandria-Route fuhren. Als Flavius Josephus auf seiner Rom-Reise im 1. Jahrhundert n. Chr. Schiffbruch erlitt, waren 600 Personen an Bord. Davon werden die meisten so zusammengepfercht gewesen sein wie auf den berüchtigten »Amerikafahrern« des 18. und 19. Jahrhunderts mit ihrem Auswandererproletariat. Personenruderer sind auf der Adria-Strecke zwischen Brindisi und Durres im heutigen Albanien bezeugt.
Passagiere hatten nur die tägliche Wasserration frei; Mahlzeiten aus der

Kombüse wurden nicht serviert.
Wer also auf die hohe See hinausfuhr, mußte seinen Seesack, Reisekorb oder Ranzen nicht nur mit einem warmen Mantelumhang, Waschutensilien und Decken, sondern auch mit dauerhaften Eßwaren, Geschirr und Besteck ausstatten. Wohlhabende Seereisende nahmen einen Sklaven zu ihrer Bedienung mit. Dies schlug freilich auf den Geldbeutel, bedeutete nicht nur den Kauf einer weiteren »Fahrkarte«, sondern auch, daß die Hafensteuer, die bei der Ausfahrt obligatorisch war, ein zweitesmal entrichtet werden mußte.
Übrigens wurden Prostituierte, so als hätte man diese Damen unbedingt an Land halten wollen, am höchsten besteuert …
Der Rang eines Lastschiffes ergab sich aus der Zahl der Amphoren, die es in seinen Tiefen aufnehmen konnte, und bei kostbarer Ladung hatte jeder Kubikmeter im Schiffsinnern mehr Wert als ein – wie teuer auch erkauftes – Personen-»Ticket«.
Man könnte daran zweifeln, wenn man über Schiffsvolumina von 450 Tonnen und Stauräume für bis zu 10 000 Amphoren liest, muß sich aber vergegenwärtigen, daß die Alexandria-Route nur einmal jedes Jahr befahren wurde. Nur einmal jede Saison kam somit der Weihrauch, ob aus Alexandria oder Gaza, ob aus Tyrus, Sidon, Berytus oder Lattakia, über die See nach Rom, und wenn es über das Begräbnis der Poppaea heißt, Nero habe eine ganze Weihrauch-»Ernte« bei den posthumen Opferfeiern verbraucht, so bedeutet dies wohl, daß er das gesamte eingetroffene Weihrauchkontingent beschlagnahmte.
Die Schiffstransporter der römischen Zeit muß man sich als hochbordige Lastschiffe mit einer Ladekapazität zwischen 100 und 500 Tonnen vorstellen. Dem Deck entsproß der Zentralmast; er war auf dem Kielschwein, dem starken Längsbalken im tiefsten Schiffsgrund, mit Backen und Schienen so aufgesetzt, daß er bei schwerem Sturm oder während der Hafeneinfahrt niedergelegt werden konnte.
Im Bugbereich gesellte sich ein schräg gestellter Vormast hinzu. Der Großmast trug meist nur eine einzige Querstange, die ein rechteckiges Segel hielt, darüber gelegentlich noch ein dreieckiges Toppsegel. Alle Segel, üblicherweise aus Leinwand, bei alexandrinischen Schiffen manchmal auch aus Baumwolle gefertigt, waren mit flexiblen Tauen aus Seehundfell umsäumt und durch aufgenähte Lederstreifen verstärkt. Die kleine Küche für die Mannschaft befand sich nahe der Steuermannskajüte im Heckbereich. Offene Galerien fungierten dort als »luftiger« Abort.
Andere Partien der Bordlinie waren mit einer durchbrochenen hölzernen Reling gesichert.

AUFBRUCH NACH ROM

Nicht ein einzelner Segler, sondern eine ganze Flotte brach im geschlossenen Verband zur vorbestimmten Jahreszeit in Alexandria auf, manchmal aus dem *Portus Eunostos*, zumeist aber aus dem *Portus Magnus*. Zur Linken blieben der Tempel der Isis Pharia und der berühmte Leuchtturm auf der Insel Pharos zurück, zur Rechten der hellenistische Palast und der Tempel der Isis Lochias. Und weiter ging es durch die Hafenausfahrt zwischen den Doppelmauern künstlich aufgeschütteter Molen.

In Gaza und Tyrus – oder wie die Hafenstädte sonst hießen – stießen im Laufe der ersten Woche weitere Frachter hinzu. Bedeutung erlangte als Ausfuhrhafen zumal Antiochia, »des Orients glanzvoller Höhepunkt«, wie der Geschichtsschreiber Ammianus Marcellinus es Ende des 4. Jahrhunderts n. Chr. formuliert. Wenn es die politische Situation oder die Seeräubergefahr erforderte, begleiteten zur Sicherung wendige Kriegsschiffe mit Rammsporn und Kampfplattformen das entlang der vorderasiatischen Küstenlinie dahinziehende Kauffahrtgeschwader. Auch Postschiffe fuhren mit im Kordon. Natürlich hatten die Schiffe nicht alle Weihrauch geladen. In der Hauptsache handelte es sich um Kornfrachter, denn Getreide, von Staats wegen subventioniert, mußte in ungeheuren Mengen nach Italien, insbesondere in die Hauptstadt, eingeführt werden. Nun gehörte zu den reichsten Kornkammern des Imperiums aber gerade die nordafrikanische Cyrenaica (arabisch: *barka*) im Westen von Alexandria.

Mag sein, daß sich im Pulk der »schwimmenden Getreidespeicher« ein reines Weihrauch- und Gewürzschiff versteckte; eher wird man sich die besondere Duftfracht aber auf verschiedene Schiffe mit anderer Hauptlast verteilt denken. Vorstellbar wäre auch, daß Weihrauch und Myrrhe, Safran und Balsam zusammen mit sonstigen Kostbarkeiten, die Alexandria produzierte oder im Transit handelte – Elfenbeinschnitzereien und Ebenholzschatullen etwa oder auch exotische Geschmeide –, einem »Luxusfrachter« anvertraut wurden. Ein solches Lastschiff hätte allerdings auch in den Häfen des Libanon auslaufen können, wo Luxustextilien, die vielbegehrten Purpurgewänder, an Bord gelangten. Genauere Informationen fehlen, doch ist bekannt, daß in Puteoli, dem angesteuerten italischen Hafen, Kontore zweier phönikischer Handelskompanien bestanden.

In einem Unwetter mußte bald nach der Mitte des 2. Jahrhunderts n. Chr. irgendeiner der alexandrinischen Kornfrachter seine Zuflucht nach Piräus nehmen, dem Hafen des damals bedeutungslos gewordenen Athen. Dieser Hafen lag nicht an der üblichen Rom-Route, und so wurde das große Schiff, ein besonders stolzes Exemplar seiner Klasse, von den Einheimischen gehörig bestaunt. Der Satiriker Lukian von Samosata, einer dieser »Einheimischen«, hinterließ eine Beschreibung, der wir, nachdem der Literat sich erst einmal mit dem Ausruf »Was für ein gewaltiges Schiff!« Luft gemacht hat, präzise Maße und aufschlußreiche Details entnehmen können: Über 50 Meter war das Schiff lang, der breiteste Deckbalken maß um die 15 Meter und die Distanz vom Deck hinunter zum tiefsten Kielboden nicht viel weniger. Lukian bestaunt die Höhe des Mastes, die Ausmaße der Rah und die Segelfläche und fährt dann fort: »Und wie sich das Heck emporkrümmte, endend in einem vergoldeten Gänsekopf, dem auf beiden Seiten des flacheren Vordersteven Figuren der Isis entsprachen, der Göttin, nach der das Schiff benannt war! Unglaublich dies alles: auch der übrige Zierat, die Malereien, das rote Toppsegel, die Anker mit ihren Winden und Gangspillen und die Kabine achtern. Die Mannschaft stand wie eine Truppe. Wie es hieß, führte das Schiff genug Korn an Bord, um ganz Athen ein ganzes Jahr lang zu ernähren. Und dies alles und aller Sicherheit hing an einem kleinen alten Mann, der jene großen Steuerruder mit einer Pinne bewegt, die kaum größer ist als ein Stab!«

Die Hochachtung vor dem Gubernator, der als ein kraushaariges, halb kahles Männlein beschrieben wird, bewegt Lukian besonders. Aber welcher Spielraum blieb dem vielbewunderten Mann am Ruder angesichts der schwach entwickelten astronomischen Nautik tatsächlich? Über welche Segelkünste verfügte er, und wie sehr war er Winden und Strömungen ausgeliefert?

Nun, gerade weil die Beschränkung auf einen Großmast und letztlich auf ein Rahsegel der Segeltechnik nur geringe Möglichkeiten eröffnete, kam gelichteten Wollhaarköpfen wie dem von Lukian gefeierten solche Bedeutung zu: Mit ihrer Intuition, erfahrungsgesättigt in Jahrzehnten der Seefahrt, glichen sie viele technisch-nautische Schwächen aus. Artur Breusing, der es als bewährter Seemann wissen muß, geht davon aus, daß seine antiken Vorläufer die für sie nicht meßbare Schiffsgeschwindigkeit nach der »Höhe, in der das Wasser vor dem Bug aufgeworfen wurde«, auch ohne Instrumente vergleichsweise genau zu bestimmen wußten. Zudem kannten sie die Strömungsverhältnisse auf ihren »Hausrouten« und hatten einen Blick für die Marken der Küstenlinie wie auch für Eigentümlichkeiten der Meeresfärbung.

Schon in der homerischen »Odyssee« wird deutlich, daß mit einem simplen Rahsegel und einfachster Takelage auch vor halbem Wind gefahren werden konnte, also auch dann, wenn es, auf den gewünschten Kurs bezogen, nicht direkt aus dem Rücken und auch nicht leicht versetzt, sondern von der Seite her blies. Was die antiken Seefahrer aber nicht beherrschten und was sie immer wieder in den Häfen Zuflucht suchen ließ, war die Technik des Kreuzens, mit der moderne Segelschiffe auch einen leicht von vorn kommenden Wind bewältigen. Um so mehr mußten die Alten auf Meeresströmungen und verläßliche jahreszeitliche Winde setzen.

Aus diesen Prämissen ergaben sich die mediterranen Seerouten. Olaf Höckmanns Standardwerk »Antike Seefahrt« enthält eine aufschlußreiche Karte, aus der das Gängige wie das Machbare antiker Meeresreisen deutlich werden. Für das Seestück der Weihrauchstraße ist folgendes interessant: Die Strömungslinien verliefen im ostmediterranen Raum küstennah gegen den Uhrzeigersinn, also die nordafrikanische Küste entlang nach Osten, dann nordwärts im Zug der palästinisch-syrischen Küste und schließlich westwärts zwischen der Insel Zypern und der südkleinasiatischen Küste; danach wurde es schwieriger, da Seedriften, den ostmediterranen »Strömungskreisel« nach Süden hin wieder beschließend, überwunden werden mußten.

Nicht von ungefähr ist das Paulus-Schiff also eben am Westende der Insel Kreta in Bedrängnis geraten. Ein Sog zog es hier nach Süden, auf die Cyrenaica zu, bei Paulus »Syrte« genannt und wegen ihrer sandigen Seichtheit gefürchtet. Hatten die Schiffe sich in die an der Westseite der Peloponnes entlangstreichende Adria-Strömung gerettet, blieb als vorletzte navigatorische Herausforderung die Überfahrt zur italischen Stiefelsohle, als letzte die Passage von Skylla und Charybdis, also der legendenumwobenen sizilischen Meerenge mit ihren »gefräßigen« Klippen. War diese Aufgabe mit Fortune bewältigt, konnte der Steuermann die Pinne getrost irgendeinem Schiffsjungen überlassen. Nur am Kap vor Capri, »wo in der Höhe ausschaut auf sturmumbraustem Gipfel die Pallas«, mußte er wieder selbst ans Ruder. Dann lag aber auch schon Puteoli westlich des heutigen Neapel im Blick, denn dieser kampanische Hafen am Golf, nicht Ostia an der Tiber-Mündung, war das Ziel der Alexandria-Flotte. Mehr als einen Monat hatten die »Nußschalen« das Mittelmeer gepflügt.

Wie Seneca in seinem 77. Brief an Lucilius berichtet, versammelte sich die ganze Bevölkerung des Städtchens auf der Mole, wenn das Geschwader nahte. Allein Alexandrias Schiffe hatten ein Obersegel ausgespannt, und so waren die charakteristischen Silhouetten ausgemacht, kaum daß sie sich über die Horizontlinie schoben.

Einfacher gestaltete sich die Rückfahrt von Rom nach Alexandria, auch wenn sie auf das hohe Meer hinausführte. War nach dem Aufbruch von Puteoli das Westende Siziliens erreicht, konnte man auf guten Wind (die nord-südwärts wehenden Etesien) ebenso wie auf günstige Strömung setzen, und unter besten Bedingungen bedurfte es nicht mehr als einer Woche zur See, um vom Macht- zum Kulturzentrum der römischen Welt zu gelangen. Kaiser Caligula empfahl einem honorigen Besucher aus Palästina diese Route mit dem ausdrücklichen Hinweis auf die qualifizierten Schiffsführer (»unbeirrbar lenken sie ihre Gefährte, als seien es Rennpferde«).

DIE HÄFEN DER RÖMER

Erst mehrere Jahrhunderte nach Gründung der Stadt stieg Rom zur Seemacht auf, die alten aristokratischen Geschlechter scheuten und verabscheuten das offene Meer, und erst der Kampf gegen den Erzfeind Karthago, dessen Seehoheit gebrochen werden mußte, wollte Rom denn überleben, führte zur Bildung einer Kriegsmarine. Dabei war die Hauptstadt von ihrer Lage her, gebietend über die italischen Küstenlinien, eigentlich zur Seeherrschaft prädestiniert. Auch hatten bereits die Etrusker sich auf dem Meer bewährt und beachtliche nautische Vorleistungen erbracht.

Letztlich übernahm Rom das mediterrane Erbe Etruriens, in der hellenistischen Epoche dann auch die marinen Fertigkeiten des griechischen Kulturkreises, doch stets mit einer gewissen Zögerlichkeit, die sich vielleicht aus der Bodenständigkeit eines kriegerischen Bauernvolks erklärt. Der englische Altertumswissenschaftler Lionel Casson äußert sich dazu in aphoristischer Zuspitzung: Für ihn sind die Römer »ein Haufen von Landratten«. Aber auch die erlernten schließlich die nautischen Geschäfte.

So wenig Glanz die Römer als Seefahrernation auf sich ziehen konnten, so anerkannt waren ihre Hafenbauten. Die phönikischen Pionierleistungen in Sidons und Tyrus' Häfen gaben ihnen dabei ebenso Anregungen wie der griechische Raum, wo künstliche Hafenmolen zuerst die Dünung brachen. Die unter Polykrates (Ende des 6. Jahrhunderts v. Chr.) in Samos erbaute Mole erhob sich stolze 35 Meter über den Meeresspiegel, und die Mole des antiken Hafens von Rhodos maß fast einen halben Kilometer in der Länge.

Rom überbot solche Anlagen bald bei weitem: in der Länge, der Breite, der Ausstattung. Man errichtete sie unter Verwendung von Guß- und Stampfbeton und mit Hilfe von Senkkästen, die auf dem Meeresgrund aufgepflanzt wurden. Puteoli-Mörtel, Sand und Steinkleinschlag bildeten die Füllung. Die neuen Kunsthäfen lösten sich immer entschiedener von den Vorgaben der Küstenkontur.

Der sechseckige Trajanshafen bei Ostia hatte eine Wasserfläche von 235 000 Quadratmetern; um die 6 Meter betrug die Wassertiefe. Werften und Magazine, Handelskontore und Verwaltungsgebäude, Trinkwasserspeicher und Fischteiche, ein prachtvoller Markt und ein von Säulenhallen umgebener Tempel der Ceres, der Getreidegöttin und Hüterin der Kornspeicher, dazu Kais mit einer Länge von insgesamt 1970 Metern gehörten zu der monumentalen Anlage, in deren Wasserhexagon neben den Großseglern stets unzählige Schlepper und Leichter, kleine Frachtkähne, unterwegs waren. Der Technikhistoriker Albert Neuburger hat nachgerechnet: »Um den Hafen herzustellen, mußten 2 380 000 cbm Erde entfernt und 543 000 cbm Mauerwerk aufgeführt werden.« Nicht gerechnet das halbkreisförmig ummantelte Terrain des äußeren oder Claudius-Hafens, nicht gerechnet auch der Aushub des Trajan-Kanals, der an der *Isola Sacra* entlang zum Tiber strich.

Kanäle wie dieser gehörten zum Alltagsrepertoire römischer Ingenieurskunst, vermittelten den Verkehr zwischen Stadt und Küste, Meer und Binnenflüssen, so zum Beispiel auch von Ravenna zum Po-Delta. Bei Puteoli verband eine künstliche Wasserstraße den Averner über den Lucriner See mit dem Tyrrhenischen Meer; vom Averner See

Das sogenannte Relief Torlonia gibt figuren- und detailreich eine Hafenszene im Portus von Ostia wieder (3. Jh. n. Chr.).

führte wiederum ein Straßentunnel, die sogenannte »Krypta des Cocceius«, benannt nach einem bedeutenden Baumeister unter Agrippa, durch den Berg Grillo zur Stadt Cumae. Dieser Ort, übrigens die älteste griechische Kolonie auf italischem Boden, war als Endstation der *Via Domitiana*, einer Überlandstraße nach Norden, auf Rom zu also, von hoher Bedeutung. Nach Westen hatte Puteoli durch einen zweiten Straßentunnel mit Neapolis Verbindung, dem heutigen Neapel, damals wie in unseren Tagen wichtiger Verkehrsknotenpunkt. So stand dem Weitertransport des Korns wie auch der »Wohlgerüche Arabiens« nichts im Wege. Die alexandrinische Flotte zog den Golf zur Anlandung offenbar ganz bewußt der unbequemen, nautisch anspruchsvollen Seefahrt nach Ostia bzw. Portus vor, wie der imperiale Kunsthafen ebenso schlicht wie anmaßend genannt wurde.

In Puteoli trennten sich die Warengattungen wieder. Dabei mußte, wie bei ihrer Verladung in Alexandria oder an der phönikischen Küste, alles seine gute Ordnung haben. Darüber wachte an höchster Stelle ein Reichsbeamter, entweder ein Quästor oder ein *procurator portus*. Staatlich eingesetzte Administratoren standen hilfreich zur Seite. Die Organisation der zuständigen Verwaltung läßt sich bislang nur in groben Umrissen rekonstruieren; daß sie aber weitgespannt war, ergibt sich aus Inschriften, in denen neben verantwortlichen Sekretären auch Abteilungsleiter erwähnt werden.

Zwar war Puteoli als Überseehafen für die römischen »Landratten« vom Flair des Fernen und Exotischen romantisch umspielt, und der brave Mann, der staunend hierher kam, nahm zur Erinnerung gern einen der überall angebotenen Glasflakons mit, in welche die Ansicht der Seelinie fein eingeschliffen war; ein friedliches Pflaster bot die Stadt indessen nicht. Puteoli blieb als ein antikes St. Pauli stets Hafenstadt mit allen damit verbundenen Übeln: mit wüsten Spelunken und Bordellen, in die nach der langen Seefahrt die gerade ausgezahlte Heuer floß, mit Totschlag, Raub und Bettelei, wenn sich die Matrosen, nach der Euphorie und den Gelagen der Ankunft, ernüchtert der kalten Wirklichkeit eines ganzen langen Winters bis zur nächsten Ausfahrt stellen mußten, obdachlos, zerlumpt und ohne Geld.

Um so strenger bewachten private Sicherheitsdienste Speicher und Kontore, denn Privatunternehmer waren es ja, die den Getreidetransport zwischen der nordafrikanischen »Kornkammer« und der Reichshauptstadt organisierten. Doch sorgte der römische Staat für zusätzlichen öffentlichen Schutz; schließlich wollte er ohne Diebstahlsminderung aus all dem privaten Handel und Wandel satten fiskalischen Gewinn ziehen.

In Puteoli konnte der Privatkonsument oder Kleinkaufmann übrigens nicht einfach am Hafen erscheinen und bescheidene Kontingente des begehrten Gutes abzweigen; allerdings gab es in der Stadt selbst einen Weihrauchladen. Durchweg übernahmen Großhändler die Luxusware: Vertrauenspersonen der alexandrinischen und phönikischen Lieferanten und häufig deren direkte Teilhaber am Duftgeschäft, nicht selten aber auch Orientalen selbst. An den Kais von Puteoli besaßen in der römischen Kaiserzeit Ägypten und Syrien eigene, gewissermaßen landsmannschaftliche Handelskompanien. Ein Text aus Althiburus im heutigen Tunesien nennt eine »Gesellschaft zum Vertrieb von Räucherwerk«; sie wird durch ihre Agenten auch in Puteoli vertreten gewesen sein. Von speziellen Kontoren der phönikischen Städte Tyrus und Berytus im Hafen von Puteoli war schon die Rede; ihnen oblag der Vertrieb der kostbaren Purpurwaren. Jedoch ist aus zahlreichen Inschriften auch der Name einer italischen Kaufmannssippe bekannt, die den Lieferanten von jenseits des Meeres den Binnenhandel im europäischen Raum abnahm. Die Familie hieß Faenius und vertrieb Weihrauch unter anderem auf der Insel Ischia, in Florentia (Florenz) und Lugdunum (Lyon); in Puteoli selbst unterhielt sie den schon erwähnten Weihrauchladen. Regionale und lokale Weihrauchhändler sind auch für die Stadt Tralles (heute: Aydin) über der Mäander-Ebene, für die griechische Insel Kos, das kleinasiatische Ephesos und das stolze Aquileia im Nordwestwinkel der Adria bezeugt – Zufallszeugnisse, aber unzweideutige Indizien für das weitgespannte Geschäftsnetz, über welches das kostbare Gut seine Endverbraucher erreichte.

Daß es sie erreichte und daß der Weihraucheinkauf ein Alltagsvorgang war, belegt ein griechisch-lateinischer Sprachführer jener Zeit, der als »Lehrbeispiel« ein Standardgespräch zwischen Käufer und Verkäufer in einer Drogerie einschließt.

Die genaue Organisationsform des Weihrauchverkaufs im Imperium ist uns freilich unbekannt und wird im einzelnen auch gewechselt haben. Mit Sicherheit hat es aber Fälle gegeben, in denen Nabatäer oder sogar Minäer die Fäden des gewinnträchtigen Handels bis hin zum Konsumenten fest in der Hand behielten. Sie ließen sich die letzte Karawanenreise bis ans Meer nicht nehmen, sorgten für Lagerung und Bewachung der Duftpreziosen in den alexandrinischen oder phönikischen Lagerhäusern, waren an irgendeinem Frachter als Kompagnon beteiligt oder hatten das Schiff für teures Geld geheuert und trugen schließlich auch Verantwortung für den Weitertransport und die Verteilung. So erklären sich denn zweisprachige Altarinschriften zu Ehren südarabischer Götter auf der Kykladen-Insel Delos und minäische Münzfunde in Kleinasien. Hier wie dort wirkten arabische Kaufleute.

8 DAS ENDE DER WEIHRAUCHSTRASSE

»Und wir stifteten zwischen ihnen und den gesegneten Städten noch andere bekannte Stationen, und wir bestimmten, daß sie zwischen ihnen umherziehen sollten, um Handel zu treiben: ›Reist nun bei Tag und Nacht sicher und in Frieden.‹ Sie aber sagten in frevlerischem Übermut: ›Herr, laß unsere Reisen noch weiter führen.‹ Und so versündigten sie sich zu ihrem eigenen Schaden. Da gaben wir sie der Strafe anheim.« So schildert der Koran in Sure 34, der »Sure der Sabäer«, das Ende des Weihrauchhandels.

Mehr als ein Jahrtausend zogen Karawanen aus dem Weihrauchland ans Mittelmeer. Weil weder Ägypter noch Assyrer noch Römer eine dauerhafte politische Oberhoheit über Südarabien zu erringen vermochten, konnten die arabischen Gemeinwesen sich wirtschaftlich behaupten. Der Glanz dieser großen Handelstradition verblaßte und verging, als ab dem 4. Jahrhundert die »Endverbraucher« in eine tiefe politische und kulturelle Krise gerieten. Zuletzt verfestigte sich die Völkerwanderung zur Grabplatte der mittelmeerischen Zivilisation.

Eine Völkerlawine kam ins Rollen, als im letzten Viertel des 4. Jahrhunderts Hungersnöte die Hunnen aus den asiatischen Steppen ausbrechen ließen. In der Folge drückte eine Völkerschaft auf die andere: In Bewegung gerieten die Ostgoten und die Westgoten, die Alanen und die Wandalen. Alles und jeder rieb sich am römischen Limes, der die Grenze der »zivilisierten Welt« markierte.

Aber hatte die selbst aus dem Rückblick des 20. Jahrhunderts noch ungeheuer erscheinende Macht des Römischen Reiches nicht jahrhundertelang den Germanen die Schranken gewiesen? Hatte sie sich nicht den Puniern im Westen und nicht den Dakern im Osten in kraftvoller Überlegenheit gezeigt? Standen im 5. Jahrhundert n. Chr. nicht mehr Männer unter Waffen denn je?

»Leicht erhält sich die Herrschaft durch die Eigenschaften, durch die sie erworben wurde.« Die einprägsame Formel des Sallust (86 bis 34 v. Chr.), des ersten unter den großen lateinischen Geschichtsschreibern, kehrte sich fünf Jahrhunderte später gegen Rom selbst. Die Eigenschaften der republikanischen und der frühen Kaiserzeit waren längst verloren, das Imperium stand auf tönernen Füßen. Aus inneren Belangen, nicht etwa, weil die vorwärtsstoßenden oder -gestoßenen Völker Waffenhoheit besaßen, ließen sich die neuen außenpolitischen Bedrängungen nicht länger bewältigen.

An Erklärungsversuchen für diese Schwäche der Weltmacht mangelt es nicht, seit 1734 mit Montesquieus »Betrachtungen über die Ursachen der Größe und des Verfalls der Römer« die Kette der Interpretationen einsetzte. Groß angelegte historiographische Versuche nach der Tradition Montesquieus und Edward Gibbons lieferten in diesem Jahrhundert zum Beispiel Otto Seeck und Michail Rostovtzeff, der seine »Gesellschaft und Wirtschaft im Römischen Kaiserreich«, ganz russischer Exilant, melancholisch mit der Frage beschließt: »Ist nicht jede Kultur zum Verfall verurteilt, sobald sie die Massen zu durchdringen beginnt?«

Dem Russen jedenfalls erschien der Niedergang des Römischen Reiches als Folge eines sich entwickelnden Staatskapitalismus einerseits, einer kulturellen Auflösung der alten römischen Wertewelt andererseits.

Jenseits solcher Arbeitshypothesen läßt sich ein Verfall der Metropolen beobachten. Adlige Großgrundbesitzer bereicherten sich auf Kosten der Städte, und aus Mangel an Pächtern (Kolonen) blieben immer mehr Felder in Brache liegen. Steuerdruck und Beamtenwillkür, eine wuchernde Provinzialbürokratie sowie Münzverschlechterung bzw. Geldentwertung mündeten als ernste Symptome staatlich-ökonomischen Niedergangs in die massenhafte Verelendung weiter Bevölkerungskreise.

Nein, dies war nicht mehr jenes Römische Reich, das fremden

Völkern seinen Willen aufzwingen konnte. Bereits die Goten-Kriege zwischen 237 und 269 ließen keinen Zweifel daran. Im späten 3. Jahrhundert drangen die Alamannen und die Juthungen über die Alpenpässe vor; 375 fielen die Hunnen in Europa ein; 378 unterlag ein römisches Heer des Kaisers Valens den Westgoten; 395 teilte sich das bedrängte Imperium endgültig in eine westliche und eine östliche Hälfte; 410 schließlich, genau gesagt: am 24. August, wurde Rom Beute des Westgotenkönigs Alarich und in dreitägiger Plünderung des alten Glanzes für immer beraubt.

Allerdings war die Stadt längst schon im Niedergang begriffen. Von der Menschenmillion, die sich in der frühen Kaiserzeit hier ballte und durch die Straßen zwängte, waren um das Jahr 400 gerade einmal 100 000 Köpfe geblieben – und nicht die besten, muß man hinzufügen.

Nein, dies war nicht mehr das Rom, in dem man sich um Weihrauch und Myrrhe und Wohlgeruch Sorgen machte. Im Taumel des zivilisatorischen Untergangs ging es zwischen innerer Zersetzung und äußerer Gefährdung bloß noch ums Überleben. Wem denn sollten die Kamele und die Schiffe die ehedem so begehrte Fracht zuführen? Rom war praktisch »zahlungsunfähig« geworden, die Steintische der Geldwechsler lagen verwaist, in den verwahrlosten Läden der römischen »Weihrauchgasse« gähnten leere Tür- oder Fensterhöhlen, und Puteolis wie Ostias Molen und Hafenkais versanken wieder im Meer. Längst waren die hölzernen Lagerhäuser, in denen man einst die Weihrauchsäcke verwahrt hatte, in kalten Wintern als Brennholz verfeuert worden.

Aber noch gab es das »zweite Rom«, Byzanz sein Name. Hier kräuselte der Weihrauch duftig in Tausenden und Abertausenden von Kirchen zur Ehre der christlichen Gottestrias. Seltsam genug: Eine nahöstliche Erlösungsreligion gewann einen Teil des Reiches, in dem man die Konfession zeitweise grausam verfolgt hatte, und wurde nun sogar zum religiösen und kulturellen Rückgrat des Rumpfstaates. Kaiser Konstantin erkannte und nutzte im frühen 4. Jahrhundert

v. Chr. die dem Christentum innewohnende Integrationskraft als erster mit politischer Klugheit.

Religiös und kulturell stand das alternde Imperium Romanum längst im Zeichen des Orients. So waren praktisch alle stadtrömischen Tempelbauten des 3. Jahrhunderts orientalischen Gottheiten geweiht, entstanden in der Ewigen Stadt Heiligtümer des Mithras, des Serapis, der Sonnengottheit. In gewissem Sinne wiederholte sich im Machtbereich Roms das, was dem Hellenismus nach Alexander dem Großen widerfahren war: Der militärische Erfolg des Westens zerrann und verkehrte sich unter der Kulturhoheit des Ostens.

Die orientalischen Kulte fanden Rückhalt zunächst im Heer. Bei ihrer Grenzwacht in den Südostprovinzen, in Ägypten, Syrien und Arabien, lernten die römischen Legionäre, sofern ihnen diese Gottheiten nicht schon von Kind auf vertraut waren, die Dea Syria und den Mithras, die Kybele und den Attis, den Jupiter Dolichenus und die Isis kennen und verbreiteten die jeweiligen Riten im Zuge von Truppenverlagerungen über das gesamte Reich, bis nach Rumänien, Schottland und Marokko.

Das Christentum drang vom palästinischen Raum her zuerst in die Judengemeinden ein, die sich in zahlreichen hellenistischen Städten der Levante gebildet hatten. Die jüdische Diaspora und die Versklavung zahlreicher Juden nach ihrem fehlgeschlagenen Aufstand gegen Kaiser Hadrians Herrschaft bahnten den messianischen Gedanken dann den Weg in den lateinischen Teil des Reichs. Im römischen Heer wurde Jesus Christus einerseits als Kriegs- und Siegergott verstanden, andererseits als erlösender Weltenheiland verehrt.

Vorteile gewann die Konfession des Jesus von Nazareth mithin daraus, daß sie sich gleicherweise auf die Mittlerschaft der römischen Truppen wie auf eine »zivile« Strömung in Gestalt der judenchristlichen Diaspora stützen konnte. Sie war der kommerziellen Mittelschicht christianisierter jüdischer und syrisch-arabischer Händler ebenso verbunden wie den Unterdrückten und Geschundenen, die auf Lebensbesserung hofften. Sozial aufgestiegene Gläubige festigten die neue Religion ansatzweise auch in der Oberschicht.

Die Verwandlung religiös artikulierter Sozialrevolte in tausendjährige Herrschaftsstabilität gehört zu den großen Merkwürdigkeiten der Menschheitsgeschichte. Roms politische Größe wankte und fiel, Byzanz wankte, fiel aber nicht. Die christliche Bewegung hatte sich dort, im Osten des zerfließenden Einheitsreiches, durch eine hierarchische Gemeindestruktur mit klarer Autoritätsstaffelung den Herrschenden sympathisch machen können: War dies nicht ein religiöses Gemeinwesen, das staatstragend werden konnte, wenn es nur seine rebellischen »Phrasen« von Brüderlichkeit und Gleichheit aufgab?

Weihrauch röstete also weiterhin über der Grundglut in den Fäßchen und Schwenkern Anatoliens. Denn Anatolien, das Land zum Osten hin, war nun Kernbereich der »rhomäischen« Herrschaft, die wir die oströmische oder byzantinische zu nennen gewohnt sind. Der Wohlgeruch des Weihrauchs hing über allem byzantinischen Kultus, aber auch Hoffeierlichkeiten wurden durch seinen Duft erhöht. Wenn der Kaiser im Feldherrnrock nach gewonnener Schlacht mit großem Gefolge Einzug hielt in die Hagia Sophia, die grandiose Hauptkirche Konstantinopels, empfing ihn dort der Patriarch mit dem Weihrauchfaß und umwölkte den Sieger, während auf der Galerie Sänger Hymnen wie »Dem kampfesmutigen Feldherrn der Siegespreis« anstimmten. Das byzantinische »Zeremonienbuch« aus dem 11. oder 12. Jahrhundert legte derlei Abläufe bis ins letzte Detail fest. So wissen wir denn auch, daß beim Weihnachtsabendmahl des Kaisers zu den Gaben des Patriarchen an ihn »Räucherwerk« gehörte und daß im Privatbad des Kaisers zwei Räucherbecken standen, in denen bei jeder Waschung der Majestäten Weihrauch verbrannt wurde. Harun Ibn Jachja, ein arabischer Besucher in der Kaiserstadt (um 880/890), wiederum erwähnt die goldenen Räucherfässer, welche hundert ausgewählte Patrizier während der Aschermittwochsprozession mit sich führten.

Weihrauch blieb somit auch in der christlichen Welt, wie seit pharaonischen Zeiten, ein kultisches und hoheitliches Räucherwerk. Aber all das duftende Harz, zu dem in Byzanz als neuer »Geruchsfavorit« noch das Holz einer Aloe-Art kam, die man »Khmer« nannte, gelangte nicht mehr oder nur noch anfangs zu einem kleinen Teil über die alte arabische Transportroute in den Mittelmeerraum. Um die Situation zu verstehen, müssen ein letztes Mal die außenpolitischen Verhältnisse entrollt werden.

Byzantiner und persische Sassaniden teilten sich nach dem Untergang Westroms über etwa drei Jahrhunderte den Nahen und Mittleren Osten – gelegentlich schiedlich-friedlich, häufiger allerdings in kriegerischem Gegeneinander. In den ruhigen Zeiten, die zum Beispiel im 5. Jahrhundert überwogen, kam der Weihrauch, von Indiens Malabar-Küste her, über die zweite große transkontinentale Handelsroute, die Seidenstraße, durch sassanidisches Staatsgebiet nach Byzanz. Es sei kurz daran erinnert, daß in Persien selbst der Weihrauch niemals eine derart bedeutende Rolle spielte wie in Ägypten oder im Mittelmeerraum. Die sassanidischen Perser waren jedenfalls weniger Verbraucher als Zwischenhändler.

Aber selbst in Friedenszeiten schwelten die politisch-militärischen Spannungen zwischen den beiden Großmächten, und so versuchte Byzanz, nicht nur um die stattlichen sassanidischen Zollerhebungen zu vermeiden, eine Umgehungsroute zu entwickeln, die über den Kaukasus und entlang des Kaspischen Meeres Chinas wie Indiens Reichtümer erschloß. Dies konnte nur gelingen, wenn man mit den Türken, welche die eurasischen Südsteppen durchstreiften, handelseinig wurde. Jener byzantinische Historiker, den die Wissenschaft Menander Protector nennt, erwähnt in seiner »Geschichte« (der Jahre 558 bis 582) zwei byzantinische Gesandtschaften, die aus diesem Grund zu den Türken reisten. Wahrscheinlich war es der geringe staatliche Organisationsgrad der Asiaten, an dem die Missionen scheiterten. Garantien und verbindliche Sicherheiten ließen sich von den schweifenden Horden Turkestans nun einmal nicht beibringen.

Wenn die nördliche Landroute aber unsicher blieb und man der sassanidischen Aufsicht über die Seidenstraße auf diesem Wege nicht entkam, dann gewann die Arabien-Strategie des byzantinischen Reiches entscheidende Bedeutung.

Was den traditionellen Landweg durch Arabien anging, so schätzte man ihn in Byzanz nicht sonderlich. Die horrenden Zölle auf der Weihrauchstraße schreckten ab. Die arabischen Zwischenhändler hatten sie offenbar stark angehoben, als der Großkunde Westrom entfiel. Entlang der langen Transportroute waren viele Münder hungrig, viele materielle Interessen und Wünsche zu erfüllen. Die beduinisierten Araber hatten die Einnahmen aus dem Karawanenverkehr bitter nötig, und wenn Rom die Mittel für den Weihrauch nicht mehr aufbringen konnte, dann mußte der andere Großkunde, Byzanz, eben so hoch besteuert werden, daß das frühere Zollniveau insgesamt gewahrt blieb.

Mit Unwillen bemerkte Byzanz zudem, daß die Sassaniden Gesandte in den Jemen schickten und mit den Himjaren diplomatisch kungelten. Die einmarschbereiten Perser-Truppen blieben allerdings noch im Rückraum; erst um das Jahr 575 setzte der wohl fähigste unter den Sassaniden-Königen, Chosrau Anoscharwan, sie in Marsch nach Arabia Felix.

Es drückten Byzanz also nicht nur die unmäßigen Wegesteuern; die südarabischen Anbaugebiete von Weihrauch und Myrrhe selbst erschienen politisch gefährdet durch den nahöstlichen Widersacher. Zweierlei konnte das »neue Rom« tun: sich Südarabien erkämpfen oder den Landstrich im Weihrauchhandel umgehen. Im zweiten Fall hieß Indien die Alternative, denn auf dessen Wohlgerüche hatten die Perser keinen Zugriff. So oder so, die See, das Rote Meer mußte als Handelsweg für Byzanz gewonnen werden.

Wohl zwischen 533 und 540 unternahm die Nonne Aetheria (Egeria), christliche Superiorin im Pyrenäen-Raum, ihre berühmte Reise ins Heilige Land. Der Weg führte sie auch auf die Sinai-Halbinsel und dort in die Stadt Klysma, das heutige Suez. Aetheria berichtet: »Dieser Hafen entläßt Schiffe nach Indien und empfängt Schiffe, die von dort kommen, denn nirgendwo sonst auf rhomäischem Gebiet, nur hier, laufen indische Schiffe in den Hafen. Viele und große Schiffe sind dies, und so ist der Hafen berühmt unter den Indien-Kaufleuten.«

In einem Punkt freilich irrt Aetheria: Neben Klysma wurde weiterhin auch Aila/Aqaba angefahren. An anderer Stelle schreibt die Nonne denn auch: »Dann segelte ein Schiff nach Aila ein mit Ladung verschiedener indischer Duftstoffe.« Ein weiterer frommer Reisender namens Antonius Placentinus bestätigt, wohl für das Jahr 570, diese Handelssituation. Die Indien-Segler legten nach seinem Bericht an den Kais von Klysma und Aila an.

Über Aila und seinen Süßwasserreichtum haben wir schon gesprochen (s. S. 217f.). Die Bedeutung des Hafens erhielt sich. Auch unter der islamischen Herrschaft, seit 631, blieb Aila/Aquaba Handelszentrum. In einer festungsartigen, turmbewehrten Stadtanlage, nach der Manier spätrömischer Kastelle erbaut, lagerten die Kostbarkeiten des Orients. Funde von chinesischen Porzellanen aus der Zeit der Song-Dynastie (ab 960 n. Chr.) bezeugen die Reichweite des arabischen Fernhandels. Weihrauch und Myrrhe gehörten aber nicht mehr zu den Stapelwaren; der nüchterne islamische Kultus hatte keine Verwendung für solche und andere Wohlgerüche.

Rotes Meer – Todesmeer. Die Ptolemäer waren die ersten, die es bezwangen (s. S. 141f.). Noch in diesem Jahrhundert, unter ungleich besseren technischen Voraussetzungen aber fürchtete man den Wasserweg. Der »Red Sea and Gulf of Aden Pilot«, ein britisches Handbuch für Schiffsführer, spricht eine deutliche Sprache. Die Riffe, heißt es dort, seien »zahlreicher und ausgedehnter als in jedem anderen Meeresbereich gleicher Größe«, und die Ankerplätze »so unsicher, daß sie kaum Schutz bieten«.

Den byzantinischen Indien-Seglern blies nach der Fahrt durch das Bab el-Mandeb ein steifer Nordwind entgegen, und nach moderner Manier zu kreuzen verstand man ja noch nicht. Gefürchtet war die Untiefe der Gewässer. Wo ein Schiff mit der Flut noch über eine Korallenbank hinwegglitt, zerschlitzte es sich bei Ebbe den kalfaterten Rumpf. Die wenigen Häfen hüben und drüben waren wasserarm und die an das Uferland anschließenden Hochebenen vom Meer aus kaum zugänglich.

Für Byzanz blieben die Küstenorte in Südarabien und den gegenüberliegenden afrikanischen Gestaden, armselig wie sie waren, dennoch unentbehrlich. Schließlich ging es um Macht, um den christlichen Glauben, um profitablen Handel. Im Rückblick fällt es schwer, das schillernde Verhältnis dieser Motive definitiv zu bestimmen.

Jedenfalls avancierten die Kais und Molen des christianisierten Äthiopien im Zusammenhang mit der Monsundrift zu entscheidenden Liegeplätzen, und auch die judäisch-christlichen Religionskämpfe im Himjaren-Reich wären nicht recht zu verstehen ohne den skizzierten Hintergrund.

Politik als Religionspolitik: Es gehörte, wie schon angedeutet, zu den Grundabsichten byzantinischer Diplomatie, Südarabien religiös zu binden und auf der Basis solcher christlichen Verbrüderung beide Seiten des Roten Meeres zu kontrollieren. Dahinter verbarg sich die kluge Einsicht, daß diese fernen Gebiete durch militärisches Vorgehen *allein* nicht gewonnen, vor allem aber nicht dauerhaft gehalten werden konnten.

Den Anfang hatte Byzanz in Äthiopien gemacht. Seit Axum christianisiert und mit Byzanz liiert war, handelte es am Roten Meer wie ein Stellvertreter der Großmacht im Norden. Wahrscheinlich geschah es auf byzantinisches Drängen, daß Kaiser Ezana sich im Jahre 361 n. Chr. ohne militärische Not aus den besetzten südarabischen Landesteilen zurückzog (s. S. 149 ff.). Das Himjaren-Reich hatte sich – und dies war entscheidend – dem Christentum geöffnet. Um so heftiger flammten die Auseinandersetzungen wieder auf, als der Himjaren-Tubba dhu-Nuwas zum Judentum übertrat und die byzantinische Pfründe Südarabien in Gefahr geriet. Sogleich setzte Axum von der afrikanischen Seite des Roten Meeres her mit einem 70 000 Mann starken Heer über, gewiß nicht ohne ausdrückliche Billigung des byzantinischen Kaisers Justin, trieb den Himjaren-Führer zur Kapitulation und übernahm bis 575 n. Chr. die Regionalherrschaft.

Noch einmal war der Seeweg nach Indien für Byzanz gerettet. Die südarabische Infrastruktur wurde aber von den axumitischen Besatzern nur noch im Hinblick auf die Häfen instand gehalten, die alten Metropolen der Arabia Felix verfielen. Wo man außerhalb der Häfen neu baute, baute man allemal Kirchen. Das berüchtigste Ereignis in diesem zivilisatorischen Verfallsprozeß, der die Beduinisierung Arabiens entscheidend vorantrieb, ist der Bruch des Staudamms von Marib. Nicht zum erstenmal hatte der etwa 600 Meter lange Damm dem Wasserdruck nachgegeben; im Jahre 319 n. Chr. war er schon einmal gebrochen, aber neu gerichtet und sogar verstärkt worden. Nun, Mitte des 6. Jahrhunderts, rührte sich keine Hand mehr zur Reparatur.

Als um das Jahr 575 n. Chr., in der typisch gewordenen Form des Religionskampfes, die Sassaniden nach langem Zögern in das ferne Südarabien einmarschierten, geschah dies angeblich, um den unterdrückten jüdischen Bevölkerungsteilen beizustehen. Das erscheint etwa so glaubwürdig wie 1400 Jahre später der Ruf der Afghanen nach der sowjetischen Besetzung ihres Landes. Keinen Deut mehr als die etwas leiser, durch Axums Vermittlung den Ton angebenden Byzantiner scherte das sassanidische Persien sich um die Wohlfahrt des Landes. Machtpolitisch interessant war allein, den byzantinischen Seeschlupfweg nach Indien zu unterbrechen und den Verkehr zurück auf die – in ihrem Mittelabschnitt ja sassanidisch kontrollierte – Seidenstraße zu leiten. Von einer begangenen Weihrauchstraße durch arabisches Land ist zu dieser spätantiken Zeit bereits keine Rede mehr.

Einer der großen »Endverbraucher«, Westrom, hatte die historische Bühne verlassen, der zweite, christlich gewordene Erbwalter, Ostrom, zerrieb sich intern in religiösen Auseinandersetzungen und extern in Waffengeklirr mit den Sassaniden. Die ehemaligen Zwischenhändler hatten ihr Monopol verloren. Indien als Weihrauchland war den Großmächten nur allzu bekannt geworden, und auch wenn der dhofarische Weihrauch weiterhin als die beste Qualität galt, hatte die Region ihren Zauber eingebüßt. Man umkämpfte Südarabien ob seiner Häfen, nicht mehr aber wegen seines legendären Reichtums.

Dennoch hinterließ die Weihrauchstraße eine bleibende geschichtliche Spur. Arabien konnte auf Traditionen des Karawanenhandels zurückblicken, die wertvoll blieben über die nostalgische Erinnerung hinaus. Als der verstoßene und vergessene Subkontinent, über die Jahrhunderte in Not zurückgesunken, den aufrechten Gang im Zeichen des Islam wiederfand, lag die Landkarte zum Sturm auf die antike Welt in seinen Händen. Und der Prophet Mohammed, der sich von Juden und Christen in ihre religiösen Mythen hatte einführen lassen, wurde zum Erben der Weihrauchstraße.

ZEITTAFEL

ca. 4000 v. Chr.	Nach einer Feuchtphase, die auch für Nordafrika und den Mittleren Osten ab dem späten 6. Jahrtausend v. Chr. nachweisbar ist, beginnt die klimatische *Ausdörrung Arabiens*.
ca. 2000 v. Chr.	Die *Wüste Rub el-Chali* entsteht, Nord- und Südarabien beginnen sich an ihren Sandfeldern zu scheiden. Die Haustierwelt des Subkontinents wandelt sich.
ca. 1500 bis 1200 v. Chr.	*Einwanderung* der Hadramiten, Qatabanier, Minäer und – zuletzt – der Sabäer aus Nord- oder Mittelarabien in den Süden der Halbinsel.
ca. 1480 v. Chr.	Die pharaonische Herrscherin Hatschepsut läßt Weihrauch aus dem Land »Punt« einführen, scheitert aber bei dem Versuch, den *Weihrauch in Ägypten* anzupflanzen.
ca. 1100 v. Chr.	Spätestens um diese Zeit wird das *Kamel* in Mittel- oder Ostarabien zum neuen, der Wüstewerdung der Halbinsel angemessenen Transporttier.
um 950 v. Chr.	Eine nordwestarabische Herrscherin, fälschlich *»Königin von Saba«* genannt, sucht Handelsbeziehungen mit der Mittelmeerwelt. König Salomo wird zu ihrem Geschäftspartner.
853 v. Chr.	In der Schlacht von Qarqar, einer Abrechnung des Assyrerkönigs Salmanassar III. mit nahöstlichen Potentaten, nimmt an der Seite des Assyrers auch ein Kontingent von *arabischen Kamelreitern* teil, entsandt von einem »König« (Scheich) Gindibu.
738 bis 685 v. Chr.	Erste Nennungen *südarabischer (sabäischer) Priesterherrscher*, darunter Ithamar und Karibil Watar, in assyrischen Inschriften.
7./6. Jh. v. Chr.	Schumuil (biblisch: Ismael), ein *Bund von wüstennomadischen Stämmen*, beherrscht unter »Königen« wie Yauta (Yata), Abyata und Yuhaiti Nordarabien. Dem Stamm der Qedar fällt dabei eine Führungsrolle zu.
um 600 v. Chr.	Ältere regionale Handelswege (südarabischer Salzhandel, nordwestarabischer Goldhandel) werden zur *Weihrauchstraße* verbunden, die Südarabien mit dem Mittelmeerraum, über Seitenlinien auch mit Mesopotamien verbindet; nach Ägypten gelangt die kostbare Fracht teils über den Sinai, teils als Schiffsfracht über das Rote Meer. Die Hadramiten sind die Produzenten bzw. Beschaffer des Weihrauchs, die Minäer organisieren den Transport in den Norden.
um 450 v. Chr.	Das *südarabische Staatengefüge zerbricht:* Minäer (unter König Ilyfa Jatha) und Qatabanier (unter König Warawil) entziehen sich der sabäischen Oberhoheit, das Reich Ausan geht unter, das Reich Hadramaut gewinnt an Selbständigkeit.
5./4. Jh. v. Chr.	Aus dem nordwestarabischen Stamm der Qedar steigen die *Nabatäer* zur Vormacht auf; als »Händler des Nordens« lösen sie die südarabischen Minäer ab, welche die Weihrauchstraße aber noch bis auf die Höhe von Dedan kontrollieren.
3. Jh. v. Chr.	Die *Ptolemäer*, hellenistische Herrscher über das Nil-Land, versuchen das Weihrauchmonopol der südarabischen Staaten zu brechen und mit dem

	»zweiten Weihrauchland«, Indien, direkte überseeische Kontakte aufzunehmen. Gründung neuer Häfen an der Westseite des Roten Meeres.
um 169 v. Chr.	Mit Aretas I. setzt die Folge der *nabatäischen Könige* ein, die in der Karawanenstadt Petra residieren und zwischen den hellenistischen Großreichen der Seleukiden und der Ptolemäer lavieren.
120 v. Chr.	*Neue Herrschaftsverhältnisse in Südarabien:* Main verliert seine Selbständigkeit wieder an die Sabäer, aus dem Reichsverband Qataban löst sich der Stamm Himjar, der in der Folge Kontrolle über die Bab el-Mandeb genannte Meerenge gewinnt und vor allem mit Saba (bis 270 n. Chr.) in wechselnde, undurchsichtige militärische und politische Auseinandersetzungen verwickelt bleibt.
120/115 v. Chr.	Dem kleinasiatischen Kapitän Eudoxos gelingen im Auftrag der Ptolemäer zwei Indien-Fahrten. Unter Ausnutzung der Monsunwinde bringt Eudoxos reiche Aromafrachten (Weihrauch, Zimt) nach Ägypten.
115 bis ca. 60 v. Chr.	Die Lihyan, ein nordwestarabischer Stamm, übernehmen die wichtige *Handelsstation Dedan* im Mittelabschnitt der Weihrauchstraße, werden dann aber von den Nabatäern verdrängt.
30 v. Chr.	Ende des ptolemäischen Reiches; *Ägypten wird römische Provinz.* Rom möchte Arabia Felix gewinnen, um den Weihrauchhandel unter seine Kontrolle zu bringen.
25/24 v. Chr.	Der *Feldzug des Aelius Gallus* nach Südarabien scheitert nach der Einnahme von Negrana (Nadscheran) unter den Mauern von Marib. Zuvor war das römische Heer durch die Zermürbungstaktik des Nabatäers Syllaeus geschwächt worden. Der Aromahandel bleibt weiter in arabischer Hand.
106 n. Chr.	Im März des Jahres erklärt Roms Statthalter in Syrien, Aulus Cornelius Palma, *Nabatäa zur römischen Provinz* (Provincia Arabia). Die politische Machtergreifung ändert kaum etwas am wirtschaftlichen Status der nabatäischen Handelsherren, die weiter den Norden der Weihrauchstraße dominieren.
170 n. Chr. bis ca. 215 n. Chr.	Das äthiopische Reich von *Axum* erobert die westjemenitische Küstenebene von den Sabäern/Himjaren.
270 bis 525 n. Chr.	*Südarabien unter der Herrschaft der Himjaren,* deren Könige den Titel Tubba annehmen und sich zwischen etwa 325 und 361 n. Chr. neuer axumitischer Eroberungszüge zu erwehren haben.
Ende 3. Jh. n. Chr.	Beginn der *christlichen und jüdischen Mission.* In Nadscheran, Aden und der Himjaren-Hauptstadt Zafar entstehen Kirchen. Das westarabische Jathrib ist eine Stadt der Synagogen.
Anfang bis Mitte 4. Jh. n. Chr.	Die christianisierte Nabatäer-Hauptstadt Petra und der Süden der Provincia Arabia werden der neuen *byzantinischen Provincia Palaestina Tertia* zugeschlagen.
4./5. Jh. n. Chr.	Rom entfällt als Großabnehmer der »arabischen Wohlgerüche«; innerer Verfall und äußere Bedrängung (Völkerwanderung) brechen das zivilisatorische Niveau, der alte *Duftluxus wird unbezahlbar.*
517 bis 525 n. Chr.	Christenverfolgungen unter dem zum Judentum konvertierten Himjaren-Tubba Zura dhu-Nuwas (nun: Jusuf Asar). Gegenschlag eines (christlichen) äthiopischen Heers und *erbitterte Religionskämpfe,* die mit dem Tod des Tubba und dem Sieg des Christentums enden.
525 bis 575 n. Chr.	*Axumitische Herrschaft über Südarabien.* Die Infrastruktur der Landstriche verfällt, und die berühmte Staumauer von Marib wird nach ihrem Bruch nicht wiederhergestellt. Die Beduinisierung Arabiens schreitet voran, die Weihrauchstraße wird nicht mehr begangen.

GLOSSAR

Adramyta Name des Hadramaut bei antiken Schriftstellern.

apotropäisch Unheil abwehrend; apotropäischen Charakter haben z. B. Amulette oder Dämonenmasken an Gebäuden.

Arabia Deserta Lateinisch: wüstes Arabien. Antike Bezeichnung für die Ödgebiete zwischen dem Land Midian und Arabia Felix.

Arabia Felix Lateinisch: glückliches Arabien. Bezeichnung, unter der die Antike die südarabische Zivilisation faßte; Legendenland.

Axum Antikes Reich im heutigen Äthiopien bzw. in Eritrea.

Badiya Arabisch: Weideland. Beduinenland; im übertragenen Sinne Terrain um ein omajjadisches Wüstenschloß.

Beit Arabisch: das Zelt. Im übertragenen Sinne in sich geschlossene Wohneinheit eines frühislamischen Hauses oder Palastes.

Betyl Aramäisch: beth-el = Haus Gottes. Hochrechteckige Stele, reliefartig aus einem Nischengrund hervortretend; elementares Idol des nabatäischen Kultus.

Dschebel Arabisch: Berg, Gebirge

Epigraph, epigraphisch Inschrift, Aufschrift; inschriftlich.

Exodus Auszug der Israeliten aus Ägypten.

Graffiti Ritz- oder Kratzinschriften, meist einfach-spontane Kritzeleien auf Felsen oder historischen Bauwerken.

Hadramiten Staatsvolk im Osten der Arabia Felix, kontrollierte die Weihrauchproduktion und -anlieferung (aus Somalia und Indien).

Hedschra Auswanderung des Propheten Mohammed von Mekka nach Medina zwischen dem 28. 6. und 20. 9. 622; Beginn der islamischen Zeitrechnung.

Hellenismus Geschichtliche Epoche zwischen 334 v. Chr. und der Zeitenwende, in der sich griechisches und orientalisches Kulturgut verbanden.

Himjaren, Himjariten Volk, später Staatsvolk in Südarabien; beherrschende Macht nach der Zeitenwende.

Homeriten In antiken Quellen Bezeichnung für die Himjaren.

Ikonographie Beschreibung und Erklärung von Bildinhalten, »Bildsprache«.

Imperium Romanum Das römisches Weltreich, das sich in der Kaiserzeit bis nach Nordarabien ausdehnte.

Kastell Römisches Fort, Wehrbau vor allem an den Grenzen des Reiches.

Limes Bewehrte Grenze des Römisches Reiches; als Limes Arabicus die Grenze im nordarabischen Raum.

Malik südarabischer Herrschertitel, bezeichnet die weltliche – im Gegensatz zur religiösen – Hoheit eines Fürsten.

Midian Landstrich in Nordwestarabien.

Minäer Staatsvolk im Nordreich der Arabia Felix; Händler des Nordens, zunächst hinauf bis nach Gaza, dann bis auf die Höhe von Dedan.

Monotheismus Glaube an einen einzigen Gott.

Mukarrib Priesterherrscher oder Opferfürst; Titel der frühen Herrscher in Saba, Qataban und Hadramaut.

Nefesch Nabatäisches Totenmal; aus dem Grundgestein skulptiertes flaches Spitzstelenrelief.

Omajjaden Erste islamische Dynastie (661–750), deren Kalifen und Prinzen bevorzugt in Syrien und Jordanien residierten.

Paläographie, paläographisch Lehre von den Schriften des Altertums; altschriftenkundlich.

Parther Steppenvolk, das um 250 v. Chr. in den Nordiran eindrang und ein Königreich zwischen Euphrat und Indus errichtete; östliche Konkurrenzmacht Roms.

Pax Romana Lateinisch: Römischer Friede; Friedensprogramm und Friedensphase der frühen römischen Kaiserzeit.

Ptolemäer Nach dem Leibwächter und Feldherrn Alexanders des Großen, Ptolemaios (Ptolemäus) I. Soter, benannte hellenistische Dynastie, die zwischen 323 und 30 v. Chr. über Ägypten herrschte.

Qasr Arabisch: Burg, Festung; im modernen Arabien volkstümliche Bezeichnung für monumentale Bauwerke der vorislamischen Vergangenheit.

Qatabanier Staatsvolk im Mittelreich der Arabia Felix; in Qataban gedieh die begehrte Myrrhe.

Sabäer Staatsvolk in Südarabien, organisierte sich besonders früh in staatlicher Form; über Jahrhunderte vorherrschend in der Arabia Felix.

Sassaniden Persische Dynastie, löste 224 n. Chr. die Parther ab und stieg zum stärksten östlichen Rivalen des römischen Reiches auf.

Seidenstraße Transkontinentaler Karawanenweg, der etwa ab dem 2. Jahrhundert v. Chr. zwischen Ostasien und dem Römischen, später dem Byzantinischen Reich vermittelte.

Seleukiden Hellenistische Dynastie, benannt nach Seleukos I. Nikator, dem General Alexanders des Großen; beherrschte im 3. und 2. Jahrhundert v. Chr. ein orientalisches Großreich mit Schwerpunkt Kleinasien, Syrien, Mesopotamien.

Stele Aufrecht stehender, meist reliefierter und mit einer Inschrift versehener Gedenkstein.

Thermen Römische Badeanlage, in der Kaiserzeit als Prachtbau gestaltet.

Wadi Trockenflußtal in der Wüste, das sich nach Regenfällen kurzfristig füllt.

LITERATURVERZEICHNIS

(Stichwortartikel in Lexika und Buchausgaben antiker Autoren wurden nicht berücksichtigt)

Abercrombie, T. J.: Arabia's Frankincense Trail. In: National Geographic, Washington, Oktober 1985.
Albright, W. F.: The Chronology of Ancient South Arabia in the Light of the First Campaign of Excavation in Qataban. In: Bulletin of the American Schools of Oriental Research 119, Baltimore 1950.
Albright, W. F.: Zur Chronologie des vorislamischen Arabien. In: Hempel, J./Rost, L. (Hrsg.): Von Ugarit nach Qumran. Beiträge zur alttestamentlichen und altorientalischen Forschung. Berlin 1958.
Altheim, F.: Die Krise der Alten Welt. Bd. 1: Die außerrömische Welt. Berlin 1943.
Altheim, F./ Stiehl, R.: Die Datierung des Königs Ezana von Aksum. In: Klio 39, Berlin 1961.
Altheim, F./ Stiehl, R.: Die Araber in der Alten Welt. 5 Bde. Berlin 1964–1969.
Altheim, F./ Stiehl, R.: Christentum am Roten Meer. 2 Bde. Berlin, New York 1971/1973.
Anati, E.: Rock Art in Central Arabia. Louvain 1968.
Artzy, M.: Incense, Camels and Collared Rim Jars. Desert Trade Routes and Maritime Outlets in the Second Millenium. In: Oxford Journal of Archaeology 13, Oxford 1994.

Bachmann, W./ Watzinger, C./ Wiegand, T.: Petra. Berlin, Leipzig 1921.
Bauer, K. J.: Alois Musil. Wahrheitssucher in der Wüste. Wien, Köln 1989.
Baumann, H.: Die griechische Pflanzenwelt in Mythos, Kunst und Literatur. München ²1986.
Beeston, A. F. L.: Two South-Arabian Inscriptions. Some Suggestions. In: Journal of the Royal Asiatic Society, London 1937.
Beeston, A. F. L.: Problems of Sabaean Chronology. In: Bulletin of the School of Oriental Research and African Studies 16, London 1954.
Ben-Sasson, H. H. (Hrsg.): Geschichte des jüdischen Volkes. Von den Anfängen bis zur Gegenwart. München 1992.
Beyer, R.: Die Königin von Saba. Engel und Dämon. Der Mythos einer Frau. Bergisch Gladbach ²1988.
Birt, T.: Aus dem Leben der Antike. Leipzig ²1919.
Blanck, H.: Einführung in das Privatleben der Griechen und Römer. Darmstadt 1976.
Blau, O.: Arabien im sechsten Jahrhundert. Eine ethnographische Skizze. In: Zeitschrift der Deutschen Morgenländischen Gesellschaft 23, Leipzig 1869.
Böhme, H. (Hrsg.): Kulturgeschichte des Wassers. Frankfurt a. M. 1988.
Bowen, R./Albright, F. P.: Archaeological Discoveries in South Arabia. Baltimore 1958.
Bowersock, G. W.: Roman Arabia. Cambridge (Ma.), London 1983.
Brauer, E.: Ethnologie der jemenitischen Juden. Heidelberg 1934.
Brentjes, B.: Das Kamel im Alten Orient. In: Klio 38, Berlin 1960.
Brentjes, B.: Die Haustierwerdung im Orient. Ein archäologischer Beitrag zur Zoologie. Wittenberg 1965.
Brentjes, B.: Die Araber. 1. Teil: Geschichte und Kultur. Wien, München ²1977.
Breton, J.-F., in: Daum (Hrsg.) 1987.
Breusing, A.: Die Nautik der Alten. Bremen 1886.

Brockelmann, C.: Geschichte der islamischen Völker und Staaten. München, Berlin [2]1943.

Brödner, E.: Die römischen Thermen und das antike Badewesen. Eine kulturhistorische Betrachtung. Darmstadt 1983.

Brown, P.: The World of Late Antiquity. From Marcus Aurelius to Muhammad. London 1971.

Browning, I.: Petra. London [4]1980.

Brünnow, R. E./Domaszewski, A. von: Die Provincia Arabia. 2 Bde. Straßburg 1904/1905.

Brugsch, H.: Die Pithomstele. In: Zeitschrift für ägyptische Sprache und Alterthumskunde 32, Leipzig 1894.

Bulliet, R. W.: The Camel and the Wheel. Cambridge (Ma.) 1975.

Burchardt,H.: Reiseskizzen aus dem Jemen. In: Zeitschrift der Gesellschaft für Erdkunde zu Berlin, Berlin 1902.

Burckhardt, J. L.: Johann Ludwig Burckhardt's Reisen in Syrien, Palästina und der Gegend des Berges Sinai. 2 Bde. Weimar 1823.

Burgon, J. William: Petra. A Prize Poem. Oxford 1845.

Burkert, W.: Griechische Religion der archaischen und klassischen Epoche. Stuttgart, Berlin, Köln, Mainz 1977.

Bury, J. B.: History of the Later Roman Empire. 2 Bde. New York 1952.

Bury, G. W.: Arabia Infelix or The Turks in Yamen. London 1915.

Butzler, K. W.: Der Umweltfaktor in der großen arabischen Expansion. In: Saeculum 8, Fribourg, München 1957.

Carcopino, J.: Rom. Leben und Kultur in der Kaiserzeit. Stuttgart [4]1992.

Caskel, W.: Die einheimischen Quellen zur Geschichte Nord-Arabiens vor dem Islam. In: Islamica 3, Leipzig 1927.

Caskel, W.: Zur Beduinisierung Arabiens. In: Zeitschrift der Deutschen Morgenländischen Gesellschaft 103, Wiesbaden 1953.

Caskel, W.: Die Bedeutung der Beduinen in der Geschichte der Araber. Köln, Opladen 1953.

Casson, L.: Reisen in der Alten Welt. München, Zürich 1976.

Caton Thompson, G.: The Tombs and Moon Temple of Hureidha (Hadhramaut). Oxford 1944.

Christ, K.: Geschichte der römischen Kaiserzeit. Von Augustus bis zu Konstantin. München 1988.

Chwaszcza, J. P.: Jemen. München 1993.

Cole, D.: Nomads of the Nomads. The Al Murrah Bedouin of the Empty Quarter. Chicago 1975.

Corbin, A.: Pesthauch und Blütenduft. Eine Geschichte des Geruches. Frankfurt 1988.

Cumont, F.: Oriental Religions in Roman Paganism. New York 1956.

Dalman, G.: Petra und seine Felsheiligtümer. Leipzig 1908.

D'Arms, J. H.: Puteoli in the Second Century of the Roman Empire. A Social and Economic Study. In: The Journal of Roman Studies 114, London 1974.

Daum, W.: Jemen. Das südliche Tor Arabiens. Tübingen 1980.

Daum, W. (Hrsg.): Jemen. 3000 Jahre Kunst und Kultur des glücklichen Arabien. Innsbruck, Frankfurt a.M. 1987.

Dexinger, F.: Kultur aus der Wüste. Die Nabatäer. Wien 1980.

Dieterich, K.: Hofleben in Byzanz. München 1978.

Dihle, A.: Umstrittene Daten. Untersuchungen zum Auftreten der Griechen am Roten Meer. Köln, Opladen 1965.

Doe, B.: Südarabien. Antike Reiche am Indischen Ozean. Bergisch Gladbach [2]1975.

Dorsey, D. A.: The Roads and Highways of Ancient Israel. Baltimore, London 1991.

Dostal, W.: Die Beduinen in Südarabien. Eine ethnologische Studie zur Entwicklung der Kamelhirtenkultur in Arabien. Wien 1967.

Dostal, W.: Egalität und Klassengesellschaft in Südarabien. Wien 1983.

Dostal, W.: Eduard Glaser – Forschungen im Yemen. Eine quellenkritische Untersuchung in ethnologischer Sicht. Wien 1990.

Doughty, C. M.: Travels in Arabia Deserta. Cambridge 1888.

Doughty, C. M.: Reisen in Arabia Deserta. Wanderungen in der arabischen Wüste 1876–1878. Köln 1979.
Dresch, P.: The Position of Shaykhs among the Northern Tribes of Yemen. In: Man N.S. 19, London 1984.

Epha'l, I.: The Ancient Arabs. Jerusalem, Leiden 1982.
Esin, E.: Mekka und Medina. Frankfurt a. M. 1964.
Euting, J.: Nabatäische Inschriften aus Arabien. Berlin 1885.
Euting, J.: Tagebuch einer Reise in Innerarabien. 2 Bde. Leiden 1896/1914.

Fabricius, B. (Hrsg.): Der Periplus des Erythräischen Meeres. Griechisch und Deutsch. Leipzig 1883.
Fakhry, A.: Archaeological Journey to Yemen March – May 1947. Cairo 1951/52.
Faris, N. A. (Hrsg.): The Antiquities of South Arabia. Being a Translation from the Arabic (…) of the Eight Book of al-Hamdani. Princeton (N. J.) 1938.
Faure, P.: Magie der Düfte. Eine Kulturgeschichte der Wohlgerüche. München, Zürich 1991.
Feigl, E.: Musil von Arabien. Vorkämpfer der islamischen Welt. Frankfurt a. M., Berlin 1988.
Fell, W.: Die Christenverfolgung in Südarabien und die himjarisch-äthiopischen Kriege nach abessinischer Überlieferung. In: Zeitschrift der Deutschen Morgenländischen Gesellschaft 35, Leipzig 1881.
Fiedler, U.: Der Bedeutungswandel der Hedschasbahn. Eine historisch-geographische Untersuchung. Berlin 1984.
Forrer, L.: Südarabien nach al-Hamdanis »Beschreibung der Arabischen Halbinsel«. Leipzig 1942.
Franz, H. G.: Palast, Moschee und Wüstenschloß. Das Werden der islamischen Kunst, 7.–9. Jh. Graz 1984.
Fraser, P. M.: Ptolemaic Alexandria. 3 Bde. London 1972.
Frontinus-Gesellschaft (Hrsg.): Die Wasserversorgung antiker Städte. Mainz 1987.
Fustel de Coulanges, N. D.: Der antike Staat. Kult, Recht und Institutionen Griechenlands und Roms. (1864.) Stuttgart 1981.

Galaty, J. G./Salzman, P. C. (Hrsg.): Change and Development in Nomadic and Pastoral Societies. Leiden 1981.
Garbrecht, G.: Die antiken Wasserleitungen Roms. In: Antike Welt 15/4, Feldmeilen 1984.
Gartung, W.: Durchgekommen. 1000 Wüstenkilometer mit der Tuareg-Salzkarawane. Stuttgart 1987.
Gaube, H.: Die syrischen Wüstenschlösser. Einige wirtschaftliche und politische Gesichtspunkte in ihrer Entstehung. In: Zeitschrift des Deutschen Palästina-Vereins 95. Wiesbaden 1979.
Gauckler, K.: Die kostbarsten Drogen der Alten Welt: Weihrauch, Myrrhe, Balsam. In: Lindner [4]1983.
Gese, H./Höfner, M./Rudolph, K.: Die Religionen Altsyriens, Altarabiens und der Mandäer. Stuttgart, Berlin, Köln, Mainz 1970.
Gibbon, E.: Verfall und Untergang des Römischen Reiches. (1776–88.) Nördlingen 1987.
Glaser, E.: Altjemenische Nachrichten. München 1908.
Glueck, N.: Deities and Dolphins. The Story of the Nabataeans. New York 1965.
Grabar, O.: Die Entstehung der islamischen Kunst. Köln 1977.
Graf, S. U.: Abenteuer Südarabien. Öl verwandelt Allahs Wüste. Stuttgart 1969.
Griffith, S. H.: The Monks of Palestine and the Growth of Christian Literature in Arabic. In: The Muslim World 78, London 1988.
Grohmann, A.: Kulturgeschichte des Alten Orients: Arabien. München 1963.
Groom, N.: Frankincense and Myrrh. A Study of the Arabian Incense Trade. London, New York 1981.
Grunebaum, G. E. von: Die islamische Stadt. In: Saeculum 6, Fribourg, München 1955.
Günther, R.: Vom Untergang Westroms

zum Reich der Merowinger. Zur Entstehung des Feudalismus in Europa. Berlin 1984.

Hämäläinen, P.: Yemen. A Travel Survival Kit. Hawthorn (Australien), Berkeley (Ca.) ^{2}1991.
Häuptner, E.: Koranische Hinweise auf die materielle Kultur der alten Araber. Diss. Marburg 1966.
Hammond, P. C.: The Nabataeans. Their History, Culture and Archaeology. Lund (Schweden) 1973.
Hansen, T.: Reise nach Arabien. Die Geschichte der königlich dänischen Jemen-Expedition 1761–1767. Hamburg 1965.
Harding, G. L.: Archaeology in the Aden Protectorates. London 1964.
Hartmann, R.: Der islamische Orient. Bd. 2: Die arabische Frage. Mit einem Versuche der Archäologie Jemens. Leipzig 1909.
Hartmann, H.: Die Straße von Damaskus nach Kairo. In: Zeitschrift der Deutschen Morgenländischen Gesellschaft 64, Leipzig 1910.
Haussig, H. W.: Kulturgeschichte von Byzanz. Stuttgart ^{2}1966.
Heck, G./Wöbcke, M.: Arabische Halbinsel. Saudi-Arabien und Golfstaaten. Köln ^{7}1993.
Heimberg, U.: Gewürze, Weihrauch, Seide. Welthandel in der Antike. Stuttgart, Aalen 1981.
Heine, P.: Ethnologie des Nahen und Mittleren Ostens. Eine Einführung. Berlin 1989.
Helfritz, H.: Chicago der Wüste. Berlin ^{2}1932.
Helfritz, H.: Land ohne Schatten. Leipzig 1934.
Helfritz, H.: Geheimnis um Schobua. Berlin 1935.
Helfritz, H.: Entdeckungsreisen in Süd-Arabien. Auf unbekannten Wegen durch Hadramaut und Jemen (1933 und 1935). Köln 1977.
Helfritz, H.: Neugier trieb mich um die Welt. Köln 1990.
Hennig, R.: Terrae Incognitae. Eine Zusammenstellung und kritische Bewertung der wichtigsten vorkolumbischen Entdeckungsreisen an Hand der darüber vorliegenden Originalberichte. 2 Bde. Leiden 1936.
Henninger, J.: Die Familie bei den heutigen Beduinen Arabiens und seiner Randgebiete. Leiden 1943.
Henninger, J.: Über Lebensraum und Lebensformen der Frühsemiten. Köln, Opladen 1968.
Henninger, J.: Arabia Sacra. Aufsätze zur Religionsgeschichte Arabiens und seiner Randgebiete. Freiburg, Göttingen 1981.
Hess, J. J.: Von den Beduinen des Innern Arabiens. Erzählungen, Lieder, Sitten und Gebräuche. Zürich, Leipzig 1938.
Heyd, W.: Geschichte des Levantehandels im Mittelalter. 2 Bde. Stuttgart 1879.
Hirsch, L.: Reisen in Süd-Arabien, Mahra-Land und Hadramut. Leiden 1897.
Hirschberg, J. W.: Jüdische und christliche Lehren im vor- und frühislamischen Arabien. Ein Beitrag zur Entstehungsgeschichte des Islams. Krakau 1939.
Hitti, P. K.: History of the Arabs. New York 1964.
Höckmann, O.: Antike Seefahrt. München 1985.
Höfner, M., in: Gese, H./Höfner, M./Rudolph, K. 1970.
Holt, P. M./Lambton, A. K. S./Lewis, B. (Hrsg.): The Cambridge History of Islam IA: The Central Islamic Lands from Pre-Islamic Times to the First World War. Cambridge 1977.
Hommel, F.: Ägypten in den südarabischen Inschriften. In: Aegyptiaca. Festschrift für Georg Ebers zum 1. März 1897. Berlin 1897.
Hommel, F.: Ethnologie und Geographie des Alten Orients. München 1926.
Hourani, G. F.: Arab Seafaring in the Indian Ocean in Ancient and Early Medieval Times. Princeton (N. J.) 1951.
Huart, C.: Geschichte der Araber. 2 Bde. Leipzig 1914.
Hydrographic Office, Admiralty (Hrsg.): Red Sea and Gulf of Aden Pilot, London ^{6}1909.

Jargy, S./Saint-Hilaire, A.: Jemen und sein Bergvolk am Roten Meer. Lausanne 1977.
Jaussen, A./Savignac, R.: Mission Archéologique en Arabie. Paris 1922 (Bd. 3).
Jones, A. H. M.: The Cities of the Eastern Roman Provinces. Oxford [2]1971.

Käselau, A.: Die freien Beduinen Nord- und Zentral-Arabiens. Diss. Hamburg 1927.
Kahrstedt, U.: Kulturgeschichte der römischen Kaiserzeit. München 1944.
Kasher, A.: Jews, Idumaeans, and Ancient Arabs. Tübingen 1988.
Kaster, H. L.: Die Weihrauchstraße. Handelswege im Alten Orient. Frankfurt a. M. 1960.
Kawar, I.: Byzantium and Kinda. In: Byzantinische Zeitschrift 53, München 1960.
Keiser, H.: Die Söhne Nabayots. Beduinen, Forscher und Abenteurer in der Felsenstadt Petra. Olten, Freiburg i. Br. 1977.
Kennedy, A. B. W.: Petra. Its History and Monuments. London 1925.
Kennedy, D./Riley, D.: Rome's Desert Frontier. Austin (Tx.) 1990.
Kienitz, F.-K.: Völker im Schatten. Die Gegenspieler der Griechen und Römer. München 1981.
Kiepert, H.: Lehrbuch der alten Geographie. Berlin 1878.
Klengel, H.: Zwischen Zelt und Palast. Leipzig 1972.
Knauf, E. A.: Ismael. Untersuchungen zur Geschichte Palästinas und Nordarabiens im 1. Jahrtausend v. Chr. Wiesbaden 1985.
Kopp, H.: Bewässerung in der jemenitischen Landwirtschaft. In: Jemen-Report 7, Nürnberg 1976.
Kornemann, E.: Geschichte der Spätantike. München 1978.
Kortenbeutel, H.: Der ägyptische Süd- und Osthandel in der Politik der Ptolemäer und römischen Kaiser. Diss. Berlin 1931.
Kour, Z. H.: The History of Aden 1839–1972. London 1981.
Kreissig, H.: Geschichte des Hellenismus. Berlin 1982.
Kriss, R./Kriss-Heinrich, H.: Volksglauben im Bereich des Islam. 2 Bde. Wiesbaden 1960/1962.
Krone, S.: Die altarabische Gottheit al-Lat. Diss. Frankfurt a.M 1992.
Krüger, H.: Der Feldzug des Aelius Gallus nach dem glücklichen Arabien. Wismar 1862.
Küster, H.: Wo der Pfeffer wächst. Ein Lexikon zur Kulturgeschichte der Gewürze. München 1987.

Labib, S. Y.: Handelsgeschichte Ägyptens im Mittelalter (1171–1517). Wiesbaden 1965.
Lammens, H.: Les Sanctuaires Préislamites dans l'Arabie Occidentale. In: Mélanges de l'Université Saint Joseph 11, Beirut 1926.
Lawlor, J. I.: The Nabataeans in Historical Perspective. Grand Rapids (Mi.) 1974.
Lawrence, M.: Ships, Monsters and Jonah. In: American Journal of Archaeology 66, Boston 1962.
Lawrence, T. E.: Die sieben Säulen der Weisheit. (1922/1926.) München 1979.
Leider, E.: Der Handel von Alexandreia. Diss. Hamburg 1934.
Leiner, W.: Die Signaltechnik der Antike. Stuttgart 1982.
Lieblein, J.: Handel und Schiffahrt auf dem rothen Meere in alten Zeiten. Nach ägyptischen Quellen. Christiania 1886.
Lindner, M. (Hrsg.): Petra und das Königreich der Nabatäer. Lebensraum, Geschichte und Kultur eines arabischen Volkes der Antike. München, Bad Windsheim [4]1983.
Lindner, M. (Hrsg.): Petra. Neue Ausgrabungen und Entdeckungen. München, Bad Windsheim 1986.
Littmann, E.: Thamud und Safa. Studien zur altnordarabischen Inschriftenkunde. Leipzig 1940.
Loundine, A. G./Ryckmans, J.: Nouvelles données sur la chronologie des rois de Saba et Du-Raydan. In: Le Muséon 78, Löwen 1964.
Lundin, A.G.: Die Eponymenliste von Saba (aus dem Stamme Halil). Wien 1965.

Maier, J.: Grundzüge der Geschichte des Judentums im Altertum. Darmstadt 1981.

Maltzan, H. von: Adolph von Wrede's Reise in Hadhramaut. Braunschweig 1870.
Maltzan, H. von: Reise nach Südarabien. Braunschweig 1873.
Mandel, G.: Das Reich der Königin von Saba. Archäologen graben im Paradies und enträtseln die Frühgeschichte Arabiens. Bern, München 1976.
Maréchaux, P.: Jemen. Bilder aus dem Weihrauchland. Köln 1980.
Marrassini, P.: Bisanzio e il mar rosso. In: XXVIII corso di cultura sull'arte Ravennate e Bizantina. Rom 1981.
McClure, Harold A.: The Arabian Peninsula and Prehistoric Populations. Miami (Fl.) 1971.
Meiggs, R.: Roman Ostia. Oxford 21973.
Meulen, D. van der/Wissmann, H. von: Hadramaut. Some of Its Mysteries Unveiled. Leiden 1964.
Meyer, E.: Geschichte des Altertums. Bearbeitet von H. E. Stier. 8 Bde. Stuttgart 1952–1958.
Meyer, E.: Der minäische Karawanenhandel in der Perserzeit. In: Zeitschrift für Assyrologie 11, Weimar 1896.
Miller, J. I.: The Spice Trade of the Roman Empire. Oxford 1969.
Mlaker, K.: Die Hierodulenlisten von Ma'in. Nebst Untersuchungen zur altsüdarabischen Rechtsgeschichte und Chronologie. Leipzig 1943.
Mohr, H./Waade, W.: Byzanz und arabisches Kalifat. Berlin 1981.
Momigliano, A.: Die Juden in der Alten Welt. Berlin 1988.
Montesquieu: Größe und Niedergang Roms. (1734.) Frankfurt 1980.
Mordtmann, J. H.: Beiträge zur minäischen Epigraphik. Weimar 1897.
Moreland, W. H.: The Ships of the Arabian Sea about A.D. 1500. In: Journal of the Royal Asiatic Society, London 1939.
Müller, C. D. G: Kirche und Mission unter den Arabern in vorislamischer Zeit. Tübingen 1967.
Müller, W. W.: Alt-Südarabien als Weihrauchland. In: Theologische Quartalschrift 149, München, Freiburg 1969.
Müller, W. W.: Notes on the Use of Frankincense in South Arabia. In: Proceedings of the Ninth Seminar for Arabian Studies. Vol. 6, London 1976.
Müller, W. W.: Baraqisch und Main. In: Jemen-Report 7, Nürnberg 1976.
Murray, M. A.: Petra. The Rock-City of Edom. London 1939.
Musil, A.: Arabia Petraea. 3 Bde. Wien 1907/08.

Nagel, W.: Frühe Tierwelt in Südwestasien. In: Müller, A. von/Nagel, W. (Hrsg.): Gandert-Festschrift. Berlin 1959.
Negev, A.: The Nabataean Necropolis at Egra. In: Revue Biblique 83, Paris 1976.
Negev, A.: Tempel, Kirchen und Zisternen. Ausgrabungen in der Wüste Negev. Die Kultur der Nabatäer. Stuttgart 1983.
Negev, A.: Nabataean Archaeology Today. New York, London 1986.
Neuburger, A.: Die Technik des Altertums. Leipzig 1929.
Neumeister, C.: Das antike Rom. Ein literarischer Stadtführer. München 21993.
Niebuhr, C.: Reisebeschreibung nach Arabien und anderen umliegenden Ländern. (1792) 3 Bde. Graz 1968.
Nielsen, D.: Handbuch der altarabischen Altertumskunde. Bd. 1: Die altarabische Kultur. Paris, Kopenhagen, Leipzig 1927.
Nippa, A.: Haus und Familie in arabischen Ländern. Vom Mittelalter bis zur Gegenwart. München 1991.
Nöldeke, T.: Geschichte der Perser und Araber zur Zeit der Sasaniden aus der Arabischen Chronik des Tabari. Leiden 1879.

Odenthal, J.: Syrien. Hochkulturen zwischen Mittelmeer und Arabischer Wüste. Köln 51994.
Olinder, G.: The Kings of Kinda of the Family of Akil al-Murar. Lund (Schweden), Leipzig 1927.
Olshausen, E.: Einführung in die historische Geographie der Alten Welt. Darmstadt 1991.
Oppenheim, M. von: Die Beduinen. 3 Bde. Leipzig 1939/1943/1952.

Parr, P. J./Harding, G. L./Dayton, J. E.: Preliminary Survey in N.W. Arabia, 1968. In:

Bulletin of the Institute of Archaeology 8/9, London 1970.

Patrich, J.: The Formation of Nabataean Art. Jerusalem, Leiden 1990.

Peters, F. E.: Mecca. A Literary History of the Muslim Holy Land. Princeton (N.J.) 1994.

Peters, F. E.: The Hajj. The Muslim Pilgrimage to Mecca and the Holy Places. (N.J.) 1994.

Petrie, F.: Koptos. London 1896.

Philby, H. S. J.: Sheba's Daughters. London 1939.

Phillips, W.: Kataba und Saba. Entdeckung der verschollenen Königreiche an den biblischen Gewürzstraßen Arabiens. Berlin, Frankfurt a. M. 1955.

Phillips, W.: Unknown Oman. London 1966.

Phillips, W.: Oman. A History. London 1967.

Pigulewskaya, N.: Byzanz auf dem Wege nach Indien. Aus der Geschichte des byzantinischen Handels mit dem Orient vom 4. bis 6. Jahrhundert. Berlin, Amsterdam 1969.

Planhol, X. de: Kulturgeographische Grundlagen der islamischen Geschichte. Zürich, München 1975.

Podes, S.: Die Dependenz des hellenistischen Ostens von Rom zur Zeit der römischen Weltreichsbildung. Frankfurt a. M., Bern, New York 1986.

Pohl, A.: Das Kamel in Mesopotamien. In: Orientalia N.S. 19, Berlin 1950.

Pohl, A.: Nochmals das Kamel in Mesopotamien. In: Orientalia N.S. 21, Berlin 1952.

Pohl, A.: Einhöcker und Zweihöcker im Zweistromland. In: Orientalia N. S. 26, Berlin 1957.

Radt, W.: Katalog der staatlichen Antikensammlung von Sana u.a. Antiken im Jemen. Berlin 1973.

Rathjens, C.: Kulturelle Einflüsse in Südwest-Arabien von den ältesten Zeiten bis zum Islam, unter besonderer Berücksichtigung des Hellenismus. In: Jahrbuch für kleinasiatische Forschung 1, Heidelberg 1951.

Rathjens, C.: Die Weihrauchstraße in Arabien. In: Tribus N. F. Bd. 2 und 3, Stuttgart 1953.

Rautenstrauch-Joest-Museum, Köln (Hrsg.): Der Königsweg. 9000 Jahre Kunst und Kultur in Jordanien und Palästina. Mainz 1987.

Rehm, W.: Der Untergang Roms im abendländischen Denken. Darmstadt [2]1966.

Rhodokanakis, N.: Die Sarkophaginschrift von Gizeh. In: Zeitschrift für Semitistik und verwandte Gebiete 2, Leipzig 1924.

Robinson, G. L.: The Sacrophagus of an Ancient Civilization. Petra, Edom and the Edomites. New York 1930.

Röhrer-Ertl, O.: Die neolithische Revolution im Vorderen Orient. München 1978.

Rosen, K.: Über heidnisches und christliches Geschichtsdenken in der Spätantike. München 1982.

Rosenthal, F.: Das Fortleben der Antike im Islam. Zürich, Stuttgart 1965.

Rostovtzeff, M.: Caravan Cities. Oxford 1932.

Rostowzew, M.: Gesellschaft und Wirtschaft im römischen Kaiserreich. (1931) Aalen 1985.

Rothstein, G.: Die Dynastie der Lahmiden in al-Hira. Ein Versuch zur arabisch-persischen Geschichte zur Zeit der Sasaniden. Berlin 1899.

Rozanskij, I. D.: Geschichte der antiken Wissenschaft. München 1984.

Russell, K. W.: Ethnohistory of the Bedul Bedouin of Petra. In: Annual of the Department of Antiquities of Jordan 37, Amman 1993.

Ryckmans, J.: L'Institution monarchique en Arabie Méridionale (Ma'in et Saba). Löwen 1951.

Sachau, E.: Reise in Syrien und Mesopotamien. Leipzig 1883.

Sawyer, J. F. A./Clines, D. J. A. (Hrsg.): Midian, Moab and Edom. The History and Archaeology of Late Bronze and Iron Age Jordan and North-West Arabia. Sheffield 1983.

Schäfer, P.: Geschichte der Juden in der Antike. Die Juden Palästinas von Alexander dem Großen bis zur arabischen Eroberung. Stuttgart, Neukirchen-Vluyn 1983.

Scheck, F. R.: Jordanien. Völker und Kulturen zwischen Jordan und Rotem Meer. Köln [7]1995.
Schippmann, K.: Grundzüge der Geschichte des sassanidischen Reiches. Darmstadt 1990.
Schlumberger, D.: Der hellenisierte Orient. Baden-Baden 1969.
Schmidt, J., in: Daum, W. (Hrsg.) 1987.
Schneider, C.: Geistesgeschichte der christlichen Antike. München 1978.
Schneider, C.: Kulturgeschichte des Hellenismus. 2 Bde. München 1967/1969.
Scholten, A.: Länderbeschreibung und Länderkunde im islamischen Kulturraum des 10. Jahrhunderts. Paderborn 1976.
Scott, H.: A Journey to the Yemen. In: The Geographical Journal 93, London 1939.
Seeck, O.: Geschichte des Untergangs der antiken Welt. 6 Bde. Stuttgart [4]1921.
Seetzen, U. J.: Reisen durch Syrien, Palästina, Phönicien, die Transjordan-Länder (...). Hrsg. von F. C. Kruse. 4 Bde. Berlin 1854–1859.
Serjeant, R. B.: The Portugese off the South Arabian Coast. Oxford 1963.
Shahid, I.: The Martyrs of Najran. New Documents. Brüssel 1971.
Sigismund, R.: Die Aromata in ihrer Bedeutung für Religion, Sitten, Gebräuche, Handel und Geographie des Alterthums. Leipzig 1884.
Simon, R.: Meccan Trade and Islam. Problems of Origin and Structure. Budapest 1989.
Skeel, C. A. J.: Travel in the First Century after Christ. Cambridge 1901.
Smeaton, W. I. G.: The Ghassanids. Chicago 1941.
Sprenger, A.: Die Post- und Reiserouten des Orients. Leipzig 1864.
Stark, F.: The Coast of Incense. London 1950.
Stark, F.: Die Südtore Arabiens. Abenteuerliche Reise einer Europäerin auf den Spuren der Weihrauchstraße. (1936.) Stuttgart, Wien 1992.
Stein, O.: Indien in den griechischen Papyri. In: Winternitz, M./Stein, O. (Hrsg.): Indologica Pragensia. Brünn, Prag, Leipzig, Wien 1929.
Stewart, D.: Lawrence von Arabien. Eine Biographie. Düsseldorf 1979.
Stoll, H. W.: Bilder aus dem altrömischen Leben. Leipzig [2]1877.
Strelocke, H.: Ägypten. Geschichte, Kunst und Kultur im Nil-Tal. Vom Reich der Pharaonen bis zur Gegenwart. Köln 1976.
Sullivan, R.D.: Near Eastern Royalty and Rome. Toronto 1990.

Tabachnick, S./Matheson, C.: T. E. Lawrence – Wahrheit und Legende. Bilanz eines Heldenlebens. München 1988.
Tarn, W. W.: Ptolemy II and Arabia. In: The Journal of Egyptian Archaeology 15, London 1929.
Thesiger, W.: Die Brunnen der Wüste. Mit den Beduinen durch das unbekannte Arabien. (1959.) München 1991.
Thomas, B.: Arabia Felix. New York 1932.
Thyen, J.-D.: Bibel und Koran. Eine Synopse gemeinsamer Überlieferungen. Köln, Weimar, Wien 1993.

Vasiliev, A. A.: History of the Byzantine Empire 324–1453. 2 Bde. Madison (Wi.) 1952.
Varady, L.: Die Auflösung des Altertums. Beiträge zur Umdeutung der Alten Geschichte. Budapest 1978.
Vasold, M.: Pest, Not und schwere Plagen. Seuchen und Epidemien vom Mittelalter bis heute. München 1991.
Vigarello, G.: Wasser und Seife, Puder und Parfüm. Geschichte der Körperhygiene seit dem Mittelalter. Frankfurt, New York 1992.

Wachsmuth, D.: Pompimos Ho Daimon. Untersuchungen zu den antiken Sakralhandlungen bei Seereisen. Diss. Berlin 1967.
Wada, H.: Prokops Rätselwort Serinda und die Verpflanzung des Seidenbaus von China nach dem oströmischen Reich. Diss. Köln 1970.
Wald, P.: Der Jemen. Antikes und islamisches Südwestarabien. Köln [6]1992.
Walz, R.: Neue Untersuchungen zum

Domestikationsproblem der altweltlichen Cameliden. In: Zeitschrift der Deutschen Morgenländischen Gesellschaft 104, Wiesbaden 1954.
Weber, O.: Forschungsreisen in Süd-Arabien bis zum Auftreten Eduard Glasers. Leipzig 1907.
Weeber, K.-W.: Smog über Attika. Umweltverhalten im Altertum. Zürich, München 1990.
Weippert, M.: Semitische Nomaden des zweiten Jahrtausends. In: Biblica 55, Rom 1974.
Weisse, H.: Die Organisation des Karawanenhandels und -verkehrs zwischen Euphrat und Nil vom Altertum bis zur Neuzeit. Diss. Leipzig o. J. (ca. 1921).
Wellhausen, J.: Medina vor dem Islam. In: Wellhausen, J.: Skizzen und Vorarbeiten 4. Berlin 1889.
Wellhausen, J.: Die Ehe bei den Arabern. In: Nachrichten von der Königlichen Gesellschaft der Wissenschaften und der Georg-August-Universität zu Göttingen 11, Göttingen 1893.
Wellsted, J. R.: Reisen in Arabien. 2 Bde. Halle 1842.
Wenning, R.: Die Nabatäer. Denkmäler und Geschichte. Fribourg, Göttingen 1987.
Wheeler, M.: Rome beyond the Imperial Frontiers. London 1953.
Wild, J.: Reysbeschreibung eines Gefangenen Christen anno 1604. Stuttgart 1964.
Wilson, J.: Lands of the Bible. Visited and Described. 2 Bde. Edinburgh 1847.
Winnett, F. V.: The Place of the Minaeans in the History of Pre-Islamic Arabia. In: Bulletin of the American Schools of Oriental Research 73, Baltimore 1939.
Wirth, E.: Das Problem der Nomaden im heutigen Orient. In: Geographische Rundschau 21, Braunschweig 1969.
Wirth, E.: Die orientalische Stadt. Ein Überblick aufgrund jüngerer Forschungen zur materiellen Kultur. In: Saeculum 26, Fribourg, München 1975.
Wissmann, H. von: De Mare Erythraeo. In: Hermann Lautensach-Festschrift, Stuttgart 1957.
Wissmann, H. von: Himyar. Ancient History. In: Le Muséon 78, Löwen 1964.
Wissmann, H. von: Zur Archäologie und antiken Geographie von Südarabien. Hadramaut, Qataban und das Aden-Gebiet in der Antike. Istanbul 1968.
Wissmann, H. von: Über die frühe Geschichte Arabiens und das Entstehen des Sabäerreiches. Die Geschichte von Saba I. Wien 1975.
Wissmann, H. von: Die Geschichte des Sabäerreiches und der Feldzug des Aelius Gallus. In: Temporini, H./Haase, W. (Hrsg.): Aufstieg und Niedergang der Römischen Welt. Bd. II. Berlin, New York 1976.
Wohlfahrt, E.: Die Arabische Halbinsel. Länder zwischen Rotem Meer und Persischem Golf. Berlin, Frankfurt, Wien 1980.
Wolf, E. R.: The Social Organization of Mecca and the Origins of Islam. In: Southwestern Journal of Anthropology 7, Albuquerque 1951.
Worschech, U.: Das Land jenseits des Jordan. Biblische Archäologie in Jordanien. Wuppertal, Zürich 1991.

Zayadine, F.: Caravan Routes Between Egypt and Nabataea and the Voyage of the Sultan Baibars to Petra in 1276 A.D. In: Studies in the History and Archaeology of Jordan 2, Amman 1985.
Zeuner, F. E.: »Neolithic« Sites from the Rub al-Khali, Southern Arabia. In: Man 54, London 1954.
Ziadeh, N. A.: Urban Life in Syria under the Early Muslims. Beirut 1953.

BILDNACHWEIS

Die Zahlen der Farbtafeln (FT) verweisen auf die Abbildungsnummern, die Zahlen der Schwarzweißabbildungen verweisen auf Seiten.

Aden Museum, Jemen: FT 8
Agence photographique de la Réunion des Musées Nationaux, Paris: 125
Bildarchiv Preußischer Kulturbesitz, Berlin: 150
Böhlau Verlag, Wien: 215
Chwaszcza, Joachim P., München: FT 3, 130
Clemeur-Scheck, Ursula, Köln: 32, 97, 119, 243, 286
DuMont Buchverlag, Köln: 260 f.
S. Fischer Verlag, Frankfurt/M.: 50, 111
Folberg, Neil/The Image-Bank, München: Schutzumschlag Vorderseite, FT 10
Graf, S.U., Schwaig: FT 1
Gruner & Jahr, Hamburg: FT 9
Helfritz, Hans, Ibiza: 104
Hirmer Foto-Archiv, München: 34, 85
Keohane, Alan: Schutzumschlag Rückseite
Kortler, Fritz, Illertissen-Au: FT 4
Maréchaux, Pascal, Sanaa, Jemen: FT 2
Oman-Archiv Georg Popp/Juma Al-Maskari, München: 38
Palmyra Museum, Syrien: 160
Scheck, Frank Rainer, Köln: FT 6, FT 11–15, 197, 221, 224, 232, 266, 275
Staatliches Museum für Völkerkunde; München: FT 5, FT 7
Stark, Freya: 74
Victoria and Albert Museum, London: 36
Unbekannt oder Rechte frei: 32, 49, 64, 88, 158, 198, 254, 269, 301

Verlag und Autor haben sich bemüht, mit allen Bildrechteinhabern in Kontakt zu treten. Nicht in allen Fällen ist dies gelungen. Den Inhabern dieser Bildrechte gilt deshalb hier unser besonderer Dank. Sollten etwaige Bildrechte verletzt sein, bitten wir, sich an den Verlag zu wenden.

REGISTER

Im Register erscheinen die Namen in der alphabetischen Reihenfolge nach dem ersten Hauptbuchstaben, ohne Berücksichtigung des Artikels (»el«, »es« u. ä.). Maßgeblich ist die moderne Schreibweise; die antiken Namensformen stehen in Klammern dahinter. Berge (Dschebel), Oasen und Trockenflußtäler (Wadi) sind jeweils zusammen aufgeführt.

SÜDARABIEN UND
DIE HISTORISCHEN
REICHE DER
FRÜHZEIT
Weihrauchstraße
0
150
300 km
BAHRAIN
(DILMUN)
PERSISCHER GOLF
Riad
Gerrha
NEDSCHD
DSCHEBEL TUWAIQ
RUB EL-CHALI
WADI
ED-DAWASIR
Bischa/Thumala
Tathlith
nach Gerrha
ASIR
JEMEN (NORD)
DSCHAUF
TIHAMA
Negrana/Nadscheran
MAIN
Sanau
Thamud
Habarut
DHOFAR
HADRAMAUT
WADI HADRAMAUT
Schibam
Jathill/Baraqisch
SABA
Sana
QATABAN
Schabwa
Marib
JEMEN (SÜD)
Hadschar Kohlan/Timna
Hudaidah
esch-Schihr
Mukalla
ROTES
MEER
AUSAN
Qana/Kane
Taizz
Achwar
Mocha/Mausa
Bab el-Mandeb
SOKOTRA
ERITREA
Aden/Adana
GOLF VON ADEN
Djibouti
SOMALIA